金融学 | 国家一流专业"双万计划" | 建设系列成果
北京市一流专业

公司金融

李　新　崔燕敏　编著

首都经济贸易大学出版社
Capital University of Economics and Business Press
·北京·

图书在版编目(CIP)数据

公司金融/李新,崔燕敏编著. -- 北京:首都经济贸易大学出版社,2021.3
ISBN 978-7-5638-3162-3

Ⅰ. ①公… Ⅱ. ①李… ②崔… Ⅲ. ①公司—金融学 Ⅳ. ①F276.6

中国版本图书馆 CIP 数据核字(2020)第 219247 号

公司金融
李 新 崔燕敏 编著
GONGSI JINRONG

责任编辑	王 猛
封面设计	风得信·阿东 FondesyDesign
出版发行	首都经济贸易大学出版社
地　　址	北京市朝阳区红庙(邮编100026)
电　　话	(010)65976483　65065761　65071505(传真)
网　　址	http://www.sjmcb.com
E-mail	publish@cueb.edu.cn
经　　销	全国新华书店
照　　排	北京砚祥志远激光照排技术有限公司
印　　刷	北京建宏印刷有限公司
成品尺寸	185 毫米×260 毫米　1/16
字　　数	614 千字
印　　张	24
版　　次	2021 年 3 月第 1 版　2021 年 3 月第 1 次印刷
书　　号	ISBN 978-7-5638-3162-3
定　　价	48.00 元

图书印装若有质量问题,本社负责调换
版权所有　侵权必究

序　言

波澜壮阔的改革开放改变了中国,也影响了世界。在四十余年改革开放的伟大历程中,金融作为实体经济的血脉,实现了从大一统的计划金融体制到现代金融体系的"凤凰涅槃",初步建成了与国际先进标准接轨、与我国经济社会实际契合的中国特色社会主义金融发展路径。

经过四十余年努力,我们不断改革完善金融服务实体经济的理论体系和实践路径。持续优化完善传统信贷市场,为服务实体企业改革发展持续注入金融活水;建立健全股票、债券等金融工具为代表的资本市场,畅通实体企业直接融资渠道,增强其可持续发展能力;推动低效产能有序退出市场、临时困难但前景良好的企业平稳渡过难关、优质企业科学稳健发展,全力支撑我国企业从无到有、从小到大、从弱到强,逐步从低端加工制造向高附加值迈进。

经过四十余年努力,我们基本构建了以人民为中心的居民家庭金融服务模式。不仅借鉴西方现代金融实践,支持家庭部门熨平收入波动,实现跨期消费效用最大化;而且充分利用我国银行业分支机构延伸到乡镇、互联网全面覆盖到村落等良好基础设施,逐步实现基础金融服务不出村,促使我国普惠金融走在了世界前列;同时,积极构建与精准扶贫相配套的金融服务体系,发挥金融在扶贫攻坚中优化资源配置的杠杆作用,为人民对美好生活的向往提供金融动力。

经过四十余年努力,我们探索了从国民经济循环流转大局增强金融和财政合力的有效方式。在改革开放过程中,我们不断优化财政支持与金融服务的配套机制,运用金融工具缓解财政资金使用碎片化问题和解决财政资金跨期配置问题,增进财政政策促进经济结构调整和金融政策促进经济总量优化的协调性,持续提升国民经济宏观调控能力和水平,既避免金融抑制阻碍发展,又防止过度金融风险集聚。

2008年,美国次贷危机引发的全球金融海啸引发了人们对金融理论和金融实践的深刻反思。金融理论是否滞后于金融实践,缺乏对金融实践有效的指引?金融实践是否已过度复杂化,致使金融风险难以识别、度量和分散?近年来,随着互联网、大数据、人工智能、区块链等技术的出现,科技发展在极大提高金融业服务质效的同时,也对传统金融业带来了冲击。金融业态正在发生重大变化,金融风险出现新的特征。在新的背景下,如何处理金融改革、发展、创新与风险监管的关系,如何守住不发生系统性金融风险的底线,已经成为世界性重大课题。在以习近平同志为核心的党中央坚强领导下,我国进入中国特色社会主义新时代。在这个伟大的时代,对上述方面进行理论创新和实践探索的任务非常艰巨,使命非常光荣。为完成这一伟大历史使命,需要建设好一流金融学科和金融专业,大规模培养高素质金融人才,形成能力素质和知识结构与时代要求相匹配的金融人才队伍。北京正在建设政治中心、文化中心、国际交往中心、科技创新中心四个中心,加强金融学科建设和金融人才培养正当其时。

欣闻首都经济贸易大学金融学成功入选北京市一流专业,正在组织出版"北京市一流专业建设系列成果",这为打造高素质金融人才培养基地迈出了重要步伐,将对我国金融学科和金融专业的建设起到积极的推动作用,为促进我国金融高质量发展并建成现代金融体系作出应有贡献,为实现伟大复兴中国梦提供有益助力。

尚福林

前　言

金融是现代经济的核心。金融市场的繁荣和稳健有利于实现和发挥有效配置资源的功能，为企业等重要的微观经济主体的生存和发展提供必要的条件。改革开放以来，我国金融发展迅速，已经形成了较完备的金融体系和多层次的金融市场。这包括：规模庞大的债券市场；主板、创业板、新三板、科创板和区域股权四板市场等多层次股票市场；交易日益活跃的外汇市场、黄金市场，以及同样迅速发展的金融衍生品市场。这些金融市场为我国经济的发展提供了强有力的支持。

近年来，公司（企业）的投资、融资等理财活动与金融市场的联系越来越紧密，金融市场的发展拓宽了企业的融资渠道，不仅可以通过银行贷款这一间接筹资方式筹措资金，也可以发行有价证券到资本市场进行直接融资；同时，金融市场的发展丰富了投资品种和企业风险管理的手段，如利用期货、期权或互换等衍生工具规避汇率和利率等风险。不可否认的是，公司的财务人员和管理层对公司金融的认知也在与时俱进，对会计和财务的区别在一定程度上有了更清晰的认识，并越来越多地在实践中运用和完善公司金融理论。换言之，只有公司的管理者和决策者掌握了现代财务管理的理论，并对外部的资金环境及金融系统的功能有充分的了解，才能利用好金融系统做出有效的金融决策，使企业持续、健康地生存和发展。

公司金融课程是金融学专业的核心课程之一，是讲授如何将金融学的三大分析方法（现金流贴现分析、资产价值评估以及风险与收益的权衡分析）应用于公司的投资管理决策、融资管理决策和营运资本管理决策中，从而实现公司价值最大化的一门理论与实务兼备的基础课程。

随着全球经济的发展、金融创新的深化与金融业竞争的加剧，金融工具种类不断翻新，实物期权股、结构金融产品和私募股权等纷纷涌现，融资渠道多而杂，商业模式的作用日益凸显，新冠疫情下经济负增长、负利率、负期货价格等经济金融异象频出，所有这些都对现有公司金融理论和公司金融课程的建设与教学提出了挑战，增大了教学的难度。不过，万变不离其宗，只要我们不断求索公司金融的真知，真正掌握公司金融的基本原理，求真务实，勇于创新，就能应对自如。

对很多初学公司金融的学生来说，公司金融是一门内容繁杂的课程，公司金融的内容好像是没有逻辑关系的知识堆砌。而在这本教材中，我们试图将公司金融的三大部分内容纳入一个完整的体系中。

本书系首都经济贸易大学优质本科教材（校级精品教材），自2005年以来在本校的本科生（研究生）以及中国社会科学院研究生班的教学中多次使用，获得教师和同学的广泛好评。

本书共分为十篇。第一篇为公司金融基础,即第1章。本篇主要阐述公司金融的基本概念及其管理的基本内容、企业的组织形式及现代企业的公司治理等问题。

第二篇为金融分析工具,包括第2章和第3章。本篇阐述金融学观点在企业很多问题上的回答和解释与会计学观点的不同。金融学侧重企业的未来,且收益的测量使用现金流量;而会计是对企业过去交易的真实记录,并用利润进行收益的测量。虽然二者存在区别,但对金融分析和长期财务规划而言,基于会计原则产生的财务报表仍然是重要的工具。

第三篇为营运资本管理,包括第4~8章。营运资本是流动资产与流动负债的差额,这是公司短期资产管理决策的基本内容。本篇主要讲述有效管理公司营运资本的主要原则,以及使投资于应收账款、存货等资产的数量最小化和预收货款、应付账款最大化的方法。现金和营运资本管理的根本目的是保持公司资产的流动性,避免公司陷入财务困难。

第四篇为金融证券的价值评估,包括第9~11章。公司的多数金融决策从根本上可归结为资产价值的估算:公司发行债券或发行股票筹集资金需要确定价格,公司投资于某种证券时也必须确定其价值的相对高低。这关系到公司价值和股东财富最大化的管理目标。本篇主要阐述债券价值评估的原则,并分别介绍债券、股票和衍生证券的定价方法。

第五篇为风险与收益,包括第12章和第13章。风险与收益的权衡是金融学的核心问题之一,承担风险是获取收益的前提条件,这一理论已被广泛认知。而风险与收益之间关系的定量化描述是金融学模型的重要任务,虽然实证研究的结果对模型所描述的关系存在质疑,但无论其替代模型为何种形式,经济学家在两个方面达成了共识:其一,任何投资者都会对他们所承担的风险要求相应的回报;其二,投资者更关注的显然是那些不能分散的风险。

第六篇为长期投资决策,包括第14~16章。资本预算管理是公司投资管理决策的基本内容。本篇主要介绍投资项目现金流的预测和运用基本准则评估项目的基本方法,并考虑风险与项目的管理期权性质(实物期权)。

第七篇为长期融资,包括第17~20章。本篇主要讲述公司融资管理决策中筹集长期发展所需资金的基本方法,以及运用股票、长期债券、定期贷款、租赁和具有期权性质的证券等方式的融资操作。

第八篇为财务政策,包括第21~22章。公司资本结构是指权益资本与债务资本的比例关系,它是公司融资管理决策的基础,在现实环境中,资本结构影响着公司的价值。公司的另一项财务政策即股利政策如何影响股票的价值,是股利政策理论所阐述的内容。

第九篇为期货、期权与公司金融,包括第23~24章。本篇阐述公司如何对因项目投资存在不确定性而嵌入的期权进行甄别和估值,以及如何利用金融衍生工具(如期货、期权或互换)规避风险。

第十篇为公司战略,包括第25~28章。公司战略是指公司可以通过重组与融资创新,实现快速成长发展的策略。首先,介绍公司重组的目的与方式以及如何分析、评估公司重组的可能价值。其次,为顺应国际资本流动和国际投资的发展,讲述公司在国际环境中如何进行金融决策及风险管理。最后,从公司产业价值链和金融创新的角度出发,着重分析供应链金融的公司战略。

在教学层次上,本书考虑到课程体系的完整性和通用性,立足于满足高校金融学、会计学及经济管理专业的本科和硕士研究生教学需要。

在内容结构上,本书将金融学三大分析方法贯穿于公司金融管理的整个过程,以公司融资管理决策、投资管理决策及短期资产管理决策为基本框架,涵盖公司金融管理的基本内容,体现出结构的逻辑性和内容的完整性。

本书的编著秉承"三个结合"的理念,即"理论与实际相结合""国际视野与本土操作相结合""历史-现实-未来相结合"。在写作思路上力求易懂与严谨,将金融学概念、理论及金融模型完整地展现出来,严格保证概念的准确性和理论的科学性。同时又尽可能地以易于理解的图形、表格及具体实例的方式加以描述,便于学习者理解和掌握。

本书由首都经济贸易大学金融学院教师编写,其中,李新负责第一、四、五、七、十篇,崔燕敏负责第二、三、六、八、九篇。

由于编者水平有限,书中难免有不妥之处,希望读者批评指正。

目 录

第一篇 公司金融基础

1 公司金融与公司治理导论 ·· 2
1.1 公司金融的概念及其管理的基本内容 ·································· 2
1.2 企业的组织形式及其特点 ··· 3
1.3 公司金融的管理目标 ··· 5
1.4 税收与股东财富 ··· 6
1.5 中国公司金融 ·· 8
本章小结 ··· 9
思考与练习题 ·· 9

第二篇 金融分析工具

2 财务报表与现金流量 ·· 12
2.1 财务报表的基本功能 ·· 12
2.2 基本财务报表 ·· 12
2.3 财务报表说明 ·· 19
2.4 账面价值与市场价值 ·· 19
本章小结 ··· 21
思考与练习题 ·· 22

3 财务报表分析与长期财务计划 ·· 24
3.1 财务报表分析 ·· 24
3.2 长期财务计划 ·· 34
本章小结 ··· 39
思考与练习题 ·· 40

第三篇 营运资本管理

4 营运资本管理与短期财务计划 ·· 44
4.1 营运资本的概念及特点 ··· 44

        4.2　营运资本的管理 ··· 45
        4.3　跟踪现金和营运资金的变化 ······································· 48
        本章小结 ··· 54
        思考与练习题 ··· 54

5　现金与有价证券管理 ··· 57
        5.1　现金管理概述 ·· 57
        5.2　现金日常管理 ·· 58
        5.3　现金余额管理 ·· 61
        5.4　有价证券投资管理 ··· 63
        本章小结 ··· 64
        思考与练习题 ··· 64

6　应收账款与信用管理 ··· 66
        6.1　信用政策 ·· 66
        6.2　应收账款的日常管理 ·· 75
        本章小结 ··· 76
        思考与练习题 ··· 77

7　存货管理 ··· 78
        7.1　存货管理概述 ·· 78
        7.2　存货的日常管理 ·· 79
        本章小结 ··· 84
        思考与练习题 ··· 85

8　短期融资管理 ··· 86
        8.1　短期融资来源 ·· 86
        8.2　融资策略 ·· 91
        8.3　选择融资策略应考虑的因素 ······································· 92
        本章小结 ··· 93
        思考与练习题 ··· 94

第四篇　金融证券的价值评估

9　货币时间价值 ··· 98
        9.1　货币时间价值的概念 ·· 98
        9.2　复利与终值的计算 ··· 98
        9.3　现值与贴现 ·· 102
        9.4　年金 ·· 103
        9.5　通货膨胀与货币时间价值 ·· 107

	9.6 投资决策的基本准则	108
	本章小结	110
	思考与练习题	110
10	债券与股票的价值评估	112
	10.1 价值的概念	112
	10.2 债券的价值评估	113
	10.3 优先股的价值评估	117
	10.4 普通股的价值评估	118
	10.5 金融证券的收益率	123
	本章小结	126
	思考与练习题	126
11	衍生证券的估值	128
	11.1 远期合约与期货合约市场	128
	11.2 商品期货的价格	130
	11.3 金融期货的价格	133
	11.4 期权与有要求权的价格	136
	11.5 公司负债与资本的或有要求权分析	144
	本章小结	145
	思考与练习题	146

第五篇　风险与收益

12	风险、收益与组合理论	150
	12.1 风险与收益	150
	12.2 证券投资组合的收益与风险	153
	12.3 投资分散化、系统性风险与非系统性风险	154
	本章小结	156
	思考与练习题	156
13	资本-资产定价模型	157
	13.1 资本-资产定价模型概述	157
	13.2 贝塔系数与证券市场线	158
	13.3 资本-资产定价模型的应用	160
	13.4 资本-资产定价模型的发展与替代模型	163
	本章小结	167
	思考与练习题	167

第六篇 长期投资决策

14 资本预算与现金流预测 ... 170
- 14.1 资本预算概述 ... 170
- 14.2 项目未来现金流的预测 ... 171
- 14.3 项目未来现金流预测与分析的举例 ... 176
- 本章小结 ... 183
- 思考与练习题 ... 183

15 资本预算的方法 ... 185
- 15.1 净现值法 ... 185
- 15.2 投资决策的静态评价指标 ... 186
- 15.3 投资决策的动态评价指标 ... 189
- 15.4 内部收益率法可能出现的问题及处理方法 ... 194
- 15.5 资本预算中其他问题的处理方法 ... 199
- 本章小结 ... 201
- 思考与练习题 ... 202

16 资本预算中的风险与实物期权 ... 205
- 16.1 投资项目的不确定性分析 ... 205
- 16.2 资本预算中的实物期权 ... 211
- 本章小结 ... 214
- 思考与练习题 ... 214

第七篇 长期融资

17 长期债务融资 ... 218
- 17.1 债务融资的基本特征 ... 218
- 17.2 长期债券 ... 218
- 17.3 定期贷款 ... 224
- 本章小结 ... 227
- 思考与练习题 ... 227

18 权益融资 ... 229
- 18.1 长期融资概述 ... 229
- 18.2 普通股的融资 ... 232
- 18.3 认股权 ... 234
- 18.4 优先股 ... 237
- 本章小结 ... 239

思考与练习题 ··· 239

19　租赁 ··· 242
　19.1　租赁的概念与特征 ··· 242
　19.2　租赁的类型与形式 ··· 242
　19.3　租赁的优缺点 ·· 244
　19.4　财务性租赁的现金流 ··· 244
　19.5　租赁决策分析 ·· 245
　　　本章小结 ··· 249
　　　思考与练习题 ··· 249

20　期权性质的融资 ··· 251
　20.1　可转换证券 ·· 251
　20.2　可交换债券 ·· 257
　20.3　认股权证 ··· 258
　　　本章小结 ··· 262
　　　思考与练习题 ··· 262

第八篇　财务政策

21　资本结构决策 ··· 266
　21.1　无税条件下的资本结构与企业价值 ························ 266
　21.2　有税条件下的资本结构与企业价值 ························ 273
　21.3　财务困境成本及其构成 ··· 276
　21.4　权衡理论 ··· 279
　21.5　啄序理论 ··· 279
　　　本章小结 ··· 280
　　　思考与练习题 ··· 281

22　股利政策 ·· 283
　22.1　股利的种类和发放程序 ··· 284
　22.2　股利政策的基本理论 ··· 286
　22.3　不同的股利政策 ·· 289
　22.4　影响股利政策的因素 ··· 291
　　　本章小结 ··· 292
　　　思考与练习题 ··· 293

第九篇　期货、期权与公司金融

23 实物期权与公司金融 296
- 23.1 传统投资项目评估方法 296
- 23.2 投资机会中期权的定价 297
- 23.3 资本结构决策中的期权 303
- 本章小结 304
- 思考与练习题 305

24 衍生品与风险规避 307
- 24.1 企业进行风险规避的目的 307
- 24.2 利用期权降低风险 308
- 24.3 期货合约 309
- 24.4 远期合约 310
- 24.5 互换 310
- 本章小结 311
- 思考与练习题 312

第十篇　公司战略

25 公司兼并与收购 314
- 25.1 公司重组的方式 314
- 25.2 公司并购的动机 316
- 25.3 公司兼并的技术 319
- 25.4 股权收购及防御 328
- 25.5 公司分立 331
- 本章小结 333
- 思考与练习题 333

26 企业破产、财务重整与清算 337
- 26.1 企业经营失败 337
- 26.2 财务危机的早期预测 338
- 26.3 财务重整 340
- 26.4 破产程序中的清算 343
- 本章小结 345
- 思考与练习题 346

27 跨国公司财务管理 347
- 27.1 国际财务管理的环境 347

27.2 汇率风险的管理 ……………………………………
27.3 国际贸易管理 ……………………………………
本章小结 ……………………………………………
思考与练习题 ………………………………………

28 供应链金融战略 ……………………………………
28.1 供应链金融的概念 ………………………………
28.2 供应链金融的演进及发展历程 …………………
28.3 供应链金融的商业模式 …………………………
28.4 供应链金融的优势及现存风险 …………………
本章小结 ……………………………………………
思考与练习题 ………………………………………

参考文献 ……………………………………………………… 368

第一篇

公司金融基础

1 公司金融与公司治理导论

学习要点
1. 公司金融管理的目标
2. 公司金融管理中配置资源的方式
3. 公司金融管理的三项基本内容：投资决策、融资决策、资产管理决策
4. 公司制企业的组织形式及优缺点
5. 税收对公司行为的影响

1.1 公司金融的概念及其管理的基本内容

1.1.1 金融的含义

Finance，中文可译为金融、财务或理财。金融的核心问题是资本、资产的优化配置，其含义可分为两个层面。

一个层面是在整体经济中如何实现资源的优化配置。它关注货币与利率、物价、汇率以及总产出等重要经济变量之间的相互关系，研究金融市场、外汇市场、金融机构以及货币政策在经济中的作用。在教学上，其内容一般体现在"货币银行学"的课程中。

另一个层面则是从微观经济主体的角度，研究企业、家庭在未来不确定的经济环境中，如何运用金融系统有效地配置资源以实现价值的最大化。在教学上，其内容体现在"公司金融"和"个人理财"课程中。

1.1.2 公司金融的概念及特点

公司金融是研究公司或企业主体在现在或未来不确定的环境中，如何运用金融系统获得所需资金并在时间上进行有效配置的一门学科。

公司金融管理中的资源配置具备有别于其他资源配置方式的三个基本特点。

（1）公司或企业是运用金融系统来实现资源有效配置的。它是在市场上通过运用金融工具（如股票、债券等），利用中介机构（如银行、保险公司和基金公司等）及金融服务机构（如金融咨询公司）提供的服务，在监管机构和法规管理下进行资源的配置。

（2）公司或企业的成本与收益是在现在或未来时间上的分布，体现为公司成立时资金的筹集、投资时与经营过程中的资金运用、获取收益的分配以及公司持续经营的扩张或收缩等时间上的资金成本和收益。因此，公司金融管理是实现资源跨时期有效

配置的过程。

（3）公司金融管理具有事先的不确定性。公司管理者或决策者事先无法确切地知道企业未来某一时间资源的成本和收益，即金融决策具有事先的不确定性，因此就需要运用一系列的定量模型进行价值的测算和评估，用以选择方案、制定和执行决策。

1.1.3 公司金融管理的基本内容

公司金融是为实现一定目标所进行的一系列的金融决策与管理过程，主要包括资产的配置、资产的获得以及资产的运营。因此，公司金融管理可以分为以下三个方面的基本内容。

1.1.3.1 投资决策

投资决策亦称为资本预算管理，主要涉及企业的资产方。投资决策是公司或企业一项重要的决策。在战略发展上，企业做出的第一项决策就是从事哪个行业。投资决策的内容主要包括提出投资项目的创意，对其进行评估，决定投资哪个项目，然后组织实施。

投资决策决定着公司所需持有的资产总额，在资产总额确定的前提下，公司的管理者需要决定其资产的组成（现金、存货和固定资产的比例）。在一个投资项目中，管理者必须决定如何安排厂房、机器设备、实验室、仓库和其他长期资产，以及培训操作设备的员工等。所以，投资决策也是资本预算的过程。

1.1.3.2 融资决策

融资决策亦称资本结构决策，主要涉及企业的负债和权益方。一旦企业决定了投资的项目，就必须考虑如何为其筹集资金。企业的融资方案必须以企业的资本结构（股权资本与债务资本的比例）为基础，公司的资本结构决定了企业未来的现金流量、公司的控制权、股东的权益以及未来收益的分配等。

融资计划一旦确定，公司便可考虑选择融资的最佳途径和优化的融资组合方式（如银行贷款、金融租赁、债券或股票等），以便对项目进行投资。

1.1.3.3 资产管理决策

资产管理决策亦称营运资本管理决策。在公司将所筹集的资金用于资产的购置后，如何在企业的日常运营和金融业务中有效地管理这些资产就成为重要的工作。财务经理更关注企业流动资产的管理，以保证企业在营运中当现金流出现赤字时及时得到融资，在现金有盈余时有效地进行投资，从而获得收益。营运资本的管理至关重要，它关系到企业的经营效率和支付能力，乃至企业经营的成败。

1.2 企业的组织形式及其特点

公司作为一个经营主体，必须确定一个明确的管理目标，依此制定金融决策和判断金融决策是否有效。公司金融管理的一个核心问题就是最终为谁获取收益，以及获得怎样的收益。

企业是依法设立的从事生产经营活动、以盈利为目的的独立核算的经济组织。不同组织形式的企业有着不同的金融管理目标和要求。

企业的基本组织形式主要有三种，即独资企业、合伙企业和公司制企业。

1.2.1　独资、合伙企业及其特点

独资企业和合伙企业是由个人或少数人出资设立，并受其控制的简单企业组织形式。

这两类企业的共同特点如下：

（1）独资、合伙企业都不是法律实体，不具有对外承担独立民事责任的法律地位，其所有者承担全部民事责任，包括对企业的债务负有无限清偿责任。

（2）独资、合伙企业都是经营实体，全部利润归其所有者。

（3）独资、合伙企业本身不缴纳公司所得税，而由企业所有者缴纳个人所得税。

（4）独资、合伙企业适用于小型企业，注册资本要求少，设立简便，在世界各国这类企业最多。

1.2.2　公司制企业及其优缺点

公司是依据一国公司法组建的具有法人地位的企业组织形式，在法律上具有法人地位，它是与所有者相分离的、独立存在的法律实体。公司以自己的名义拥有财产，公司的财产属于公司自身。公司具有法律上的身份，可以起诉他人或被他人起诉。作为法律实体，公司对外签订合同，为自身的负债负责并为公司的利润缴纳所得税。

1.2.2.1　公司制企业的组织形式

公司制企业一般有两种主要组织形式，即有限责任公司和股份有限公司。

有限责任公司的特点包括：①股东所负债务责任以其出资额为限，是典型的"资合公司"。②不公开发行股票，由股东协商确定各自的出资额，公司向股东出具书面的股份权利证明。③公司股份不能随意转让，必须通过全体股东同意，现有股东对被转让股份具有优先认购权。公司股东通常直接参与公司的经营管理。④组建程序相对简单，是一种重要的资本联合形式，这类公司在各国占有较大比例。

股份有限公司的特点包括：①股东的债务责任仅限于其投资额，与有限责任公司相同，也是典型的"资合公司"。但股份有限公司的全部资本被划分为若干等额的股票，由发起人全额认购（发起设立）或部分认购，余额向社会公开募集。②所有权与经营权相分离。全体股东选举管理决策机构——董事会，董事会任命的经理人员执行董事会决议，并负责公司日常事务，股东通过董事会对公司进行间接控制。③只要符合一定条件及法律规定，股份有限公司发行的股票可以在证券市场自由转让。

可见，股份有限公司股东人数众多、资本来源广泛、经营规模大且竞争力强，是一种富有活力的现代企业组织形式，也是各国主要、基本的公司组织形式。

1.2.2.2　公司制企业的优点

公司制企业与独资、合伙企业相比较，具有五个优点。

（1）承担有限责任。公司的债权人对于公司的财产具有求偿权，但对股东个人的财产没有求偿权。因此，股东对公司的投资风险仅限于投资额本身。

（2）易于筹集资本。公司所有权体现在股份上，大小投资者可以分享公司所有权。公司以自己的名义向社会筹措资本，无须股东承担债务的无限责任，因而筹资渠道较多。

（3）所有权可转让。公司所有权的转移可以通过股票的转让来实现。信用等级高的公司股票，在金融市场上具有高流动性，投资者在需要时可随时将其变现，而并不减少公司的资本数量。

（4）具有续存性。股份有限公司的法人地位不受某些股东死亡或转让股份的影响，除非破产或被兼并或依公司章程自动终结。公司的续存性使得公司具有很好的经营稳定性。

（5）经营专业化。公司所有权与经营权相分离，董事会从企业家市场选聘高素质的专业经理人员负责企业的日常经营管理，可能比股东自己经营公司更为有效。

1.2.2.3 公司制企业的缺点

（1）双重纳税。公司作为法人要缴纳公司所得税，股东从公司税后分配利润中获得的股息、红利也要缴纳个人所得税，形成双重征税。为鼓励投资和减少双重征税，许多国家都在税法中给予公司一定的税收优惠。

（2）内部人控制。公司所有权与经营权的分离，虽然为股东带来了利益，但也产生了内部人控制问题，即股权的分散和信息不对称可能会导致公司实际控制权掌握在内部管理人员手中，他们可能利用控制权为自己牟利而损害股东的权益。这是当今各国公司制企业中普遍存在的一种现象。

（3）信息公开。为了保护投资者利益，各国都制定了复杂的信息披露制度，尤其是上市公司，必须将其经营状况，如财务报表、重大事项等定期地向社会公布，这在一定程度上公开了公司的商业秘密。同时，信息公开所引起的市场反应也会增加公司的某些管理成本。

不同的企业组织形式对金融管理有着不同的要求。其中，股份有限公司金融管理的内容最为广泛和复杂。本书的内容虽集中于股份有限公司的金融管理，但其基本原理与方法同样适用于有限责任公司、独资或合伙企业。

1.3 公司金融的管理目标

公司的目标也就是公司金融的管理目标。人们通常将公司的目标表述为利润最大化，但严格、确切地说应是实现股东财富的最大化。

1.3.1 利润最大化目标的缺陷

（1）利润最大化的定义模糊不清。利润有许多不同的定义，譬如有会计利润（账面利润）与经济利润（市场价值）、企业利润与社会利润、公司利润与股东利润、税前利润与税后利润等不同的概念。利润最大化不能明确利润的计量，也没有明确公司利润归谁所有这一核心问题。

（2）利润最大化忽视了利润获取的时间差异。今天获得 1 元利润与未来（如 1 年后的今天）获得，在价值上是有区别的，这种差异因货币存在时间价值而非常重要。忽略利润获取的时间，当成本和收益随时间（如若干年）延续发生时，利润的计量就无法恰当地体现时间差异对价值的影响。

（3）利润最大化忽略了利润获取的风险差异。高风险的项目较之低风险的项目，其预期收益具有更大的不确定性。在两个项目预期收益相同的情况下，不考虑风险的差异就很难做出正确的选择。

1.3.2 股东财富最大化目标的合理性

公司金融管理的目标是实现股东财富的最大化，这一目标的合理性表现在四个方面。

（1）股东财富最大化将利润的动机和归属明确地定位于公司的所有者。

（2）股东财富最大化明确了预期流向股东的未来现金流量，而不是模糊不清的利润或收入概念。

（3）股东财富最大化明确了取得未来现金流量的时间。

（4）股东财富最大化的计量过程考虑到风险的差异。

股东财富最大化作为公司金融管理的核心原则，须始终贯穿于公司金融管理和金融决策的全过程。

1.3.3 股东财富最大化与社会责任

公司的组织形式及其商业性，决定了股东财富最大化的目标。但是，股东财富最大化并不意味着公司的管理者可以忽视社会责任。公司在价值创造的过程中，必然产生与公司财富相关的利益人群，如股东、债权人、客户、员工、供应商和当地的社会群体等。但是企业不能只追求商业利益，而不遵守国家法律和社会公德，不承担诸如保护环境、消费者权益、员工权益、社区利益、弱势群体利益及承担公共事务等社会责任。公司经营所面临的客观环境，决定了公司生存发展必须依赖于社会。

实践表明，成功的企业必然是有社会责任感的，不承担社会责任的企业难以得到良好的发展。一般而言，公司在实现股东财富最大化目标的同时，应以不侵犯或不损害社会公众利益为基本准则，公司本身的发展要有利于社会的发展。只有权衡公司股东利益与社会利益的相互关系，在经营和生产中将产品和服务与公众利益结合起来，才能在社会发展中实现公司的长远发展。

1.4 税收与股东财富

税收会影响公司行为与股东收益，股东财富的增加应是税后的现金流增量，所以公司决策必须考虑税收的影响。

各国的税收制度与法律有很大差异，而且，随着经济形势与政策的变化，税制结构及税率也在不断变化。发达国家多以直接税（所得税）为主；我国则实行双税制，以增值税和所得税为主。这里只简单地介绍公司所得税、个人所得税及增值税，以供读者了解税收对公司决策和股东收益的影响。

1.4.1 公司所得税

公司应税收入是指总收入减去所有允许扣除的费用，费用主要包括折旧与利息，这些内容具体反映在公司的损益表中。

以应税收入为基础，按照适用的税率即可计算出公司所得税的纳税额。大多数国家的公司所得税税率都是累进的，每一级别的应税收入采用相应级别的边际税率。公司关注的是边际税率，而不是平均税率。公司应税收入越多，缴纳的税金也就越多，而税后收益就越少。

除了税收的基本计算之外，公司金融管理还须考虑税法中允许的税前扣除项目，包括折旧、利息、净营业损失以及股利等，这些可以降低公司的应税收入。

资本性资产的成本可以在一定时期内进行折旧摊销，折旧可作为税前扣除的费用。公司计提折旧有很多方法，主要包括直线折旧法、余额递减法及各种加速折旧法等。为降低应税收入，大多数企业倾向于采用加速折旧法。

公司为其债务支付的利息作为费用可从应税收入中扣除，但是支付给普通股股东的股利却不能在税前扣除。所以，公司为实现财富最大化，在其资本结构中使用债务融资，相比优先股或普通股，更能获得税收上的好处。

公司持有其他公司股票可以获得现金股利收入，在美国等一些国家的税法中允许公司的部分（如70%）现金股利收入可以免税，而其余部分的现金股利收入按公司适用的所得税税率纳税。

资本性资产（如厂房、设备等）出售时会发生资本利得或资本损失。各国税法规定不同，但一般规定资本利得收入按公司经营收入适用的税率纳税，而资本损失则只能从资本利得收入中扣除。

1.4.2 个人所得税

对公司所有者而言，个人所得税的纳税人即企业主。企业主主要是指独资企业主、合伙人和股份公司的股东，他们的个人收入也是按适用的累进税率计算纳税额。

股份公司的股东从公司获得的股利收入，按照适用的累进税率计算纳税额。如前所述，公司制企业存在重复征税的问题，即公司要缴纳公司所得税，公司股东要缴纳个人所得税。

通常，个人从储蓄、债券上获得的利息都要纳税。在一些国家（如美国），个人从公司债券、国库券上获得的利息收入要全部征收联邦所得税，而市政债券的利息收入免缴联邦所得税。

1.4.3 增值税

增值税是以商品（含应税劳务）在流转过程中产生的增值额作为计税依据而征收的一种流转税。从计税原理上说，增值税是对商品生产、流通、劳务服务中多个环节的新增价值或商品的附加值征收的一种流转税。增值税实行价外税制度，也就是由消费者负担，有增值才征税，没有增值不征税。这一点与作为直接税的所得税不同。

增值税已经成为中国最主要的税种之一，增值税的收入占中国全部税收的60%以上，是最大的税种。增值税由国家税务总局负责征收，自2016年5月1日起，与营改增配套，增值税收入纳入中央与地方共享税，其中50%为中央财政收入，50%为地方收入，过渡期为2~3年。进口环节的增值税由海关负责征收，税收收入全部为中央财政收入。

当前，我国增值税已经完全推广到金融业（金融服务业），即金融服务、金融产品的持有及金融产品转让都涉及增值税。这些金融产品包括股票、证券、存贷款、资管产品等。这样，增值税必然影响到公司的行为，尤其是投融资行为。因此，公司决策必须考虑增值税对公司收益和股东财富的影响，力求税后价值最大化。

1.5 中国公司金融

近年来，我国公司金融（企业投融资）发展较快，逐步形成了自身的特色：

（1）投资决定融资。当前中国投融资市场较为活跃，好项目、好方案（配合成功商业模式）易于取得市场的认可，获得较为充足的资金支持，赢得良好的发展机会。

（2）融资渠道多而杂。中国金融具有"二元化"特征，国有企业受到官方大力支持，金融资源丰富，而民营企业则必须依靠自身力量解决融资难题，由此创新出众多而复杂的融资渠道。例如，某企业曾经利用多种多样的融资模式，扩大企业规模，拓宽发展空间，据统计，2012—2016年，除传统银行贷款外，这家企业累计从外部融得资金2 974亿元，涉及融资方式多达21种[1]。

（3）商业模式的作用日益凸显。商业模式是企业发展的核心竞争力，它综合了企业的各种优质资源，使之商业化，并发挥企业研发、经营、市场、品牌等领域优势，始终强调利润导向，强调企业可持续发展。成功的商业模式有助于企业赢得市场融资青睐，从而实现企业跨越式和可持续发展。

---

[1] 该企业的21种融资方式包括：①销售输血；②信托借款；③公司债；④夹层融资；⑤售后回租式融资租赁；⑥债务重组；⑦债券转让；⑧应收账款收益权转让；⑨资产支持证券（ABS）；⑩特定收益权转让；⑪股权收益权转让；⑫战略引资；⑬关联方借款；⑭特殊信托计划；⑮夹层式资管计划；⑯定向增发；⑰委托贷款；⑱银团贷款；⑲银行承兑；⑳短期融资券；㉑股票质押与对外担保。

本章小结

公司金融是研究公司或企业主体在现在或未来不确定的环境中,如何利用金融系统获得所需资金并在时间上进行有效配置的一门学科。公司金融的资源配置主要体现在三个方面:通过金融系统实现资源的有效配置;实现资源的跨期配置;通过定量模型进行价值测算。公司金融的基本内容是投资决策、融资决策和资产管理决策。

公司金融管理的目标为股东财富最大化,它突出了股东作为公司所有者的地位,以未来现金净流量而非净利润为衡量指标,强化了时间价值的重要性,并考虑了投入与产出、风险与收益等诸多方面的影响。股东财富最大化作为公司金融管理的核心原则,须始终贯穿于公司金融管理和金融决策的全过程。

思考与练习题

1. 从经济主体有效配置资源的角度,对金融的概念可以有哪些新的理解?
2. 什么是公司金融?公司金融管理包括哪些基本内容?
3. 公司金融开展资源配置有哪些特点?
4. 公司制企业有哪些优点和缺点?
5. 公司利润最大化与股东财富最大化的目标有何异同?
6. 为什么强调公司税后价值的最大化?税收对公司收益与股东财富有哪些影响?
7. 为什么说债务融资可以获得税收上的好处,而股票融资却不能?
8. 公司是否应承担社会责任?为什么?
9. 谁拥有公司?描述所有者控制公司管理层的过程。代理关系在公司的组织形式中存在的主要原因是什么?在这种环境中,可能会出现什么问题?
10. 作为一家非营利机构(如医院)的财务经理,确定怎样的财务管理目标才是恰当的?
11. 评价下面这句话:管理者不应该只关注现在的股票价值,因为这样做将会导致过分强调短期利润而牺牲长期利润。
12. 股票价值最大化的目标可能和其他目标(如避免不道德或者非法的行为)相冲突吗?顾客和员工的安全、环境和社会总体利益是否在这个框架之内,或者完全被忽略了?考虑一些具体的情形来阐明观点。
13. 股票价值最大化的财务管理目标在国内外会有不同吗?为什么?
14. 假设现在 A 公司的股票价格为每股 25 美元,B 公司刚刚宣布它愿意以每股 35 美元的价格收购 A 公司发行在外的所有股票。A 公司的管理层立即开展对这次恶意收购的斗争。管理层是为股东的最大利益行事吗?为什么?
15. 公司所有权在世界各国有所不同。历史上,美国个人投资者占了上市公司股份的大多数,但是在德国和日本,银行和其他金融机构拥有上市公司股份的大部分。如此，代理问题在德国和日本会比在美国更严重吗？

16. 近年来，大型金融机构（如共同基金和养老基金）已经成为美国股票的主要持有者，这些机构越来越积极地参与公司事务。这一趋势对代理问题和公司控制有什么启示？

17. 为什么财务管理的目标是最大化现在公司股票的价格？换句话说，为什么不是最大化未来股票的价格？

18. 分析2016年中国增值税改革（营改增）对上市公司价值的影响。

 **案例分析**

现代企业委托代理机制存在的问题及公司治理结构优化建议

2016年8月18日晚，格力电器在深交所发布35条公告，内容包括以130亿元增发收购珠海银隆、100亿元定向增发、员工持股计划，披露公司半年报以及数份审核评估报告等相关信息。对于珠海银隆的审计报告显示，130亿元的收购价格不仅约为其当日净资产的28倍，还是其估值的2倍之多。格力电器董事会提出的收购珠海银隆议案，在股东大会进行表决时遭到了大多数中小股东的集体投票否决。2016年11月16日晚，格力电器正式宣布收购珠海银隆的重组方案失败。

请根据以上资料，从公司治理角度谈一谈珠海银隆收购案失败的原因，并针对优化格力电器公司治理结构模式、减少管理层与股东冲突提出建议。

第二篇

金融分析工具

2 财务报表与现金流量

学习要点

1. 基本财务报表所提供的信息和编制原则
2. 现金流量表的功能及编制格式
3. 金融决策使用现金流量而非会计盈利的原因
4. 账面价值与市场价值的区别及其原因
5. 会计方法与经济学方法对股东收益测量的区别

2.1 财务报表的基本功能

财务报表是对公司经营状况及其财务状况的记录与反映，其主要包括资产负债表、损益表和现金流量表这三张基本的标准化报表。除此之外，这些报表的附表、附注以及情况说明书等也是财务报表不可或缺的一部分。

财务报表具有六个方面的基本功能。

(1) 为公司的所有者（即股东）提供关于公司现在和过去经营业绩的财务信息。

(2) 为公司的债权人提供公司运营状况和资金使用状况的信息。

(3) 为政府管理部门提供相关的信息。

(4) 为公司的管理者制定和实施金融决策、控制和管理公司的经营活动提供财务信息。

(5) 为金融机构从事诸如证券分析、企业并购和私募基金投资等的专业人员及资本市场中的投资者提供重要的信息。

(6) 为制订财务计划提供方便的模板。

2.2 基本财务报表

2.2.1 资产负债表

2.2.1.1 反映的内容

资产负债表反映了企业在某一时点（如月末、季度末或年末）的资产、负债与所有者权益的基本状况。

报表使用者通过资产负债表可以了解公司所持有财产的分布状况，看出公司资产组合的构成，即流动资产、长期资产与总资产的比例结构；同时可以了解这些资产的形成来源，看出资本的构成，即负债和所有者权益的比例结构。

2.2.1.2 编制格式

资产负债表的基本等式为：

$$资产 = 负债 + 所有者权益$$

资产按流动性由强到弱的顺序排列，分为流动资产和长期资产，两类加总为总资产；负债和所有者权益按期限由短到长的顺序排列，即按流动负债、长期负债和所有者权益的顺序排列。

2.2.1.3 编制原则

资产负债表按照一般公认会计原则（Generally Accepted Accounting Principle, GAAP）即权责发生制原则编制。根据这一原则，资产负债表是以历史获取成本来计量资产、负债和所有者权益的价值的，这样的价值称为账面价值。账面价值与市场价值是不同的，市场价值是按资产、负债和所有者权益的市场价格计量的。

下面以假设的 ABC 公司两年的资产负债表（见表 2-1）来说明公司资产负债表的基本内容、编排格式和所反映的信息。

表 2-1 ABC 公司资产负债表

（单位：万元）

项 目	2018 年	2019 年	变动额
资产			
现金及其等价物	324	351	27
应收账款	127	169	42
存货	237	230	(7)
预付费用	35	53	18
流动资产合计	723	803	80
固定资产原值	1 134	1 322	188
累计折旧	(283)	(314)	(31)
固定资产净值	851	1 008	157
长期投资	65	71	6
其他长期资产	189	175	(14)
资产总计	1 828	2 057	229
负债和所有者权益			
银行借款和应付票据	156	188	32
应付账款	66	91	25
应计税金	3	4	1
其他应计负债	35	61	26
流动负债合计	260	344	84
长期负债	255	310	55
负债合计	515	654	139

续表

项目	2018年	2019年	变动额
普通股（实收资本）	900	900	0
留存收益	413	503	90
所有者权益合计	1 313	1 403	90
负债和所有者权益总计	1 828	2 057	229
其他数据			
每股市价（美元）	180	162	(18)
发行在外的普通股（万股）	500	500	0

说明：

现金及其等价物：主要包括库存现钞、银行存款以及高流动性的短期证券（如国债等）。

应收账款：公司销售产品、材料或提供劳务等向客户应收而未收取的款项。

存货：原材料、在产品和产成品。

预付费用：已支付但尚未发生交易的款项，如预付定金等。

固定资产原值：以原始成本计价所购置的土地、建筑物和设备等累计折旧；以原值计算的固定资产的累计折旧。

长期投资：投资于1年期以上的证券或其他投资，如其他企业未流通的股权。

其他长期资产：无形资产，如专利、商标权等。

应付账款：购买商品或接受劳务等应付而未付的款项。

应计税金：预计而尚未支付的税金。

其他应计负债：应付工资、应付股利等。

长期负债：偿还期在1年期以上的债务，如长期债券、长期借款等。

普通股：股东投入公司的最初资本额。

留存收益：保留在公司内部的盈利，用于再投资。

2.2.2 损益表

2.2.2.1 反映的内容

损益表是衡量公司一段时期（如1年）内的收入和费用，并最终以净利润列示其收益的财务报表。损益表也称为利润表或收益表。

损益表报告了在某特定的时间范围内，公司收入的来源和数额，费用的性质和数额以及企业的利润状况，反映了企业一段期间内的经营业绩，据此可以判断企业的获利能力。

2.2.2.2 编制格式

损益表的基本等式为：

$$收入 - 费用 = 利润（盈利）$$

公司收入是其向客户销售产品和提供服务的收入。公司费用主要有四类，即销售成本、管理费、利息费用以及公司所得税。公司销售收入减去各项费用的差额为净收益，也称为净利润。

2.2.2.3 编制原则

损益表与资产负债表一样是按权责发生制原则编制的。根据这一原则，损益表中利润的计算遵循两项原则。

(1) 收入与费用的确认原则，即在一个期间内，对于收入的确认来说，一旦取得收款的权利，无论款项是现在收到还是在未来规定的时间收到都确认为本期的收入；对于费用的确认来说，一旦发生付款责任，无论是现在支出现金还是未来支出现金都确认为本期的费用。在这一原则下，企业经济业务的发生和货币的收支不是完全一致的，即存在着现金流动与经济活动（销售或购买）的分离。

(2) 费用的分类原则，即将费用分为营业性费用和资本性费用。对这两类费用的处理不同，营业性费用发生多少记录多少，一次性记录发生的金额；资本性费用不是一次性记录发生金额，而是以折旧或摊销的方式在资产的整个使用期限内按年分摊的。

下面以假设的 2019 年 1 月 1 日至 12 月 31 日 ABC 公司的损益表（见表 2-2）来说明公司损益表的基本内容、编排格式和所反映的信息。

表 2-2　ABC 公司损益表

（单位：万元）

项目	金额	项目	金额
销售收入	675	利息费用	23
销售成本	360	税前利润	191
毛利	315	所得税（税率 35%）	67
销售和管理费用	70	净收益	124
折旧	31	现金股利	34
营业收入（EBIT）	214	留存收益变动	90

2.2.3　现金流量表

2.2.3.1　反映的内容

现金流量表是反映公司在一段时期（如 1 年）内的现金流入与流出状况的财务报表。现金流量表反映的现金增减变化就是现金及等价物的变化，现金流量表的主要数据来自资产负债表和损益表，参考这两个基本财务报表提供的信息使用现金流量表。现金流量表具有三项基本作用。

(1) 现金流量表集中反映了公司在一段时期内现金头寸的变化，也就是公司在运营中产生的偿还债务、支付利息和股利的未来净现金流入量的能力。

(2) 现金流量表显示了净现金流与净收益的区别。损益表中的净收益是以权责发生制为基础计算的结果，所以其每一笔经营收入或每一笔费用支出并不都是现金流入或现金流出。而现金流量表则是以实际发生的现金流为基础的，这有助于管理者正确地判断公司未来获取净现金流量的能力。

(3) 现金流量表是一家公司是否运转良好的重要证据。例如，若一家公司无法支付股息和以经营活动产生的现金流维持生产力，那么它必须依靠借款来满足这些现金需求,这便给人们一个重要警示:这家公司不能在长期内保持现在的股息支付水平。当现金流量表显示经营活动产生的现金不足,公司靠举债来维持一个无法持续的股息水平时,那么公司的发展问题便会暴露出来。

2.2.3.2 编制格式

按现金流量的产生与公司经营活动的对应关系,现金流量可分为三种:经营活动中的现金流量、投资活动中的现金流量和融资活动中的现金流量。具体内容如表2-3所示。

表2-3 现金流量表的内容

1. 经营活动中的现金流量

现金流入:销售商品和提供劳务收入的现金,债权投资的利息收入与股权投资的股利收入所收到的现金

现金流出:购买商品或劳务支付的现金,向员工支付工资的现金,向贷款者支付的利息,向政府支付的税金,支付的其他经营费用等

2. 投资活动中的现金流量

现金流入:出售固定资产(财产、厂房及设备)取得的现金,出售企业对外贷款和其他实体的股票(非现金等价物)收到的现金

现金流出:为取得固定资产(财产、厂房及设备)支付的现金,购入债权或股权(非现金等价物)支付的现金

3. 融资活动中的现金流量

现金流入:借款收到的现金,出售公司股票收到的现金

现金流出:偿还债务支付的现金,回购公司股票支付的现金,分配股利支付的现金

现金流量表的编制可以采用间接法和直接法两种形式,两种形式的计算结果相同。两者的区别在于经营活动中现金流量的计算方法不同,而投资活动和融资活动中的计算方法是完全相同的。表2-4列示了根据ABC公司2019年资产负债表和损益表编制的这两种形式的2019年的现金流量表。

表2-4 2019年12月31日ABC公司的现金流量表

(单位:万元)

经营活动中的现金流量			
间接法		直接法	
净收益	124	销售收入	675
+折旧	31	-应收账款的增加	(42)
-应收账款的增加	(42)	来自客户的现金收入	633
+存货的减少	7	-销售成本	(360)
-预付费用的增加	(18)	+存货的减少	7
+应付账款的增加	25	+应付账款的增加	25
+应计税金的增加	1	对供应商的现金支出	(328)
+其他应计负债的增加	26	-销售和管理费用	(70)

续表

经营活动中的现金流量			
间接法		直接法	
经营活动中的现金流量	154	－利息费用	(23)
		－预付费用的增加	(18)
		＋其他应计负债的增加	26
		其他经营性现金支出	(85)
		－缴纳的税金	(67)
		＋应付税金的增加	1
		纳税的现金支出	(66)
		经营活动中的现金流量	154
投资活动中的现金流量			
－固定资产增加			(188)
－长期投资增加			(6)
＋其他长期资产减少			14
投资活动中的现金流量			(180)
融资活动中的现金流量			
＋短期负债增加			32
＋长期负债增加			55
－股利支付			(34)
融资活动中的现金流量			53
现金及有价证券的变动（净现金流）			27

2.2.3.3 编制原则

现金流量表的编制独立于权责发生制。

净收益与现金流量（或净现金流）是两个不同的概念或数额，其原因在现金流量表中得到了明确的解释。

2.2.3.3.1 经营活动中的现金流量

采用间接法计算经营活动中的现金流量时，从以下方面对净收益进行调整。

（1）净收益加上在计算营业收入时扣减的折旧。折旧是一项非现金的费用支出，在购买资本性资产（房屋、土地及设备）之时发生的现金支出，已按其预计使用年限分摊于每一会计期间的费用。因此，为了从净收益124万元中计算现金流量，需要再加上从营业收入中已扣除了31万元的折旧。

（2）净收益减去（加上）应收账款的增加（减少）额。损益表中的营业收入为

214万元，这是公司向客户提供的商品与劳务的价值。但是，应收账款增加了42万元，这意味着实际只向客户收取了172万元的现金，所以，需要从净收益中再减去应收账款的增加数额。

（3）净收益加上（减去）存货的减少（增加）额。年末比年初存货减少了7万元，这意味着库存占用的现金减少，相应增加了现金流入。但这笔现金流入在计算净收益时并未考虑，所以还需要加上7万元的存货减少额。

（4）净收益加上（减去）应付账款的增加（减少）额。应付账款的增加额为25万元，意味着ABC公司占用供应商的资金而增加了现金流入。这在计算净收益时未加考虑，所以需要对净收益加上应付账款的增加额。

（5）净收益加上（减去）应计税金的增加（减少）额和其他应计负债的增加（减少）额。应计税金增加1万元，其他应计负债增加26万元，它们是公司当年的现金流入。这在计算净收益时也未考虑，所以需要对净收益加上这两项的增加额。

将上述各项经营活动的现金流量加总，ABC公司经营活动中的现金流量为154万元。

采用直接法计算经营活动中的现金流量时，从以下方面对净收益进行了调整。

一是从销售收入中减去（加上）应收账款的增加（减少）额。应收账款是公司向客户应收而未收的现金，在损益表中并没有考虑应收账款。而公司关心的是实际收入的现金，所以应当从公司当年的销售收入675万元中减去当年应收账款的增加额42万元，之后的数额33万元是ABC公司向客户销售商品和提供劳务获得的现金流入（来自客户的现金收入）。

二是从销售成本中加上（减去）存货的减少（增加）额和应付账款的增加（减少）额。公司购买供应商的产品总量由销售成本与存货增加额组成。公司可以现金形式支付货款，也可以应付账款形式获得商业信用。所以，ABC公司实际向供应商支付的现金是销售成本360万元减去存货减少额7万元，再减去应付账款增加额25万元，余额328万元是公司向供应商实际支付的现金（对供应商的现金支出）。

三是其他经营性现金支出主要包括销售和管理费用、利息费用、预付费用和其他应计负债的变化。ABC公司当年的销售和管理费用70万元加上当年的利息费用23万元，再加上当年预付费用增加额18万元，最后减去其他应计负债增加额26万元。ABC公司其他经营性现金支出为85万元。

四是纳税的现金支出。损益表中的纳税额常常与公司当期实际税收支付额不一致，这是因为损益表中的纳税额是按应税收入计算的，没有考虑公司可以延期支付的税款。所以，ABC公司的纳税额67万元减去应付税金增加额1万元，得其当期的实际纳税额为66万元。将上述各项经营活动的现金流量加总，得到ABC公司经营活动中的现金流量为154万元，这个数额与间接法计算的结果相同。计算投资活动中现金流量和融资活动中现金流量时，直接法与间接法的结果都是一样的。

2.2.3.3.2 投资活动中的现金流量

表2-4显示，ABC公司2019年的投资现金流出为180万元，由三部分组成。

(1) ABC 公司资产负债表中的固定资产原值由年初的 1 134 万元增至年末的 1 322 万元,现金流出增加了 188 万元。这里需要注意的是,投资增加额是按固定资产原值计算的,而不是按固定资产净值计算的,也就是不计算折旧费用,因为它是非成本费用,在计算现金流量时不予考虑。

(2) 资产负债表中长期投资由年初的 65 万元增至年末的 71 万元,现金流出增加了 6 万元。

(3) 其他长期资产由年初的 189 万元减至年末的 175 万元,减少了 14 万元。前两项的投资现金流出之和为 194 万元,减去本项的现金流入 14 万元,ABC 公司投资活动中的现金流出为 180 万元。

2.2.3.3.3 融资活动中的现金流量

融资活动中的现金流量主要包括公司从债权人或股东获得的现金和流向公司债权人或股东的现金。表 2-4 显示,ABC 公司 2019 年融资活动中的现金流入为 53 万元,由三部分组成。

(1) 公司的短期负债由年初的 156 万元增至年末的 188 万元,现金流入增加了 32 万元。

(2) 长期负债由年初的 255 万元增至年末的 310 万元,现金流入增加了 55 万元。

(3) ABC 公司当年向股东支付红利 34 万元。前两项的现金流入之和减去本项的现金流出,ABC 公司 2019 年融资活动中的现金流量为 53 万元。

ABC 公司 2019 年的现金流量表显示,公司当年经营活动中的现金流入量为 154 万元,投资活动中的现金流出量为 180 万元,融资活动中的现金流入量为 53 万元,三者之和即净现金流入量为 27 万元。可以看出,ABC 公司主要通过经营活动和融资活动增加现金流量,主要融资来源于短期负债和长期负债,现金流出主要是固定资产投资。

2.3 财务报表说明

公司财务报表还包括一些提供相关信息的说明,这主要包括五个方面内容:所采用的会计方法,如存货成本的计算方法、计提折旧的方法等;公司资本结构中附加条款的解释,评估公司被并购的可能性等;公司经营状况的说明,主营业务与其他业务的结构变化,再投资盈利机会的评估等;表外项目的说明;反映影响公司财务状况的金融合约,如远期合约、互换交易和期权交易等衍生交易合约等。

财务报表说明通常不是对财务报表本身的说明,而是提供与公司财务状况相关的重要信息。

2.4 账面价值与市场价值

必须注意的是,资产负债表中资产、负债与所有者权益是按历史获取成本计量的会计账面价值，它不是按市场价值估计的实际经济价值。所以，资产负债表中的所有者权益，并不能真实反映公司股东的真实价值。理解财务报表的这一特征，对于公司做金融决策极为重要。

2.4.1 账面价值不同于市场价值

按照会计标准入账的资产和所有者权益的会计价值称为账面价值（Book Value）。按账面价值列示的资产总额减去负债与优先股之和称为公司的权益账面价值。以所有者权益的账面价值除以发行在外的普通股股数，就是公司每股的账面价值。每股市场价值是市场的交易价格，每股市价是投资者愿意就公司每股普通股所支付的价格。

在表2-1中可以看到，2019年ABC公司的账面价值为1 403万元，每股的账面价值为2.806元（1 403万元/500万股）。但是，公司的每股市价却为1.62美元。

公司的账面价值不等于其市场价值有两个方面的原因。

（1）账面价值忽略了公司一些具有重要经济价值的资产和负债。会计上的资产负债表经常忽略一些具有重要经济价值的资产，比如公司产品和服务的良好商誉，公司通过过去研发支出或培训职工形成的知识基础，显然这些没有计入的无形资产会增加公司的市场价值。虽然资产负债表中也计入了一些无形资产，但不是按照市场价格核算的。

会计上的资产负债表还忽略了一些重要经济价值的负债。比如，如果公司卷入法律诉讼可能引起公司或有负债，但并不会在账面价值中得到反映。

（2）资产负债表是按历史成本而不是市场价值计价的。会计上的资产负债表忽视了资产和负债的市场价格未实现的收入或损失。例如，在一段时期内，公司资产（设备、地产或房产等）的市场价格下降了，但是只要公司在这一段时期内没有发生这些资产的交易，资产的账面价值就不会发生变化。再有，会计计量的收入是扣除借入资金的成本即利息费用之后的收入，但并不相应地扣除所用资本金的成本。例如，某公司获得100万元的收入，其资产占用了1 000万元的股权资本，其资本成本为12%，那么从金融决策分析的角度看，该公司亏损了20万元（100 - 1 000 × 12%）。这里的会计利润为正，但是没有弥补其包括资本成本在内的基本成本。

2.4.2 股东收益不同于账面收益

账面价值不同于市场价值也导致了股东收益的计量差异。从经济学角度测量公司股东的收益即衡量其在一段特定时期内（如1个季度、1年或若干年）股东个人财富的增加量，衡量的直接方法是计算这一段时期内投资于公司股票的每股收益率。每股收益率的计算公式为：

$$r = (股利 + 股票期末价格 - 股票期初价格) / 股票期初价格$$

以ABC公司为例，其2019年年初的每股股票市场价格为180美元，年末的每股股票市场价格为162美元。公司当年每股现金股利为6.8美元（股利34万元/在外流通

500万股),那么2019年投资于ABC公司股票的收益率为:

$$r = (6.8 + 162 - 180)/180 = -6.22\%$$

按照会计方法,衡量公司业绩的指标是净资产收益率(ROE)。ROE是净收益除以所有者权益的账面价值。表2-1中,2019年年底ABC公司的所有者权益为1 403万元;表2-2中,2019年ABC公司的净收益为124万元。由此得到ABC公司的净资产收益率为:

$$净资产收益率 = 净收益/所有者权益 = 124/1\,403 = 8.84\%$$

可见,公司的净资产收益率与股东投资于公司股票的全部收益率之间没有必然联系。

2.4.3 账面价值与金融决策基本无关

在绝大多数情况下,公司的账面价值与金融决策无关,与金融决策相关的是市场价值。

例如,假设ABC公司3年前以200万元购置了一台设备,其经济寿命为10年,计提折旧后现在设备的账面价值为140万元。但由于生产技术的发展变化,该设备的市场价格已降为100万元。假设,该公司现在计划以更先进的设备替换这台设备,那么公司在投资决策中,依据相关替代品的价值来评估项目的设备价值,一定是当前的市场价格100万元,而账面价值与此无关。

再如,某公司的某种库存原材料,年初的市场价格每吨为2 000元,现在为每吨2 500元。很明显,在该公司生产决策中考虑的原材料成本一定是当前的市场价格,而每吨2 000元的初始成本则毫无意义。所以,为了作出正确决策,应当使用的价值是市场价值。

本章小结

财务报表包括资产负债表、损益表和现金流量表这三张基本的报表以及附表和附注说明,其为报表使用者提供有关企业财务状况和经营业绩以及现金流变动的信息,是企业财务分析重要的数据源。

资产负债表和损益表是按照权责发生制原则编制的报表。在这一原则下,资产负债表中的资产、负债及所有者权益以历史获取成本价计量,称为账面价值;损益表中的收入、成本和费用的确认与当期实际现金收入和现金支出是不一致的,因此测量出的利润与实际现金余额的变动是有差别的。这一差别通过现金流量表进行核对。所以,现金流量表是损益表的有效补充和说明。

现金流量表从三个方面说明公司现金余额的变化,即经营活动产生的现金流量、投资活动产生的现金流量和融资活动产生的现金流量。其中,经营活动产生的现金流量是对经营成果质量良好的评价。

对于以权责发生制原则做出会计记录并由此产生的财务报表而言,其资产负债表中的资产、负债及所有者权益价值称为账面价值，账面价值不同于市场价值；通过损益表计量出的股东收益称为账面收益，账面收益不同于经济学角度测量的股东收益。账面价值与账面收益对金融决策的参考意义不大。

思考与练习题

1. 所有的资产在付出某种代价的情况下都具有流动性。请解释作出该判断的原因。
2. 为什么标准的利润表上列示的收入和成本不代表当期实际的现金流入和现金流出？
3. 在会计现金流量表上，最后一栏表示什么？这个数字对于分析一家公司有何用处？
4. 财务现金流量与会计现金流量有何不同？哪一项对于分析者更有用？
5. 按照会计规定，一家公司的负债有可能超过资产，所有者权益为负。这种情况在市场价值上有没有可能发生？为什么？
6. 为什么说在一个特定期间内资产的现金流量为负不一定不好？
7. 为什么说在一个特定期间内经营性现金流量为负不一定不好？
8. 公司在某个年度净营运资本的变动额有可能为负吗？（提示：有可能。）请解释怎样才会发生这种情况。

 **案例思考**

上市公司股权再融资方式的效果

一般来讲，再融资是企业资本增容、筹集资金并进行企业市场投资的一种策略选择。上市公司股权再融资，是指上市公司在其首次公开发行股票（IPO）并上市后，通过股权融资形式在证券市场上再次筹集资金的行为，具体包括配股、增发和发行可转债三种形式。

上市公司通过股权再融资，从资本市场募集资金是为了获取开建新项目的资金、扩大公司的生产能力、提高公司的经营效益。因此，为评价上市公司股权再融资的效果，便要分析上市公司股权再融资是否达到良好的经济效果。

泸州老窖自上市以来共成功实施了3次股权再融资，募资总额共计101 789.54万元。其中1997年、2002年各配股一次，配股发行价分别为7元、8元，募资总额分别是35 577.36万元、29 552.18万元，募资净额分别是34 952.30万元、28 415.03万元；2006年成功定向增发一次，发行价为12.22元，募资总额为36 660.00万元。

泸州老窖自上市以来未曾发行过可转换债券，而主要是通过首发、股权再融资募集资金，总募资额为114 545.58万元，其中首发募资12 756.04万元，占直接融资总额的 11.14%。而股权再融资募资 101 789.54 万元，占直接融资总额的 88.86%，是该公司直接融资资金的主要来源。

请根据以上数据及其他信息，从净资产收益率、总资产经营活动收益率、市盈率等指标着手，对泸州老窖的再融资效果及背后原因进行分析。

3 财务报表分析与长期财务计划

学习要点

1. 财务报表的比率分析法在企业分析中的应用及其主要指标的内容
2. 使用财务比率分析法应注意的问题
3. 制订长期财务计划通常使用的方法以及主要步骤
4. 通过长期财务计划预测外部融资需求
5. 可持续增长率和内部增长率的概念
6. 企业可持续增长率与其实际增长率之间的比较能够反映的问题

3.1 财务报表分析

上一章介绍了基于会计原则编制的财务报表，了解到会计的账面收益不同于经济学角度测量的股东收益，与金融决策相关的数据是经济学角度测量的收益而非会计利润。尽管如此，许多证据表明，无论会计数据有何缺点，它们在评估公司的经济前景中仍然具有重要价值。人们可能想知道会计利润与经济利润有多接近，投资者在对公司估值时会计数据到底有多大用处。事实上，公司损益表中的净利润确实向人们传递了有关公司前景的重要信息。这种现象在现实中也得到了体现，比如，当公司披露其盈利超出市场分析或投资者预期时，股价往往上涨；相反，公司损益表中所显示的盈利低于市场分析或投资者预期时，股价会趋于下跌。本章将论述如何利用财务报表分析一个企业各方面的情况。

3.1.1 财务报表分析方法

一般常用的财务报表分析方法有共同比分析法和财务比率分析法。

3.1.1.1 共同比分析法

共同比分析法是一种通过垂直的纵向分析来检查同一时期的财务报表各项目间关系的分析方法。通过编制共同比财务报表，即以财务报表上的某一关键项目的金额为基数，将其余各项目换算成为对这一关键项目的百分比，显示出每个项目对关键项目的重要性。该方法便于对这些关键项目的百分比做不同时期的比较，也便于不同规模公司之间的比较。

对于共同比的损益表来说，损益表中的所有项目都被表示为占总收入的百分比，这使得不同规模公司之间的比较更为容易。

就像同比损益表一样，为了便于进行不同规模的公司和公司自身不同时期的比较，同比资产负债表是把资产负债表中的每一项目表示为占总资产的比例。

3.1.1.2 财务比率分析法

财务比率分析法是应用最为广泛的财务报表分析方法，也是最基本的分析方法。投资者或证券分析人员主要以这一方法为基础开展他们的分析工作。

财务比率一般是两个财务报表（资产负债表和损益表）数据相比得出的各种指数，运用财务比率法对诸如公司经营业绩、运行效率和偿债能力等进行分析。

3.1.2 财务比率的类型与分类

按照比率数据的来源，财务比率可以分为三大类：第一类是资产负债表比率，这类比率直接来源于公司的资产负债表。这些比率分析概括了公司某一时点的财务状况，如流动比率、速动比率和财务杠杆比率等。第二类是损益表比率或损益表/资产负债表比率，这些比率分析概括了公司在一段时期内（通常为1年）的某些经营成果。损益表比率将来自损益表的一个流量项目与另一个流量项目相比较，如利息保障比率等；而损益表/资产负债表比率是以来自损益表的流量项目作为分子除以来自资产负债表的存量项目。这样，当一个财务比率中既有损益表中的流量，又有资产负债表中的存量时，一般以资产负债表中的平均值作为分母。第三类是资产负债表、损益表中的账面价值与相应指标的市场价值的比率。

按照财务报表分析的目标，财务比率具体可分为盈利性比率、资产周转比率、财务杠杆比率、流动性比率和市值账面值比率等。

3.1.3 财务比率的应用

公司提供的财务报表是以绝对数字反映的公司财务状况，为进行财务分析提供了线索。而进行相对情况的比较分析，就需要使用财务比率这一重要的工具。

运用财务比率一般涉及两个方面的比较分析：其一，纵向分析，即比较本公司不同时期的比率，以反映变化发展趋势；其二，横向分析，即将本公司同期比率与其他相似公司的比率相比较，或与同期的行业平均水平的比率相比较，以衡量本公司在行业中的地位和竞争能力。下面结合上一章 ABC 公司 2018 年和 2019 年的资产负债表及损益表的数据，说明各种主要财务比率在财务分析中的运用。为了阅读方便，将 ABC 公司的资产负债表和损益表复制至此，分别显示为表 3-1 和表 3-2。

表 3-1 ABC 公司资产负债表

（单位：万元）

项目	2018 年	2019 年	变动额
资产			
现金及其等价物	324	351	27
应收账款	127	169	42
存货	237	230	(7)
预付费用	35	53	18
流动资产合计	723	803	80

续表

项　目	2018年	2019年	变动额
固定资产原值	1 134	1 322	188
累计折旧	(283)	(314)	(31)
固定资产净值	851	1 008	157
长期投资	65	71	6
其他长期资产	189	175	(14)
资产总计	1 828	2 057	229
负债和所有者权益			
银行借款和应付票据	156	188	32
应付账款	66	91	25
应计税金	3	4	1
其他应计负债	35	61	26
流动负债合计	260	344	84
长期负债	255	310	55
负债合计	515	654	139
普通股（实收资本）	900	900	0
留存收益	413	503	90
所有者权益合计	1 313	1 403	90
负债和所有者权益总计	1 828	2 057	229
其他数据			
每股市价（美元）	180	162	(18)
发行在外的普通股（万股）	500	500	0

表3-2　ABC公司损益表

（单位：万元）

项　目	金　额
销售收入	675
销售成本	360
毛利	315
销售和管理费用	70
折旧	31
营业收入（EBIT[①]）	214
利息费用	23
税前利润	191
所得税（税率35%）	67
净收益	124
现金股利	34
留存收益变动	90

注：①EBIT（Earnings Before Interest and Tax）一般指息税前利润。

3.1.3.1 公司盈利能力的分析

3.1.3.1.1 与销售收入相关的比率分析

$$销售毛利率（Gross\ Profit\ Margin）= 毛利润/销售收入$$
$$销售利润率（ROS）= EBIT/销售收入$$
$$销售净利率（Net\ Profit\ Margin）= 净收益/销售收入$$

ABC 公司 2019 年的销售利润率 = EBIT/销售收入 = 214/675 = 31.70%

由于：

$$营业收入 = 销售收入 - 销售成本 - 销售和管理费用$$
$$销售收入 = 销售数量 \times 单位产品销售价格$$
$$销售成本 = 销售数量 \times 单位产品销售成本$$

所以，影响销售利润率的因素可归结为销售数量、单位产品销售价格、单位产品销售成本、销售费用和管理费用的变动。在分析中，要看市场变化的影响以及公司对成本和费用的控制能力。

在横向比较中，如果 ABC 公司的销售利润率高于（低于）行业平均水平，则说明该公司每 1 元的销售收入获得的营业收入高于（低于）同类公司。

在纵向分析中，应综合上述三个比率观察本公司连续几年的各项盈利性比率的变化状况。

3.1.3.1.2 与资产相关的比率分析

$$资产收益率（ROA）= EBIT/（平均）总资产$$
$$净资产收益率（ROE）= 净收益/（平均）总资产$$

因为净收益受到公司经营活动中商业信用（如应收账款、预付费用及应付账款等）因素的影响，所以公司通常倾向于选择资产收益率这一指标。

ABC 公司 2019 年的资产收益率 = EBIT/（平均）总资产 = 214/[(1 828 + 2 057)/2]
= 11.02%

将资产收益率分解为两个部分，有利于对公司资产收益率变化的原因进行分析。

$$资产收益率 = （营业收入/销售收入）\times（销售收入/总资产）$$
$$= 销售利润率 \times 总资产周转率$$

因此，影响资产收益率变动的原因可分解为营业收入、销售收入、总资产、销售利润率以及总资产周转率的变化等因素。

即使处于同一行业，当公司实施不同的市场战略时，各公司的利润率和资产周转率有时也会显著不同。例如，在零售行业，珠宝店实施高利润率、低周转率的策略，而沃尔玛公司则实施低利润率、高周转率的策略。

ROA 分解公式说明，总资产收益率是利润率和总资产周转率的产物，其中一个比率较高通常伴随着另一比率较低,这样的组合并不是偶然的,而带有必然性。因此,只有评估同一行业内的公司时,单独比较这些比率才有意义,而跨行业比较可能会产生误导。如下例所示,利润率与资产周转率应按照不同的行业标准来理解。

假设有两家公司具有相同的总资产收益率,均为每年10%,一家是超市连锁店,另一家是电气设备公司。

超市连锁店的利润率较低,为2%,但它通过每年使资产周转5次而获得了10%的总资产收益率。资本密集型的电气设备公司的总资产周转率较低,每年仅为0.5次,但它拥有20%的利润率,同样也实现了10%的总资产收益率。这里我们要强调的是较低的利润率或资产周转率并不意味着公司经营状况差,每一比率都应按照不同的行业标准来理解。

3.1.3.1.3 与权益相关的比率分析

$$净资产收益率 = 净收益/所有者权益$$

ABC 公司 2019 年的净资产收益率 = 124/1 403 = 8.84%

为了便于公司之间的横向比较,总收益被表示为1元投资所创造的收益。所以,净资产收益率被定义为(税后)利润与权益账面价值的比率,用来衡量权益资本的盈利能力。类似地,资产收益率被定义为息税前利润与总资产的比率,用来衡量全部资本的盈利能力。因此,净资产收益率与资产收益率是相互联系的,但是正如我们将要介绍的,两者之间的关系会受到公司财务政策的影响。

(1) 财务杠杆与净资产收益率。所有分析师在解释公司净资产收益率的过去表现或预测其未来值时,都必须注意公司债务和权益的组合以及债务的利息率。

【例3-1】假设L公司是一家全股权融资公司,总资产为10 000万元,其所得税税率为25%。表3-3列出了在经济周期的三个不同阶段期间,L公司销售收入、息税前利润和净利润的表现。此外,它还包括了两个最常使用的衡量盈利能力的指标,即资产收益率(ROA)和净资产收益率(ROE)。

表3-3 L公司在不同经济周期的盈利情况

(单位:万元)

经济情境	销售收入	息税前利润	净利润	ROA(%)	ROE(%)
不景气	80	5	3	5	3
正常	100	10	6	10	6
景气	120	15	9	15	9

M是另一家与L相似的公司,其销售收入和息税前利润与L公司相同,但是10 000万元的总资产中有4 000万元是债务融资,利率为8%,因此每年的利息费用为320万元。表3-4列出了M公司与L公司的不同之处。

表 3-4 财务杠杆对 M 公司和 L 公司 ROE 的影响

经济情境	息税前利润	净利润	L 公司 ROE（%）	净利润	M 公司 ROE（%）
不景气	5	3	3	1.08	1.8
正常	10	6	6	4.08	6.8
景气	15	9	9	7.08	11.8

我们可以发现，在三种不同的经济情境中，两家公司的销售收入、息税前利润和 ROA 都是相同的。也就是说，两家公司的经营风险相同，但它们的财务风险不同。尽管两家公司在三种不同经济情境中的 ROA 均相同，但是 M 公司的 ROE 在正常年份和景气年份高于 L 公司，而在不景气年份却低于 L 公司。

因此，ROE、ROA 和财务杠杆之间的关系可以总结为下式：

$$ROE = (1 - 税率)[ROA + (ROA - 利率)债务/权益] \quad (3-1)$$

这种关系的含义是：若公司没有债务或公司的 ROA 等于债务的利率，那么其 ROE 将等于（1 - 税率）× ROA。若 ROA 超过了利率，则 ROE 超过（1 - 税率）× ROA 的程度将高于较高的负债权益比率。

这一结果是讲得通的：若 ROA 超过借款利率，那么公司获得的收益将超过支付给债权人的利息，剩余的收益归公司所有者即股东所有；若 ROA 低于借款利率，那么 ROE 将会下降，下降的程度取决于债务权益比率。

使用表 3-3 中的数据来说明如何应用式 3-1。在正常年份，L 公司的 ROE 是 6%，ROA 是 10%，ROE 是 ROA 的 0.6 倍，即（1 - 税率）；M 公司的借款利率为 8%，债务权益比率为 2/3，ROE 为 6.0%，利用式 3-1 计算得：

$$ROE = 0.6[10\% + (10\% - 8\%)2/3] = 6.8\%$$

只有当公司 ROA 超过债务利率时，增加债务才会对公司 ROE 有正的贡献。需要注意的是，财务杠杆也会增加权益所有者收益的风险。从表 3-4 可以看出，在不景气的年份里，M 公司的 ROE 低于 L 公司。相反，在景气年份里，M 公司的表现优于 L 公司，因为 ROA 超过 ROE 为股东带来了额外的资金。债务使 M 公司的 ROE 比 L 公司的 ROE 对经济周期更敏感。尽管两家公司的经营风险相同（三种情境下，它们的息税前利润完全相同），但是 M 公司的股东比 L 公司的股东承受更大的财务风险，因为 M 公司的所有经营风险要由更少的权益投资者承担。

尽管与 L 公司相比，财务杠杆增加了对 M 公司 ROE 的预期，但这并不意味着 M 公司的股价将会更高。财务杠杆确实可以提高预期 ROE，但它也增加了公司权益的风险，高贴现率抵消了对收益的高预期。

（2）对净资产收益率的分解。为了理解对公司净资产收益率的影响因素，尤其是它的趋势和相对于竞争对手的表现，人们通常会把净资产收益率"分解"成一系列的比率，每一个组成比率都有其自身含义。这一过程可以帮助分析人员将注意力集中于影响业绩的相互独立的因素上来。这种对 ROE 的分解通常被称为杜邦体系（DuPont System）。

对 ROE 进行分解的一种有效方法是：

$$\text{ROE} = \frac{\text{净利润}}{\text{净资产}}$$

$$= \frac{\text{净利润}}{\text{销售收入}} \times \frac{\text{销售收入}}{\text{总资产}} \times \frac{\text{总资产}}{\text{净资产}}$$

$$= \text{净利润率} \times \text{资产周转率} \times \text{权益乘数} \qquad (3-2)$$

3.1.3.2 资产管理效率的分析

3.1.3.2.1 与存货相关的比率分析

$$\text{存货周转率} = \text{销售成本}/(\text{平均})\text{存货}$$

ABC 公司 2019 年的存货周转率 $= 360/[(237+230)/2] = 1.54$（次/年）

存货周转率之所以在分子一项使用销售成本，原因在于可以避免因各个公司销售收入价格（成本之上加价）的不同导致该比率的较大差异。将本公司的这一比率与同行业的平均水平相比较，可以观察本公司存货管理效率的高低。一般而言，存货周转率越高，存货管理效率越高，但是，某一高水平的存货周转率可能意味着存货占用过少，是缺乏存货的信号。所以，存货周转率只是一个粗略的衡量指标。

用存货周转率还可以推导出另一个衡量存货管理的指标，就是存货周转天数。

$$\text{存货周转天数} = 365 \text{ 天}/\text{存货周转率}$$

ABC 公司 2019 年的存货周转天数 $= 365/1.54 = 237$（天）

存货周转天数反映存货通过销售转换为应收账款所需的平均天数，表明 ABC 公司每 237 天才能将存货卖出去。如果这个指标高于同行业的平均水平，则说明该公司的存货周转较慢，存货管理较差；相反，则说明该公司的存货管理较为有效。

3.1.3.2.2 与应收账款相关的比率分析

$$\text{应收账款周转率} = \text{销售收入}/(\text{平均})\text{应收账款}$$

ABC 公司 2019 年的应收账款周转率 $= 675/[(127+169)/2] = 4.56$（次/年）

应收账款周转率反映了公司应收账款的质量和收账的能力，它说明了公司应收账款在年度内转变为现金的次数。在纵向分析或横向分析中，公司的应收账款周转率越高，表明从实现销售收入到收回现金的时间越短，应收账款的控制管理越有效。

依据应收账款周转率的公式，可以推导出应收账款周转天数，又称为平均收现期。

$$\text{应收账款周转天数} = 365 \text{ 天}/\text{应收账款周转率}$$

ABC 公司 2019 年的应收账款周转天数 $= 365/4.56 = 80$（天）

该指标显示了公司在年度内从取得应收账款到收回的平均天数，可以把它理解为销售的日期与收到付款的日期之间的平均间隔，因此也被称为应收账款平均收款期（Average Collection Period）。分析应收账款周转天数，在纵向比较和横向比较的同时，还要看公司给予客户的信用条件。

3.1.3.2.3 与总资产相关的比率分析

总资产周转率表示为公司每 1 元资产所产生销售收入的效率或水平。

$$\text{总资产周转率} = \text{销售收入}/(\text{平均})\text{总资产}$$

ABC 公司 2019 年的总资产周转率 = 675/[(1 828 + 2 057)/2] = 0.35

总资产周转率说明了 ABC 公司年度内每 1 元资产只赚取了 0.35 元的销售收入，或者说年度内的销售收入是平均总资产的 0.35 倍。如果这个比率高于同行业的平均水平，说明 ABC 公司的资产利用效率是较高的；如果这个比率低于同行业的平均水平，可能是由于前面两个比率分析中的应收账款和存货的低效率所导致的。

固定资产周转率反映了公司投资于固定资产（土地、建筑物和设备等）所产生的销售收入水平或效率。

$$固定资产周转率 = 销售收入/（平均）固定资产$$

ABC 公司 2019 年的固定资产周转率 = 675/[(851 + 1 008)/2] = 0.73

固定资产周转率显示了 ABC 公司年度内每 1 元固定资产产生销售收入为 0.73 元，或者说销售收入是固定资产的 0.73 倍。将这一比率与同行业的平均水平相比较，可以衡量出该公司固定资产的利用效率。

对公司资产的利用效率不能仅限于对某一项资产的分析上，还应运用存货周转率、应收账款周转率、总资产周转率及固定资产周转率等各项指标进行综合分析。

3.1.3.3 长期偿债能力的分析——财务杠杆比率

3.1.3.3.1 与负债相关的比率分析

$$债务比率 = 总负债/总资产$$

ABC 公司 2019 年的债务比率 = 654/2 057 = 0.32

债务比率显示了 ABC 公司的总资产中有 32% 来自外部举债，其余的 68% 来自公司股东的权益资本。这意味着在公司清算时，其清算价值降到 68% 以下时，债权才会受到损失。股东权益资本的比率越高，公司债权人的保障程度越高。

3.1.3.3.2 与权益相关的比率分析

$$产权比率 = 总负债/股东权益$$

ABC 公司 2019 年的产权比率 = 654/1 403 = 0.47

产权比率反映出 ABC 公司的股东每提供 1 元资本，债权人就提供 0.47 元的贷款。产权比率越低，股东权益资本的比重越高，债权人利益的保障程度就越高。相反，股东一般希望较高的产权比率，一方面股东可以利用更多的债权人的资金为自己赚钱，另一方面债权人更多地承担了公司的经营风险。将本公司的产权比率与同行业的平均水平相比较，产权比率越高，表明公司的信用水平越低，财务风险越高。

3.1.3.3.3 与资本相关的比率分析

$$长期负债/长期资本比率 = 长期负债/长期资本$$

ABC 公司 2019 年的长期负债/长期资本比率 = 0.18

这个比率显示了 ABC 公司长期负债在资本结构中的重要作用，说明了 ABC 公司每 1 元的长期资本中，有 18% 来自长期负债的融资。

3.1.3.3.4 保障比率的分析

$$利息保障倍数 = EBIT/利息费用$$

ABC 公司 2019 年的利息保障倍数 = 214/23 = 9.30

该比率用以衡量公司偿付借款利息的能力。从会计角度看，ABC 公司的营业收入即使降低到现在的 10.75%（1/9.30），仍能够保证对利息费用的支付。一般而言，利息保障倍数越高，公司偿还借款利息的可靠性越强，其债务的安全性也越好。但是必须注意，公司的利息费用和本金实际上是用现金支付的，而不是用营业收入。所以，利息保障倍数只是衡量公司付息能力的一个大致指标。

3.1.3.4 短期偿债能力的分析

3.1.3.4.1 流动比率

$$流动比率 = 流动资产/流动负债$$

流动比率用来衡量公司通过变现流动资产（即把流动资产转换为现金）偿还流动负债的能力，它反映了公司在短期内避免破产的能力。

$$ABC\ 公司\ 2019\ 年的流动比率 = 803/344 = 2.33（倍）$$

ABC 公司的这一比率意味着公司流动资产是流动负债的 2.33 倍，也就是说，公司每 1 元的短期负债就有 2.33 元的流动资产作为偿付保证。一般而言，流动比率越高，公司的清偿能力越强。

3.1.3.4.2 速动比率（酸性测试）

$$速动比率 = (流动资产 - 存货)/流动负债$$

因为流动比率没有考虑流动资产具体项目的流动性，所以只是一个粗略的评估指标。流动资产主要包括现金、应收账款和存货，流动资产扣除流动性最差的存货后就成为流动性最强的短期资产。因此，可以使用一个更精确的比率来衡量公司的流动性，这个比率称为速动比率（Quick Ratio）或酸性测试（Acid Test），其分母与流动比率的分母相同，但分子只包括现金、现金等价物和应收账款。对于那些不能迅速把存货变现的公司而言，速动比率能比流动比率更好地反映公司的流动性。

例如，ABC 公司 2019 年的速动比率 =（803 - 230）/344 = 1.67

ABC 公司的这一比率意味着每 1 元短期负债有 1.67 元的高流动性资产作为偿付保证。同样，以本公司的速动比率与同行业的平均水平相比，可以衡量公司短期负债清偿能力的强弱。但应注意的是，流动比率和速动比率都不能说明公司应收账款和存货的实际水平是否合理，可能出现因为应收账款和存货占用资金过高而导致这两个比率的虚假良好。

3.1.3.4.3 现金比率

$$现金比率 = (现金 + 有价证券)/流动负债$$

与现金和有价证券相比，公司应收账款的流动性相对较差，因此，除速动比率外，分析师还会计算公司的现金比率（Cash Ratio）。

如果一个公司的流动性比率连续 3 年大幅下降，下降后该比率显著低于行业平均值，而且流动比率和利息保障倍数（这一期间利息保障倍数也在下降）共同下降，说明公司的信用等级在下滑。这样的公司在当前年度具有较高的信用风险。

3.1.3.5 账面价值与市场价值的比较——对企业股权增长与价值的分析

按照会计方法取得的每股盈利和每股净资产与其各自市场数据有区别，将账面盈利与盈利的市场价格相比较得出的比率,以及将账面净资产与其市场价格相比较得出的比率具有一定的分析意义。其意义在于可以分析出公司证券在市场中被投资者交易的意愿如何,以及市场对该公司股权增长潜力和价值的评估。

3.1.3.5.1　市盈率(Price Earnings Ratio,P/E)

$$市盈率 = 股票价格/每股盈利$$

市盈率表示对于公司每1元的现有收益,市场中投资者愿意以多少钱购买。如果投资者购买的意愿强烈,则市盈率较高,投资者之所以愿意以较高的价格购买现有账面价值,是因为投资者很认可该公司的增长机会价值。尽管低市盈率股票允许购买者为其每1元的盈利支付较低的价格,但一些人认为高市盈率股票仍值得投资,只要预期其收益增长足够快,也有一些人相信低市盈率的股票比高市盈率的股票更具吸引力。

股票向其所有者,既传递了当前收益的所有权,也传递了对未来收益的所有权。因此,对高市盈率的最好解释或许是表明公司拥有高增长的机会。

3.1.3.5.2　市净率(Price-to-Book Ratio,P/B)

$$市净率 = 股票价格/每股净资产$$

一些分析人员认为,公司股票的市净率越低,则投资风险越小,他们把账面价值看作支撑市场价格的"底线"。这些分析人员假定市场价格不可能降至账面价值以下,因为公司总是可以选择按账面价值来变现或出售其资产。然而在现实中,一些公司的股票是在账面价值以下进行交易的。但是,一些分析人员把较低的市净率看作一种"安全边际",而且部分分析人员在挑选股票的过程中会剔除或拒绝高市净率的股票。

事实上,对市净率的更好解释是,它是一种测度公司增长机会的工具。公司价值的两个组成部分是现有资产价值和增长机会价值。公司的增长机会越好,在现有资产价值不变的情况下公司的价值越高,因而市净率会越高。

3.1.3.5.3　市盈率与市净率之间的关系

ROE=每股净利润/每股净资产,如果分子分母同除每股价格,然后再变形,那么,ROE=市净率/市盈率。转换为市盈率的表达为,市盈率等于市净率与ROE的比值。因此,即使一家公司的P/B比率较高,但是只要其净资产收益率足够高,它的市盈率也可以相对较低。

在投资领域,有区分"好公司"和"好投资"的说法。一家好公司的盈利性或许会很好,净资产收益率通常会很高,但若其股价水平相应地很高,那么会使其市净率升高,进而市盈率也会很高,从而降低该公司股票的吸引力。因此,一家公司的ROE很高并不能说明其股票是一项好的投资;相反,只要低ROE公司的股价足够低,其股票也可以成为一项好投资。

3.1.3.6　财务比率分析应注意的问题

比率分析可以将报表中的数据整理成一些有意义的且相互关联的比率,从而减少报表数据的观察数量。整理出的比率可以用来进行企业与企业之间的比较,也可以进行同一企业不同时期各种情况的比较。比率更多地被企业外部的分析人员所使用,在证券分析和投资分析中常常被用来作为基础分析方法的重要数据源,同时这些比率也被广泛地用于信用评级领域。

我们必须清楚，财务比率是建立在会计数据基础上的，而对于会计数据的局限性应始终予以足够的警惕，在使用时要考虑其可比性，因为会计方法不同会产生不同的数据。比如，不同的存货计量方法会使销售成本不同，不同的折旧方法会使税前利润和报告的资产价值不同，不注意会计方法的可比性，会对分析结果产生误导。所以，我们在使用会计数据时要带着怀疑的态度，这样可以帮助我们看清盈利的质量。

另外，因为财务比率分析实际上是比较分析，只有比较才有分析的意义，所以比较时要注意可比性的问题，特别是企业与企业之间的比较要在同行业中进行。现实中很难找到绝对可比的企业，同行业企业看似可比，但也有很多不同，比如，公司规模、增长潜力、股利政策和会计方法等可能相差很远，所以比较分析时要注意。再者，很多比率缺乏绝对标准。可见，财务报表比率分析仅仅是给出一个粗略概览。

3.2 长期财务计划

任何计划都有长短之分，企业的财务计划也是一样，有长期财务计划和短期财务计划之分。长期财务计划是为了配合公司的发展战略计划而作出的财务预测和财务安排，而短期财务计划就是营运资金的管理。这一节论述的是长期财务计划。

长期财务计划如何做？长期财务计划通过建立财务模型进行财务报表的预测，其表达的方式是预测财务报表（Pro Forma）。最普遍使用的财务报表的预测方法称为销售百分比法，或称销售收入驱动法，即预测的起点或基础是销售的预测，并假设资产负债表和损益表的大多数科目都与销售有稳定的关系。为此需要从公司的销售部门获得销售预测以及从生产部门获得生产计划，再将这些信息综合起来制订公司未来的融资需求。

3.2.1 财务预测与计划的基本步骤

财务预测与计划是一个对未来不确定性进行预计、制订相应对策、执行计划并根据实际情况修正计划的动态过程。财务预测和计划有五个基本步骤。

（1）管理者首先预测未来一个时期公司产品需求的市场变化。这就需要分析影响未来销售市场的具体因素，主要包括经济周期的变动、人们对产品的需求变化、竞争对手情况以及预期通货膨胀、利率和汇率的变动等外部因素。

（2）在外部因素预测的基础上，根据公司自身情况制订出相应的销售计划和生产计划。管理者需要预测公司的销售收入、成本、费用开支和股利支付等，并预测投资（厂房和设备等）支出、生产数量和产品品种等。依据对公司内外因素的预测，制订相应的销售和生产计划，并估计所需的融资需求数量和制订融资计划。

（3）公司决策层审核这些未来的财务计划是否与股东财富最大化和公司发展战略相一致以及评估计划的可行性。如果不一致，管理者需修改最初的决策，直至形成一个可行的计划，然后确定和实施这些计划。

（4）以这些计划为基础，制定各个部门的具体经营目标。在实施中定期（每月或每季)以此考核部门和员工的业绩,评估执行计划的效果,分析和发现问题,并改进实施行为。如果设定的目标与计划实施效果偏离较大,则管理层可能考虑修订计划和目标。

(5)每年年末根据计划执行的效益,对部门和员工实施奖励,并进行计划的总结。根据计划执行中存在的问题和发展变化,对计划进行修改调整,然后开始下一周期计划的执行。

3.2.2 财务预测与计划的方法:销售百分比法

财务预测有多种方法,常用的一种简单方法是销售百分比法。销售百分比法通常假定收入、费用、资产、负债与销售收入存在着稳定的百分比关系,根据预计的销售收入和相应的百分比预测资产、负债和所有者权益的总额,然后确定融资需求。虽然这种对未来财务进行预测的方法并不十分准确,但因其简便与低成本特点,所以通常是公司首选的制定未来融资需求的一种方法。

下面以 ABC 公司的财务数据(见表 3-5)说明这一方法的运用步骤。

表 3-5 运用销售百分比法预测 ABC 公司未来的融资需求

(单位:万元)

项 目	2019 年	2019 年销售百分比(%) (2019 年销售收入 675)	2020 年预测 (预计 2020 年销售收入 810)
资产			
现金及其等价物	351	52	421.2
应收账款	169	25.04	202.83
存货	230	34.07	275.97
预付费用	53	7.85	63.59
流动资产合计	803	118.96	963.59
固定资产净值	1 008	149.33	1 209.57
长期投资	71	N	71
其他长期资产	175	N	175
资产合计	2 057		2 419.16
负债和所有者权益			
银行借款和应付票据	188	N	188
应付账款	91	13.48	109.19
应计税金	4	0.59	4.78
其他应计负债	61	N	61
长期负债	310	N	310
负债合计	654		672.97
普通股	900	N	900
留存收益	503	N	577.40
所有者权益合计	1 403	N	1 477.40
融资需求			268.79
总计			2 419.16

第一步，确定资产负债表中与销售收入存在稳定百分比的项目。

在销售百分比法中，通常假定资产项目中的流动资产与固定资产随销售水平变化而变化。这样，公司现有生产能力下的固定资产就可能不足以支持预测的销售增长。在这种情况下，预测的固定资产数额应随着公司的预计销售增长率同比增长，需要计算固定资产的销售收入百分比。如果固定资产能够支持预测的销售水平，就不需要计算其销售百分比，预期的固定资产与上期数额相同。在负债项目中，一般情况下应付账款和应计税金是随着销售额变动而直接变动的，它们是两个仅有的随销售收入变化而变化的变量，而其他负债项目则与销售无关。

2019 年 ABC 公司的销售收入为 675 万元，流动资产、固定资产净值、应付账款及应计税金与本年销售收入的比率分别为 118.96%（803/675），149.33%（1 008/675），13.48%（91/675）和 0.59%（4/675）。通常，可以采用简便的方法，即只计算流动资产总额与销售收入的百分比，而不需计算流动资产中各个子项目的百分比。资产负债项目的销售百分比也可以取近几年的平均值。实践中，各年的销售百分比可能并不完全一致，这就需要根据企业的实际情况作出分析判断，也可以将上述几种方法综合运用，确定销售百分比。

第二步，估计下一年度的销售收入，并预测百分比项目的预期值。

依据前述财务预测和计划的基本步骤中的内容和方法，预测计划年度的销售收入。假定 ABC 公司 2020 年的销售收入将以 20% 的速度增长，其 2020 年的销售收入为 810 万元 $[675 \times (1 + 0.20)]$。

然后，分别以各个项目的销售百分比乘以预测的年销售收入，得出各个百分比项目的预期值。按此方法计算，2020 年 ABC 公司的流动资产为 963.59 万元，固定资产净值为 1 209.57 万元，应付账款为 109.19 万元，应计税金为 4.78 万元。

第三步，根据公司的实际情况预测资产负债表中无百分比的项目。

销售百分比法通常假定银行借款和应付票据、长期负债及权益项目不随公司销售收入的变化而变化，即与销售无关（表 3 - 5 中以 N 表示）。这些项目需要公司管理者制定融资决策，寻找融资来源。

本例假定，公司管理者决定 2020 年长期投资和其他长期资产仍然保持在上年年末的水平。因此，2020 年公司的总资产规模上升到 2 419.16 万元。同时，假定银行借款和应付票据、其他应计负债和长期负债也保持上年的水平，因此，公司 2020 年的预计总负债为 6.729 7 万元。

第四步，预测留存收益增加额与融资需求。

留存收益是公司的内源性资金，只要公司的净收益不完全用于股利支付，所有者权益就会随着留存收益的增长而增长。留存收益增加额取决于公司的净收益与股利分配政策，假定 ABC 公司 2020 年的销售净利率仍保持在上年 18.37% 的水平，计划的股利支付率为 50%。那么，ABC 公司 2020 年预计的留存收益增加额为：

$$留存收益增加额 = 预计销售收入 \times 销售净利率 \times (1 - 股利支付率)$$
$$= 810 \times 18.37\% \times (1 - 50\%) = 74.40（万元）$$

预计 2020 年的留存收益为 577.40 万元（503 + 74.40），所有者权益为 1 477.40 万元（900 + 577.40）。之后，预测外部融资需求为：

$$外部融资需求 = 预计总资产 - 预计总负债 - 预计所有者权益$$
$$= 2\ 419.16 - 672.97 - 1\ 477.40 = 268.79（万元）$$

ABC 公司为完成 2020 年预计的 810 万元的销售收入，除了留存收益增加额 74.40 万元之外，还需要从外部筹集 268.79 万元的资金。公司管理层根据金融环境可就融资方式作出决策，可通过借入短期资金，发行股票或发行公司债券等从外部筹集所需资金。

3.2.3 可持续增长率与内部增长率

如果公司只追求增长，而不顾及外部融资环境的制约，就会因财务资源的限制而导致公司经营的失败。因此，公司必须协调好销售增长目标、经营效率与金融环境的相互关系。可持续增长模型和内部增长模型就是权衡公司增长与外部融资制约关系的一个重要工具。这两个模型反映了在外部融资环境不同的制约条件下，公司所能实现的最大销售增长率。

3.2.3.1 可持续增长率

当公司外部融资出现制约条件，即公司不发行新股，增加债务是唯一的外部筹资来源，且债务/权益的比例和股利政策保持不变时，公司所能实现的最大销售增长率称为可持续增长率。

可持续增长率的计算公式为：

$$可持续增长率 = \frac{ROE \times b}{1 - ROE \times b} \quad (3-3)$$

式中，ROE 的计算使用的是年末净资产数据，如果 ROE 的计算中使用的是年初净资产，则计算公式为：

$$可持续增长率 = ROE \times b \quad (3-4)$$

这是更常见的表达方式。其中，b 为留存比率。

根据杜邦分析法：

$$ROE = 净利润率 \times 资产周转率 \times 权益乘数$$

可持续增长率可表达为：

$$可持续增长率 = 净利润率 \times 资产周转率 \times 权益乘数 \times b$$

从分解后的公式可以看出，决定公司增长的因素是由反映经营效率的利润率，反映资产使用效率的总资产周转率，财务政策决定的杠杆比率以及管理制度的股利政策四个因素共同决定的。

3.2.3.2 内部增长率

当公司外部融资的制约较大，即公司既不发行新股也不增加新的债务，所需资金只来源于留存收益这一内源性资金时，公司所能实现的最大销售增长率称为内部增长率。

内部增长率的计算公式为：

$$内部增长率 = \frac{ROA \times b}{1 - ROA \times b} \quad (3-5)$$

内部增长率与可持续增长率的计算公式差别在于 ROA 和 ROE。因为通常来说 ROE 大于 ROA，又由于可持续增长率的外部融资约束条件更为宽泛，可使用的资金总量更多，所以可持续增长率通常大于内部增长率。

3.2.3.3 可持续增长率模型的应用

表 3-6 以 XYZ 公司 2015—2019 年的财务报表说明可持续增长率模型的应用方法。假设，XYZ 公司的股利支付率为 40%。

表 3-6 XYZ 公司 2015—2019 年财务报表

（单位：万元）

项 目	2015 年	2016 年	2017 年	2018 年	2019 年
损益表					
销售收入	1 000	1 120	1 400	1 330	1 463
净收益	200	224	280	266	292.6
股利	80	89.6	112	106.4	117.04
留存收益	120	134.4	168	159.6	175.56
资产负债表					
资产	2 240	2 508.8	3 136	2 979.2	3 277.12
负债	1 120	1 254.4	1 568	1 489.6	1 638.56
所有者权益	1 120	1 254.4	1 568	1 489.6	1 638.56
净资产收益率（%）	0.2	0.2	0.223 2	0.169 6	0.196 4
留存收益率（%）	0.6	0.6	0.6	0.6	0.6
销售净利率（%）	0.2	0.2	0.2	0.2	0.2
资产周转率（%）	0.5	0.5	0.558	0.424	0.491
权益乘数	2.0	2.0	2.0	2.0	2.0
可持续增长率（%）		12	13.39	10.18	11.79
实际增长率（%）		12	25	-5	10

表 3-6 中，首先依据公司各年损益表和资产负债表的基本数据，分别计算出各年的净资产收益率、留存收益率、销售净利率、资产周转率和权益乘数。然后，依据可持续增长率公式（式 3-3 或式 3-4）计算出公司在各年的可持续增长率，两种计算方法的结果相同。

3.2.3.4 可持续增长率与实际增长率的关系

从表 3-6 中可以看出，公司的可持续增长率主要取决于公司的留存收益率、销售净利率、资产周转率和权益乘数这四个财务比率。而实际增长率等于本期销售收入减去上年销售收入的差额除以上年销售收入。由于决定的因素不同，公司各年的可持续增长率与该年份的实际增长率可能不一致。

如果公司的这四个财务比率与上年相同，其可持续增长率就等于实际增长率，这种状态称为平衡增长，如表 3-6 中 2016 年的情况。

如果公司的这四个财务比率中有一个或多个数值高于上年的数值，其实际增长率就会高于可持续增长率，如表 3-6 中 2017 年的情况。这种持续增长状态是财务比率变化的结果，公司倘若继续追求高增长，将会受到市场融资环境的制约。

如果公司的这四个财务比率中有一个或多个数值低于上年的数值，其实际增长率就会低于可持续增长率，如表 3-6 中 2018 年的情况。这是公司上年超常增长（25%）受到市场制约的结果，导致本年的财务困难。如果连续多年负增长，将可能导致公司破产。

本章小结

在公司财务的各项决策与分析中，我们应关注公司实际的经济利润即现金流量而不是报告利润。财务报表中报告的会计利润可能是对实际经济利润的一个有偏估计，但之所以仍然使用财务报表进行财务分析，是因为实证研究表明，报告利润可以传递关于公司前景的大量信息。

ROE 是决定公司收益增长率的一个关键因素，公司的财务杠杆水平对 ROE 有很大影响。仅当公司的债务利率小于 ROA 时，债务权益比率的增加才会提高 ROE 和收益增长率。

把 ROE 分解为几个会计比率，然后比较不同时期各个会计比率的变化情况以及同行业内不同公司的会计比率，这种方法对分析人员来说非常有效。常用的分解公式为：

$$ROE = 净利润率 \times 资产周转率 \times 权益乘数$$

ROA 是比较可靠的反映公司盈利能力的比率，公司的资产周转率和利润率的综合作用决定了资产收益率的高低，反映了一个公司的经营策略。

反映公司与风险水平（违约风险）的相关比率有流动比率、速动比率、利息保障倍数和财务杠杆。

除资产负债表和损益表中数据整理的比率外，公司发行的证券的市场价格与财务报表中的数据（账面价值）的比率是分析人员用来分析股票的安全边际或股票价值是否被低估或高估的标志。常用的两个比率是市净率和市盈率。

使用公司财务报表的数据进行财务分析的主要问题是可比性问题。公司在选择采用什么方法计算各项收入和费用方面有很大的空间，因此在比较不同公司的财务指标之前，分析人员必须按统一标准调整会计利润和财务比率。

财务报表的另一重要用途是作为制订长期财务计划的模板。长期财务计划的表达形式是预测的财务报表，最普遍使用的预测方法是销售百分比法。

长期财务计划重要的输出结果就是在设定的销售增长的目标下外部的融资需求额。反过来理解，也就是回答这一问题：在外部融资受到制约时，公司销售的最大增长率是多少？

根据外部融资限制条件的松紧程度，公司销售增长率分为可持续增长率和内部增长率。

思考与练习题

1. 财务报表有哪些基本功能？
2. 为什么财务报表账面价值常常不等于其市场价值？解释账面价值与公司财务决策基本无关的道理。
3. 某公司的销售收益率低于行业平均值，但是总资产收益率高于行业平均值，这说明它的资产周转情况如何？
4. A公司和B公司的总资产收益率相同，但A公司的净资产收益率更高，如何解释这一现象？
5. 某公司的净资产收益率为3%，债务权益比率为0.5，税率为35%，债务利率为6%。该公司的总资产收益率是多少？
6. 财务比率有哪些局限性？
7. 简述财务预测与计划的基本步骤。
8. 什么是可持续增长率？可持续增长率取决于哪些主要因素？可持续增长率与实际增长率之间存在怎样的关系？
9. 某投资者用杜邦系统来分析某公司的数据，见表3-7。

表 3-7

项　目	数　据
杠杆比率（资产/权益）	2.2
总资产周转率（%）	2.0
销售净利率（%）	5.5
股利支付率（%）	31.8

该公司的股权收益率是多少？

10. Gouramand公司专营苹果的销售，其销售收益率高于行业平均水平，但是它的资产收益率与行业平均水平相同，如何解释这一现象？
11. 观察Graceland Rock公司的财务报表，可以发现1999—2000年该公司的经营现金流下降而净利率上升。

（1）解释当经营现金流下降时净利润是如何上升的，举例说明。

（2）解释为什么经营现金流是公司盈余质量的良好指标。

12. 在通货膨胀时期，先进先出法比后进先出法使得以下哪项更符合实际？

A. 资产负债表　　　　　B. 损益表

C. 现金流量表　　　　　D. 以上皆不是

13. 尽管营业利润下降，琼斯集团公司仍保持了稳定的税后股权收益率，你认为它是如何操作的？

14. 某巧克力公司的销售净利率在行业平均水平以下，但它的 ROA 在行业平均水平以上，这说明它的资产周转情况如何？

15. A 公司和 B 公司有相同的资产收益率，A 公司的股权收益率更高，如何解释这种现象？

16. 为了估计 ABC 公司的可持续增长率，通过阅读该公司的财务报表（见表 3-8），根据该公司 2018 年实际和 2019 年预期的财务报表（财务年度截至 12 月 31 日）中所列示的信息回答问题。

表 3-8

（单位：万元）

项　目	2018 年	2019 年	变动率（%）
损益表			
收入	4 750	5 140	7.6
销售成本	2 400	2 540	
销售及一般性管理费用	1 400	1 550	
折旧	180	210	
商誉摊销	10	10	
营业利润	760	830	8.4
利息费用	20	25	
税前利润	740	805	
所得税	265	295	
净利润	475	510	
每股收益	1.79	1.96	8.6
发行在外的平均股份数（股）	265 000	260 000	
资产负债表			
现金	400	400	
应收账款	680	700	
存货	570	600	

续表

项 目	2018年	2019年	变动率（%）
财产、厂房和设备净额	800	870	
无形资产	500	530	
资产总计	2 950	3 100	
流动负债	550	600	
长期债务	300	300	
负债总计	850	900	
所有者权益	2 100	2 200	
负债和所有者权益总计	2 950	3 100	
每股账面价值	7.92	8.46	
年度每股股息	0.55	0.60	

（1）识别并计算杜邦公式的组成部分。

（2）根据杜邦公式的组成部分计算2019年净资产收益率。

（3）根据净资产收益率和收益再投资率计算2019年的可持续增长率。

第三篇

营运资本管理

4 营运资本管理与短期财务计划

学习要点

1. 营运资本的概念及企业对营运资本管理的重要性
2. 营运资本的变化对现金流量的影响
3. 现金周期与经营周期
4. 现金预算表的编制方法
5. 营运资本融资组合策略的类型

4.1 营运资本的概念及特点

4.1.1 营运资本的概念

营运资本（Working Capital）是企业进行日常运营的必要资金。广义的营运资本包括现金和可变现证券、应收账款、存货等全部流动资产，也称为总营运资本（Gross Working Capital）；狭义的营运资本是流动资产减去流动负债后的余额，或称为净营运资本（Net Working Capital）。通常，会计人员关注的是净营运资本，并用它来衡量公司避免发生流动性问题的程度。而公司管理层关注的则是总营运资本，因为在任何时候保持相当数量的流动资产始终都是至关重要的。

营运资本的管理既包括流动资产的管理，也包括流动负债的管理，以使营运资金维持在满足企业经营的必要水平上。

4.1.1.1 流动资产

流动资产（Current Assets）是企业使用的短期资产，它是在 1 年内的一个营业周期内变现或运用的资产，具有占用时间短、周转快和易变现等特点，主要包括现金、短期投资、应收及预付款项和存货等。通常，流动资产分为永久性流动资产和临时性流动资产两种。

(1) 永久性流动资产。它是指维持公司正常经营所需的最低流动资产水平，由于季节性原因，往往即使企业处于经营低谷时也须必备的流动资产。

(2) 临时性流动资产。随着经营中必要流动资产水平的变动，所需要的临时性流动资产数量也会发生变化，这个数量将超过企业的永久性流动资产需要量。

4.1.1.2 流动负债

流动负债（Current Liability）是指需要在 1 年或少于 1 年的一个营业周期内偿还的债务，包括短期借款、应付票据、应付账款、预收账款、应付短期融资券和应交税金等。流动负债是企业经营中所需要的短期资金来源,所以又被称为短期融资。

4.1.2 营运资本管理的重要性

(1) 流动资产在企业总资产中占有较大的比重。通常,大多数企业的流动资产占其总资产的一半左右,销售企业则更高。较高的流动资产水平易导致企业获得的投资回报率偏低;而流动资产过少,又会因流动资产短缺导致企业经营困难。

(2) 流动负债是企业外部融资的基本方式。流动负债是小企业主要的外部融资来源,这是因为这类企业资信水平较低,除了以不动产(如建筑物)获得抵押贷款之外,很难在长期资本市场上进行融资。但即使是大公司,也会由于增长过快等原因而利用流动负债进行融资。因此,财务管理人员日常要花费大量的时间进行现金、有价证券、应收账款、应付账款、各类应计费用以及其他短期融资的管理。

(3) 营运资本管理决策关系企业的风险与收益。良好的营运资本管理决策,既要保持流动资产的最佳投资水平,又要为维持这一流动水平而进行短期融资和长期融资的适当组合。理想的营运资本管理决策追求较低的流动资产水平和较高的流动负债,以提高公司的获利能力。短期负债直接成本较低,其在总负债中比例越大,公司的获利能力越强,然而,这种获利能力的提高是以增加公司风险为代价的。因此,公司金融管理必须权衡流动资产水平、融资风险、获利能力之间的相互关系。

4.1.3 营运资本的特点

(1) 营运资本的周期具有短期性。由于企业占用流动资产中的资金,周转一次所需时间通常在 1 年或 1 年以下,时间较短,所以运营资金可通过短期借款、商业信用等短期筹资方式予以解决。

(2) 营运资本的数量波动性较大。流动资产的数量会随着企业内外部条件的变化而变化,时高时低,波动性较大。例如,对于果蔬等季节性生产企业,随着季节的变化,其流动资产的变动较大。在企业流动资产发生变化的同时,流动负债的数量通常也会相应地发生变动。

(3) 营运资本的实物形态具有易变现性,且流动性强。短期投资、应收账款和存货等流动资产一般具有较强的变现能力和资产流动性。如果企业出现资金周转缓慢、现金短缺的情况,就可迅速地变卖这些资产,以获取现金。

(4) 营运资本的融资方式灵活,且融资成本较低。较长期筹资而言,企业筹集运营资金的方式通常包括短期借款、商业信用、短期融资券、预收货款、票据贴现和应缴税金等,且其筹资成本较低。

4.2 营运资本的管理

一般而言,经营失败和陷入财务危机的企业通常都是从营运资本管理不善开始的,因此营运资本的管理对于企业来说尤为重要。而营运资本管理实际上是对经营周期和现金周转期内的财务问题进行管理。

4.2.1 经营周期与现金周转期

经营周期（Operating Cycle）是指企业从获得原材料开始，经加工、销售到最终收回货款为止的时间过程。它分为两部分：第一部分是从采购到出售库存所花费的时间，称为存货周转天数（Inventory Period）；第二部分是回收货款所花费的时间，称为应收账款周转天数（Accounts Receivable Period）。简单地说，经营周期就是从购入存货到收回现金所花费的时间。

$$经营周期(营业周期) = 存货周转天数 + 应收账款周转天数 \quad (4-1)$$

现金周转期（Cash Cycle）是指企业从支付原材料货款开始到最终收回本公司货款为止的时间过程。

$$\begin{aligned}现金周转期 &= 经营周期 - 应付账款周转天数 \\ &= 存货周转天数 + 应收账款周转天数 - 应付账款周转天数\end{aligned}$$
$$(4-2)$$

$$应付账款周转率 = 产品销售成本 / 平均应付账款$$

经营周期和现金周转期如图 4-1 所示。

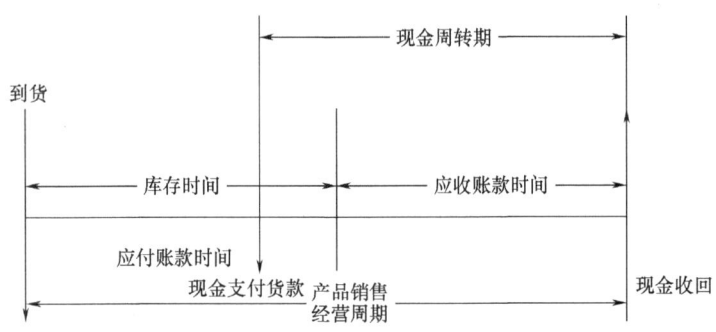

图 4-1 经营周期和现金周转期

图 4-1 描述了经营周期的 4 个关键日期对公司营运资本投资的影响。从公司支付供应商的货款开始直到从客户处收回现金为止所经历的时间长度是现金周转期。现金周转期越长，公司需要投入的营运资本就越多。

【例 4-1】有关 XYZ 公司的财务信息如表 4-1 所示。其当年赊销总额为 50 000 元，而产品销售成本为 30 000 元。XYZ 公司多长时间才能收回应收账款？其货物在售出以前在公司库存多长时间？公司多长时间支付其应付账款？

表4-1 XYZ公司的财务信息

(单位：元)

项目	期初	期末
存货	5 000	7 000
应收账款	1 600	2 400
应付账款	2 700	4 800

首先计算三个周转比例：

存货周转率 = 30 000/6 000 = 5（次）

应收账款周转率 = 50 000/2 000 = 25（次）

应付账款周转率 = 30 000/3 750 = 8（次）

然后计算三个期间：

存货周转天数 = 365/5 = 73（天）

应收账款周转天数 = 365/25 = 14.6（天）

应付账款周转天数 = 365/8 = 45.6（天）

因此，

经营周期 = 73 + 14.6 = 87.6（天）

现金周转期 = 87.6 - 45.6 = 42（天）

结果表明，XYZ公司从支付原材料货款到从购买产品的客户处收回现金所需的时间是42天。

4.2.2 营运资本管理的要点

现金周转期不是一成不变的，在很大程度上取决于公司管理的水平。营运资本是需要进行管理的，对营运资本的各项管理措施会影响现金周转期的长短。比如，应收账款周转期的长短由公司与客户之间签订的赊销信用条款决定，可以通过更改条款而改变绑在应收账款上的金额；同样，公司也可以减少在原材料库存上的投资，从而加速存货周转。

对营运资本投资的数量不是随意的，要进行科学的管理。因为营运资本的投资，既有成本又有收益，管理的核心是要权衡成本和收益，从而确定合理的营运资本数量。营运资金过多，偿债能力强，但资金的获利能力低；营运资金少，资金的获利能力上升，但偿债能力下降。所以，维持恰当的营运资金水平需要权衡营运资金的获利能力与到期时债务无力偿付的成本之间的关系。因此，企业进行营运资金管理必须考虑以下四个要点。

(1) 合理确定营运资金数量。在认真分析生产经营状况的前提下，合理确定营运资金的需要量。企业营运资金的数量与企业生产经营活动有直接关系，当企业产销两旺时，流动资产会不断增加，流动负债也会相应增加；当企业产销量不断减少时，流动资产和流动负债也会相应减少。因此，企业应采取一定的方法预测营运资金的需要数量,以便合理地使用营运资金。

(2) 权衡风险-收益比率。企业运营最为关键的问题是要权衡风险-收益比率。在营运资本投资战略决策中,首要问题是风险与收益的权衡,企业应以价值最大化为目标,结合自身特点,作出慎重的选择。较高的营运资金持有量,意味着在固定资产、流动负债和业务量一定的情况下,流动资产额较高。这会使企业有较大把握按时支付到期债务,及时供应生产资料和准时向客户提供产品,从而保证经营活动平稳进行,降低经营风险。

(3) 加速营运资金周转,提高资金的利用效率。营运资金周转是指企业的营运资金从现金投入生产经营开始,到最终转化为现金的过程。在其他因素不变的情况下,加速营运资金的周转,也就相应地提高了资金的利用效率。因此,企业要千方百计地加快存货、应收账款等流动资产的周转,以便利用有限的资金,取得最优的经济效益。

(4) 合理安排流动资产与流动负债的比例,保证企业有足够的短期偿债能力。流动资产、流动负债以及二者之间的关系能够较好地反映企业的短期偿债能力。流动负债是在短期内需要偿还的债务,而流动资产则是在短期内可以转化为现金的资产。因此,如果一个企业的流动资产比较多,流动负债比较少,说明企业的短期偿债能力较强;反之,则说明短期偿债能力较弱。但如果企业的流动资产太多,流动负债太少,也不是正常现象,这可能是因流动资产闲置或流动负债利用不足所致。因此,在营运资金管理中,要合理安排流动资产与流动负债的比例关系,以便在节约资金的同时保证有足够的偿债能力。

4.3 跟踪现金和营运资金的变化

比较两个时期的资产负债表就会发现现金余额的变化,因为现金余额的变化一定来源于其他资产和负债的变化。现金余额的变化是由什么原因引起的呢?现金余额的增加是来源于长期借款,还是来源于投资收益?是来源于库存的减少,还是供应商提供的货款信用(应付账款)增加?

财务分析人员通常会做一个现金来源与使用表,表中可以清楚地显示现金的来源、使用以及现金余额的变动情况,如表4-2所示。

表4-2 ABC公司现金来源与使用表

(单位:万元)

现金来源	金额	现金使用	金额
增加长期借款	700	偿还银行短期贷款	500
存货减少	100	固定资产投资	1 400
应付账款增加	700	购买短期证券	500
净利润	1 200	应收账款的增加	500

续表

现金来源	金额	现金使用	金额
折旧	400	支付红利	100
现金来源总计	3 100	现金使用总计	3 000
现金余额变化（增加）	100		

4.3.1 现金预算

通过对现金余额变化和营运资本变化的跟踪，可以找出企业投资、融资及经营活动的特点，据此财务经理可以预测企业未来现金的来源和对现金的使用。这样的预测可以用于两个目的：第一，使财务经理对现金需求保持密切关注，以确保经营的安全；第二，现金流的预测为其后的业绩评价提供了一个标准，或是预算的方法。

前面我们论述长期财务计划时提到过长期财务计划的表达形式是预测的资产负债表和损益表。现在论述短期财务计划，其表达形式是现金预算表。现金预算表的格式不同，使用的企业各不相同，大公司有较规范、较复杂的格式，小公司的相对简单一些。但无论现金预算表的复杂和精细程度如何，一些共同的问题都是要预测的。比如应收账款回款的预测，一般是通过对客户支付账款的平均时间的记录，将季度的销售收入按一个百分比计算推测出本季度应收账款的现金回收，剩余百分比的应收账款推延到下一个季度的应收账款中。根据这一方法，以 ABC 公司为例编制该公司各季度现金预算表，见表 4-3。

表 4-3 ABC 公司现金预算表

（单位：万元）

项目	第1季度	第2季度	第3季度	第4季度
现金来源				
应收账款回款	8 500	8 030	10 850	12 800
其他	150	0	1 250	0
（1）总现金来源	8 650	8 030	12 100	12 800
现金使用				
应付账款付款	6 500	6 000	5 500	5 000
人工工资及管理费用	3 000	3 000	3 000	3 000
资本支出	3 250	130	550	800
税金、利息和红利	400	400	450	500
（2）总现金使用	13 150	9 530	9 500	9 300
净现金流入 [（1）-（2）]	-4 500	-1 500	2 600	3 500

表 4-3 中最后一行的"净现金流入"是需要密切关注的。对于 ABC 公司来说，

第 1 季度有较大的现金净流出，接下来的第 2 季度也是现金净流出，第 3 季度和第 4 季度都有现金净流入。现金的净流出表明现金的使用超出了当前季度现金的流入，出现现金短缺，需要财务经理想办法筹集资金；而现金的净流入表明现金的流入超出了对现金的需求，出现现金盈余，这时财务经理需要进行投资，使其产生收益。

为了更为准确地预测融资量，需要考虑每季度的期初余额以及现金保底量。现金保底量是为了保证企业在经营活动中发生不可预见性的支出时所持有的现金余额。假设 ABC 公司的现金保底量为 500 万元，则可编制其短期的融资需求预测表，见表 4-4。

表 4-4　ABC 公司短期融资需求预测表

（单位：万元）

项　目	第 1 季度	第 2 季度	第 3 季度	第 4 季度
期初现金余额	500	-4 000	-5 500	-2 900
+净现金流入*	-4 500	-1 500	2 600	3 500
期末现金余额	-4 000	-5 500	-2 900	600
现金保底需求量	500	500	500	500
短期融资需求	4 500	6 000	3 400	-100

注：来自表 4-3。

从表 4-4 中可见，公司前 3 个季度有较大的融资需求，进一步分析后可以观察到三种情况。

（1）在表 4-3 中发现，融资需求较大的原因部分源于第 1 季度有较大的资本支出（3 250 万元）；另外，现金净流出反映出公司上半年的销售收入低于下半年。如果这是可预见的季节性模式，那么公司可以不必太过担忧。

（2）表 4-4 只是对未来融资需求最好情况的预测，但未来不确定性因素会影响这一预测。所以，要进一步作敏感性分析，比如销售收入的下降或应收账款回款的延迟等因素对融资需求的影响。

（3）营运资本融资组合策略的类型。企业的运营需要资金（如建立厂房、购置设备、采购原材料、应收账款占用等）使企业有效地运转。而所有这些资产并不是一次性地全部购买，而是在企业日复一日的经营过程中逐渐进行的。而企业在其日常经营中，必须使营运资本保持足够的流动性；同时企业也要尽可能高效运作并取得收益。因此，企业营运资金管理的关键在于解决在既有总资产的水平下，确定流动负债筹资与长期资本筹资的比例关系，这一比例关系可用流动负债占总负债的百分比来表示。根据风险-收益权衡原则，企业营运资本的融资组合策略分为稳健型融资策略、保守型融资策略和激进型融资策略三种类型。

稳健型融资策略遵循的是短期资产由短期资金来融通，长期资产由长期资金来融通的原则，即企业用具有相同到期日的流动资产和流动负债为其季节性的资金变化融资。另外，在流动资产中，有一部分最低的产品和原材料储备是经常占用的，也属于长期占用的资产,称为永久性流动资产。稳健型融资策略如图 4-2 所示。

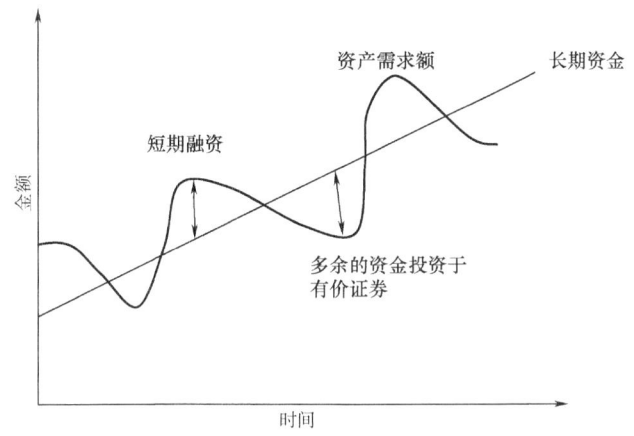

图 4-2 稳健型融资策略

稳健型融资策略的特点是临时性负债占企业全部资金来源的比例较小。因此,企业无法偿还到期债务的风险较低;同时,蒙受短期利率变动损失的风险也较低。然而,长期负债成本高于临时性负债的资金成本,以及经营淡季仍需负担长期负债利息,会降低企业的收益。所以,稳健型融资策略是一种风险性和收益性均较低的营运资金筹资策略。

保守型融资策略通常是将企业全部的长期资产、长期占用流动资产和一部分临时性流动资产都通过长期资金来筹措,只有在资金需求量很大时,企业才将一部分短期资产通过短期资金来融通。

在其他情况下,当资产的需求处于低谷时,企业实际上拥有的长期资金超过了全部资产。此时,企业把多余的资金投资于有价证券。通过用长期性资金来满足一部分季节性资金需求的方法,企业构建了一道安全边界。保守型融资策略的风险较小,但成本较高,会使企业的利润减少。保守型融资策略如图 4-3 所示。

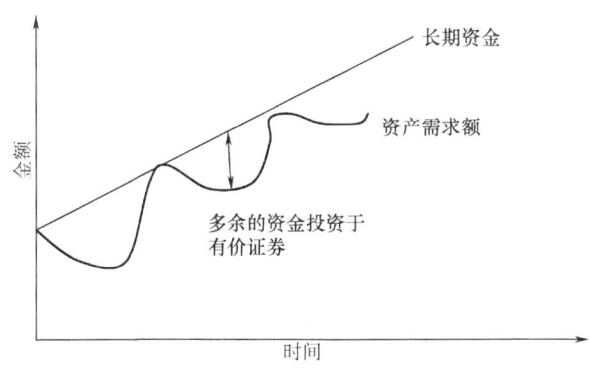

图 4-3 保守型融资策略

激进型融资策略的特点是临时性负债不但满足临时性流动资产的资金需要，还满足部分永久性流动资产的资金需要，即这类企业不是采用短期资产由短期资金来融通、长期资产由长期资金来融通的原则，而是将部分长期资产由短期资金来融通，这便属于激进型融资策略。激进型融资策略如图4-4所示。

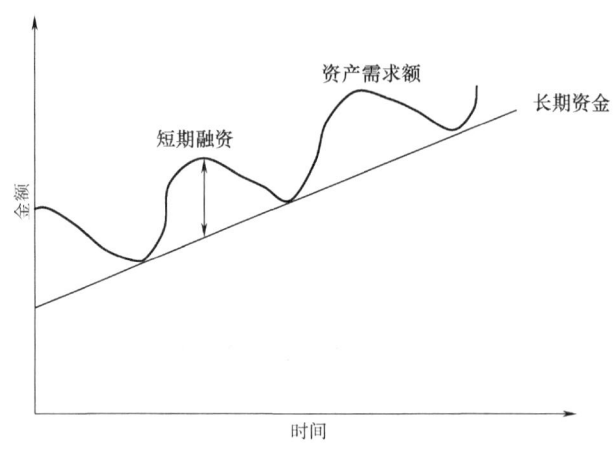

图4-4 激进型融资策略

一方面，激进型融资策略下的临时性负债占比较大，由于临时性负债的资金成本一般低于长期负债的资金成本，所以该策略下企业的资金成本较低，可以减少利息支出，增加企业收益。另一方面，短期资金融通了一部分长期资产，风险比较大，因此激进型融资策略是一种收益性和风险性均较高的营运资金筹资策略。

4.3.2 不同的融资策略对企业收益和风险的影响

不同的融资策略可以影响企业的收益和风险。在资金总额不变的情况下，由于较多地使用成本较低的短期资金，企业的利润会增加，最终可使收益增加。但是，如果此时流动资产的水平保持不变，则流动负债的增加会使流动比率下降，短期偿债能力减弱，从而增加企业的财务风险。如例4-2所示，不同的融资组合对企业的收益和风险的影响不同。

【例4-2】某制造公司目前的资产组合与融资组合如表4-5所示。

表4-5 某制造公司的资产组合与融资组合

（单位：元）

资产组合		融资组合	
流动资产	40 000	流动负债	20 000
固定资产	60 000	长期资金	80 000
合计	100 000	合计	100 000

该制造公司目前产品年销售量为2 000件，销售收入为200 000元，实现净利润

20 000元。现根据市场预测，每年可销售 2 400 件，销售收入为 240 000 元，实现净利润 24 000 元。但是，生产 2 400 件产品必须追加 10 000 元固定资产投资。该制造公司决定，在资产总额不变的情况下，减少流动资产投资 10 000 元，相应地增加固定资产投资 10 000 元。假设融资组合不变，那么，不同的资产组合对企业风险和收益的影响如表 4-6 所示。

表 4-6 不同资产组合对某制造公司风险和收益的影响

（单位：元）

项 目	现在的情况（保守的组合）	计划变动情况（激进的组合）
资产组合		
流动资产	40 000	30 000
固定资产	60 000	70 000
资产总计	100 000	100 000
净利润	20 000	24 000
几个主要比率		
投资收益率	20 000/100 000 = 20%	24 000/100 000 = 24%
流动资产/总资产	40 000/100 000 = 40%	30 000/100 000 = 30%
流动比率	40 000/20 000 = 2	30 000/20 000 = 1.5

从表 4-6 中可以看出，由于采用了比较激进的投资组合，企业的投资收益率由 20% 上升到 24%，因此，收益增加了。但流动资产占总资产的比重从 40% 下降到 30%，流动比率也由 2 下降到 1.5，这表明企业的财务风险增大了。因此，企业在投资时必须在风险和收益之间进行认真权衡，选择最优的资产组合，以便顺利实现企业的财务目标。

4.3.3 影响营运资金融资组合的因素

选择最优的企业营运资金的融资组合，一般应考虑以下五项因素。

4.3.3.1 期限配比

理想状态下，企业用短期银行贷款投资存货，用长期融资投资固定资产，通常都尽量避免用短期贷款投资长期资产。因此，在企业营运资金的融资决策中应首先考虑期限是否匹配，这样可以减少风险，避免短债长投。

4.3.3.2 风险与收益

由于流动资产具有较强的变现能力，企业如果持有大量流动资产可以降低企业的风险。但是，如果流动资产过多，就会影响企业的资金使用效益，因此企业在投资时要权衡风险与收益。

4.3.3.3 相对利率

当长期利率与短期利率相差较少时，企业一般较多地使用长期资金；反之，当长期利率远远高于短期利率时，企业则会较多地利用流动负债，以便降低资金成本。

4.3.3.4　企业经营规模

企业经营规模的大小也会影响企业营运资金的融资结构。一般而言，企业经营规模较小时，流动负债的水平较高；企业经营规模较大时，流动负债的规模通常较低，因为大企业的融资途径较多，可以通过资本市场等途径取得资金以补充资金的缺口。

4.3.3.5　企业所处的行业

不同行业的经营内容不同，企业的筹资组合有较大的差异，如重工业和基础设施行业与批发、零售行业相比所需的流动负债相对较少。

本章小结

短期财务计划关注的是对企业短期或是流动资产和流动负债的管理。重要的流动资产包括现金、现金等价物、应收账款和存货；重要的流动负债包括短期银行贷款和应付账款。流动资产和流动负债之间的差额称为净营运资本。

净营运资本的产生是由于企业从购入原材料到产品销售，再到客户最终支付货款是需要时间的，从购入原材料到产品销售的时间称为库存时间，从销售收入产生到最终获得货款的时间称为应收账款时间，这两项时间的总和称为经营周期，因此企业的经营需要营运资本。现金周转时间是经营周期时间中的一部分，是企业从支付原材料款项到从客户收回销售款项之间的时间。现金周转期的长短在一定程度上受企业管理的水平的影响，比如，库存水平高低的确定、应收账款信用期限的确定等。管理需要权衡流动资产投资的收益和成本。

在本质上，企业的短期财务计划是决定融资组合如何构成的问题，即长期融资和短期融资的构成。理想状态下，应该是长期资产的投资通过长期融资解决，流动资产的投资通过短期负债解决。更为保守的组合是更多地使用长期融资，如较长期限的贷款或发行股票，但长期资金的成本较高且获得的难度较大，所以有时企业不得不采取激进的融资策略，即所需要资金更多地来源于短期融资。

短期财务计划的工作起点是摸清企业的现金来源与使用情况；然后，通过预测各项现金流入和各项现金支出计算净现金需求。如果预测的现金余额不足以维持正常的经营，那么就需要筹集资金。

短期财务计划的表达工具是编制现金预算表。现金预算表没有固定的格式，但一般包含期初现金余额、各项现金流入预测、各项现金流出预测、现金保底量以及每期期末现金净余额。由于表中的数据为预测值，所以要检查预测假设条件对每期现金需求的影响，即需要作敏感性分析。

思考与练习题

1. 为什么公司要进行营运资本的管理？

2. 营运资本有哪些特点？营运资本管理有哪些要点？
3. 公司是否能通过改变营运资金政策而改变风险和收益的特性？
4. 比较激进型融资策略、稳健型融资策略和保守型融资策略的异同。
5. 影响营运资金融资组合的主要因素有哪些？
6. 一家经营周期长的公司具有哪些特征？
7. 一家现金周转期长的公司具有哪些特征？
8. Loftis 制造公司最近安装了一个实时存货系统，这个系统可能对公司的库存成本、短缺成本与经营成本产生什么影响？
9. 一家公司的现金周转期有没有可能比它的经营周期要长？说明原因。
10. 什么是短缺成本？
11. 指出公司以下六项交易对现金和净营运资本的影响：
(1) 支出红利 200 万元。
(2) 由于之前的销售，收到客户支付的 2 500 元货款。
(3) 支付之前欠供应商的 5 000 元货款。
(4) 借款 100 万元长期资金用于库存的投资。
(5) 借款 100 万元短期资金用于库存的投资。
(6) 卖掉 500 万元短期债券收到现金。
12. 指出下列事件如何影响资产负债表，每一项是现金来源还是现金使用：
(1) 某汽车制造厂为了响应市场需求增加的预期而增加了产量，但之后发现需求量并没有增加。
(2) 由于销售的压力，公司不得不将客户付款的时间延长。
(3) 公司以 100 万元的价格卖了一块土地，而这块土地是 5 年前花 200 万元购买的。
(4) 公司回购了股票。
(5) 公司的季度红利加倍派发。
(6) 公司发行了 100 万元长期债券用于偿还其短期银行贷款。
13. 下列做法对现金周转期有何影响？
(1) 销售时为了鼓励客户支付现金，给予客户更大的折扣。
(2) 库存周转率从原来的 8 下降到 6。
(3) 新技术简化了生产过程。
(4) 由于商品市场暂时的供过于求，原材料价格下跌，为此公司囤积原材料。
14. McConnell 公司的账面净资产为 9 300 万美元，长期债务为 1 900 万美元，扣除现金后的净营运资本为 2 450 万美元，固定资产为 2 300 万美元。该公司有多少现金？如果流动负债为 1 250 万美元，流动资产是多少？
15. 对于刚刚结束的年度，人们得到 Holly 公司如下信息：
(1) 分配 200 万美元的股利。
(2) 应付账款增加 500 万美元。

(3) 购买固定资产900万美元。

(4) 存货增加625万美元。

(5) 长期债务减少1 200万美元。

指出以上各项费用是现金来源还是现金使用，并说明其对公司现金余额的影响。

16. 根据表4-7中的数据，计算应收账款时间、应付账款时间、库存时间和现金周转期。

表 4-7

（单位：万元）

项 目	金 额	金 额
损益表数据		
销售收入	5 000	
销售成本	4 200	
资产负债表数据		
	年初	年末
库存	500	600
应收账款	100	120
应付账款	250	290

5 现金与有价证券管理

学习要点

1. 现金管理的功能和结构
2. 确定最佳现金余额的方法
3. 有价证券管理的目的及方法
4. 企业短期投资可选择的方式

5.1 现金管理概述

5.1.1 企业持有现金的动机

现金资产的流动性最强,但其收益水平低。企业之所以要置存一定数量的现金,通常是基于以下三个方面的动机。

(1) 交易性动机(Transaction Motive),即持有现金用于支付企业日常业务开支的需要,如支付工资、税款和股利等。由于企业的现金流进和流出经常是不平衡的,保留一定的现金余额可保持企业正常经营。用于支付所需要的现金数额,取决于企业的规模和销售水平,一般与二者成正比例关系。

(2) 预防性动机(Precautionary Motive),即指企业持有现金以应付意外事件对现金的需求,通常为回购股票、意外开支等现金需求。支付预防性现金的数额取决于三个因素:一是企业对现金收支预测的可靠程度;二是企业临时筹集资金的能力;三是企业经营者对风险的偏好。

(3) 投机性动机(Speculative Motive),即企业在利用预料之外的有利可图的机会时(如廉价原材料采购机会、利率和汇率的有利波动等情况)持有现金的需求。

除以上三个基本现金需求动机外,许多企业持有现金还有补偿性余额(Compensatory Balance)的需要。所谓补偿性余额是企业保证的最低存款余额,它是对银行所提供借款或其他服务的一种间接付款。

5.1.2 现金管理的目的

在保证企业正常生产经营的基础上,应尽量节约使用现金,并从闲置的现金中获得更多的收益。企业库存现金过多会降低企业的投资收益,过少又可能发生资金短缺问题,影响企业的正常经营活动。因此,企业对现金的管理应该力求做到,既保证企业生产经营活动所需的现金,降低经营风险,又不能使企业有过多的闲置资金,即保持最佳现金余额，提高企业整体收益。

5.2 现金日常管理

现金的日常管理主要利用现金浮账加强现金的流入，并在合理的范围内延缓现金的支付，保证现金安全，提高现金的使用效率。

5.2.1 浮账管理

5.2.1.1 浮账的概念和种类

公司对外支付，开出付款支票后，会计账面上现金余额立即减少，而银行存款余额并不立即减少，直到收款人真正从公司存款账户上将资金划走，银行存款才减少。所以，公司账面现金余额往往与银行账户余额不等，这就产生了现金支付"浮账"（Float）。浮账是指银行账户上可动用的余额与企业账簿中的账面余额之间的差额。

浮账分为付款浮账、收款浮账和净浮账。付款浮账是指己方开出一张支票时账面余额按支票的数额而减少，但直到这张支票结清之前，己方在银行的可动用余额不会减少。这一差额就是付款浮账。收款浮账是指己方收到一张支票并把它存入银行，直到这笔资金贷记到银行账户之前，己方账面余额将高于可动用的实际余额，此时就是收款浮账。净浮账是指企业的支付行为产生付款浮账，而收款行为导致收款浮账，其总的净差额即为净浮账。在任何时点，净浮账都可以简单地等同于企业的可用余额和账面余额的差额。如果净浮账是正的，说明企业的付款浮账超过了收款浮账，而其可用余额也超过了账面余额。企业可以利用该浮账获取收益。

【例5-1】假定某公司5月4日之前银行存款与账面现金余额均为100万元，5月5日开出一张30万元的付款支票，账面余额立即降为70万元，但银行存款余额直到5月15日对方真正将资金划走后才减少到70万元。则：

（5月5日前）浮账=银行存款余额-公司账面余额=100-100=0（元）

（5月5日至14日）付款浮账=100-70=30（万元）

如果该公司每日支付额较大，付款浮账也较大，充分利用浮账就可为公司带来可观的效益。一个每日付款5 000万元的公司，在年利率为10%情况下，利用浮账每日可获得1.39万元（5 000×10%/360）的收益，10天的支付延迟就可获得13.9万元的收益。

5.2.1.2 浮账管理的方法

浮账管理就是充分利用和增大付款浮账，同时加快回款，减少收款浮账。企业管理浮账的方法通常有五种。

（1）电汇。大额的支付由电汇来完成而不采用支票，利用电汇的快捷减少浮账。

（2）零余额账户。这是一些余额为零的特殊的付款账户，其资金来自一个主账户。当这些账户上有支票进行付款提示时，资金就自动转入这些零余额账户。

（3）受控付款。这一技术可用于公司主要银行账户之外的其他银行开设的付款账户。与零余额账户一样,资金注入这些账户建立在有需要的基础上。这些银行通知公司需要资金,公司再把资金电汇给这些银行。反过来,当付款账户有富余资金时,银行也会通知公司并把资金汇回公司。

(4) 应付款的集中处理。通过把应付款集中起来,财务经理可了解所有的账单必须在何时付清,并确定是否有足够资金及时付清这些账单。

(5) 银行信箱收款。这是公司投放收到的支票的邮政信箱,银行负责每天数次打开信箱,处理这些支票并收款。高效率地利用银行信箱,企业可以大幅度降低浮账。

5.2.2 现金收入管理

在通常情况下,企业会采取措施加速收账从而缩短收款时间,提高现金的使用效率。企业收账时间大体由邮寄时间、支票处理延迟及银行到账延迟三部分组成。

现金收款过程每个部分花费的时间取决于企业的客户及银行的地理位置以及公司现金收账的效率。企业加速收款,不仅要尽量使顾客早付款,而且要尽快地使这些付款转化为可用现金。为此,必须满足三个要求:一是减少顾客付款的邮寄时间;二是减少企业收到顾客开来支票与支票兑现之间的时间;三是加速资金存入自己往来银行的过程。为满足这些要求,企业可采取锁箱法和现金集中银行法。

5.2.2.1 锁箱法

锁箱法是一种通过承租多个邮政信箱,以缩短从收到顾客付款到存入当地银行时间的现金管理方法。这种方法以地域为基础,根据账单分布情况确定地区银行,在各地区银行所在地租用专用信箱,授权当地银行每日开启信箱,取得支票后立即予以结算,并通过电汇再将款项拨给企业所在地银行。

锁箱法的优点是大大缩短了公司办理收款、存款手续的时间,即公司从收到支票到这些支票完全存入银行之间的时间差被消除了。但是其成本较高,因为被授权开启邮政信箱的当地银行除了要扣除相应的补偿性余额外,还要收取额外的服务费用。

【例5–2】假设某公司最近要在维什纳尔收回所有的客户欠款。该公司希望采用一个新的银行信箱收款系统,并在亚特兰大和圣路易斯设置信箱,这样可以缩短从顾客寄出支票到收回资金的时间。经理人员预计节约3天时间,即从以前的平均8天减少到平均5天。该公司每天收回100 000元。与银行信箱有关的额外费用是每年12 000元,而该公司资金的机会成本是每年10%。采用新系统后预计年收益是多少?

减少的浮账 = 100 000元/天 × 3 天 = 300 000(元)

减少的浮账价值 = 300 000 × 10% = 30 000(元)

减:年营运成本 = 12 000(元)

银行信箱收款系统的税前净收益 = 30 000 – 12 000 = 18 000(元)

减少300 000元的浮账减少了等额现金的占用,按投资收益率为10%计算,这笔现金每年获利30 000元,减去系统的年营运成本12 000元,每年仍能获得税前收益18 000元。

5.2.2.2 现金集中银行法

现金集中银行法通过建立多个策略性收款中心来代替通常在公司总部设立的单一收款中心，以加速账款的收回。其做法是，指定一个主要开户行为集中银行，并在收款额较集中的若干地区设立若干个收款中心。特定区域内的客户被指定付款给该区域内的收款中心，收款中心将收到的款项立即存入当地银行，超过这些银行最高存款限额的资金则从当地银行转入企业总部所在地的集中银行。其目的是缩短从顾客寄出账款到现金转入企业账户的过程。

现金集中银行法的优点是减少了账单和货款的邮寄时间，缩短了支票兑现的时间。在这一方法下，收款中心收到顾客汇来的支票存入该地区的地方银行，而支票的付款银行通常也在该地区内，因而支票兑现比较方便。同时，该方法能够加强对现金流入和流出的控制，减少闲置现金余额，便于企业进行有效投资。这种方法也有其弊端：首先，每个收款中心的地方银行都要求有一定的补偿余额，而补偿余额是一种闲置资金；其次，设立收款中心需要花费一定的成本。

5.2.3 现金支付管理

企业在进行现金支付管理时，关键问题是尽量延缓现金支付的时间，即控制付款和加速收款，这是企业提高现金周转效率的两个主要方面。通常，企业现金支付的管理方法有以下四种：

（1）增加付款浮账。由于延缓付款的浮账源自邮递、支票处理及到账时间，通过签发地理位置较远的银行的支票可以增加付款浮账。例如，纽约的供应商可以用洛杉矶开出的支票付款，这会增加支票在银行体系中清算所花费的时间。如果合理利用增加付款浮账的方法，可以大大减少企业现金持有量，从而提高企业的现金使用效率。但使用该方法也有一定的风险：一是可能出现支付不及时的情况，影响企业的信用；二是可能出现银行存款透支的现象。

（2）控制现金支出，即推迟支付。在不影响企业商业信用的前提下，企业应尽量利用供货方所提供的信用优惠，推迟应付账款的支付时间，尽量在信用期的最后一天付款。例如，企业在采购材料时，如果付款条件是"2/10，n/30"，就应安排在发票开出后的第 10 天付款，这样企业可以最大限度地利用现金而又不丧失现金折扣。

（3）设置零余额账户。利用零余额账户（Zero-balance Account），企业与银行合作，保持一个主账户和一系列子账户。当从某个子账户签发的支票需要支付时，所需要的资金立即从主账户划拨过去。

企业可设立两个支付账户：一个用于供应商，一个用于工资。如果企业不使用零余额账户，那么每一个账户都必须保有一定余额的安全现金量；如果企业使用了零余额账户，它就可以仅在主账户保持一定的安全储备，然后在必要时将资金划拨至子账户。利用零余额账户，作为缓冲的现金总量变小了，从而有更多的现金可用于其他用途。

（4）采用汇票付款。汇票不是"见票即付"的票据。在持票人将其提交给银行后，银行还必须将汇票交给付款人以获承兑,然后付款人将一笔相当于汇票金额的资金存入银行,这样就推迟了企业实际支付的时间。

5.3 现金余额管理

企业为了进行交易需要多少现金?在现金余额问题上,也存在风险与收益的权衡问题,因此,应确定最佳的现金余额。

5.3.1 持有现金的成本

现金持有成本包括持有成本、转换成本和短缺成本。

(1) 持有成本,又称机会成本,是指企业持有现金增加的管理费用及丧失再投资收益的机会成本。

(2) 转换成本,是指企业为用现金购入有价证券及出售有价证券时付出的交易成本,如买卖佣金、委托手续费和证券过户费等。

(3) 短缺成本,是指因缺乏必要的现金,不能应付经营开支而使企业蒙受的损失或付出的代价。

从理论上说,使得这三项成本总和最小的现金持有量为最佳的现金余额。

5.3.2 确定最佳现金余额的方法

5.3.2.1 鲍摩尔(Baumol)模型(存货模型)

威廉姆·鲍摩尔首次将机会成本与交易成本结合在一起,提出了确定目标现金余额的正式模型。鲍摩尔模型实际上是存货经济批量模型在现金管理上的运用,因此又称为存货模型。假设持有一定的现金余额,然后逐渐从中抽出用于各种支付。当现金接近用尽时卖掉短期有价证券增补现金余额。这种情况下,其现金库存会像锯齿一样,见图 5-1。

存货模型的目的是要求初始总成本最小的 C 值。现金余额总成本包括现金持有成本和现金转换成本两部分,即:

$$现金总成本 = 持有成本 + 转换成本 \quad (5-1)$$

模型假设:公司未来对现金的需求一定,即支出率不变;计划期内不发生现金流入;现金每次的交易成本固定;不考虑安全现金库存。

设:C 为现金余额;K 为持有现金的机会成本(有价证券利率);T 为一定时期现金总需求额;F 为补充现金而进行证券交易或贷款的固定成本;TC 为持有现金总成本。

则有:为使 TC 最小,对 C 求导,可得最优现金持有量,其计算公式为:

$$C = \sqrt{\frac{2 \times T \times F}{K}} \quad (5-2)$$

【例 5-3】某公司每次将短期投资转换为现金需要 100 元的费用,公司下一年的预期现金需要量为 6 000 元,短期有价证券投资回报率为 30%,公司维持交易所需持有的

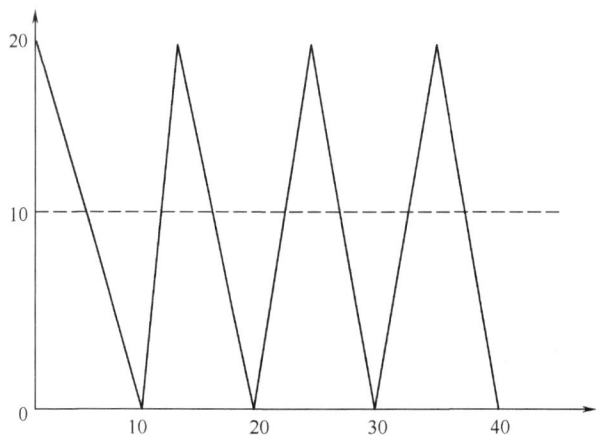

图 5-1 现金库存模式

最优交易现金余额为多少?

解:

$$C = \sqrt{\frac{2 \times T \times F}{K}} = \sqrt{\frac{2 \times 6\,000 \times 100}{0.3}} = 2\,000(元)$$

最佳现金余额为 2 000 元,这意味着公司从有价证券转换为现金的次数为 3 次 (6 000/2 000)。

5.3.2.2 米勒-奥尔 (Miller-Orr) 模型 (随机模型)

米勒-奥尔模型允许日常的现金流量根据概率函数而变化,因此,它比存货模型更符合实际。并且,它把现实中的不确定性引入未来的现金流中 (见图 5-2)。

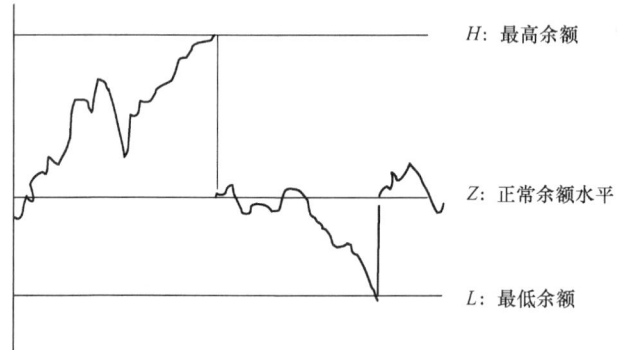

图 5-2 现金余额不可预见的变动模式

模型假设:考虑现金余额的每日随机变动,并假定服从正态分布;既考虑现金流入,又考虑现金流出,每次交易固定,权衡机会成本和交易成本。

现金余额期望总成本最小时的余额即为最优现金余额:

$$Z = 3\sqrt{\frac{3F\sigma^2}{4K}} \tag{5-3}$$

$$H = 3Z - 2L \tag{5-4}$$

$$\text{平均现金余额} = \frac{4Z - L}{3} \tag{5-5}$$

以上三个公式中，F 为现金与证券之间每次转换的成本；σ^2 为每日净现金流量的方差；K 为有价证券日利率（机会成本）；H 为最高现金余额；Z 为目标现金余额；L 为最低现金余额。

【例 5-4】某公司每天的净现金流量的标准差估计为 2 000 元。另外，购买或出售有价证券的成本为 1 000 元，年利率为 10%，$L=0$。

那么，$K = (1+10\%)^{1/365} - 1 = 0.000261$，利用模型可计算出结果：$Z$ 为 22 568 元，H 为 67 704 元，平均余额为 30 091 元。

如果企业有暂时性闲置资金，则可以将这些闲置资金投资于货币市场证券——短期有价证券。

5.4 有价证券投资管理

5.4.1 临时现金盈余

企业由于各种原因会持有临时的闲余现金，其中有两个主要原因。

(1) 季节性或周期性活动出现的临时现金盈余。一些企业的现金流量形态是可以预测的，它们在一年中的某段时期有现金盈余而在其他时期为赤字，如浓缩果蔬汁行业的生产企业明显地呈现出季节性现金流量特征。这类企业就可以在现金盈余出现时购买有价证券，而在现金流量赤字时卖出这些证券，同时还可以通过银行贷款来满足临时现金短缺问题。

(2) 计划的或可能的支出。企业经营需要累积大量临时的有价证券投资，以作为厂房扩建计划、股利支付或者其他大额支出现金来源。为此，企业可以在需要现金之前发行债券和股票，将所得款项投资于短期有价证券，然后在需要时出售这些证券以融通现金支出。另外，企业有时还可能面临不得不进行巨额支付的风险。

5.4.2 短期投资选择

货币市场的债券具有流动性强、期限短、违约风险低以及税收优惠等特征。按照风险与收益递增的顺序，主要投资品种有以下五种。

5.4.2.1 短期国库券

短期国库券包括 90 天、180 天、270 天或 360 天期限。这些证券风险低、流动性强，但收益也低。公司可以直接购买或出售这些证券，也能通过签订回购协议或与证券商达成的回购协议在这些证券上进行期限很短的投资。

5.4.2.2 商业票据

商业票据是指金融机构、银行及大型企业发行的无抵押的短期债券。这些债券期限很少超过 270 天，大多数的商业票据的期限为 30～180 天。商业票据的违约风险取决于发行方的财务实力。

5.4.2.3　大额可转让存单

大额可转让存单是由国内外商业银行发行的可向第三方出售的定期存单。3 个月、6 个月、9 个月及 12 个月的大额定期存单都有活跃的市场。

5.4.2.4　银行承兑汇票

银行承兑汇票是商业银行已承兑的汇票，其价值建立在承兑银行商业信誉的基础上。

5.4.2.5　可调利率优先股

货币市场上的优先股是具有浮动股利率的短期债券，其股利率经常重定，以反映现行的利率。因此，它的风险和收益均低于其他优先股，并且和其他短期证券一样，受市场价值波动的影响很小。

本章小结

企业现金资产除了少量以现钞的形式存放于保险柜内之外，大部分以银行存款的形式存放于企业在银行开立的账户中，还包括一部分短期流动性较强的有价证券。

企业持有现金的目的通常有四个：一是用于支付企业日常业务开支；二是为了应付意外事件的发生；三是利用预料之外的有利可图的机会；四是满足补偿性余额的需要，即保证银行最低存款余额。

企业之所以要对现金进行管理，是因为现金为低收益资产，过度持有现金会影响总体收益，但持有不足又会影响企业的正常经营并影响信用，所以要在持有成本和收益之间进行权衡，以确定一个合理的现金持有水平。

对日常现金的管理一般从四个方面进行：①对浮账的管理；②对现金收入的管理；③对现金支付的管理；④对现金余额进行管理。

权衡现金的持有成本和收益，确定最佳现金余额的方法有鲍摩尔模型和米勒－奥尔模型。

思考与练习题

1. 公司持有现金的动机是什么？试说明现金管理的目的。
2. 减少或消除浮账的益处是什么？
3. 解释锁箱法和现金集中银行法的概念，试说明它们对现金管理的作用。
4. 什么是补偿性余额？它为什么对不同存款人的要求是不一样的？
5. 企业应该持有大量的现金吗？为何股东关注企业所累积的大量的现金？
6. 当企业持有过多的现金时，可以采取哪些措施？当企业现金过少时，可以采取哪些措施？

7. 股东和企业债权人可能就企业应持有多少现金余额达成一致吗？

8. 现金管理和流动性管理的不同之处是什么？

9. 为何持有大量闲置现金的公司倾向于投资其股利支付同短期利率挂钩的优先股？

10. 公司倾向于净现金支付浮差还是现金回收浮差？为什么？

11. 假设某人有175 000元的存款，没有流通在外的支票或未清算的存单。某天他存入一张150 000元的支票，这时产生的是付款浮账还是收款浮账？他的可用余额为多少？账面余额为多少？

12. 假设某企业有价证券的日利率为0.018%，每次现金与有价证券的转换成本为120元，根据历史数据测出的现金余额波动标准差为6 000元。计算最高现金余额 H 分别为多少？

13. 假设公司的账面现金余额为200万美元，但是ATM显示公司的现金余额为250万美元，这是为什么？如果这种状况是持续的，将出现什么道德问题？

14. 通常Jeremy公司一个月内收到80张支票，金额合计为156 000美元。这些账款平均延误了4天，平均日浮差是多少？

6 应收账款与信用管理

学习要点

1. 信用标准的制定
2. 信用政策的选择
3. 收账政策的制定
4. 最佳信用政策和综合信用政策
5. 应收账款日常管理的方法

应收账款是企业在销售产品或提供服务时产生的，是企业流动资产的重要组成部分。如果企业向购买者赊销商品或提供服务，购买者延后一段时间付款就产生了应收账款。并不是所有企业的交易都会涉及应收账款，比如，企业所提供的产品或服务的客户范围很广且不固定，就会要求现金支付，这时没有应收账款。但对于绝大多数企业来说，其销售活动都会产生应收账款。信用与应收账款管理的主要目的是实现销售数量、坏账损失和应收账款周转率的平衡，使企业收益最大化。

6.1 信用政策

企业在销售产品或提供服务时允许购买者延期付款，即向客户提供信用，但要与客户确定销售条款（Terms of Sale），条款中规定最迟付款的期限、提前付款的折扣等信用条件。比如，规定付款期为30天，但如果在10天内付款则给予3%的折扣。对客户来说，虽然30天的付款期看似为免费信用，但如果放弃提前付款的折扣，实际上等同于购买了信用，即从供应商那里借款，而且这一借款成本很高。比如上面提到的信用条件，假如客户决定放弃3%的现金折扣，在第30天时付款，这样等于客户多支付了3%的款项从而获得额外20天的信用，实际上这相当于按74.3%的年利率借款。我们可以具体计算这笔借款的利率：假如购买了100元产品，如果在10天内付款得到3%的折扣，货款为97元；如果等到第30天时付款，则需支付100元，这20天的信用增加支付3.09%（3/97）。这就是说，延长的20天的信用所支付的利率是3.09%，一年有18.25个20天（365/20 = 18.25），那么，20天贷款期的年实际利率为74.3%〔$(1+3.09\%)^{18.25} - 1$〕。

企业提供哪些信用条件需要综合考虑，主要目的是提高销售数量、减少坏账损失以及加快应收账款周转。

应收账款产生后就要对其进行管理，应收账款的管理政策又称为信用政策，涉及信用标准、信用条件和收账政策等方面的规定。

6.1.1 信用标准和信用评估

信用标准是用来评价是否给予信用的准则，即企业提供信用时要求客户达到的最低信用水平，通常用已预期的坏账损失率来衡量信用的标准，如"只对那些信用分数在75分以上的客户提供商业信用"或"只对那些预计坏账损失率低于5%的客户提供商业信用"。因此，企业应结合实际情况选择制定合理的信用标准，以帮助企业在扩大销售的同时，降低违约风险，提高经营效益。而确定最合适的信用标准，就要比较信用的边际成本与边际利润，只要前者小于后者，就可放松信用标准。为此，必须对企业相关的信用信息进行信用分析和信用评估。

6.1.1.1 信用分析

信用分析指的是确定是否向某一特定客户提供信用的过程，它通常要先收集相关信息，评估客户信誉度的常用信息来源包括以下四个方面。

（1）财务报表，公司可以要求客户提供财务报表。根据财务报表，财务比率的一些最低标准和经验法则，将其作为提供信用或拒绝提供信用的基准。

（2）客户向其他公司付款历史的信用报告。

（3）商业银行所提供的信用信息。

（4）客户向本公司付款的历史记录。

在掌握以上信用信息的基础上对企业信用状况进行分析。企业信用分析的首要目标是评估客户的流动性。拥有足够现金的企业有可能在债务到期时偿还债务，那些因没有足够现金流量而缺乏流动性的企业，即使有盈利能力也会存在严重的信用风险。

6.1.1.2 信用评估

要对客户信用状况进行分析，必须对客户的信用状况进行合理的评估，采用的信用评估方法通常有以下两种。

6.1.1.2.1 5C原则

这是一种基于定性分析的方法，传统的5C原则的基本要素如下：

品性（Character）：客户履行到期债务的愿意程度。

能力（Capacity）：客户用经营性现金流量履行到期债务的能力。

资本（Capital）：客户的财务储备和财务实力。

抵押（Collateral）：为违约担保而抵押的客户资产。

条件（Condition）：客户所在行业的宏观经济状况，主要是指可能影响客户付款能力的经济环境。

6.1.1.2.2 信用评分法

信用评分法先对一系列财务比率和信用情况指标进行评分，然后按照一定的权重加权平均，得出客户综合的信用分数，并以此进行信用评估，最终确定客户的信用等级。其信用评分的基本公式为：

$$y = a_1x_1 + a_2x_2 + \cdots + a_nx_n = \sum_{i=1}^{n} a_ix_i \qquad (6-1)$$

式中：y 为某企业客户的信用评分；a_i 为事先拟订的对第 i 种财务比率或信用品质进行加权的权重；x_i 为第 i 种财务比率或信用品质的评分。

这一基本公式的应用最常见的方法是倍数判别式分析法，此方法利用公式产生一个用于测量清偿能力的指标，称为 Z 值。比如，一项研究建议下列关于公司财务比率和它的信誉之间的关系表达式为：

$$Z = 3.3\frac{营业收入}{总资产} + 1.0\frac{销售收入}{总资产} + 0.6\frac{权益市值}{账面债务} + 1.4\frac{留存收益}{总资产} + 1.2\frac{净营运资本}{总资产} \qquad (6-2)$$

这一关系式能较好地甄别企业破产的可能性大小。如果 Z 值小于 2.7，则 94% 的企业会破产；而如果 Z 值高于 2.7，则 97% 的企业都不会破产。

除了上述倍数判别式分析法以外，信用评分法还可借用银行为客户贷款时所做的问卷式评价方法。某汽车经销商为其客户设计的信用评分系统见表 6-1。

表 6-1 某汽车经销商的客户评分系统

评价体系	得 分
电话情况	
有自己的住宅电话	5
用亲戚的电话	1
无电话	0
住房情况	
拥有住房	6
抵押购买	3
租一套公寓	2
租一个房间	1
银行账户数目	
有一个或多个账户	4
没有账户	0
在目前住所的年限	
5 年以上	4
2~4 年	3
0.5~1 年	1
半年以下	0

续表

评价体系	得分
月收入	
15 000 元以上	6
10 000 ~ 15 000 元	4
6 000 ~ 10 000 元	2
5 000 元以下	1
婚姻状况	
已婚	4
未婚	3
离婚	2
年龄	
40 岁以上	4
30 ~ 40 岁	3
25 ~ 30 岁	2
25 岁以下	1
印象分	- 5 ~ + 5

说明：根据评分结果，如获得 22 分以上，信用额度为 5 万美元；26 分以上，信用额度为 10 万美元；30 分以上，信用额度为 20 万美元。

6.1.1.3 信用评级

信用评级是使用一套简单的符号系统表示信用质量，亦即为信用质量分类，其符号包括：AAA ~ C，aaa ~ c 等。评级结果显示的是企业风险。传统的信用评级方法为打分法，即首先选择一组指标和财务比率；其次，对不同的指标或比率赋以不同的权重；再次，为每个指标或比率设定评分准则；最后，将每个信用级别与总得分范围联系起来。目前，专业评级公司大都采用不同的评级模型对企业进行评级。总之，通过对企业进行信用评分，才能最终确定其信用标准。

6.1.1.4 信用标准的确定

通过对客户进行信用分析和信用评估，可以了解客户的信用状况，不同的客户有不同的信誉。前面论述了从哪些方面检查客户的信用情况，下面需要考虑应该什么时候停止检查。因为信用分析越细成本就越高，对于何时应详细分析，何时应简化分析有两个基本原则。

（1）不要过于详细分析，除非销售订单足够大。如果一笔订单只有 100 元的利润，花费 200 元调查该客户的信誉情况肯定是不值得的。

（2）对于可疑的订单要做详细的信用调查。如果初步检查结果说明客户信誉良好，再进一步的检查就是不必要的。很多企业使用量化的信用评分系统鉴别客户信誉的高低,然后对信誉较低的客户再做进一步的调查。

接下来的工作是制定信用政策。信用政策是指给予客户信用额度和性质的标准。

结合定性分析和定量分析可以估计出企业的坏账损失率,对不同的客户应实施不同的信用政策。信用标准的宽或严,可以用"差量分析法"予以分析。差量分析法是指比较不同信用政策下的收益与成本的变化。当改变信用政策所增加的收益大于增加的成本时,企业的净收益增加,则选择改变信用政策;反之,则不改变信用政策。图 6-1 显示出企业不同信用政策的选择。

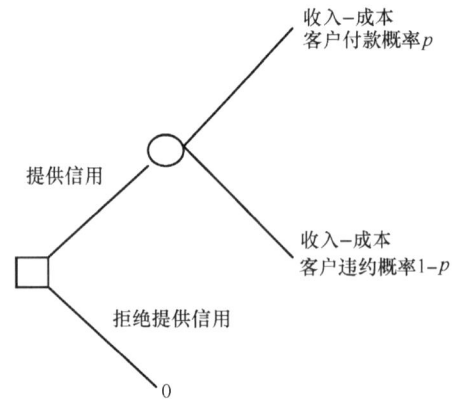

图 6-1 信用政策的选择

企业可以拒绝提供信用而放弃一笔销售订单,这时企业既没有利润,也不会产生损失;而另一选择是企业提供信用,对客户完成销售。这种情况下,客户可能履约,也可能违约,如果客户履约付款,则企业的利润为(收入 - 成本),而如果客户违约,则企业损失销售收入。综合两种可能,企业提供信用的利润为:$p \times PV(\text{收入} - \text{成本}) - (1 - p) \times PV(\text{成本})$,如果预期利润大于 0,那么应该授予信用。

【例 6-1】某企业本年度的有关情况和信用标准如表 6-2 所示。

表 6-2 某企业本年度的信用情况

项目	数据	项目	数据
在现有信用政策下的销售收入(美元)	792 000	应收账款管理成本(美元)	2 000
变动成本率(%)	80	信用期限(天)	30
信用标准(以预期坏账损失率表示)(%)	≤1.2	平均收款期(天)	60
平均实际坏账损失率(%)	1	企业投资收益率(%)	15

该企业在下年度拟改变信用标准,现提出了 A、B 两个方案,信用标准变化对企业经营情况的影响如表 6-3 所示。

表6-3　A、B两个方案对企业经营情况的影响

A方案（严格的信用标准）	B方案（宽松的信用标准）
信用标准：只对预期坏账损失率低于0.8%的客户提供信用	信用标准：只对预期坏账损失率低于1.5%的客户提供信用
S_A：由于标准变化而使销售额减少至720 000美元	S_B：由于标准变化而使销售额增加至900 000美元
T_1：平均收款期为50天	T_2：平均收款期为75天
B_1：平均坏账率为0.6%	B_2：平均坏账率为1.2%
C_1：应收账款的管理成本为1 000美元	C_2：应收账款的管理成本为3 500美元

为了评价两个可选择的信用标准孰优孰劣，必须计算两个方案各自带来的收益和成本。计算给予某客户商业信用的费用（信用成本），包括坏账损失、应收账款机会成本和应收账款管理费用。其计算公式为：

净收益 = 信用标准变化带来的销售额的变化 − 应收账款投资机会成本 −

应收账款管理费用 − 应收账款坏账损失 　　　　　(6-3)

应收账款机会成本 = 应收账款平均占用资金 × 企业投资收益率

应收账款平均占用资金 = 应收账款平均余额 × 变动成本率

应收账款平均余额 = 日销售额 × 平均收款期

$$平均收款期 = \frac{全年天数}{应收账款周转率} \quad (6-4)$$

应收账款坏账损失 = 赊销净额 × 坏账率　　　(6-5)

现分别对两个方案进行测算，如表6-4所示。

表6-4　A、B两个方案的测算结果

（单位：美元）

项　目	A方案（严格的信用标准）	B方案（宽松的信用标准）
信用标准变化对销售收入的影响	S_A = (720 000 − 792 000) × (1 − 80%) = − 14 400	S_B = (900 000 − 792 000) × (1 − 80%) = 21 600
信用标准变化对应收账款机会成本(I)的影响	I_A = (720 000/360 × 50 − 792 000/360 × 60) × 80% × 15% = − 3 840	I_B = (900 000/360 × 75 − 792 000/360 × 60) × 80% × 15% = 6 660
信用标准变化对坏账成本的影响	B_1 = 720 000 × 0.6% − 792 000 × 1% = − 3 600	B_2 = 900 000 × 1.2% − 792 000 × 1% = 2 800
信用标准变化对管理成本的影响	C_1 = 1 000 − 2 000 = − 1 000	C_2 = 3 500 − 2 000 = 1 500
信用标准变化对总成本(P)的影响	P_1 = − 3 840 + (− 3 600) + (− 1 000) = − 8 440	P_2 = 6 660 + 2 880 + 1 500 = 11 040
信用标准变化对净收益(R)的影响	R_A = − 14 400 − (− 8 440) = − 5 960	R_B = 21 600 − 11 040 = 10 560

经过计算可得,由于 A 方案将使企业净收益减少 5 960 美元,而 B 方案却使企业净收益增加 10 560 美元,所以该企业应选择 B 方案,即宽松的信用标准。

6.1.2 信用条件

所谓信用条件是指企业要求客户支付货款的条件,包括信用期间、折扣期限、现金折扣率及信用工具。信用条件可表示为"2/10,n/30",即提供的信用期间为 30 天(n 表示 net,即付款到期前的天数),折扣期限为 10 天,现金折扣率为 2%。

6.1.2.1 信用期限

信用期限是授予客户信用的基本时间长度,即企业允许客户从购货到支付货款的时间限定。不同行业的信用期限差距很大,但大都在 30~120 天之间。一般而言,影响信用期限的因素主要有八个方面。

(1) 经营周期。买方经营周期的长度通常被认为是信用期限较适当的上限。因为通过授予信用,企业为客户的经营周期提供了一部分资金融通,从而缩短了客户的现金周转期。

(2) 易腐性和抵押价值。易腐货物周转率较高而且抵押价值相对较低,因而此类商品信用期限较短。

(3) 消费者需求。老字号产品周转率通常较高,新产品或者销路不畅的产品信用期限通常较长,以吸引买主。

(4) 成本、盈利和标准化。相对便宜的商品的信用期限较短,相对标准化的商品和原材料也是如此。它们的价值通常较低,而且周转率较高,这都导致了较短的信用期限。

(5) 信用风险。客户的信用风险较高,信用期限很可能较短。

(6) 订单大小。如果订单较小,信用期限可能稍短一些,因为小订单的管理成本高,而且此类客户也相对不太重要。

(7) 竞争。当处在高度竞争的市场中时,作为吸引客户的手段,企业可能提供较长的信用期限。

(8) 客户类型。企业会针对不同的客户提供不同的信用条件,如批发和零售商的信用条件是不同的。

通常,企业不宜过多地为客户延长信用期限,因为这样做的后果有二:一则使平均收账期延长,在应收账款上占用的资金相应增加,引起机会成本增加;二则可能引起坏账损失和收账费用的增加。因此,企业是否延长客户信用期限应取决于信用期限增加的边际收入是否大于增加的边际成本。

6.1.2.2 现金折扣

现金折扣是在客户提前付款时给予的价格优惠,通常属于销售条款的一部分。对于客户而言,当借入资金利率小于放弃现金折扣的成本时应借钱付款,享受折扣;当投资收益率大于放弃现金折扣的成本时应放弃折扣,使用信用。放弃现金折扣的机会成本的计算公式为:

$$\text{放弃现金折扣的年成本} = \frac{\text{现金折扣率}}{1 - \text{现金折扣率}} \times \frac{365}{\text{超过折扣期限付款天数}} \tag{6-6}$$

6.1.2.3 信用条件的确定

企业在信用管理政策中虽然已对可接受的信用条件作出了规定，但当企业的生产经营环境发生变化时，仍需要对信用管理政策中的某些条款进行修改和调整，并对各种备选方案进行认真评价。

6.1.3 收账政策

收账政策是信用政策的最后一个要素，即针对账款遭到拖欠甚至拒付时企业应采取的对策，即当客户违反信用条件时，企业采取的收回应收账款的策略与措施。

对于拖欠应收账款，无论企业采取何种方式进行催收，都要付出一定的收账成本。收账成本包括两部分：一是收账发生的通信费用、收账人员的差旅费和法律诉讼费等；二是企业被迫增加营运成本，降低资本的盈利性，加大了资本的机会成本。企业采取积极的收账政策，可减少应收账款的资金占用，减少坏账损失，但会增加收账成本；而如果采取消极的收账政策，虽然收账成本较低，但会加重应收账款的资金占用，增加坏账损失。一般来说，收账成本支出越多，坏账损失的概率就越小，但这两者并非线性关系。通常的情况是：①开始时花费一些收账费用，应收账款和坏账损失有小部分降低；②收账费用继续增加，应收账款和坏账损失明显减少；③收账费用超过某一限度时，应收账款和坏账损失的减少就不再明显，这个限度称为饱和点。因此，在确定收账政策时，必须对收账成本与减少的应收账款成本进行比较。

为了配合收账政策的实施，企业信用经理需保留每一个客户的支付记录，同时对未按期支付的款项密切关注，做账龄分析表。账龄分析是通过事先确定的时间期限对应收账款进行分类和评价。对应收账款的账龄分析，目的在于发现应收款项损失的可能性，判断潜在的亏损。一般来说，逾期拖欠的时间越长，账款催收的难度越大，成为坏账的可能性也就越大。因此，进行账龄分析，密切注意应收账款的回收情况是提高应收账款收现效率的重要环节。

账龄分析表将应收账款按拖欠的时间长短分类，如表6-5所示。客户A是当前欠款，未超过1个月；客户Z的问题比较严重，拖欠3个月以上的款项有15 000元，需要特别关注。拖欠款项的时间越长，发生坏账的可能性就越大。

表6-5 应收账款账龄分析表

（单位：元）

客户名称	短于1个月	1~2个月	2~3个月	3个月以上	总欠款
A	10 000	0	0	0	10 000
B	8 000	3 000	0	0	11 000
—	—	—	—	—	—

续表

客户名称	短于1个月	1~2个月	2~3个月	3个月以上	总欠款
—	—	—	—	—	—
—	—	—	—	—	—
Z	5 000	4 000	6 000	15 000	30 000
总计	200 000	40 000	15 000	43 000	298 000

对于收款政策，销售部门和收款部门之间的立场并不统一。销售人员可能抱怨他们拿不到新的订单是因为客户被催账信吓跑了，而收款人员可能抱怨销售部门只看重订单而不关心日后是否能收到货款。所以，收账政策的制定要统筹兼顾，并且根据客户不同的情况灵活掌握。

6.1.4 最佳信用政策

最佳信用政策是使应收账款的置存成本与短缺成本总和最小的政策（见图6-2）。

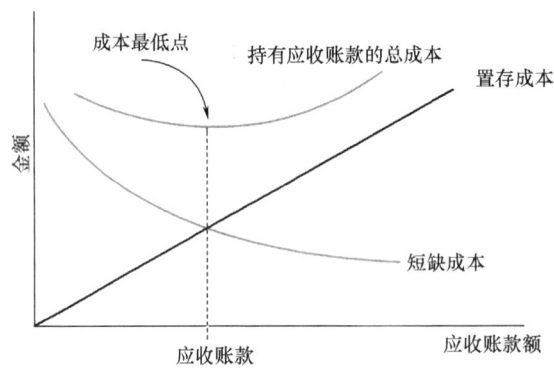

图6-2 应收账款的置存成本和销售损失成本

置存成本是由于应收账款产生的各种形式的催账费用和占有资金的机会成本之和；短缺成本是指严格的信用政策虽然使应收账款减少但同时也使销售收入减少所带来的损失。最佳的应收账款水平应使这两类成本之和最小。

然而，企业很难找到一个最佳的应收账款水平，只能确定一个合理的范围。在制定信用政策时应考虑五项因素：行业特点，企业的财力和成本优势，竞争和市场状况，客户的类型和稳定程度及信用状况，公司战略（如占领市场）。

6.1.5 综合信用政策

前面分析的是单项的信用政策，但要制定最佳的信用政策，应把信用标准、信用条件和收账政策结合起来，考虑信用标准、信用条件、收账政策的综合变化对销售额、应收账款机会成本、坏账成本和收账成本的影响。制定综合信用政策的基本模式如

表 6-6 和表 6-7 所示。

表 6-6 信用标准、信用条件及收账政策的结合

信用标准（预计坏账损失率,%）	信用条件	收账政策
好（0~0.5, 0.5~1）	宽松（n/60）	消极（拖欠20天不催收）
一般（1~2, 2~5）	一般（n/45）	一般（拖欠10天不催收）
差（5~10, 10~20）	严格（n/30）	积极（拖欠立即催收）
极差（>20）	不提供信用	

表 6-7 信用等级与账款管理

信用等级	平均收账期（天）	应收账款管理费用（美元）	坏账损失率（%）
A	30	100	2
B	60	400	10
C	90	1 200	20
D（新客户）	70	500	15

基本思路是通过比较信用标准、信用条件调整前后收益与成本的变动，遵循边际收入应当大于边际成本的原则选择方案。企业一旦确定了信用政策，便可根据信用政策和预计的销售收入等指标计算确定应收账款占用资金的数额。

【例 6-2】某公司 2019 年计划销售收入为 4 600 万元，预计有 60% 为赊销，应收账款的平均收现期为 60 天。则 2019 年该公司应收账款平均占用资金的数额为：

$$4\ 600 \times 60\% \times 60/360 = 460（万元）$$

6.2 应收账款的日常管理

6.2.1 应收账款追踪分析

客户进行商品赊销以后，就应对其进行追踪分析，因为客户债务偿还能力是随着它的经营情况发生变化的。一般而言，客户赊购了商品，能否按期偿还货款主要取决于三个因素：一是客户的信用品质；二是客户的财务状况；三是客户是否可以实现该产品的价值转换或增值。无论上述哪个因素发生变化，企业都应制定完善的应收账款收款计划，尽快地收回账款。在商品销售的过程中，一个环节出现问题可能导致一系列的问题。

6.2.2 收款率和应收账款余额百分比分析

管理应收账款质量的指标还有收款率和应收账款余额百分比。收款率是指在不同

的月份收回的销售收入的比例。用收款率状况与预期的或预算的收款状况相比较,来判断收款速度是高于还是低于预期。应收账款余额百分比是指在销售月的月末以及随后的各月月末,该月中没有收回的销售收入所占的比例。

6.2.3 应收账款收现保证率分析

由于企业当期现金支付需求量与当期应收账款收现额之间存在着非对称性矛盾,并呈现出预付性与滞后性的差异特征,这就决定了企业必须对应收账款收现水平制定一个必要的控制标准,即应收账款收现保证率。

应收账款收现保证率是为适应企业现金收支配比关系的需要所确定的有效收现的账款应占全部应收账款的百分比,是二者应当保持的最低比例。其计算公式为:

$$
应收账款收现保证率 = (当期必要支付的现金总额 - 当期其他稳定可靠的现金流入总额)/当期应收账款总计金额 \tag{6-7}
$$

其中,当期其他稳定可靠的现金流入总额是指从应收账款以外的途径已取得的各种稳定可靠的现金流入数额,包括短期有价证券变现净额、可随时取得的银行贷款额等。

应收账款收现保证率指标反映了企业既定会计期间逾期现金支付数量扣除各种可靠、稳定的现金来源后的差额,必须通过应收账款项有效收现予以弥补的最低保障程度。

本章小结

信用管理的第一步是设定销售条款,即在销售交易中规定客户延期付款的期限和在期限之前提前付款给予的现金折扣。一般情况下各行业制定有不同的标准。

接下来的工作是评估每一个客户的信用情况。有很多信息来源可以作为评估客户信用的参考,比如,同客户打交道的经验与感受、其他债权人对该客户的评价、信用中介对该客户的评估、客户开户行调查以及客户财务报表分析等。一些需要处理大量客户信用的公司一般使用标准的评估系统,综合各种信息来源,对客户进行信用评分。

对客户作出信用评估后,就要针对不同的客户设定合理的信用限额。信用经理的目标不是坏账最小化,而是利润最大化,即判断客户如期付款为公司创造的利润和客户违约而对公司造成的损失的概率,然后根据概率加权的结果授予客户信用额度。

赊销之后的工作就是收账。恰当的收账政策应该在详细记录客户的付款情况以及进行账龄分析的基础上决定催账方式,这样可以准确地区分出恶意欠款和非恶意欠款,避免伤害客户而影响日后的销售。

各种应收账款的日常管理措施对于减少坏账是必不可少的,比如,配合账龄分析的措施还包括对应收账款的追踪分析、收款率和应收账款余额百分比分析及应收账款收现保证率分析等。

思考与练习题

1. 如何进行应收账款的信用决策分析?
2. 决定信用期限的主要因素有哪些?在下列几种情况下,哪家公司的信用期限可能会较长并解释其原因:
   (1) A 公司销售治疗秃顶的神奇配方,B 公司销售假发。
   (2) A 公司专门为房主提供产品,B 公司为租户提供产品。
   (3) A 公司的存货周转率为 10 次/月,B 公司的存货周转率为 20 次/月。
   (4) A 公司销售新鲜水果,B 公司销售罐装水果。
3. 信用条件的主要内容是什么?
4. 如何理解收账政策?
5. 商业信用最常用的形式是什么?在这种情况下的信用工具是什么?
6. 什么是应收账款的置存成本?没有提供信用时的成本有什么?不同水平下应收账款的成本总和是什么?
7. 什么是信用的 5C 分析?分别说明其重要性。
8. 为什么购买方的经营周期常常作为信用周期长度的上限?
9. 某公司预计的年度赊销收入为 6 000 万元,其变动成本率为 65%,资金成本率为 8%,目前的信用条件为"n/60",信用成本为 500 万元。公司准备改变信用政策,改变后的信用条件为"2/10,1/20,n/60",预计信用政策改变不会影响赊销规模,改变后预计收账费用为 70 万元,坏账损失率为 4%。预计占赊销额 70% 的客户会利用 2% 的现金折扣,占赊销额 10% 的客户会利用 1% 的现金折扣,按一年 360 天计算。
   (1) 计算改变信用政策后:①年赊销净额;②平均收账期;③应收账款平均余额;④维持赊销业务所需资金;⑤应收账款机会成本。
   (2) 通过计算判断是否适应信用政策。
10. X 公司向客户 Y 赊销,信用条件为"1/20,n/60"。
    (1) 如果客户 Y 在第 20 天付款,其账款能减少多少?
    (2) 如果客户 Y 错过现金折扣的期限,其付款期还有多少天?
    (3) 如果客户 Y 在信用期到期日而不是 20 天之内付款,其实际支付的年利率是多少?
11. Graham 公司年均销售额为 6 500 万美元,平均收账期为 48 天。那么,资产负债表中反映的公司对应收账款的投资应为多少?
12. 音乐之城公司的平均收账期为 52 天,公司平均每天在应收账款上的投资为 46 000 美元。该公司年均信用销售额为多少?应收账款的周转率为多少?

7 存货管理

学习要点

1. 存货的必要性和存货的成本
2. 存货持有量的确定方法及如何确定合适的进货时间
3. 存货管理的具体工作
4. 简单的存货管理方法

存货是企业中一项重要的流动资产，存货利用的水平对企业财务状况会产生较大的影响。减少对存货的投资可以增加可使用的现金流量，提高营运资本的使用效率，从而提高收益；但存货不足又可能影响正常的生产和销售，从而造成收益的下降。因此，存货管理是一项科学的管理，它不仅是企业生产管理的重要环节，同时也是公司财务管理的一项重要内容。存货管理的主要目标是在确保生产和销售正常进行的前提下，根据成本和收益的权衡结果，制定合理的存货持有量和恰当的进货时间等。

7.1 存货管理概述

7.1.1 存货的定义及其功能

存货（Inventory）是指企业在生产经营过程中为销售或耗用而储备的物资，通常包括各种原材料、燃料、包装物、低值易耗品、在产品、外购商品、协作件、自制半成品和产成品等。存货可为公司经营带来弹性，减少缺货损失，其功能如下。

（1）储存必要的原材料和在产品，可以保证生产正常进行。生产过程中所需要的原材料是生产中必需的物质资料。存货在生产不均衡和商品供求波动时可起到缓和矛盾的作用。

（2）储备必要的产成品，有利于销售。存货储备能增强企业在生产和销售方面的机动性以及适应市场变化的能力。企业有了足够的库存产品，就能有效地供应市场，满足顾客的需要；相反，若某种畅销产品库存不足将会错失销售良机。另外，为了应付市场上突然出现的需求，也应适当储备一些产成品。

（3）适当储存存货，便于企业维持均衡生产，降低产品成本。生产季节性产品或原材料的供应具有季节性的企业，为实现均衡生产，降低生产成本，就必须适当储备一定的半成品存货或保持一定的原材料存货，否则势必导致生产成本的提高。其他企业在生产过程中同样会因为各种原因导致生产水平的高低变化，拥有合理的存货可以缓冲这种变化对企业生产活动及获利能力的影响。

（4）各种存货留有一定的保险储备，可以防止意外事件造成的短缺。在采购、运输、生产和销售过程中都有可能发生意外，保持必要的保险储备，可避免或减少损失。

7.1.2 存货的成本

存货管理的关键在于重视与协调存货的采购活动，降低存货水平，从而降低持有存货的相关成本。与存货相关的成本主要包括以下三项。

（1）取得成本，即为获取某项存货而发生的成本，包括订购成本（分为固定订购成本和变动订购成本）与购置成本。订购成本是指为订购材料、商品而发生的成本，其中一部分与订货次数无关，如常设采购机构的基本开支等，称为固定订购成本；另一部分与订货次数有关，如差旅费、邮资等，这些成本与订购次数成正比，称为变动订购成本。购置成本又称为采购成本，由买价、运杂费等构成，它一般与采购数量成正比。存货的购置成本通常是稳定的。订购成本与购置成本之和构成了取得成本。

（2）储存成本，即为保持一定量存货而发生的成本，包括仓储费、保管费、保险费和仓储损耗等。储存成本分为固定储存成本和变动储存成本。前者与存货数量的多少无关，如仓库折旧等；后者则与存货的数量有关，如存货占用资金的应计利息、存货的毁损和变质损失等。变动储存成本通常用平均存货量与单位存货的变动储存成本的乘积表示。

（3）缺货成本，即存货不足对企业造成的损失，如停工待料损失、货物供应不足损失等。

7.2 存货的日常管理

在企业的存货管理工作中，通常要进行四个方面的决策，即选择进货项目（进什么货）、选择供货单位（何处进货）、决定进货时间（何时进货）和决定进货批量（进多少货）。在财务部门实际工作中，要做的则是决定进货时间和决定进货批量，并根据进货有关要求控制、安排和调度资金。存货的日常管理主要解决如何确定最佳的存货采购量及采购的时间，以满足生产经营的要求并实现成本最低。按照存货管理的目标，存货日常管理的方法主要有经济订货量模型和存货 ABC 分类控制法。

7.2.1 经济订货量模型

经济订货量模型（Economic Ordering Quantity，EOQ）是在企业计划期内使存货总成本最小的存货订购数量。

7.2.1.1 经济订货量模型的基本内容

经济订货量模型给出了一年中每次订货的最优数量。这种方法的计算原理为：假设企业在一定时期内需要采购的存货总量是可以测试出来的，存货的使用是均匀的，在上一次存货用完后可以自由地在市场上采购到下一批的存货。也就是说，这个模型假设存货是不间断地满足生产需要的，所以也就没有缺货造成的损失，即无缺货成本，是一定时期储存成本和订货成本总和最小的采购批量。

根据以上假设，可以得出全年储存成本和订货成本总和的公式：

$$TC = \frac{Q}{2}C + \frac{D}{Q}K \qquad (7-1)$$

式中，TC 为某种存货的总成本；Q 为每次订货量；C 为单位存货年储存成本；D 为某种存货全年需要量；K 为每次订货成本。

为使 TC 最小，对 Q 求导数，并令导数等于 0，得到经济订货批量为：

$$Q' = \sqrt{\frac{2DK}{C}} \qquad (7-2)$$

将 Q' 代入 D/Q 中，得到最佳订货次数为：

$$N = \frac{D}{Q} = \sqrt{\frac{CD}{2K}} \qquad (7-3)$$

将 Q' 代入式 7-1，得到最低库存总成本为：

$$TC = \frac{Q}{2}C + \frac{D}{Q}K = \sqrt{2DCK} \qquad (7-4)$$

根据存货成本构成可知，储存成本与订货成本二者的高低与订货批量多少的关系是相反的。订货的批量大，储存的存货就多，会使储存成本上升，但由于订货次数减少，则会使订货成本降低；反之，如果降低订货批量，可降低储存成本，但由于订货次数增加，会使订货成本上升。也就是说，随着订货批量大小的变化，这两种成本是互为消长的。

【例 7-1】某企业全年需要耗用 A 材料 8 000 吨，年单位储存成本为 100 元，每次订货成本为 1 000 元，则计算结果如下：

最佳订货批量为：

$$Q' = \sqrt{\frac{2DK}{C}} = \sqrt{\frac{2 \times 8\ 000 \times 1\ 000}{100}} = 400(吨)$$

最佳订货次数为：

$$N = \frac{D}{Q} = \sqrt{\frac{CD}{2K}} = \sqrt{\frac{100 \times 8\ 000}{2 \times 1\ 000}} = 20(次)$$

最低库存总成本为：

$$TC = \sqrt{2DCK} = \sqrt{2 \times 8\ 000 \times 100 \times 1\ 000} = 40\ 000(元)$$

为了确定经济订货量，一般可采用逐批测试法、图示法等进行计算。现举例如下：

【例 7-2】某公司全年生产耗用 A 材料 180 000 千克，该材料单价为 20 元，单位储存成本为 2 元，每次订货成本为 50 元。该公司系列订货批量下的有关成本计算采用逐批测试法，如表 7-1 所示。

表7-1　某公司经济订货批量的有关成本

（单位：元）

N	Q	(D/Q)×K	(Q/2)×C	TC
20	9 000	1 000	9 000	10 000
40	4 500	2 000	4 500	6 500
60	3 000	3 000	3 000	6 000
80	2 250	4 000	2 250	6 250
100	1 800	5 000	1 800	6 800

从表7-1可知，全年总成本最低为6 000元，故3 000件为最优订货批量，即经济订货量。

7.2.1.2　订货点

在经济订货量模型中，假定每次当库存量降至0时，下一批存货才入库，这种做法的前提是，企业从订货到存货入库所需时间极短，但这与现实情况并不相符。在实际工作中，为了保证生产和销售正常进行，工业企业必须在材料用完之前订货，商品流通企业必须在商品售完之前订货。那么，究竟在上一批购入的存货还有多少时订购下一批货物呢？这就是订货点的控制问题。所谓订货点，就是订购下一批存货时本批存货的储存量，用 R 来表示，$R = d \times L$。其中，d 为平均每日消耗量，L 为订货提前期。确定订货点，必须考虑五个因素：①平均每天的最大耗用量；②预计每天的最大耗用量；③提前时间，即从发出订单到货物验收完毕所用的时间；④预计最长提前时间；⑤保险储备。

【例7-3】某企业全年需要材料43 200千克，每次订货成本300元，单位储存成本2元，每日正常消耗量为120千克，提前期为8天，则：

$$R = 120 \times 8 = 960 \text{（千克）}$$

也就是说，当该材料库存量下降到960千克时，就应当订货。由此可见，订货提前期对经济订货量并没有影响，只是在订货点发出订单即可。

7.2.1.3　基本模型的扩展

经济订货量基本模型是在各种假设条件下建立的，而在实际的存货管理中，能够完全满足这些假设条件的情况很少，因此，为使基本模型更接近实际情况，更加实用，就需要取消某些假设条件，逐渐改进基本模型，使其得到扩展。但在扩展的过程中，基本的思路依然是不变的，即在满足生产经营的前提下，使有关存货的总成本达到最低。

7.2.1.3.1　有数量折扣情况下的经济批量模型

在上述经济批量分析中，假定价格不随批量而变动，但在实际经济运行中，许多企业在销售时都有批量折扣，即对大批量采购的客户在价格上给予一定的优惠。在这种情况下，除了考虑订货成本和储存成本外，还应考虑采购成本。

【例7-4】假设A公司全年需要某零件1 200件，每订购一次的订货成本为400

元,每件年储存成本为6元,每件价格为10元,在这种情况下,经济批量为400件。但如果一次订货超过600件,可给予2%的批量折扣。公司应以多大批量订货?

按经济批量采购,不能得到大批量采购折扣,这时按经济批量采购时的总成本合计为:

$$总成本 = 年订货成本 + 年储存成本 + 年采购成本$$
$$= \frac{1\,200}{400} \times 400 + \frac{400}{2} \times 6 + 1\,200 \times 10 = 14\,400 \text{(元)}$$

不按经济批量采购,如果想取得数量折扣,必须按600件采购,此时三种成本的合计为:

$$总成本 = 年订货成本 + 年储存成本 + 年采购成本$$
$$= \frac{1\,200}{600} \times 400 + \frac{600}{2} \times 6 + 1\,200 \times 10 \times (1 - 2\%) = 14\,360 \text{(元)}$$

将以上两种情况进行对比可知,订购量为600件时成本最低。

7.2.1.3.2 存货陆续供应和使用情况下的经济批量模型

这个模型否定了存货集中到货的假设。而现实中,存货可能是陆续到货,从而使存货数量陆续增加,其中表现最为明显的是产成品的验收入库以及产品在各生产环节的转移,它们基本上总是陆续供应和陆续被耗用的;对于原材料,也可能是陆续送达,大多数企业并不是等全部材料到齐后才开始耗用,而是边补充边消耗。

设每日送货量为p,每日耗用量为d,则每批订货量Q全部送达所需要的天数为Q/p,称之为送货期。

因存货每日耗用量为d,故送货期内的全部耗用量为:$Q/p \times d$。

由于存货边送边用,所以,每批存货送完时,最高库存量为$Q - Q/p \times d$。存货平均库存量为:$1/2(Q - Q/p \times d)$。

因此,与批量Q有关的总成本为:

$$TC(Q) = \frac{D}{Q}K + \frac{1}{2}(Q - \frac{Q}{p}d)C = \frac{D}{Q}K + \frac{Q}{2}(1 - \frac{d}{p})C \qquad (7-5)$$

经过推导可得到存货陆续供应和消耗情况下的经济批量模型:

$$Q' = \sqrt{\frac{2KD}{C(1 - \frac{d}{p})}} \qquad (7-6)$$

而这时的订货总成本为:

$$TC(Q') = \sqrt{2KDC(1 - \frac{d}{p})} \qquad (7-7)$$

7.2.1.3.3 不确定情况下的存货管理

经济批量基本模型和订货点的控制均假设存货的供需稳定而且确定,即每日需求量不变。但实际情况并非如此,企业对存货的需求量经常会发生变化,交货时间由于某些原因也可能延误。这些不确定性因素的存在,要求企业持有一定的保险储备,以防止供应延误、存货短缺等。保险存货又称为安全存货,是企业保有的最低存货水平。

为了防止存货中断，再订货点就是交货期内的预计需求加上保险储备。因此，此时存货的再订货点变化为：

$$R = d \times L + B \tag{7-8}$$

式中，R 为订货点；d 为平均每日消耗量；L 为交货时间；B 为保险储备量。

【例 7-5】某公司每年使用 10 400 件存货，每次订货量为 200 件，存货保险储备量为 1 300 件。从订货到交货需要 4 周时间。公司的再订货点是多少？

该公司每周使用量为：10 400/52 = 200（件）

间隔期使用量为：200 × 4 = 800（件）

再订货点为：800 + 1 300 = 2 100（件）

所以，该公司应该在存货水平为 2 100 件时进行再订货。

建立保险储备的代价是存货储备成本相应增加，而确定最佳保险储备就是在存货短缺所造成的缺货成本和保险储备的储存成本之间做出权衡，使二者之和最小。其计算公式为：

$$TC(S,B) = TC_s + TC_b = K_u \times S \times N + B \times K_c \tag{7-9}$$

式中，$TC(S, B)$ 为与保险储备有关的总成本；TC_s 为短缺成本；TC_b 为保险储备成本；K_u 为单位缺货成本；S 为缺货量；N 为年订货次数；B 为保险储备量；K_c 为单位储存成本。

7.2.2 存货 ABC 分类控制法

存货 ABC 分类控制法是一种简单的存货管理方法，针对不同的存货对企业财务目标的实现具有不同的作用而产生。也就是说，有的存货尽管品种数量很少，但价值巨大，如果管理不善，将对企业造成极大的损失。相反，有的存货尽管品种数量繁多，但价值微小，即使管理当中出现一些问题，也不至于对企业产生较大的影响。因此，无论是从管理能力还是经济角度看，企业不可能也没有必要对所有存货不分巨细地全面严格管理。存货 ABC 分类控制法基本思路是：按照一定的标准，将企业存货按照价值量的大小分为 A、B、C 三类（或更多类），其中，最重要的是 A 类，最不重要的是 C 类，即抓住主要的、重点部分加强管理，例如一些贵重、科技含量高的部件。图 7-1 为存货 ABC 分类控制法示意图。

如图 7-1 所示，A 类存货数量仅占 10%，但价值占 60%，对 A 类存货要严格监控，存货数量也应保持在较低的水平；相反，有些基本存货（如螺母和螺栓）是常用部件且比较便宜，可以大批量订货并大量持有，这些就属于 C 类的存货；而 B 类则由介于二者之间存货组成。运用 ABC 分类控制法控制存货资金，一般分为四个步骤。

（1）计算每一种存货在一定时期（一般为 1 年）的资金占用额。

（2）计算每一种存货资金占用额占全部存货金额的百分比，并按大小顺序排列，编制表格。

（3）根据事先测定好的标准，把最重要的存货划为 A 类，把一般存货划为 B 类，把最不重要的存货划为 C 类，并绘图表示。

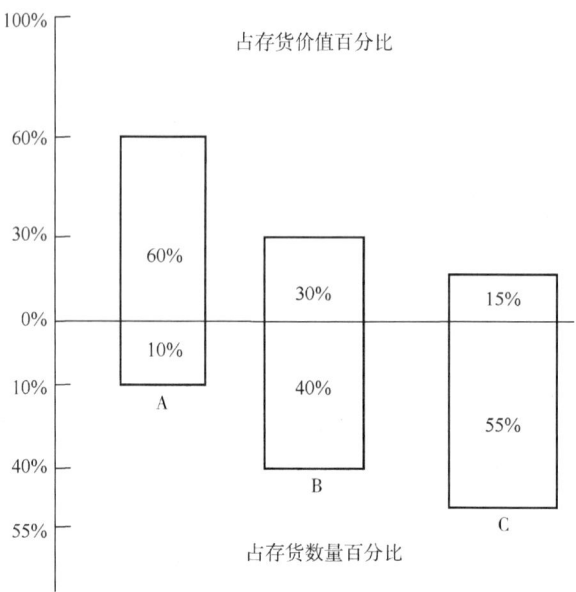

图 7-1 存货 ABC 分类控制法

（4）对 A 类存货进行重点规划和控制，对 B 类存货进行次一级管理，对 C 类存货只进行一般管理。

本章小结

存货管理是营运资本管理的一部分，科学的存货管理能提高营运资本的效率，增加公司收益。

存货管理的具体工作包括四个方面：①进什么货；②决定从何处进货；③选择进货的最佳时间；④决定进货的批量。对公司的财务部门来说，在存货管理方面要做的是决定进货时间和决定进货批量，并控制、安排和调度好资金。

经济订货量（EOQ）模型是在企业计划期内使存货总成本最小的存货订购数量，利用该模型可以确定一年中每次订货的最优数量和最佳订购次数。

考虑到大批量订货可能获得的折扣、存货并非一次性到货而是陆续供应和消耗，以及由于不确定性的存在而需持有一定的保险储备量等情况，对经济订货量模型可进行调整。

有关进货时间的决定由订货点模型测算。所谓订货点，是指本批存货的储存量是多少时必须订购下一批存货。

除了运用定量化的模型进行存货管理外，还有一种相对简单的方法，称为存货 ABC 分类控制法，即将所有存货按占存货价值百分比的大小排序，从大到小分成 ABC 三类，对最重要的 A 类存货进行严格的管理，这样可以降低管理成本。

思考与练习题

1. 如何理解存货经济订货量模型的基本假设？其基本模型的扩展包括哪些内容？
2. 如何理解最佳订货批量？
3. 简述存货 ABC 分类控制法的主要内容。
4. 简述不确定情况下存货管理的内容。
5. 存货管理的作用是什么？
6. 在供货企业不提供数量折扣的情况下，影响经济订货量的因素是什么？
7. 存货成本包括哪些项目？
8. 某公司为了节省生产调度成本决定延长生产周期，节省的成本为 30 万元，但存货周转由每年 8 次降为每年 6 次，公司每年销售成本为 5 000 万元，公司投资预期收益率为 14%。公司是否要延长生产周期？
9. 某商场每周初都有 300 个移相器的库存，该库存每周会被使用完毕并重新订购。如果每个移相器的置存成本为每年 41 美元，而固定订购成本为 95 美元，其总置存成本是多少？进货成本是多少？商场应该增加还是减少其订购数量？阐述对于商场而言的最优库存政策（包括订购规模与订购频率）。
10. 某公司预计每周都能售出 700 件出自其设计师的服装。商店每周开业 7 天，同时预计每天销售的数量都相同。公司的经济订购量（EOQ）为 500 件，安全库存为 100 件。下订单后，该公司还需 3 天时间才能拿到服装。公司每年应该订购多少订单？

8 短期融资管理

学习要点

1. 企业中短期资金的取得渠道
2. 内源性资金渠道和外源性资金渠道
3. 各种融资方式的特点
4. 各种融资方式融资成本的测量
5. 不同的融资策略对企业产生的影响以及融资策略的选择

企业在正常的经营和发展过程中或多或少地总会需要融资。在理想状态下,对短期资金和长期资金的筹集应采取不同的融资策略,对临时性流动资产投资所需资金应通过短期融资解决,对长期资产和永久性流动资产投资所需资金应安排长期融资。但现实中,有些企业被迫更多地采取短期融资方式进行长期资产的投资。同时,通过长期融资所获得的资金与短期内流动资产投资所需资金又有着千丝万缕的关联。

8.1 短期融资来源

企业所需资金可通过多种渠道和方式取得。除了内源性的资金(如留存收益)外,外源性资金可通过直接融资和间接融资取得。当然,间接融资是主要方式。银行可为企业提供日常经营所需资金即营运资本所需资金,以及以长期使用为目的的资金。企业的直接融资虽然不是主要的融资方式(特别是对于中小型企业来说更是如此),但无论是短期融资还是长期融资,直接融资都是不容忽视的重要渠道。

8.1.1 自发性融资

公司自发性融资是在生产经营或商品交易过程中自然形成的,其数额取决于企业经营规模,主要包括商业信用和应付未付款项。

8.1.1.1 商业信用及其成本分析

8.1.1.1.1 商业信用

商业信用是指在商品交易中因延期付款或预收货款而形成的企业之间的借贷关系。作为企业间的一种直接信用行为,商业信用是企业短期融资的重要方式。商业信用的主要形式有三种。

(1) 应付账款。应付账款是供应商为企业提供的一种商业信用,即卖方允许买方在购货后一定时期内支付货款。卖方利用这种形式促销,而买方延期支付则等于向卖方借用资金购买商品，以满足对短期资金的需求。在不影响公司的商业信用且合理、合法的条件下，货款延期支付的时间越长，买方从中利用的资金就会越多。

（2）应付票据。应付票据是企业进行延期付款商品交易时开具的反映债权债务关系的票据。根据承兑人的不同，应付票据分为商业承兑汇票和银行承兑汇票。由商品的买方或买方银行出具，交由商品的卖方持有，货款支付期限到期由票据出具人承兑。而票据出具之后至到期之前，持有方可以在银行将其贴现。

（3）预收账款。预收账款是卖方企业在交付货物之前向买方预先收取部分或全部货款的信用形式。对于卖方来说，预收账款相当于向买方借用资金后用货物抵偿。预收账款一般用于生产周期长、资金需求量大的货物的销售，以缓解资金占用过多的压力。

8.1.1.1.2 商业信用的成本分析

商业信用条件通常包括以下两种。

（1）有信用期，但无现金折扣，如"n/30"表示在信用期 30 天内按发票金额全额支付。

（2）有信用期和现金折扣，如"2/10，n/30"表示在折扣期中 10 天内付款，享受现金折扣 2%，若超过 10 天，必须在信用期 30 天内按全额付款。企业在各种信用交易活动中应用现金折扣，主要是为了加速账款的收回。现金折扣一般为发票面额的 1%~5%。在这种条件下，双方存在信用交易。买方获得现金折扣的计算公式为：

$$年成本 = \frac{折扣率}{1 - 折扣率} \times \frac{365}{信贷期 - 折扣期限}$$

若在折扣期内付款，则可获得短期的资金，并能得到现金折扣；若放弃现金折扣，则可在稍长时间内占用卖方的资金，但放弃现金折扣的年成本通常较高，如信用条件为"2/10，n/30"，放弃 2% 现金折扣的年成本的计算公式为：

$$年成本 = \frac{2\%}{1 - 2\%} \times \frac{365}{30 - 10} = 37.2\%$$

由此可以看出，商业信用的成本远高于银行贷款利率，因此，企业应尽可能地享受现金折扣。

在上式中，如未能取得现金折扣，无异于以 37.2% 的年利率借入资金。但高成本并不代表商业信用一定是不可取的，相反，商业信用是企业重要的短期融资方式，特别是对于较难从通常渠道获取资金的小企业或快速成长的企业来说，商业信用是重要的短期资金来源。

8.1.1.2 应付未付款项

应付未付款项是企业生产经营和利润分配过程中已经计提但尚未以货币支付的款项，主要包括应付工资、应交税金、应付利润和应付股利等。

在公司经营活动中，根据有关的结算制度、法律和契约规定，有些费用无须立即支付而可以在一定时期后进行结算、支付，这些应付未付款项可以为公司在短期内所利用，从而形成公司的一种短期资金来源。以应付工资为例，企业通常以月为单位支付工资,在应付工资已经计提但尚未支付的这段时间就会形成应付未付款项,它相当于职工给予企业的一种信用。总之,只要公司从事经营活动,这些款项就会发生,其中相当一部分十分稳定,构成了一项在支付之前能经常占用的资金来源,可用于公司正常的经营周转。

8.1.2 商业银行短期借款

商业银行短期借款的期限一般在 1 年以内。银行会针对企业的经营状况和偿还能力,提供不同的短期贷款,如银行信用额度和循环信用。两种不同的贷款形式,其贷款成本不同。

8.1.2.1 信用额度

银行对客户制定的贷款限额称为信用额度(Line of Credit)。只要在信用额度内,企业在资金需求出现之前向银行提交申请并提供财务报表和其他所需资料即可。信用额度一般每年都要审核,特别是当银行认为企业的经营状况发生很大变化时必须进行重新审核。

8.1.2.2 借款成本

信用额度内的借款成本等于实际贷款期限内应付的利息,借款利率的计算分为简单利率、贴现利率和有补偿性余额的实际利率三种方法。

(1) 简单利率。在简单利率计算方式下,企业可以得到全部借款,在贷款到期时一次还本付息。如果借款的期限为 1 年,贷款的实际利率等于名义利率。但若企业贷款的利率低于 1 年,则按实际借款期限转换为各个时期的利率。其计算公式为:

$$利率 = \frac{利息}{借款额} \times 100\%$$

(2) 贴现利率。在贴现利率贷款的情况下,银行在贷出款项时预先扣除利息,借款人实际取得的借款数额少于本金,为本金减去利息。由于银行预先扣除借款利息,使得贴现借款的实际利率变高。其计算公式为:

$$利率 = \frac{利息}{借款额 - 利息} \times 100\%$$

企业通过这种方式贷款时,贷款申请额应考虑扣除利息的因素。贷款申请额应为:

$$贷款申请额 = \frac{资金需求量}{1 - 利率(贴现利率)}$$

(3) 有补偿性余额的实际利率。银行在发放贷款时,可能会要求借款企业将贷款的 5% ~ 20% 作为补偿性存款余额留在银行的存款账户上,其目的是保障贷款的安全。由于有补偿性余额,企业可动用的借款余额会小于所申请的借款,造成借款的实际利率高于名义利率。

如果企业银行存款账户的余额为 0,而且已知资金的需求数量,则必要的借款数额为:

$$贷款申请额 = \frac{资金需求量}{1 - 要求补偿性余额比率}$$

如果企业在银行账户中有一定的存款余额,且借款期限在 1 年以下,其实际利率的计算公式为:

$$实际利率 = \frac{名义利率}{1 - 要求补偿性余额比率}$$

若采用贴现利率贷款方式,银行对补偿性余额的规定会使得实际利率更高,其计算公式为:

$$实际利率 = \frac{名义利率}{1 - 要求补偿性余额比率 - 名义利率}$$

8.1.2.3 循环信用

银行对信用记录较好的企业会在信用协议的有效期内提供循环信用,银行有义务提供不超过既定限度的资金。与银行有循环信用协议的企业,除了需要支付实际借入资金的利息和手续费外,还需要为额度中未使用的部分支付一定费用,费率通常为未使用额度的 0.25% ~ 0.50%。

8.1.3 商业票据(短期融资券)

8.1.3.1 商业票据(短期融资券)的概念

商业票据(短期融资券)又称商业本票,是由信用较高的公司发行的短期商业票据。这种票据仅以发行人的信用作为担保,是一种短期筹资的方式。一般来讲,只有实力雄厚、资信程度很高的大型工商企业或金融企业才有资格发行短期融资券。

8.1.3.2 商业票据(短期融资券)的特点

(1) 商业票据由发行人(企业)直接发售给金融机构或其他投资者,可在金融市场上交易。

(2) 面额及期限灵活。期限短则几天,长则达 270 天,面额可根据投资者的要求作出调整。

(3) 商业票据仅以贴现方式发售。

(4) 与债券相似,商业票据也涉及评级。对发行人来说,信用评级高,则需支付的利率低;信用评级低,则需支付较高的利率。

8.1.3.3 商业票据(短期融资券)的优点

(1) 筹资成本低。一般而言,短期融资券的利率加上发行成本,通常要低于银行的同期贷款利率。利率较低的原因是只有规模大且财务稳定的企业才能达到发行商业票据的条件。同时,由于商业票据可在金融市场上出售,所以票据利率可由市场上的短期利率决定;另外,发行商业票据避免了银行补偿性余额要求导致的实际利率上升。

(2) 筹资范围广且筹资数额大。银行一般不会向企业发放巨额的流动资金贷款,比如,西方商业银行贷给个别企业的最大金额一般不能超过该公司资本的 10%。而短期融资券面对金融市场筹资,根据企业的资金需求状况和所有者权益的大小筹集资金,以满足企业对流动资金的需求。

(3) 扩大企业的影响,提高企业的知名度。短期融资券筹资风险较大,发行条件严格，对筹资数量和偿还有限制，一家公司如果能在货币市场上发行短期融资券，说明该公司的信誉很好。

8.1.3.4 商业票据（短期融资券）的缺点

（1）发行短期融资券的风险比较大。短期融资券到期必须归还，一般不会有延期的可能，到期不归还会产生严重后果。

（2）发行短期融资券的弹性较小。只有当企业的资金需求达到一定数量时才能使用短期融资券，如果数额较小，则不宜采用。另外，短期融资券一般不能提前偿还，即使公司资金比较宽裕，也要到期才能还款。

（3）发行短期融资券的条件比较严格。不是任何公司都能发行短期融资券，发行者必须是信誉好、实力强和效益高的企业，而一些小企业或信誉一般的企业则不能利用这种融资方式。

8.1.4 其他短期融资

8.1.4.1 应收账款融资

如果企业申请不到短期信用贷款，又急需资金，那么可以使用应收账款进行融资。使用应收账款进行融资的方法有两个：一是将应收账款作为抵押进行贷款，这种方法被称为出质（Pledge）应收账款；二是将应收账款余额出售给银行，这种方法被称为保理（Factoring）应收账款。

（1）出质应收账款。这种方法相当于使企业更快地收回了货款，但须支付一定的成本。一般情况下，这一贷款方式的成本高于普通的银行短期贷款利率。

出质应收账款的过程复杂，银行为了确定用于抵押的某一应收账款是否符合抵押条件，需做三项工作：①分析企业的应收账款账户，以确定企业客户的还款速度、历史还款记录和预计支付能力等；②银行要对企业所出售的货物的类型和质量进行分析，如果产品质量有问题，就可能遭到退货，相应的账款也就不复存在，一般要扣除经验退货率；③如果企业为客户提供了付款的现金折扣，也要从应收账款额中扣除。

出质应收账款的贷款通常不会超过企业应收账款账户总额的80%。如果某一客户在该企业的赊销中占有较大份额，那么银行对这一账户贷款比例要做相应的下调。

（2）保理应收账款。在银行的保理业务中，银行购买企业的应收账款并承担所有的信用风险，催收账款的工作由银行承接。

保理分为有追索权保理和无追索权保理。在有追索权的情况下，银行可将未付款的应收账款退还给企业，企业负责追款，将追得的款项如数支付银行。对于无追索权的保理，应收账款一经售出，坏账风险完全由银行承担。

企业所售出的应收账款有到期保理和预付保理。到期保理是指企业在应收账款到期日获得资金；预付保理是指银行在账款到期前将资金支付给企业。

银行保理的收费有两个方面：一是预先付款的利息；二是以应收账款账面价值为基数的手续费，这一费用一般占账面价值的1.5%~3%。企业收到的付款一般只有账面价值减去费用后的80%，这其中还有5%~15%的调整准备，如防止出现退货等情况，如果没有发生任何意外，则这笔资金最终支付给企业。由此可以看出，银行保理成本较高。

保理应收账款是企业对常规短期贷款方式获得资金的补充形式，可将应收账款迅速转换为现金，提高营运资本的使用效率。

8.1.4.2 存货贷款

当企业不能取得常规的短期银行贷款时，用存货做抵押进行贷款也是一种选择，其方式与出质应收账款的借贷方式相似。银行要对企业的存货质量和种类进行评估，根据存货的品种和质量，企业一般可以获得存货价值60%~80%的贷款。而如果存货为在产品，只能获得存货价值20%~30%的贷款。

存货贷款的成本要比常规的无抵押短期贷款的成本高一些。除了银行的贷款利率外，存货的仓储费用占贷款总额的1%~2%。

8.1.4.3 有价证券的抵押贷款

企业持有的可流通的股票和债券也可以作为短期贷款的抵押品。对于上市公司的股票，银行通常授予其市值60%~70%的贷款；对于信用等级较高、流动性较好的债券，银行可发放其市值70%~80%的贷款。银行持有这些抵押品后对其有处置权，可在必要的时候出售证券，以保障贷款的价值。

8.1.4.4 短期融资组合

企业筹资的目的是以较低的成本为具有较高投资回报的投资项目筹措到足够的资金。一个项目筹集多少短期流动负债最佳？短期负债和长期负债之间保持多少相对量最为适合？

一般而言，一个企业为了保持企业自身周期性的资金需求，可以采取两种融资策略：一是公司可以保留一笔金额相当大的有价证券（F政策）。当对存货和其他流动资产的需求开始上升时，公司可出售有价证券并将这笔现金用于各种采购。一旦货物出售、存货水平开始下降，公司就可以重新投资于有价证券。二是公司可以持有相对较少的有价证券。当对存货和其他流动资产的需求上升时，公司只筹借必要的现金；当对资产的需求回落时，公司随即归还这部分贷款。这种政策称为R政策，即限制性的政策。

在采用F政策时，公司没有任何短期借款；在采用R政策时，公司则没有任何储备。因此，这两种都是极端的情况。企业一般会采取折中的方案即C政策。在这一折中方案下，公司在融资需求达到高峰时借入短期资金，但在低谷时则以有价证券的形式维持一定量的现金储备。当其他流动资产的需求不断上升时，公司可以在决定借款前使用这部分储备。这使得公司有能力在借助于短期借款之前，使其流动资产上升到一定规模。

8.2 融资策略

对不同期限的投资如果可以用相应期限的融资来解决，即长期投资用长期融资方式，短期投资用短期融资方式取得，那么对营运资本的管理来说，既有利于保持较强的清偿能力，又有利于企业收益的提高。但这种期限的匹配在实际操作中很难做到，通常情况下是采取稳健型和激进型两种融资策略。

8.2.1 稳健型融资策略

稳健型短期融资策略意味着短期负债相对于长期负债的比例较低，即企业更多地使用长期融资方式筹集长期资金。

在这样的策略下，除由应收账款和应计费用提供的自发性融资外，大部分资金来源于长期债务或权益融资。这样企业常会出现较大的现金余额，流动资产高于流动负债，即流动比率明显高于1.0。

从风险与收益权衡的角度来看，长期资金的提供者由于承担较大的风险，所以对其提供的资金会预期较高的收益，因此，企业使用长期资金的成本较高。但从使用资金安全性的方面考虑，企业在相对较长的时间内不必有还款的压力，财务上相对宽松。

8.2.2 激进型融资策略

激进型短期融资策略是指短期债务相对于长期债务的比例较高，即企业更多地使用短期融资方式筹集短期资金。

在这样的策略下，企业无论是临时性的还是永久性的流动资产所需资金全部通过短期融资渠道筹集，可能一部分固定资产所需资金也通过短期融资方式筹得。这样，企业的净营运资本是0或负的，即流动比率等于1或小于1，一旦销售收入下降，企业的清偿能力就会不足，将面临严峻的流动性风险。

由于短期资金的风险较低，所以这种策略下企业的融资成本较低。但不利的是财务压力较大，处于不断还款借款窘境，增大了流动性风险。

8.3 选择融资策略应考虑的因素

企业选择融资策略要对诸多因素进行分析，而后再作出决策。

8.3.1 行业特征

不同行业资产构成不同，工业企业特别是重工业企业的固定资产规模巨大，它们更多地采取长期融资，即稳健型融资策略；商业企业资产多以存货和应收账款的形式存在，因而更多地采用短期融资。

除了行业特征决定的资产构成不同外，不同行业的周期性特征也有所不同。有的行业周期性较强，比如钢铁、能源等基础性原材料行业；有的企业提供的产品及服务具有刚性需求的特征，周期性不强。销售收入的周期性波动会影响企业对流动资产及存货采购量的需求，应收账款也会随销售收入的增长而增长。当然，随着存货采购量的增加，应付账款也增加。流动资产和应付账款增加量之差通过短期借贷筹集资金。

当存货售出和应收账款回收之后,对这些资金的需求也就消失了。

8.3.2 企业所处生命周期

根据企业金融成长周期理论,可将企业金融生命周期划分为六个阶段:创立期、成长阶段Ⅰ、成长阶段Ⅱ、成长阶段Ⅲ、成熟期和衰退期。该理论将企业生命周期与融资结构结合起来。在企业成长的不同阶段,随着信息、资产规模等约束条件的变化,企业的融资渠道和融资结构也将发生变化。其基本变化规律是,越是处于早期成长阶段的企业,其外部融资的约束越强,渠道也越窄。

企业在创立期,融资来源主要是创业者的自有资金或亲友的投资,这些资金属于长期资金,所以这个阶段的企业不得不采取稳健型融资策略。

当企业逐步发展时,可获得外部的间接融资和直接融资,企业在成长阶段Ⅰ,融资来源主要是留存利润以及商业信贷、银行短期贷款及透支、租赁等短期融资,这一阶段应选择激进型融资策略。

从成长阶段Ⅱ开始,企业融资渠道进一步拓宽,尤其是外部融资来源更加丰富,包括来自金融机构的长期融资,以及发行有价证券进行直接融资。至于融资策略的选择,还要考虑企业所处的行业特征。

8.3.3 其他因素

短期融资有优势也有劣势。

对于短期融资来说,其优势表现在两个方面:①灵活性强,手续相对简单,企业可以根据当前所需借入资金,并在资金需求减少或消失后随时偿还;②使用短期融资需要不断地贷款、还款,这样银行有企业借款与还款的记录,良好的信用记录可使企业与银行持续保持业务往来,有助于建立密切的关系,便于日后企业遇到紧急资金需求及时获得银行贷款。而未与银行保持密切关系的企业可能不太容易及时得到资金支持。

短期融资的劣势表现在两个方面:①由于短期债务期限太短,需要频繁借入与偿还,加大了财务工作量,增加了管理成本。如果销售收入超预期地增加或下降,则需要密切关注对短期债务需求的增加或减少。②债务频繁到期会增加一定风险。如果由于商业周期或内部问题出现资金缺口,这时债务又到期而其他渠道不能及时提供资金,就很容易出现违约的情况。

综合短期融资的优劣,企业的融资策略应在短期融资和长期融资之间寻找一个平衡点,既要增强使用长期资金的灵活性,又要降低使用短期资金的紧迫性。

本章小结

从长期趋势看,企业的销售收入总是增长的,所以企业在经营过程中对营运资本的需求会不断增加。营运资本分为两类:一是永久性营运资本,即企业正常经营所需的最小资金量；二是临时性营运资本，用于应对周期性销售需求波动。不同类型的营运资本的融资需求有不同的渠道和策略。

解决营运资本融资的渠道包括应付账款、应付票据和预收账款等商业信用，应付未付款项，商业银行短期借款，商业票据（短期融资券），应收账款融资、存货贷款和有价证券的抵押贷款等其他短期融资方式。

如果企业在总的营运资本融资需求中更多地使用长期融资，则属于稳健型融资策略；如果更多地使用短期资金来源为营运资本融资，则属于激进型融资策略。在稳健型融资策略下，融资成本较高，但在资金使用的安全性方面更优，减少了财务压力，提高了流动性。在激进型融资策略下，资金成本较低，但增加了流动性风险。

影响企业融资决策的因素有很多，包括企业的行业特征、企业所处生命周期和融资的特点等。

思考与练习题

1. 商业信用的主要形式有哪些？
2. 短期融资券的优点及其发行的程序是什么？
3. 短期融资的组合方案包括哪些内容？
4. 短期融资券在我国的运行情况如何？有哪些益处？
5. 什么因素会影响企业对短期资金与长期资金需求的比例？
6. 在什么情况下企业会通过应收账款进行融资？
7. 企业将商业信用视为重要的短期融资来源的主要原因是什么？
8. 某公司向银行借入短期借款10 000元，支付银行贷款利息的方式同银行协商的结果是：①如采取收款法，则利息率为14%；②如采用贴现法，利息率为12%；③如采取补偿性余额，利息率为10%，银行要求的补偿性余额比例为20%。该公司财务经理应选择哪种支付方式？
9. 某公司估计了未来两年间流动资产和总资产的情况，根据表8-1提供的信息回答问题。

表 8-1

（单位：万元）

2019 年	第 1 季度	第 2 季度	第 3 季度	第 4 季度
流动资产	255 000	240 000	276 000	303 000
总资产	560 000	565 000	570 000	600 000
2020 年	第 1 季度	第 2 季度	第 3 季度	第 4 季度
流动资产	248 000	245 000	285 000	293 000
总资产	555 000	580 000	605 000	690 000

(1) 计算各季度中的永久性和临时性流动资产规模。找出两年间公司固定资产、永久性流动资产和临时性流动资产的平均数额。

(2) 如果企业实行期限匹配的融资策略，这两年使用短期融资和长期融资的平均比例将是多少？

(3) 如果公司的短期融资成本为8%，长期融资成本为12%。使用（1）和（2）的计算结果计算稳健型融资策略和激进型融资策略下的融资成本。

案例分析

一、上市企业资本结构与绩效的关系——以医药行业为例

我国医药行业上市公司的资本结构构成及特征具体表现为：流动负债比例较大、资产负债率低、长期资本中权益资本比重高、存在股权融资偏好等。医药行业的资本结构特点具有四高的特点：高投入、高风险、高收益、高技术密集。目前，我国医药行业的主要资金来源是银行贷款，融资渠道相对狭窄。当然，也有少部分资金来自股东投入的股本。

对于医药行业的绩效分析显示，2017年，我国医药制造业盈利能力总体来说有一定提高。近几年，我国医药制造业偿债能力和营运能力逐年提高，成长能力也有所提高。

请根据以上资料及其他信息，结合医药行业相关数据，分析资本结构与绩效的关系，并对医药上市企业提出资本结构优化建议。

二、债券融资对企业经营状况的影响——以制造业为例

债券融资具有六大效应，分别是：税盾效应、财务杠杆效应、信号传递效应、代理成本、财务风险和发行风险。其中，税盾效应、财务杠杆效应、信号传递效应会对企业的经营状况产生积极的影响，其他三项则会对企业的经营状况产生负面的影响。正反两方作用的大小，决定了债券融资对公司的经营状况有用与否。

请根据制造业的财务数据，从资产负债率、债券融资率、销售利润率等指标着手，分析制造业债券融资对企业经营状况的影响，并提出相关建议。

第四篇

金融证券的价值评估

9 货币时间价值

学习要点
1. 复利终值与复利现值的公式
2. 一年内多次计息下的实际利率
3. 年金
4. 名义利率与实际利率
5. 投资决策的基本准则

公司的大部分金融决策都涉及未来时间的成本和收益的核算，不同时间的投资会产生不同价值的现金流。因此，理解货币时间价值的概念和掌握现金流贴现的分析方法是十分重要的，这是金融分析方法的基础。

9.1 货币时间价值的概念

货币的时间价值（Time Value of Money，TVM）是指当前所持有的一定货币量（如1美元、1欧元、1元人民币等）比未来获得的等量货币具有更高的价值。

货币产生时间价值的原因主要有以下三个。

（1）货币用于投资可获得利息，因此现在一定的货币量可在将来获得更多的货币量。

（2）货币购买力会受通货膨胀的影响而贬值，因此，现在的货币比其将来等量的货币价值要高。

（3）由于预期收入的不确定性，在未来获得现在的等量货币，要付出一定的风险成本，因此现在的货币要比将来等量的货币价值高。

9.2 复利与终值的计算

9.2.1 复利与终值

复利是理解货币时间价值和现金流贴现分析的基础。

复利（Compound Interest）是指将每一计息期所产生的利息再加入本金一并计算的利息，俗称利滚利。这样，复利计息就是将当前价值（现值）转变为未来价值（终值）的过程。以 FV 代表终值，PV 代表现值，n 代表期限，i 表示利率，复利的终值计

算公式为:

$$FV = PV(1+i)^n \tag{9-1}$$

【例9-1】假设某人在银行存入1 000美元,期限为5年,年利率为5%,复利计息。那么,到期时他将获得的金额,即终值为:

$$FV = 1\ 000 \times (1+5\%)^5 = 1\ 276.28(美元)$$

式9-1中的 $(1+i)^n$ 称为终值系数。实际上就是1美元的终值。在实际工作中,财务人员通常可以利用系数表方便地计算出终值。表9-1列示了部分期限和利率的终值系数。

表9-1 部分期限和利率的终值系数

$$[FVIF_{i,n} = (1+i)^n]$$

i（利率） n（期限）	1%	2%	3%	4%	5%	6%	7%	8%	9%	10%
1	1.010	1.020	1.030	1.040	1.050	1.060	1.070	1.080	1.090	1.100
2	1.020	1.040	1.061	1.082	1.102	1.124	1.145	1.166	1.295	1.210
3	1.030	1.061	1.093	1.125	1.158	1.191	1.225	1.260	1.070	1.080
4	1.041	1.082	1.126	1.170	1.216	1.262	1.311	1.360	1.412	1.464
5	1.051	1.104	1.159	1.217	1.276	1.338	1.403	1.469	1.539	1.611
6	1.062	1.126	1.194	1.265	1.340	1.419	1.501	1.587	1.677	1.772
7	1.072	1.149	1.230	1.316	1.407	1.504	1.606	1.714	1.828	1.949
8	1.083	1.172	1.267	1.369	1.477	1.594	1.718	1.851	1.993	2.144

在例9-1中,从终值系数表中查到与5年和5%利率相对应的数值为1.276,再将其乘以1 000美元,就得出终值1 276美元。在1 276.28美元中,本金为1 000美元,单利为250美元（1 000×5%×5）,复利为276.28美元。从这个例子可以看出单利与复利的区别。表9-2说明与单利相比,复利的投资价值更大。

表9-2 年利率为5%的1美元投资在不同时间的终值

n（期限）	单利计息 $(1+i \times n)$	复利计息 $[(1+i)^n]$
1	1.05	1.05
10	1.50	1.63
50	3.50	11.47
100	5.00	131.50
200	10.00	17 292.58

9.2.2 终值或货币时间价值的计算方法

在实际操作中,有许多方法可用于计算终值或货币的时间价值,其中主要的方法有三种。

9.2.2.1 运用公式

例9-1就是运用公式计算终值的。这种方法适用于简单的计算,如果公式较为复杂或繁琐(如后面将讲述的一些公式),即使使用个人计算器也会感到过于麻烦。

9.2.2.2 运用系数表

例9-1运用终值系数表计算,在实际操作中还有许多其他种类的系数表可供使用,只要查到与已知变量相对应的数值,就可以方便地得出结果。但是在数据较多、期限为非整数期和利率非整数的情况下,这种计算方法就不十分适用。

9.2.2.3 运用专业财务计算器或计算机软件

运用专业财务计算器或计算机软件使得货币时间价值的计算更为简单、快捷和精确。

例如,在终值的计算中,根据公式 $FV = PV(1+i)^n$,只要依次按下相应的功能键,输入已知的三个变量(PV 和 i,n)的数值,就可以得出所求的第四个变量(FV)。专业财务计算器常用的键有 N 键(复利的期限)、I/Y 键(利率或贴现率)、PV 键(现金流的现值)、FV 键(终值)及 PMT 键(年金值)。例如,存入1 000美元,年利率为5%,期限为5年,求其终值,运用专业财务计算器计算的处理过程与结果如表9-3所示。

表9-3 运用专业财务计算器计算的处理过程与结果

n	i	PV	FV	结果
5	5	-1 000	0	FV = 1 276.28(美元)

在使用专业财务计算器时,应注意现金流出为负值,而现金流入则为正值,未使用的键可以0填充。各种专业财务计算器的使用方法会稍有不同,应熟悉其使用方法。

除此之外,也可以运用计算机中的 Excel 或 Lotus 软件程序计算货币的时间价值。其操作方法是:首先,启动 Excel 程序,在显示的电子工作表上方点击"/";然后,在显示的"粘贴函数"框中的函数分类中点击"财务",在"函数名"中点击所求的变量符号;最后,在显示出的计算框中依次输入已知变量的数值,之后下方会显示出所求变量的结果。仍以上例说明,运用 Excel 程序的计算过程与结果如下:

$i = 5\%$,$n = 5$,$PV = -1\,000$,结果 $FV = 1\,276.28$(美元)

计算中未使用的变量栏为空白,如 PMT 和 Type 栏。同样,现金流入为正值,现金流出为负值。需要特别指出的是,Type 栏在用于年金的计算时使用,如果是即时年金,就需要在该栏中输入1,而普通年金则可输入0或保持空白。我们应熟练掌握运用Excel

程序求解其他变量的方法。

9.2.3 计息次数、实际年利率及连续复利计息

9.2.3.1 计息次数与非整年计息

复利计息通常是按一年一次来计算的，这种利率称为年度百分率（APR），如每年6%。但在实际生活中，并非都是按整年一次计息的，如一年中有按季度计息的、有按月计息的，甚至有按日计息的。显然，一年中复利计息的次数越多，其将来的终值也就越大。以 m 表示一年内的复利计息的次数，以 n 表示年限，则非整年计息的终值计算公式为：

$$FV = PV(1 + \frac{APR}{m})^{mn} \qquad (9-2)$$

【例 9-2】假设某人在银行存入 1 000 美元，年利率为 6%，期限为 5 年，按月计息。那么，到期后他将获得多少美元？

$FV = 1\,000 \times (1 + 0.06/12)^{12 \times 5} = 1\,000 \times (1 + 0.005)^{60} = 1\,000 \times 1.348\,85 = 1\,348.85$（美元）

到期后他将获得 1 348.85 美元，存款的实际每期（月）利率为 0.5%（0.06/12）。

9.2.3.2 实际年利率

由于计息次数的不同，复利计息的终值也就不同。因此，为了进行利率的直接比较，可以将各种不同计息次数换算为每年一次计息时的对应利率，这就是实际年利率（EFF）。实际年利率的计算公式为：

$$EFF = (1 + \frac{APR}{m})^m - 1 \qquad (9-3)$$

【例 9-3】假如某人可从 A 银行获得按季度计息、年利率为 6% 的贷款，也可从 B 银行获得按月计息、年利率为 5.5% 的贷款，那么他向哪家银行借款更合算呢？这就需要比较这两家银行贷款的实际年利率，以 EFF_A 与 EFF_B 分别代表 A 银行和 B 银行的贷款实际年利率。

$$EFF_A = (1 + 0.06/4)^4 - 1 = 1.015^4 - 1 = 6.14\%$$

$$EFF_B = (1 + 0.055/12)^{12} - 1 = 1.004\,58^{12} - 1 = 5.64\%$$

B 银行的实际年利率低于 A 银行，所以应该向 B 银行借款。

9.2.3.3 连续复利计息

表 9-4 列示了年度百分率为 6% 时不同计息次数的实际年利率。

表 9-4 年度百分率为 6% 时不同计息次数的实际年利率

计息次数	m	EFF（%）
按年计息	1	6.000 00
按半年计息	2	6.090 00

续表

计息次数	m	EFF（%）
按季度计息	4	6.136 14
按月计息	12	6.167 78
按周计息	52	6.179 98
按天计息	365	6.183 13
连续计息	无穷	6.183 65

从表 9-4 中可以看出，随着计息次数的增加，实际年利率越来越高，并最终趋向一个极限。但当 m 趋向无穷大时，EFF 会越来越趋近于 e^{APR}，e 为自然对数的底数，$e = 2.718\ 281\ 828\ 4$。因此，在 APR 为 6% 连续复利计息时，其 $EFF = e^{APR} = 2.718\ 281\ 828\ 4^{0.06} = 0.061\ 836\ 5$ 或 6.183 65%。

在理论研究与银行的业务活动中也会采用连续复利计息的方法来评估贷款、存款或投资的价值。以 FV 表示投资的终值（本利和），PV 表示投资本金，i 表示年利率，n 表示期限，则该投资的终值计算公式为：

$$FV = PV \times e^{in} \tag{9-4}$$

【例 9-4】某银行预测，一笔 300 万美元的贷款年利率为 8%，期限为 3 年。计算其本利和。

$FV = 300e^{0.08 \times 3} = 300 \times 2.718\ 281\ 828\ 4^{\ 0.24} = 300 \times 1.271\ 249 = 381.38$（万美元）

因此，这家银行以 8% 的利率发放 300 万美元贷款在 3 年中能够获得的最大本利和为 381.38 万美元。

9.3 现值与贴现

现值计算是终值计算的逆运算。也就是说，为了将来要获得的资金价值，现在需要投入多少资金。现值的计算称为贴现，计算中所用的利率称为贴现率（Discount Rate）。在金融学中，现值的计算又称为现金流贴现（DCF）分析。

复利的现值计算公式为：

$$PV = \frac{FV}{(1+i)^n} \tag{9-5}$$

式中，1 美元的现值系数为 $\frac{1}{(1+i)^n}$。同样，利用现值系数查找相应的数值，再乘以终值也可以得到要求的现值。由于现值是终值的逆运算，也可以利用终值系数表计算现值，方法是用已知终值除以终值系数。表 9-5 为部分期限和利率水平的现值系数。

表 9-5 部分期限和利率水平的现值系数

$$[PVIF_{i,n} = 1/(1+i)^n]$$

n（期限）	i（利率）									
	1%	2%	3%	4%	5%	6%	7%	8%	9%	10%
1	0.990	0.980	0.971	0.962	0.952	0.943	0.935	0.926	0.927	0.909
2	0.980	0.961	0.943	0.925	0.907	0.890	0.873	0.857	0.842	0.826
3	0.971	0.942	0.915	0.889	0.864	0.840	0.816	0.794	0.772	0.751
4	0.961	0.924	0.888	0.855	0.823	0.792	0.763	0.735	0.708	0.683
5	0.951	0.906	0.863	0.822	0.784	0.747	0.713	0.681	0.650	0.621
6	0.942	0.888	0.837	0.790	0.746	0.705	0.666	0.630	0.596	0.564
7	0.933	0.871	0.813	0.760	0.711	0.665	0.623	0.583	0.547	0.513
8	0.923	0.853	0.789	0.731	0.677	0.627	0.582	0.540	0.502	0.467
9	0.914	0.837	0.766	0.703	0.645	0.592	0.544	0.500	0.460	0.424
10	0.905	0.820	0.744	0.676	0.614	0.558	0.508	0.463	0.422	0.386

【例 9-5】假设某大学的教育费用一年为 20 000 美元，银行存款的年利率为 8%。那么，某人为子女 5 年后上大学准备第一年的学费，现在应该存入多少美元？

$$PV = 20\,000/(1+0.08)^5 = 20\,000/1.469 = 13\,614.70 \text{（美元）}$$

运用 Excel 程序，只要输入 i，n 和 FV 三个已知变量的数值，就可得到所求的现值。

$i = 8\%$，$n = 5$，$FV = 20\,000$，结果 $PV = -13\,614.70$（美元）

为 5 年后能够支付 20 000 美元的学费，某人现在需要存入银行 13 614.70 美元。

9.4 年金

年金（Annuity）是指一定时期内发生的一系列均等的现金流或收付款项。在实际生活中，年金的范围很广，如抵押贷款偿还、储蓄计划、分期付款、养老金的领取和租金的支付等。如果现金流从即刻开始，称为即时年金或先付年金；如果现金流从期末开始，称为普通年金或后付年金。

9.4.1 年金的终值

9.4.1.1 普通年金的终值

普通年金（Ordinary Annuity）是指每期期末发生等额收付款项的年金；普通年金的终值即每期年金复利终值的和。

以 PMT 表示年金，普通年金终值的计算公式为：

$$FV = PMT\frac{(1+i)^n - 1}{i} \tag{9-6}$$

式中，$\dfrac{(1+i)^n - 1}{i}$ 为普通年金的终值系数。同样，利用普通年金的终值系数表也可以计算普通年金的终值。

【例 9 - 6】 假如某人计划在未来 5 年中，每年年末存入银行 100 美元，年利率为 5%，复利计息。那么，第 5 年年末他将获得多少美元？

在例 9 - 6 中，年金终值的计算公式为：

$$FV = 100 \times \frac{1.05^5 - 1}{0.05} = 100 \times \frac{0.276\ 28}{0.05} = 552.56(美元)$$

运用 Excel 程序，只要输入已知的 i，n 和 PMT 三个变量，就可得到 FV 的数值：

$i = 5\%$，$n = 5$，$PMT = 100$，结果 $FV = -552.56$（美元）

在第 5 年年末，他将获得 552.56 美元。

9.4.1.2 即时年金的终值

即时年金（Annuity Due）是指每期期初发生等额收入款项的年金。由于现金流发生在每期期初，即时年金比普通年金要多获得 1 期的利息，所以，即时年金的终值等于普通年金的终值乘以 $(1+i)$，即时年金终值的计算公式为：

$$FV = PMT \frac{(1+i)^n - 1}{i} \times (1+i)$$

$$= PMT \left[\frac{(1+i)^{n+1} - 1}{i} - 1 \right] \tag{9-7}$$

式中，$\dfrac{(1+i)^{n+1} - 1}{i} - 1$ 为即时年金的终值系数。它与普通年金终值系数相比，期数加 1，而系数减 1，利用即时年金的终值系数表可以计算出即时年金的终值。

【例 9 - 7】 假如将例 9 - 6 改为：某人每年年初存入 100 美元，年利率为 5%，期限为 5 年。到期时他的账户中有多少美元？

$$FV = 100 \times \left(\frac{1.05^6 - 1}{0.05} - 1 \right) = 580.19(美元)$$

运用 Excel 程序，输入已知的 i，n 和 PMT 三个变量，就可得到 FV 的数值：

$i = 5\%$，$n = 5$，$PMT = -100$，$Type = 1$，结果 $FV = 580.19$（美元）

需要注意的是，计算即时年金时要在 $Type$ 栏中输入 1。每年年初存入 100 美元，5 年后他的账户中将有 580.19 美元。

9.4.2 年金的现值

9.4.2.1 普通年金的现值

年金的现值是未来每期现金流贴现现值的总和。

【例 9 - 8】 假如某人为了今后 5 年中每年获得 100 美元，年利率为 5%。他现在需要投入多少资金？

普通年金的现值计算公式为：

$$PV = PMT \frac{1 - (1+i)^{-n}}{i} \tag{9-8}$$

式中，$\frac{1-(1+i)^{-n}}{i}$ 为普通年金的现值系数。同样，运用普通年金现值系数表也可以计算普通年金的现值：

$$PV = 100 \times \frac{1-1.05^{-5}}{0.05} = 423.95(美元)$$

运用 Excel 程序，输入 i，n 和 PMT 三个变量，就可得到 PV 的数值：
$i=5\%$，$n=5$，$PMT=-100$，结果 $PV=423.95$（美元）
为了今后 5 年中每年获得 100 美元，他现在需要存入 423.95 美元。

9.4.2.2 即时年金的现值

在前面年金终值的计算中我们已知道，即时年金比普通年金要多计算一期利息；计算现值，即时年金则比普通年金少贴现一期利息，即少计算（$n-1$）次的利息。因此，即时年金的现值计算公式为：

$$PV = PMT\left[\frac{1-(1+i)^{-(n-1)}}{i} + 1\right] \tag{9-9}$$

式中，$\frac{1-(1+i)^{-(n-1)}}{i}+1$ 为即时年金的现值系数。它与普通年金现值系数相比，期数减 1，而系数加 1。利用即时年金的现值系数表也可以计算即时年金的现值。

【**例 9-9**】假设某公司租用一台设备，在 5 年中每年年初要支付租金 100 美元，年利率为 5%。那么，租金的现值是多少？

$$PV = 100 \times \left[\frac{1-1.05^{-(5-1)}}{0.05} + 1\right] = 454.60(美元)$$

运用 Excel 程序，输入已知的 i，n 和 PMT 三个变量，就可得到 PV 的数值：
$i=5\%$，$n=5$，$PMT=-100$，$Type=1$，结果 $PV=454.60$（美元）

9.4.3 永续年金

9.4.3.1 永续年金的现值

永续年金（Perpetuity）是指永远持续的普通年金，永久债券（如英国的永久公债）或优先股就是这种特殊类型的年金。由于期限无穷，所以无法计算永续年金的终值，但是它却有明确的现值。

以 C 为定期支付的金额，i 为利率，则永续年金现值的计算公式为：

$$永续年金的现值 = C/i \tag{9-10}$$

【**例 9-10**】假如某人有一个每年年末可以获得 100 美元的银行账户，设想它可以永远持续下去，如果年利率为 10%，那么该永续年金的现值为：

$$永续年金的现值 = 100/0.10 = 1\,000（美元）$$

【**例 9-11**】假设预期某公司的优先股每年支付 8 美元的股利，目前银行存款的年利率为 6%，该优先股的当前市场价格为 110 美元。那么，该优先股现值的计算公式为：

$$优先股的现值 = 8/0.06 = 133.33（美元）$$

假设不存在风险，如果能以低于其现值的市场价格（110 美元）购入该优先股，那么这项投资就是值得的。

9.4.3.2 增长年金的现值

如果能够预期未来现金流入以一定的比例增长，在投资评估时就需要计算增长年金的现值。以 C 为第一期的现金流，以 g 为预期增长率，增长年金现值的计算公式为：

$$PV = C/(i - g) \tag{9-11}$$

【例 9-12】假如某人正计划对一资产进行投资，预计第一年可获得 100 美元的现金流入，以后每年以 5% 的幅度增加，目前银行存款利率为 8%。那么，该投资的现值为 3 333.33 美元，其计算公式为：

$$PV = 100/(0.08 - 0.05) = 100/0.03 = 3\ 333.33\ （美元）$$

9.4.4 贷款的分期偿还

在实际生活中，如住宅抵押贷款、汽车贷款及购买耐用消费品的分期付款，大都采用等额分期偿还的方式，可以运用计算年金的方法来计算贷款的分期偿付额。

【例 9-13】假设某人向银行借了一笔 100 000 美元的住宅抵押贷款，年利率为 6%，期限为 5 年，按年等额偿付。那么，他每年应向银行偿还多少贷款？每年付款额中有多少是支付利息，有多少是支付本金？

首先计算贷款的每年偿付额，运用 Excel 程序，输入 i，n 和 PV 的数值，求 PMT。

在实际生活中，通常住宅抵押贷款是按月偿付的。为了计算简便，假设为按年偿付。

$i = 6\%$，$n = 5$，$PV = 100\ 000$，结果 $PMT = 23\ 739.64$（美元）

每年的付款额为 23 739.64 美元，每年付款额中支付利息和本金的数额，如表 9-6 所示。

表 9-6　5 年期、利率 6% 的分期偿付时间表

（单位：美元）

年度	(1) 初始余额	(2) 偿付额	(3) 支付的利息 (1) ×6%	(4) 支付的本金 (2) - (3)	(5) 剩余款项 (1) - (4)
1	100 000	23 740	6 000	17 740	82 260
2	82 260	23 740	4 936	18 804	63 456
3	63 456	23 740	3 807	19 933	43 523
4	43 523	23 740	2 611	21 129	22 394
5	22 394	23 740	1 344	22 394	0

注：为了计算简便，计算结果均取整数。

9.5 通货膨胀与货币时间价值

9.5.1 名义利率与实际利率

如果考虑到通货膨胀的因素，利率就要区分为名义利率与实际利率。名义利率是指以本国货币或其他货币所表示的利率，在生活中所观察到的利率一般都是名义利率，如银行存款利率、贷款利率及债券利率等。实际利率是指扣除通货膨胀因素的利率。考虑通货膨胀，连续复利下的实际利率和名义利率的计算公式为：

实际利率 = 名义利率 − 通货膨胀率

名义利率 = 实际利率 + 通货膨胀率

我们已强调了在金融决策中必须使用精确的实际利率或名义利率，精确的利率计算公式为：

实际利率 =（名义利率 − 通货膨胀率）/（1 + 通货膨胀率）

名义利率 = 实际利率 + 通货膨胀率 + 实际利率 × 通货膨胀率

9.5.2 通货膨胀与实际终值

因为通货膨胀影响到货币购买力，所以在通货膨胀条件下人们关心的通常是未来现金流的实际终值（即实际购买力），而不是它的名义终值。

【例 9 - 14】 假如某人 30 岁时在银行存入 1 000 美元，直到 60 岁退休，年利率为 6%。如果考虑到在此期间每年的预期通货膨胀率为 2%，到退休时他的存款实际终值是多少？

计算现金流的实际终值有两种方法，计算结果是相同的。

（1）用实际利率计算实际终值。首先计算出实际利率：

实际利率 =（0.06 − 0.02）/1.02 = 0.039 22 或 3.922%

然后，用实际利率求出实际终值：

实际终值 = 1 000 ×（1 + 0.039 22)^{30} = 3 171.21（美元）

（2）用名义利率计算名义终值，再除以物价水平得到实际终值。首先用名义利率计算出名义终值：

名义终值 = 1 000 × 1.06^{30} = 5 743.49（美元）

然后，计算出在 2% 通货膨胀率下 30 年后的物价水平：

物价水平 = 1.02^{30} = 1.811 36

最后，用名义终值除以物价水平，得到实际终值：

实际终值 = 名义终值 ÷ 未来物价水平 = 5 743.49 ÷ 1.811 36 = 3 170.82（美元）

9.5.3 通货膨胀与现值

通货膨胀率也影响未来现金流的贴现值。

【例9-15】 某人计划在5年后购买一辆100 000美元的汽车,现在开始储蓄。假设其投资的年利率为8%,在此期间每年的通货膨胀率为4%,那么他现在需要存入多少美元?

有两种方法可以计算需要存入美元的数量。

(1) 用实际贴现率计算实际终值的现值。首先,计算出实际利率:

$$实际利率 = (0.08 - 0.04)/1.04 = 0.038\ 46 \text{ 或 } 3.846\%$$

然后,用实际利率计算100 000美元(实际终值)的现值:

$$PV = 100\ 000/1.038\ 46^5 = 82\ 803 \text{(美元)}$$

(2) 用名义贴现率计算名义终值的现值。首先,计算出名义终值:

$$FV = 100\ 000 \times 1.04^5 = 121\ 665.29 \text{(美元)}$$

然后,用名义利率除以这个终值:

$$PV = 121\ 665.29/1.08^5 = 82\ 803 \text{(美元)}$$

两种方法的计算结果相同。为了5年后能够买得起100 000美元(计算了通货膨胀价格)的汽车,他现在必须存入82 803美元。

9.5.4 通货膨胀与储蓄计划

储蓄计划是指为获得未来一定数额的实际现金流,须现在安排的每期等额存款的计划。同样,通货膨胀也会对储蓄计划产生影响。

【例9-16】 某人准备3年后购买一辆100 000美元的汽车,假设银行存款年利率为8%,年通货膨胀率为4%。那么,为了实现这个愿望,他每年需要存入多少美元?

首先,计算出每年的实际存款额:

$i = 8\%$, $n = 3$, $FV = 100\ 000$,结果 $PMT = 30\ 803.35$ (美元)

然后,计算年通货膨胀率4%下的每年名义存款额:

第一年的名义存款额:$FV_1 = 30\ 803.35 \times 1.04 = 32\ 035.48$ (美元)

第二年的名义存款额:$FV_2 = 30\ 803.35 \times 1.04^2 = 33\ 316.90$ (美元)

第三年的名义存款额:$FV_3 = 30\ 803.35 \times 1.04^3 = 34\ 649.58$ (美元)

可见,该储蓄计划的年储蓄额随着通货膨胀率每年增加。

9.6 投资决策的基本准则

现金流贴现分析是进行投资决策的一个基本工具,其基本思想包含在由现值、终值、利率和期限组成的等式中,即:

$$FV = PV(1 + i)^n$$

在这个基本等式中,只要知道了其中任意三个变量,就可以计算出第四个变量,并在此基础上总结出投资决策的基本准则。

9.6.1 净现值法则

净现值(NPV)法则是被广泛使用的、最具适应性的投资法则,而其他法则均存在着一定的局限性。

NPV 法则可以表述为：NPV 等于所有未来流入现金（收益）的现值减去现在和未来流出现金（成本）现值的差额。如果一个项目的 NPV 是正值，就予以采纳；NPV 为负值，就予以拒绝。

【例9-17】 假设某人有两个投资选项：一是以 800 美元购买一张面值为 1 000 美元、3 年期的政府公债；二是年利率为 6% 的银行存款。他应选择投资于政府公债还是银行存款？

运用 NPV 法则比较公债与银行存款的现金流现值，首先需要确定贴现率。本例的贴现率就是银行存款利率 6%。在这里，银行存款利率是其投资于政府公债的机会成本（Operating Leverage），即其不投资正在评估的项目，而投资于其他项目所能获得的收益率，政府公债的现值就是现在的购买价格 800 美元。计算银行存款的现值。

运用 Excel 程序计算：

$i = 6\%$，$n = 3$，$FV = 1\ 000$，结果 $PV = -839.62$（美元）

$NPV = 839.62 - 800 = 39.62$（美元）

依据 NPV 法则，应选择 NPV 为正值的项目，因此应选择政府公债而不是银行存款。

9.6.2 终值法则

终值（FV）法则可以表述为：如果该项目的终值恒大于其他项目的终值，则可以选择。

【例9-18】 仍以上述政府公债与银行存款为例。用 800 美元投资于政府公债 3 年后的终值为 1 000 美元，将它与用 800 美元在 6% 利率下存入银行 3 年后的终值相比。

运用 Excel 程序计算：

$i = 6\%$，$n = 3$，$PV = -800$，结果 $FV = 952.82$（美元）

将 800 美元在 6% 利率下存入银行 3 年后的终值为 952.82 美元，显然少于投资政府公债的终值 1 000 美元。所以，应选择政府公债而不是银行存款。

FV 法则更为直观，但是在实际操作中并不常用。在许多情况下，终值是不确定或无法计算的，例如股票、永久债券。

9.6.3 内部收益率法则

内部收益率（Internal Rate of Return，IRR）是指使未来现金流入的现值等于现金流出现值的贴现率，也称为到期收益率或内含报酬率。

内部收益率法则可以表述为：选择内部收益率大于其资金成本的项目。

【例9-19】 在前面的例子中，将银行存款 6% 的年利率作为资金的机会成本。那么，用 800 美元投资于政府公债，3 年后获得 1 000 美元的内部收益率是多少呢？

运用 Excel 程序计算：

$n = 3$，$PV = -800$，$FV = 1\ 000$，结果 $i = 7.72\%$

投资于政府公债的到期收益率（IRR）为每年7.72%，与银行存款6%的年利率相比，显然投资于政府公债为好。

IRR法则也有一定的局限性，尤其是当评估项目的资金规模过小时，运用IRR法则可能会得出错误的结论。

9.6.4 回收期法则

回收期法则，即用 n（年数）来比较投资项目。回收期限法则可以表述为：选择回收期最短的投资项目。

【例9-20】 仍以前面投资于政府公债或银行存款为例，如果我们将800美元存入银行，在6%的机会成本下，它的回收期是多少？

运用Excel程序计算：

$i=6\%$，$PV=-800$，$FV=1\,000$，结果 $n=3.83$（年）

这表明，将800美元存入银行需要3.83年才能获得1 000美元，而投资政府公债却只需3年。显然，不宜选择银行存款。

回收期法则只适用于个别案例，与IRR法则一样，它不是一个可靠的方法。必须牢记，NPV法则才是可靠的、普遍适用的法则。

本章小结

货币时间价值的客观存在不仅在理论界得到了公认，而且其产生的经济作用也时刻影响着人们日常的生活。不管是企业的项目投资，还是个人的理财投资，都不可忽视货币的时间价值。在进行方案抉择的时候，要优先选用包含货币时间价值的动态指标进行评价，选择最优方案，做出科学决策。企业和个人要牢固树立货币时间价值的观念，利用它为决策服务，促进企业和个人合理利用有限资金，创造更高的效益。

货币的时间价值是投资学领域中非常重要的，也是基础性的内容。充分理解复利终值、复利现值和年金等概念有助于掌握其他知识。

思考与练习题

1. 什么是货币的时间价值？理解货币的时间价值有何重要性？
2. 什么是复利？理解复利计息有何重要性？
3. 比较终值与现值的计算，说明它们有何不同。
4. 什么是年金？即时年金与普通年金有何区别？现实生活中的现金流，哪些是即时年金，哪些是普通年金？试举例说明。
5. 什么是净现值法则？为什么它是普遍适用的法则？
6. 某人想从乙公司以120 000元的价格购买一辆汽车，购买合同规定为年名义利率8.15%的48个月的先付年金。那么每个月将支付多少？

7. 如果利率提高，年金的终值会有什么变化？现值会有什么变化？

8. 假设有 2 名运动员均签订了一份 10 年期 8 000 万元的合同。甲是 8 000 万元分十次等份支付；乙是 8 000 万元分十次、支付金额每年 5% 递增。谁的方案更好？

9. 为什么要强调贷款者的实际利率而非名义利率？

10. 某人现在投资 1 000 美元，年利率为 6%。10 年后他将拥有多少美元？

11. 某人每年年初投资 100 美元，连续 10 年，年利率为 5%。10 年后他将拥有多少美元？

12. 为 5 年后购买一辆价值 10 000 美元的汽车，某人在银行开立了一个账户，存款年利率为 5%。从现在开始，他每年（即时年金）需要存入多少美元？

13. 某银行的存款是浮动利息，每年调整一次。3 年前某人在该银行存款 1 000 元，利息为 5%，今年利息调低到 4%。今年年末，他银行账户上的金额是多少？

14. A 银行的年利率为 8%，按年复利计息；B 银行的年利率为 7.5%，按月复利计息。根据实际年利率（EFF），应选择哪家银行存款？

15. 一个项目现在需要投资 100 万美元，预期 1 年后能得到 15 万美元，2 年后得到 20 万美元，3 年后得到 35 万美元。假设该项目没有风险，相关的市场资本收益率为 12%。那么该项目是否值得投资？该项目的内部收益率是多少？

16. 假设某人正考虑是否投资于一只 3 年期、面值为 1 000 美元的债券，其现在的市场价格为 985 美元；另一个投资方案是 3 年期、利率为 8%（按年计复利）的银行存款。他应选择哪个投资方案？

17. 某人在银行开立了一个账户，为子女 5 年后上大学准备第一年的学费。现在该大学每年的学费为 15 000 美元，假定银行存款的实际利率为 5%，年通货膨胀率为 3%。他每年需要在银行存入多少美元？

10 债券与股票的价值评估

学习要点
1. 内在价值
2. 债券价值评估
3. 优先股价值评估
4. 普通股价值评估
5. 到期收益率

10.1 价值的概念

价值对不同的人而言有不同的含义,因此我们有必要解释一下如何使用这一术语。先简要地看一看几种主要的价值概念之间的区别。

10.1.1 清算价值和持续经营价值

10.1.1.1 概念

清算价值(Liquidation Value)是指一项资产或一组资产(如一家企业)从正在运营的组织中分离出来单独出售所能获得的货币金额。

持续经营价值(Going-concern Value)是指公司作为一个正在持续运营的组织出售时所能获得的货币金额。

10.1.1.2 区别

清算价值是与公司的持续经营价值相对的,一般而言这两种价值是不相等的。实际上,一个公司在清算时的价值比公司在持续经营时的价值更大。一个企业持续经营的基本条件是其持续经营价值超过清算价值。

10.1.2 账面价值、内在价值和市场价值

10.1.2.1 概念

账面价值(Book Value)分为两种。
(1)资产的账面价值:资产的入账价值,即资产的成本减去累计折旧。
(2)公司的账面价值:资产负债表所列示的资产总额减去负债与优先股之和。
市场价值(Market Value)是指资产交易时的市场价格。
内在价值(Intrinsic Value)是在考虑了影响价值的所有因素后决定的证券的应有价值。

10.1.2.2 区别

资产的账面价值是指资产的入账价值,即资产成本减去累计折旧。公司的账面价值也等于资产负债表上所列示的资产总额减去负债与优先股之和。因为账面价值以历史成本为基础,所以它与一项资产或一个公司的市场价值关系不大。

一般而言,一项资产的市场价值是该资产(或类似资产)在公开市场上进行交易时的市场价格。对一个公司而言,市场价值是清算价值和持续经营价值二者中的较大者。

10.1.2.3 内在价值

根据市场价值的一般定义,证券的市场价值是证券的市场价格。对于交易活跃的证券,其市场价值是证券交易的最后一个报价。对于交易不活跃的证券,就必须估计其市场价值。

证券的内在价值是指在对所有影响价值的因素——资产、收益、预期和管理等都正确估价后,该证券应得的价格。简言之,证券的内在价值是它的经济价值。如果市场是有效率的,信息是完全的,那么证券的时价(Current Market Price)应围绕其内在价值上下波动。

10.2 债券的价值评估

10.2.1 债券价值评估的相关术语

债券是一种在发行公司全部偿付之前,须逐期向持有者支付定额利息的证券。在论述债券的价值评估前先介绍以下四个相关术语。

10.2.1.1 债券

债券(Bond)是发行者为筹集资金,向债权人发行的、在约定时间支付一定的利息,并在到期时偿还本金的一种有价证券。

10.2.1.2 票面价值/面值

票面价值/面值(Face Value)也称票面平价(Par Value)或本金(Principal),是一项资产的标定价值,它代表发行人借入且承诺于未来某一特定日期偿付给债券持有人的金额。几乎所有的债券都规定一个到期日,到期时,债券的发行者有义务向债券持有人支付相当于债券面值的款项。

10.2.1.3 票面利率

票面利率(Coupon Rate)即债券上标明的利率,即年利息支付额除以债券的票面价值,是债券发行者预计 1 年内向投资者支付的利息占票面金额的比率。

票面利率不同于实际利率,实际利率通常是指按复利计算的一年期的利率。债券的计息和付息方式有很多,可能使用单利或复利计息,利息支付可能半年一次、一年一次或到期日一次兑付,这就使得票面利率可能不等于实际利率。

例如,若一张面值 1 000 美元债券的票面利率为 12%,则债券到期前,每年均要向债券持有人支付 120 美元的利息。票面利率源于分离息票（Detachable Coupon），该息票附于无记名债券（Bearer Bond）上，它是无记名债券持有人在领取应得利息时，付给代理付息机构或发行人的凭证。现在，记名债券（Registered Bond）的持有人在发行人处登记姓名，从而该持有人可以通过邮寄支票领取利息。

10.2.1.4 债券到期日

债券到期日（Maturity）是指偿还本金的日期。债券都规定有到期日，以便到期时归还本金。

在对债券或其他证券进行价值评估时，多数人关心的是：在证券有效期内，持有人所获得的现金流的贴现值或现值，一般债券发行时就确定了一定的支付模式（Payment Pattern）。这种支付模式包括两部分：一是在特定期间内支付预先规定的一定数额的利息；二是在债券到期时的最后一笔支付款项，它等于债券的面值。用于现金流贴现的折现率（或贴现率）与建立在债券发行时的风险结构之上的利率有所不同。一般而言，该贴现率是由无风险利率和风险溢价组成的。

10.2.2 永久债券定价

最简单的债券定价模型，是永久债券的定价模型。永久债券的定价是一种独特的、没有到期日的债券定价。这种债券很少见，但它简单的形式有助于阐明债券定价的方法。

永久债券的一个典型例子是英国统一公债，即合并年金（Consolidated Annuities）的简称。英国统一公债是一种没有到期日的债券，最初是英国为在拿破仑战争后偿债而发行的。按规定，英国政府必须无限期地向这种债券的持有人支付固定利息。

永久债券的现值等于无限期的利息流量的资本化价值。永久债券的内在价值的计算公式为：

$$PV = \frac{I}{(1+k_d)^1} + \frac{I}{(1+k_d)^2} + \cdots + \frac{I}{(1+k_d)^\infty} \quad (10-1)$$

$$= \sum_{t=1}^{\infty} \frac{I}{(1+k_d)^t}$$

$$= I/PVIFA_{k_d, \infty} \quad (10-2)$$

式中，I 为每年支付的固定利息；k_d 为投资者的预期报酬率；PV 为债券的现值（内在价值）；$PVIFA_{k_d, \infty}$ 为贴现率为 k_d 的无限期的年金现值系数。

根据 1 美元在利率为 i、期数为 n 时的年金现值系数公式：

$$PVIFA_{i,n} = \sum_{t=1}^{n} 1/(1+i) = (1 - (1/(1+i)^n))/i$$

有：

$$PVIFA_{k_d, \infty} = \sum_{t=1}^{\infty} 1/(1+k_d)^t = (1 - (1/(1+k_d)^\infty))/k_d = 1/k_d$$

所以，式 10-2 可以简化为：
$$V = I/k_d \tag{10-3}$$

因此，永久债券的现值就可以很简单地表示为每期的利息支付额除以每期给定的贴现率。

【例 10-1】 投资者购买了一种永久债券，该债券每年向其支付 60 美元，且无限期支付。假定这种债券的预期收益率为 12%，则该证券的内在价值为：
$$V = 60/0.12 = 500(\text{美元})$$

这就是投资者愿意为该债券支付的最高金额。若该永久债券的市场价格高于这一金额，则投资者就不会购买它了。

10.2.3 非零息债券

如果债券有到期日，那么在对该债券定价时，不仅要考虑各期利息，而且要考虑它的到期值（面值）。若一种债券的利息是在每年年末支付的，则该债券的价值为：

$$V = \frac{I}{(1+k_d)^1} + \frac{I}{(1+k_d)^2} + \cdots + \frac{I}{(1+k_d)^n} + \frac{MV}{(1+k_d)^n}$$

$$= \sum_{t=1}^{n} \frac{I}{(1+k_d)^t} + \frac{MV}{(1+k_d)^n} \tag{10-4}$$

$$= I \times PVIFA_{k_d,n} + MV \times PVIF_{k_d,n} \tag{10-5}$$

式中，V 为债券的现值（内在价值）；I 为每年支付固定的利息；k_d 为投资者的预期报酬率；n 为到期前的年数；MV 为债券的到期价值（Maturity Value）；$PVIF_{k_d,n}$ 是利率为 k_d、期数为 n 的复利现值系数。

【例 10-2】 计算一张票面价值为 2 000 美元，票面利率为 10%，9 年后到期的债券价值。10% 的票面利率意味着每年向持有人支付 200 美元的利息。若投资者的预期收益率是 12%，则：

$$V = \frac{200}{1.12^1} + \frac{200}{1.12^2} + \cdots + \frac{200}{1.12^9} + \frac{2\,000}{1.12^9}$$

$$= 200 \times PVIFA_{12\%,9} + 2\,000 \times PVIF_{12\%,9}$$

查表可知，年利率为 12% 的 9 年期年金现值系数是 5.328；年利率为 12% 的 9 年期复利现值系数是 0.361。

所以，该债券的现值是：

$$V = 200 \times 5.328 + 2\,000 \times 0.361$$
$$= 1\,065.60 + 722$$
$$= 1\,787.60(\text{美元})$$

假设确定的贴现率是 8%，则债券的现值是：

$$V = \frac{200}{1.08^1} + \frac{200}{1.08^2} + \cdots + \frac{200}{1.08^9} + \frac{2\,000}{1.08^9}$$

$$= 200 PVIFA_{8\%,9} + 2\,000 PVIF_{8\%,9}$$

查表得到利率的现值系数后，得出债券的现值是：
$$V = 200 \times 6.247 + 2\,000 \times 0.500$$
$$= 1\,249.4 + 1\,000 = 2\,249.40(美元)$$

当贴现率为8%时，由于投资者的预期收益率小于息票率，所以，债券的现值超过了债券的面值，此时投资者愿意支付一笔溢价购买该债券。当贴现率为12%时，投资者的预期收益率大于息票率，因此，债券的现值小于其面值，债券只能以低于面值的价格出售，投资者才会愿意购买该债券。若投资者的预期收益率等于息票率，则债券的现值将等于其面值。

10.2.4 零息债券

零息债券（Zero-coupon Bond）又称贴现债券（Pure Discount Bond）或贴息债券，是一种以低于面值的贴现方式发行，不支付利息，到期按债券面值偿还的债券。债券发行价格与面值之间的差额就是投资者的利息收入。由于面值是投资者未来唯一的现金流，所以贴现债券的内在价值由以下公式决定：

$$V = \frac{MV}{(1 + k_d)^n} \tag{10-6}$$
$$= MV \times PVIF_{k_d,n} \tag{10-7}$$

式中，V 为债券的现值（内在价值）；k_d 为投资者的预期收益率；n 为到期前的年数；MV 为债券的到期价值（Maturity Value）；$PVIF_{k_d,n}$ 是利率为 k_d、即期数为 n 的复利现值系数。

【例10-3】 某公司发行票面价值为 2 000 美元 10 年期的零息债券。若投资者的预期收益率是12%，则：

$$V = \frac{2\,000}{(1.12)^{10}}$$
$$= 2\,000 PVIF_{12\%,10}$$

查表可知，年利率为12%的10年期复利现值系数是0.322，因此：
$$V = 2\,000 \times 0.322 = 644(美元)$$

若投资者能以644美元的价格购买该债券，并在10年后以2 000美元的价格被发行公司赎回，则该债券的初始投资将为投资者提供12%的年回报率。

10.2.5 半年付息一次的债券

有些债券（特别是在欧洲市场上发行的一些债券）每年支付一次利息，而大多数美国发行的债券每年支付利息两次，即半年付息一次（Semiannual Compounding of Interest）。为了计算每年支付两次利息的债券的价值，就必须修改债券的定价公式。式10-4和式10-5变化如下：

$$V = \sum_{t=1}^{2n} \frac{I/2}{(1 + k_d/2)^t} + \frac{MV}{(1 + k_d/2)^{2n}} \tag{10-8}$$

$$= (I/2)PVIFA_{k_d/2, 2n} + MV \times PVIF_{k_d/2, 2n} \qquad (10-9)$$

式中，$I/2$ 为半年支付的利息；k_d 为预期名义利率；$2n$ 为到期前半年期的期数。

需要注意的是，不仅半年支付的利息要以半年为期进行折现，而且到期时支付的价值之和也要以半年为期进行折现。因为半年折现一次的假设一旦采用，就应适用于所有的现金流量。

【例 10-4】A 公司发行一种债券，息票率为 10%，期限为 12 年，预期名义年收益率为 14%，则面值 1 000 美元的债券的现值为：

$$V = 50PVIFA_{7\%, 24} + 1\,000PVIF_{7\%, 24}$$
$$= 50 \times 11.469 + 1\,000 \times 0.197 = 770.45(美元)$$

专业的债券交易商并不需要直接计算债券的价值，而是用债券价值表（Bond Value Tables）来计算。若给定到期日、息票率和预期收益率，就能从债权价值表中查得债券的现值。类似地，若给定四个要素中的三个，就能从表中查得第四个要素。一些专业的计算器设有计算债券价值和收益的程序，并能给出结果。

10.3　优先股的价值评估

10.3.1　股票及其种类

10.3.1.1　股票

股票是股份公司发给股东的所有权凭证，是股东借以取得股利的一种有价证券。股票持有者为该公司的股东，对该公司财产有要求权。股利是公司对股东投资的回报，是股东所有权在分配上的体现。股利为公司税后利润的一部分。

10.3.1.2　股票的分类

股票可以按不同的方法和标准分类：按股东所享有的权利，分为普通股（Common Stock）和优先股（Preferred Stock）；按票面是否标明持有者姓名，分为记名股票和无记名股票；按股票票面是否记明入股金额，分为有面值股票和无面值股票。

股票本身是没有价值的，仅是一种凭证。它之所以有价格，可以买卖，是因为它能给持有人定期带来收益。一般来说，公司第一次发行股票时，要规定发行总额和每股金额，股票发行上市买卖后，股票价格就与原来的面值分离。这时的价格主要由预期股利和当时的市场利率决定，即股利的资本化价值决定了股票价格。此外，股票价格还受整个经济环境变化和投资者心理等复杂因素的影响。

10.3.2　优先股的定义

优先股是一种有固定股利的股票，但股利的支付要由董事会决定。优先股在股利支付和财产请求权方面优先于普通股。

与普通股相同，每股优先股都代表其持有者对公司的部分所有权。但与普通股不同的是，优先股的持有人通常没有投票表决权。优先股的股利以固定形式发放，并且数额高于普通股股利。

优先股实际上并不面对个人投资者，一些公司通常是被优先股股利的低所得税税率所吸引而购买优先股。另外，优先股对公司收益和财产的请求权要优先于普通股。当公司破产时，投资的个人和公司要抽回自己的投资，这时贷款人将优先于普通股股东被偿付，而优先股股东将优先于普通股股东被偿付。

10.3.3 优先股的定价

优先股在发行时不规定到期日，但它有固定支付股利的性质，这与永久债券是类似的。正是由于这一点，优先股定价的一般方法很自然地就等同于永久债券定价的一般方法。所以，优先股现值的计算公式为：

$$V = D_p/k_p \tag{10-10}$$

式中，D_p 为事先规定的每股优先股一年的股利；k_p 为确定的贴现率。

【例 10-5】 某公司发行在外的优先股的股利率为 9%，面值为 200 美元，期限为 10 年。若投资者的预期报酬率是 14%，则每股该优先股的价值为：

$$V = \frac{9\% \times 200}{14\%} \approx 128.57 (美元)$$

10.4 普通股的价值评估

普通股是代表公司最终所有权和风险的有价证券。近年来，有关普通股定价的理论经历了深刻的变化，至今仍是一个争论的热点，还没有一种定价方法被普遍地接受。有观点认为，在对单个普通股进行分析时，应把它作为投资者可能持有的普通股组合的一部分。换句话说，投资者对于单只股票的涨跌和单只股票对股票组合总价值的影响二者的关心程度是不一样的。这种观点对确定证券的预期收益率是很重要的。债券和优先股的现金流量是由交易合同事先规定的，而普通股的现金流量则与此不同，它的未来收益有更大的不确定性。下面介绍普通股投资者收益的模型等。

10.4.1 股利贴现模型

采用现金流贴现方法确定股票价值，就是对股票预期的现金流进行贴现。股票预期的现金流是指支付给股东的股利或公司经营所获得的净现金流。所谓股利贴现模型（DDM），是指计算股票的未来预期现金流的现值，并作为股票的价值。

任意一种股利贴现模型都是先观察、发现该股票投资者所期望的收益——包括现金股利和股票价格改变两部分。

假定持有期为 1 年，A 公司的股票预期每股股利（D_1）为 5 美元，年末预期派息后的价格（P_2）为 110 美元。

风险调整贴现率，或称市场资本收益率，是指为吸引投资者投资该股票而应达到的预期收益率。在本例中，假定风险调整贴现率为每年 15%。

投资者预期的收益率 $E(r_1)$ 等于 D_1 加预期价格的增值 $P_1 - P_0$，再除以股票当前

的价格 P_0。假定该预期收益率等于必要收益率，得：

$$E(r_1) = \frac{D_1 + P_1 - P_0}{P_0} = k \quad (10-11)$$

$$0.15 = \frac{5 + 110 - P_0}{P_0}$$

上式体现了 DDM 最重要的性质：任意一期的预期收益率都等于市场资本收益率 k。通过这个等式，根据年末股票的预期价格，可以推导出股票当前价格的计算公式：

$$P_0 = \frac{D_1 + P_1}{1 + k} \quad (10-12)$$

换言之，股票的当前价格是年末股利的预期值与派息后股票预期价格之和的现值，其中贴现率为必要收益率。在该例中，A 公司的股票价格为：

$$P_0 = \frac{5 + 110}{1.15} = 100(美元)$$

可以看出，要计算股票的当前价格，首先要预测股票年末的价格 P_1。投资者可以按照推算 P_0 的逻辑进行推理，A 公司的股票第二年年初的预期价格为：

$$P_1 = \frac{D_2 + P_2}{1 + k} \quad (10-13)$$

将上式代入式 10-12 就可以用 D_1，D_2 和 P_2 来表示 P_0：

$$P_0 = \frac{D_1 + P_1}{1 + k} = \frac{D_1 + \frac{D_2 + P_2}{1 + k}}{1 + k} \quad (10-14)$$

$$P_0 = \frac{D_1}{1 + k} + \frac{D_2}{(1 + k)^2} + \frac{P_2}{(1 + k)^2}$$

反复替代，就可以得到 DDM 的总公式：

$$P_0 = \frac{D_1}{(1 + k)} + \frac{D_2}{(1 + k)^2} + \cdots = \sum_{t=1}^{\infty} \frac{D_t}{(1 + k)^t} \quad (10-15)$$

也就是说，每股价格等于股票未来所有预期股利现值之和，贴现率为市场资本收益率。

10.4.2 稳定增长股利贴现模型

利用式 10-15 的股利贴现模型进行计算，需要预测未来所有的股利，这在实际操作时并不容易，因此，我们可以对未来股利的形式进行简化，假设股利的增长率 g 保持不变，将 DDM 运用到实际的计算中。

【例 10-6】假定某公司每股股利预期年稳定增长 10%，贴现率 15%。该公司未来股利的预期现金流为：$D_1 = 5, D_2 = 5.5, D_3 = 6.05, \cdots$

假定资本市场收益率 15%，将预测的股利增长 $D_t = D_1(1 + g)^{t-1}$ 代入式 10-11，可得到稳定以 g 增长的永续股利现金流的现值：

$$P_0 = \frac{D_1}{k - g} \quad (10-16)$$

把该公司的数据代入上式，得到该公司股票的价格为：

$$P_0 = \frac{5}{0.15 - 0.10} = \frac{5}{0.05} = 100(美元)$$

稳定增长股利贴现模型的内涵有三种表现形式。

(1) 如果预期增长率为0，则评估公式就简化为永续年金的现值公式：$P_0 = D_1/k$。

(2) 假定 D_1 和 k 保持不变，则 g 越大，股票的价格越高。但是，当 g 趋近于 k 时，模型开始膨胀，也就是说，股票的价格趋向无限。只有当股利的预期增长率小于市场资本收益率时，该模型才是有效的。

(3) 股票价格的计算公式为：$P_1 = \dfrac{D_2}{k-g}$。因为 $D_2 = D_1(1+g)$，替代后得到：

$$P_1 = \frac{D_1(1+g)}{k-g} = P_0(1+g)$$

这样，股票价格的改变幅度为：

$$\frac{P_1 - P_0}{P_0} = \frac{P_0(1+g) - P_0}{P_0} = g$$

这就是说，按照稳定增长股利贴现模型，股票价格的改变幅度与股利的预期增长率相同。只要股利稳定增长，股票价格每年的上升比率将等于股利的稳定增长率 g。以上例公司为例，它的股票预期收益率每年为15%，其中包括预期股利收益率 $\dfrac{P_{t+1}}{P_t}$ 每年的5%，以及股票价格每年增值的10%。

10.4.3 评估未来盈利与投资机会

运用现金流贴现方法进行评估的第二种方法是评估未来的盈利和投资机会。这种方法关注的焦点不是股利，而是盈利能力以及投资机会。这有助于分析人员把注意力集中在决定价值的核心内容上。一个公司的股利政策不是决定其价值的核心因素。要想弄清这一点，可以看一看投资者在计划接管公司时如何确定它的价值。此时，投资者考虑的不会是未来股利应采取何种形式，他们可以选择任意一种形式。

假定不发行新股，那么股票每期盈利与股利之间的关系是：

$$股利_t = 盈利_t - 新的净投资$$

因此，确定股票价值的总公式为：

$$P_0 = \sum_{t=1}^{\infty} \frac{D_t}{(1+k)^t} = \sum_{t=1}^{\infty} \frac{E_t}{(1+k)^t} - \sum_{t=1}^{\infty} \frac{I_t}{(1+k)^t} \qquad (10-17)$$

式中，E_t 为第 t 年的盈利；I_t 为第 t 年的净投资。

通过这个等式，我们可以认识到非常重要的一点，即一个公司的价值不等于它未来预期盈利的现值，而应该等于它未来预期盈利的现值减去被公司用于再投资的盈利——新的净投资的现值。如果仅用公司未来预期盈利的现值计算公司的价值，就会高估或低估公司的价值，因为新的净投资额可能为正，也可能为负。

在衰退的行业，总投资额一般不会大于现有资本的规模。也就是说，净投资额为负，生产能力会随时间的推移而降低。在发展成熟或停滞不前的行业，总投资额通常与现有资本的规模正好相等，净投资额为 0，生产能力维持原状。在扩张的行业，总投资额通常大于现有资本的规模，净投资额为正，生产能力会随时间的推移而提高。

如果根据盈利和投资机会评估公司价值，可以将其分成两个部分：①在现有状态下未来可能获得盈利的现值；②未来投资机会的净现值（即未来的盈利减去为获得该盈利所需的投资额）。可以用公式这样表示：

$$P_0 = E_1/k + 未来投资机会的净现值$$

一家公司是零增长公司，其股票每股盈利为 15 美元。公司每年的投资额正好补充损耗的生产能力，也就是说公司每年的净投资为 0。假定公司每年都把盈利作为股利分给股东且每年股利保持不变。如果市场资本收益率为每年 15%，则零增长公司的股票价格应为 100 美元：

$$P_0 = 15/0.15 = 100(美元)$$

假定增长公司 A 与零增长公司 B，二者最初的盈利相同，但 A 每年把 60% 的盈利用于新的投资项目，这些投资项目的收益率为每年 20%（市场资本收益率为 15%）。开始时 A 的股利会低于 B 的股利，因为 A 每年分配的股利不是每股 15 美元，而是 15 美元的 40%，每股只有 6 美元。另外的每股 9 美元用于公司的再投资，以获得每年 20% 的盈利。

尽管开始时 A 每股股票的股利低于 B，但它的股利会随时间的推移而增加，而且 A 现在的股价也会高于 B。具体证明如下：

首先，运用股利贴现模型计算出增长公司 A 的股利增长率。每股股利和盈利增长率的计算公式如下：

$$g = 盈利留存率 \times 净投资的收益率$$

根据该公式，得到 A 的每股增长率为：

$$g = 0.6 \times 0.2 = 0.12，即每年 12\% 的增长率$$

按照稳定增长模型的公式可以推算出 A 股票的价格：

$$P_0 = \frac{6}{0.15 - 0.12} = \frac{6}{0.03} = 200(美元)$$

A 未来投资的净现值就是 A 与零增长公司 B 每股的差价：

$$未来投资的净现值 = 200 - 100 = 100（美元）$$

增长公司 A 股票的价格高于零增长公司 B 的原因并不在于增长本身，而在于新投资项目的收益率高于市场资本收益率。再投资的收益率为每年 20%，而市场资本收益率每年只有 15%。这个原理对于评估股票价值具有非常重要的意义。

再来看再投资收益率为每年 15% 时的结果。为与上例相区别，我们称之为正常利润公司 C。

C 每年将盈利的 60% 用于再投资，再投资的收益率是每年 15%。因此，它的盈利和股利的增长率为每年 9%：

$$g = 盈利留存率 \times 新投资的收益率$$

$g = 0.6 \times 0.15 = 0.09$，即每年9%的收益率。

按照稳定增长股利贴现模型，我们得到正常利润公司 C 的股票价格为：

$$P_0 = \frac{6}{0.15 - 0.09} = \frac{6}{0.06} = 100(美元)$$

即使 C 的每股股利预计每年可以增长 9%，但是其股票当前的价格与零增长公司 B 相同。这是因为，正常利润公司 C 后来增长的股利与开始减少的股利正好相抵消。

零增长公司 B 和正常利润公司 C 当前股票价格相同，这说明他们来年每股预期盈利的现值相同：

$$P_0 = E_1/k = 15/0.15 = 100(美元)$$

所以，即使正常利润公司 C 的每股股利、每股盈利及股票价格预计每年能增长 9%，也没有增加公司股票现在的价值。也就是说，如果公司把所有盈利作为股利支付给股东，股票当前的价格也不会发生变化，因为正常利润公司再投资的收益率与市场资本收益率相等。

综上所述，增长本身不会增加公司的价值。要想增加价值，未来新投资项目的收益率就必须高于必要报酬率 k。当公司未来投资机会的收益率与 k 相同时，股票的价值可通过公式 $P_0 = E_1/k$ 计算。

10.4.4 市盈倍数分析法

评估公司股票价值广泛采用的方法是市盈倍数分析法。这种方法可以快速地测算出公司股票的价值：先通过其他可比公司的数据推导出适当的市盈倍数，再将其与该公司股票预期的每股盈利相乘，由此得到的积就是该公司股票的价值。现在，我们借助于现金流贴现模型，进一步分析市盈倍数测算法。

由前面的分析可知，公司股票价格的计算公式为：

$$P_0 = E_1/k + 未来投资机会的净现值$$

如果公司的市盈倍数较高，原因可能有两个：一是市场资本收益率相对低；二是投资增值的现值相对高。也就是说，它们未来投资项目的收益率高于其市场资本收益率。

因未来投资项目的收益率高于市场资本收益率而使其市盈率较高的股票，称为成长性股票。

有专家认为，股票市场的成长性股票市盈率高的原因是人们预期这些股票的每股盈利会上升。然而，这种言论具有误导性。正如前面提到的，正常利润公司每年增长 9%，而零增长公司不增长，它们的市盈率却一样。所以，市盈率提高的原因不是增长本身，而是公司有机会投资的项目收益率高于随风险调整的资本收益率 k。

例如，一家制药行业内运用生物高科技发明新药的企业，制药行业的平均市盈倍数是 15，生物公司的每股盈利预计为 2 美元。如果依据行业的平均市盈倍数进行计算，该公司的股票价格应为 30 美元。然而，该股票在交易所的实际交易价格是每股 100 美元，什么原因造成了两者的差价？

这 70 美元（100 - 30）的差价反映的是投资者对公司的信心。这些投资者认为该企业拥有高于行业平均水平的投资机会。

市盈率会随时间的变化而变化。当新的信息传达到市场时，投资者对公司盈利的预期会相应改变。盈利预期增长率或资本收益率较小的改变可能导致市盈率较大的改变。这不仅适用于单只股票，也适用于整个股票市场。

10.5 金融证券的收益率

前面论述了如何通过贴现率（或预期收益率）对证券的收入流量资本化从而实现对长期金融工具的定价。其中，贴现率（或预期收益率）是由该证券的风险所决定的。在定价等式中，如果用证券的市场价格（P_0）代替内在价值（V），就能求出市场预期收益率（Market Required Rate of Return）。该收益率所决定的预期现金流量的贴现值等于证券目前的市场价格，它反映证券的（市场）收益。预期现金流量随所分析证券的不同而不同，可能是利息支付，也可能是本金支付，还可能是股利支付。只有在证券的内在价值等于它的市场价值（价格）时，投资者的预期收益率才会等于证券的（市场）收益率。

不同证券有不同的现金流量、到期日和时价，市场收益率的一个重要作用就是为投资者对不同的证券进行比较提供一个统一的基准。

10.5.1 *债券的到期收益率*

到期收益率（Yield to maturity，YTM），是指债券按市价购买并一直持有至到期日所产生的期望收益率，它也称为债券的内部收益率（Internal Rate of Return，IRR）。债券的市场预期收益率（k_d）常被称为债券的到期收益率。若从数学上解释，到期收益率是使债券所有预期的利息支付和到期时本金（面值）支付的现值等于债券时价的那个贴现率。举例说明，回顾式 10 - 4，即有到期日的付息债券（Interest Bearing Bond）的价值等式，在这个公式中，用时价（P_0）代替内部价值（V），等式变为：

$$P_0 = \sum_{t=1}^{n} \frac{I}{(1 + k_d)^t} + \frac{MV}{(1 + k_d)^n} \qquad (10 - 18)$$

如果把 P_0 和 I，MV 的实际值代入公式，就可以解出 k_d，即债券的到期收益率。然而，到期收益率的求解非常复杂，需借助于债券价值表才能完成。

10.5.1.1 插值法

插值法（Interpolate）用于估计处于两个已知数字间的一个未知数字。如果我们只有现值表，仍可应用试错法（Trial - and - error Procedure）近似地求出到期收益率。

假设有一种 1 000 美元面值的债券：时价 761 美元，期限 12 年，息票率 8%（每年支付利息）。现要确定一个贴现率，该贴现率应使债券预计现金流的现值等于债券的时价。假定先把 10% 作为贴现率，求债券预期现金流的现值。按给定的现值因素查表：

$$V = 80 PVIFA_{10\%, 12} + 1\,000 PVIF_{10\%, 12}$$

$$= 80 \times 60\ 814 + 1\ 000 \times 0.319 = 864.12(美元)$$

按10%的贴现率求出的债券现值要大于债券时价761美元,因而要试用一个更大的贴现率,以使未来的现金流量现值降到761美元以下。现试用15%的贴现率有:

$$V = 80PVIFA_{15\%,12} + 1\ 000PVIF_{15\%,12}$$
$$= 80 \times 5.421 + 1\ 000 \times 0.187 = 620.68(美元)$$

可见,这一次所选用的贴现率太大了,计算所得的现值小于时价761美元,所以使债券预期现金流贴现值等于761美元的贴现率一定在10%~15%之间。

为近似地计算该贴现率,在10%~15%之间应用插值法计算如下:

$$0.05\begin{bmatrix}X\begin{bmatrix}0.10 & 864.12\\YTM & 761.00\\0.15 & 620.68\end{bmatrix}103.12\end{bmatrix}243.44(美元)$$

$$\frac{X}{0.05} = \frac{103.12}{243.44} \quad 因此:X = \frac{0.05 \times 103.12}{243.44} = 0.021\ 2$$

在上例中,$X = YTM - 0.10$,即 $YTM = 0.10 + X = 0.10 + 0.021\ 2 = 0.121\ 2$ 或12.12%(用计算器求出的准确值为11.82%)。可见,用插值法计算求得的到期收益率只是近似值(必须牢记这一点),这是因为两个已知贴现率(10%和15%)之间的关系并不是线性的。但是,插值法中两个已知贴现率的差越小,求得的结果越准确。例如,若在上例中用11%和12%,则求得的结果将更接近于"真实"的到期收益率。

10.5.1.2 债券的价格变动

理解了式10-18之后,我们就可以对债券价格进行更多的研究。

(1) 当市场预期报收益大于债券规定的息票率时,债券的价格将小于债券的面值。该债券以折价出售,即以低于面值的价格出售,面值超过时价的部分被称为债券折价。

(2) 当市场预期收益率小于债券规定的息票率时,债券价格将大于债券面值。该债券应以溢价出售,时价超过面值的部分被称为债券溢价。

(3) 当市场预期收益率等于债券规定的息票率时,债券的时价等于债券面值。该债券以平价出售。

(4) 如果利息率上涨,市场预期收益率也随之上升,则债券的价格会下降。若利息率下跌,则债券的价格会上升。简言之,利息率的变动方向与债券价格的变动方向相反。由此可以看出,利息率的变动会引起债券价格的变动。由利率变动引起的债券价格变动被称为利率风险。值得注意的是,只有证券在到期前被出售,并且证券购买后利息率水平上涨,投资者才会因利率风险而受损。债券价格的其他变动,不像上述三个方面那么明显。

(5) 若给定市场预期收益率的变动幅度,则债券期限越长,债券价格变动幅度就越大。一般而言,债券期限越长,则一定的市场预期收益率的变动就越大。这是因为,到期价值较大的证券离到期日越近,则在决定市场价格时,利息支付的影响就越小,市场预期收益率对市场价格的影响也越小;而且,一般而言,债券期限越长,则在利息率总体水平发生变动时,投资者的价格变动风险也就越大。

（6）若给定市场预期收益率的变动幅度，则债券息票率越低，债券价格变动幅度越大。也就是说，债券价格的变动方向与息票率的变动方向相反。原因在于，债券息票率越低，债券到期时的本金支付比到期前的利息支付带给投资者的回报更多，即投资者收回在低息票率债券上的投资的时点比收回在高息票率债券上的投资的时点要晚；一般而言，收益支付越集中在较晚的时间，一定的投资者预期收益率所引起的现值变化也越大。所以，即使高息票率的债券和低息票率的债券有相同的期限，低息票率的债券的价格也更易于发生变化。

10.5.1.3 到期收益率与半年利息

正如前面提到的，大部分美国债券都是一年两次付息的，而不是一年一次付息。这个复杂的实际情况在简化了的论述中常常被忽略了。在考虑半年付息一次时，只要把债券定价公式中的内在价值（V）代之以时价（P_0），就可以求出到期收益率。计算公式为：

$$P_0 = \sum_{t=1}^{2n} \frac{I/2}{(1+k_d/2)^t} + \frac{MV}{(1+k_d/2)^{2n}} \qquad (10-19)$$

求解 $k_d/2$，就能得到半年的到期收益率。

在实践中，多数人都采用将半年到期收益率翻倍的方法求出年到期收益率，即名义年到期收益率（Nominal Annual），年到期收益率被债券交易商们称为债券同等收益率（Bond-equivalent Yield）。但正确的方法应是将"1 加上半年到期收益率"的平方后再减去 1，即：

$$(1 + 半年到期收益率)^2 - 1 = 实际年到期收益率$$

10.5.2 优先股收益率

在优先股定价等式即式 10-10 中，以时价（P_0）代替内在价值（V），可得：

$$P_0 = D_p/k_p \qquad (10-20)$$

式中，D_p 为优先股事先规定的每年每股股利；k_p 为优先股市场预期收益率（优先股的收益率）。

对公式进行变形，就可以直接求出优先股的收益率：

$$k_p = D_p/P_0 \qquad (10-21)$$

假定某公司 100 美元面值优先股的每股时价为 91.25 美元，股利率为 10%，则 A 公司优先股的收益率为：

$$k_p = (100 \times 10\%)/91.25 = 10.96\%$$

10.5.3 普通股收益率

某公司适用固定增长率的股利贴现模型，则该公司的普通股的时价（P_0）由下式确定：

$$P_0 = D_1/(k_e - g) \qquad (10-22)$$

式中，k_e 为股票市场决定的收益率。

求解得：

$$k_e = D_1/P_0 + g \qquad (10-23)$$

从式10-23可以看出，普通股的收益有两个来源：一是预期股利收益，D_1/P_0；二是资本利得收益（Capital Gains Yield）。对 g 有多种称呼，它是预期的股利的几何增长率，在这个模型中也是预期的股票价格的年变化率（$P_1/P_0 - 1 = g$），它还指资本利得收益率。

本章小结

本章第一部分论述了如何通过贴现率（或预期收益率）对证券（债券、股票）的收入流量资本化，从而对长期金融工具进行定价。其中，贴现率（或预期收益率）是由该证券的风险所决定的。第二部分论述了如果用证券的市场价格代替内在价值，就能求出市场预期收益率。该收益率所决定的预期现金流量的贴现值等于证券目前的市场价格，它反映证券的（市场）收益。

思考与练习题

1. 债券发行商如何为所要发行的债券确定合适的息票率？债券的息票率与其必要收益率之间有什么差别？

2. 在债券市场上，对于债券投资者而言缺乏透明度意味着什么？

3. 决定某公司市盈率的三个因素是什么？

4. 甲公司发行了一种债券：

面值100元，期限20年，息票率8%，半年支付一次息票。

在以下到期收益率时，该债券的价格是多少？

(1) 8%；(2) 10%；(3) 6%。

5. 乙公司将在下一年支付股利3.6美元，公司保证无限期地增加公司的股利支付，每年增加4.5%。如果投资的必要收益率是13%，那么今天需支付多少美元购买该公司的股票？

6. 丙公司拥有息票利率为14%、面值为100元的已发行债券，还有3年到期，利息半年支付一次。

(1) 如果要求预期名义收益为12%、14%和16%，此债券的价值各应该为多少？

(2) 假设其他条件相同，但零息票率、净贴现债券和预期名义收益率为12%、14%和16%时，债券的价值为多少（贴现期为半年）？

7. 丁公司在4年前支付股利为每股0.9美元，昨天该公司支付股利为每股1.66美元。在接下来的5年中股利增长率会与之前4年的股利增长率一样。之后，股利将以每年8%的速度增长。股票的必要收益率为18%。那么7年后丁公司的现金股利是多少？

8. 一个公司的市场价值和它的清算价值或持续经营价值有关系吗？若有，它们之间是什么关系?

9. 证券的内在价值与证券的市场价值有区别吗?若有,在什么情况下有区别?

10. 债券和优先股在定价的处理上有哪些相同点?

11. 为什么股利是普通股定价的基础?

12. A公司发行1 000美元面值的债券,息票率为8%,期限为4年,每年支付一次利息。

(1) 若市场预期收益率是15%,则债券的市场价格是多少?

(2) 若市场预期收益率下降到12%,则债券的市场价格是多少?下降到8%又是多少?

(3) 若息票率不是8%而是15%,则债券的市场价格是多少?若预期收益率下降到8%,债券的市场价格会怎样变化?

13. 某公司目前普通股的每股股利是1.60美元。公司预期以后的前4年股利以20%的增长率增长,后4年股利以15%的增长率增长,再往后则以7%的速度增长。这一阶段增长模式与预计的收益周期相联系,投资者的预期收益率为16%。这种股票的每股价值是多少?

14. 一种1 000美元面值的债券目前的市场价格为935美元,其息票率为8%,还有10年到期,利息每半年支付一次。

(1) 在计算收益率前,先估计一下到期收益率是高于还是低于息票率,并说明原因。

(2) 该债券暗含的由市场决定的半年期贴现率(即半年期到期收益率)是多少?

(3) 用(2)的答案,计算该债券的名义年到期收益率和实际年到期收益率。

15. 一种零息债券面值为1 000美元,时下的售价为312美元,恰好还有10年到期。

(1) 该债券暗含的由市场决定的半年期贴现率(即半年期到期收益率)是多少?

(2) 利用(1)的答案,计算该债券的名义年到期收益率和实际年到期收益率。

11 衍生证券的估值

学习要点

1. 商品期货的期价－现价平价关系式
2. 金融期货的期价－平价关系式
3. 影响期权价格的主要因素
4. 卖出－买入期权的平价关系
5. 期权定价关系式：布莱克－斯科尔斯的期权定价模型，默顿的期权定价公式

11.1 远期合约与期货合约市场

11.1.1 远期合约与期货的区别

11.1.1.1 远期合约

远期合约是交易双方在将来的一定时间，按照合约规定的价格交割货物、支付款项的合约。也就是说，任何时候，如果双方达成协议，在将来按预定的条件履行协议就是签订了一项远期合约。

日常生活中，人们其实经常签订远期合约而并不自知。例如，某人计划1年后从伦敦出发去纽约旅游。预订飞机票时，航空公司告知现在可以1 000美元购票，也可以出发时再购票。两种情况下都是出发当天支付票价。如果他决定现在以1 000美元订票，那么他就和航空公司签订了一项远期合约。这个远期合约消除了1年后乘机费用超过1 000美元的风险。如果1年后实际票价为1 500美元，他将为提前锁定1 000美元庆幸。相反，出发时实际票价是500美元，他仍然要依照协议支付1 000美元。

远期合约的主要特征如下：

(1) 交易双方同意在将来按现在确定的交割价格交换某商品。
(2) 远期价格是使远期合约的当前市场价格为0的交割价。
(3) 一方并不即时向另一方支付货币。
(4) 远期合约的面值等于合约确定的商品数量乘以远期价格。
(5) 同意买入特定商品的一方成为多头，同意卖出商品的一方成为空头。
(6) 如果合约到期日时的现货价格高于远期价格，则多头方盈利；如果合约到期日时的现货价格低于远期价格，则空头方盈利。

11.1.1.2 期货合约

期货合约的实质是在有组织的交易所交易的标准化远期合约。买卖双方之间，各自同交易所单独订立合约。标准化是指所有条款（交割的数量与质量等）都是一致的。期货合约通常可减少买卖双方的风险。

假设有一位种植小麦的农民，距收割还有 1 个月，收获小麦的数量基本确定了。由于农民的大部分收入取决于小麦收成，所以她现在希望以一个固定的价格卖出去，然后在将来交割，以此消除未来价格不确定的风险。

11.1.1.3 远期合约与期货合约的区别

远期合约与期货合约的目的在许多方面是相同的，但在若干方面又有所不同。

（1）远期合约是由交易双方（通常是商业公司）谈判达成的，具有一些独有的特点，这些特点取决于双方的需求。如果有一方希望在交割日之前终止合同，这种"定制法"就出现了劣势，因为它使得合约缺乏流动性。

（2）期货合约是在交易所交易的标准化合约。交易所指定特定商品合约的大小、交割的时间与地点等，因此，期货合约的任何一方都很容易在指定的交割日之前"关闭"（即终止）仓位。事实上，绝大多数期货合约在最后的交割日之前就终止了。

（3）期货的多头方或空头方均与交易所签订合约。交易所精心地使多头与空头的数量相匹配。交易指令是通过拥有交易所席位的经纪商传递的。为了确保期货合约的交易方不违约，交易所要求每个账户都有足够的抵押品（称为保证金要求），用以弥补损失。每个交易日所有的账户都要按当天的清算价格标价。

当账户中的抵押金额低于某一预定水平时，就会接到经纪商的"补交保证金通知"，要求交易方增加资金。如果交易方不立即答复，经纪商将按现行市场价格为其清仓，并归还所余保证金。

这种每日实现收益或损失的过程，使违约的可能性降到最低。期货每日按市场标价的另一个结果是，无论它们的面值有多大，在每日交易开始时，其市场价格总为 0。

在合约期之内的任何一天，交易的一方都可以决定是否清仓。敞口头寸表示每个交易日结束时，仍发行在外的期货合约的总数。由于有一个完善的程序，通过保证金要求来防范违约风险，大量使用期货市场的是那些难以对其信用级别进行审查的个人和企业；而远期合约则用于交易双方信用级别较高且容易确定的情况。因此，在外汇市场上，远期合约很常见，此时的交易双方大多为两家银行或银行与其公司客户。

11.1.2 期货市场的功能

商品期货市场最明显的功能在于为商品价格风险在市场参与者之间的再分配提供了便利；同时，商品期货价格也为商品的生产者、批发商和消费者提供了重要的信息，他们必须决定现在销售（或消费）多少货物以及为将来储存多少货物。由于期货合约提供了回避由储存商品带来的价格风险的手段，因此可以使储存商品的决策与承担价格变动所带来的金融风险的决策相分离。

假设距下一个收割季节还有 1 个月，某小麦批发商的存货中尚有上一季的小麦

1 吨。小麦的现货价格是每蒲式耳 2 美元，1 个月后（新的小麦已收获）交割的期货价格为 F，批发商回避价格变动风险有两种方法：①在现货市场上按每蒲式耳 2 美元的价格出售小麦，并立即交割；②以 F 的价格卖空期货，并在 1 个月后交割小麦。运用这两种方法，批发商都能完全确定卖出小麦的价格。

假设批发商储存小麦的成本——"持有成本"（包括利息、仓库和损耗等）为每蒲式耳每月 10 美分。只有在 F 大于 2.10 美元时，批发商才会选择方法二，将 1 吨小麦持有 1 个月（即直到下一个收获季节），例如期货价格为每蒲式耳 2.12 美元，则批发商会选择将小麦储存 1 个月。

现在假设另一个批发商的持有成本为每蒲式耳每月 15 美分。在 2.12 美元的价位上，这位"高储存成本"的批发商将选择方法一，在现货市场上立即卖出小麦，而不是持有小麦并卖空期货以回避风险。因此，只有当批发商的持有成本小于小麦期价与现价之差时，他才会选择将小麦持有 1 个月。

用 S 表示小麦的现货价格，C_j 表示批发商 j 的持有成本，只有当 $C_j < F - S$ 时，批发商才会选择将小麦储存 1 个月。期价与现价之差称为价差，它决定了总共有多少小麦将储存起来以及由谁储存。

期货市场和远期市场创造了一种机制，即让成本最低的批发商进行必要的物理储存，从而提高了经济效率。

假设下一个小麦收获季节为一个特大的丰年，因而从社会需求看，最好是将现在储存的所有小麦都消费掉。远期市场使人们有可能不需要现实地储存小麦就能回避价格风险。远期价格低于当前的现货价格，会将不要储存小麦的信息传递给所有的小麦生产商和批发商，因此，对任何持有小麦到下一收获季节的人都没有回报，即使储存不耗费成本（即 $C = 0$）。

11.2 商品期货的价格

11.2.1 商品现货价格与期货价格的关系

在上节的论述中我们看到，批发商有两种方法回避存货对小麦价格变动的风险：①在现货市场上按每蒲式耳 2 美元的价格出售小麦；②以价格 F 卖空期货，储存小麦，并在 1 个月后交割。

现在选择购买小麦并选择方法二，如果期货价格大大高于现货价格，套利者可以锁定一个确定的套利收益。这使现货价格与期货价格之间的价差确立了一个上限：期货价格不能大于现货价格加持有成本：$F - S \leq C$。

持有成本随时间和市场参与者的变化而变化，因而价差的上限不是恒定的。

11.2.2 商品期货的期价 - 现价平价

11.2.2.1 商品期货期价 - 现价平价关系式

正如有存量时套利的力量形成了小麦期价与现价之间的价差一样，黄金也是如此。

期货价格与现货价格的关系式称为期价-现价平价关系式。

【例11-1】假设某人正在考虑明年投资黄金，有两种方法进行投资：一是按当前的现货价格S购买黄金，存放起来，并在年末按价格S_1售出；二是同样用300美元，但不直接投资黄金，而是投资黄金的综合产品。按第一种方法，设s是将黄金存放1年的成本与现货价格的比例。其收益率是：

$$r_{黄金} = \frac{S_1 - S}{S} - s \tag{11-1}$$

按第二种方法，将300美元（即现货价格）投资无风险利率的黄金综合产品，同时持有1年后交割的黄金远期合约的多头，远期价格为F。投资于这项黄金综合产品的收益率将是：

$$r_{黄金} = \frac{S_1 - F}{S} + r \tag{11-2}$$

例如，如果无风险利率为8%，黄金综合产品的收益率将是：

$$r_{黄金} = \frac{S_1 - F}{300} - 0.08$$

根据一价原则，这两项相同的投资必须提供同样的收益率，式11-1等于式11-2，得到：

$$\frac{S_1 - S}{S} - s = \frac{S_1 - F}{S} + r$$

调整该式，可以得到黄金的期价-现价平价关系式为：

$$F = (1 + r + s)S \tag{11-3}$$

在本例中，1年后交割的黄金的远期价格应为每盎司330美元。

$$F = (1 + r + s)S = 1.10 \times 300 = 330(美元)$$

如果远期价格高于每盎司330美元，套利者以现货价格买入黄金，同时按远期价格卖出并在将来交割就能够从中获利；反之，如果远期价格低于每盎司330美元，套利者可以在现货市场上卖空黄金（即借入黄金并立即卖出），将卖空收益投资于无风险资产，同时持有远期合约的多头。在实践中，保持期价-现价平价关系的是黄金交易商，因为通常他们的储存成本和交易成本都最低。

表11-1列示了当黄金远期价格不是每盎司330美元而是340美元时存在的套利机会。交易商借入资金，以每盎司300美元购入黄金，同时按每盎司340美元卖出黄金远期合约。1年以后还清贷款并支付了储存成本后，不管那时的现货价格是多少，都有10美元的盈余。

表11-1 黄金远期价格偏高时的套利机会

（单位：美元）

套利仓位	即期现金流	1年后的现金流
卖出远期合约	0	$340 - S_1$
借入300美元	300	-324

续表

套利仓位	即期现金流	1年后的现金流
购买1盎司黄金	-300	S_1
支付储存成本		-6
净现金流	0	340 - 330 = 10

表 11-2 列示了当黄金远期价格不是每盎司 330 美元而是 320 美元时黄金交易商的套利机会。交易商将在现货市场上按每盎司 330 美元卖空黄金,将资金投资于无风险资产,同时按每盎司 320 美元买入黄金远期合约。1 年后偿付贷款并支付了储存成本后,无论那时的现货价格是多少,都将有 10 美元的盈余。

表 11-2 黄金远期价格偏低时的套利机会

(单位:美元)

套利仓位	即期现金流	1年后的现金流
卖空1盎司黄金	300	$-S_1$
购买远期合约	0	$S_1 - 320$
投资300美元于1年期纯贴现债券	-300	324
支付储存成本		6
净现金流	0	330 - 320 = 10

一般期价-现价平价关系式不能简单地加以应用,它并不意味着远期价格是由现货价格和持有成本决定的,远期价格和现货价格是在市场上同时决定的。如果我们知道其中之一,通过一价原则就能知道另一个的值。

11.2.2.2 隐含的持有成本

黄金的期价-现价平价关系式的一个结论是,远期价格不能比现货价格提供更多的关于预期将来现货价格的信息。在没有存量时,远期价格中包含了当前现货价格所没有的预期将来现货价格的信息。

人们可以从观察到的黄金的现货价格和远期价格推导出的唯一信息是隐含持有成本,它是期货价格与现货价格之间的价差:

$$隐含的持有成本 = F - S$$

隐含的持有成本表示投资者处于实际投资黄金和购买黄金综合产品的临界点时隐含的边际持有成本。

由式 11-3 的期价-现价平价关系式可知,持有成本与现货价格之比等于无风险利率与储存成本率之和:

$$F = (1 + r + s)S$$

$$\frac{F - S}{S} = r + s$$

因此,从隐含持有成本中减去无风险利率,可以推导出储存黄金的隐含成本:

$$s = \frac{F-S}{S} - r$$

【例 11-2】假设观察到黄金的现货价格是每盎司 300 美元,1 年远期价格为 330 美元,无风险利率为 8%。求隐含持有成本和隐含储存成本。

隐含持有成本 = $F - S$ = 330 - 300 = 30(美元/盎司)

隐含储存成本 = $(F - S)/S - r$ = 0.10 - 0.08 = 0.02 或 2%

11.3 金融期货的价格

11.3.1 金融期货的定义和金融期货的期价-平价关系式

11.3.1.1 金融期货的定义

金融期货是指在将来交割的股票、债券和外汇等。与小麦或黄金等商品不同,金融期货没有内在价值,它们不能用于消费,不能投入实际生产,或者出于自身的原因而保存。它们代表对将来收入的要求权。

11.3.1.2 金融期货的期价-平价关系式

证券可以以非常低的成本产出和存放,这会反映在其现价与期价之间的关系上。事实上,我们在推导期价与现价的平价关系时,完全可以近似地忽略这些成本。

假定有一只 S&P 股票,它是一个广泛投资于多样化的股票投资组合的共同基金的股份。它不支付股利,而将所有股利用于再投资。1 股 S&P 的远期合约承诺按一定的交割价格在一定的交割日交割 1 股 S&P 股票,以 F 表示这个远期价格。该合约的多头方同意在交割日支付 F 美元给空头方,以 S_1 表示交割日的股票价格。合约通常用现金清算而不必实际交割股票,这意味着到期时不发生股票的交割,只支付 F 与 S_1 之间的价差。例如,假设远期价格为每股 108 美元,若交割日的股价为 109 美元,多头方向空头方收取 1 美元;如果现价为 107 美元,多头方必须支付空头方 1 美元。

现在来考虑 S&P 股票的远期价格与现货价格的关系。假设 S&P 股票的现货价格为 100 美元,无风险利率为每年 8%,1 年以后交割。远期价格应为多少?

我们可以复制一份 S&P 股票,方法是购入面值为 F 的纯贴现债券,同时购买 1 股 S&P 远期合约。当远期合约到期时,按债券面值 F 收回现金,用这些现金按远期价格购买 1 股 S&P 股票。

因此,远期合约加上纯贴现债券构成了一个综合 S&P 股票,其收益的概率分布和 S&P 股票完全一致。根据一价原则,这两个相同的证券应当有同样的价格。

表 11-3 表示用纯贴现债券和远期合约复制股票的交易与收益状况。注意 S&P 股票与其复制组合 1 年后的收益相同,表示为 S_1。

表 11-3　用纯贴现债券和股票远期合约复制无股利支付股票

（单位：美元）

仓　位	即期现金流	1 年后的现金流
购买 1 股股票	-100	S_1
复制投资组合（综合股票）		
持有股票远期合约的多头	0	$S_1 - F$
购买面值为 F 的纯贴现债券	$-F/1.08$	F
总的复制投资组合	$-F/1.08$	S_1

设股票综合产品的成本等于实际股票的成本，我们得到：

$$S = \frac{F}{1+r} \tag{11-4}$$

即现货价格等于远期价格按无风险利率折现的净值。

调整式 11-4，得到用当前的现货价格 S 和无风险利率计算远期价格 F 的公式为：

$$F = S(1+r) = 100 \times 1.08 = 108（美元）$$

在一般情况下，当远期合约和纯贴现债券的到期日等于 T 年时，得到如下的期价-现价平价关系式：

$$F = S(1+r)^T \tag{11-5}$$

式 11-5 表示远期价格等于现货价格按无风险利率计算 T 年复利后的未来价值。

这一关系式是在套利的推动下保持的。我们可以假设该关系式被打破时的情况。首先，假设根据无风险利率和现货价格，远期价格偏高了。例如，假设 $r = 0.08$，$S = 100$ 美元，远期价格 F 为 109 美元而不是 108 美元。这样，远期价格比平价关系式中的值高 1 美元。

假设存在 S&P 股票和 S&P 远期合约的竞争性市场，这样就存在着套利机会。为了利用该机会，套利者将在现货市场上购买股票，同时卖出远期合约。因此，套利者将买入 S&P 股票，资金来源为 100% 的借入资金，同时卖空 S&P 远期合约进行对冲。交易的结果是，年初的净现金流为 0，年末有每股 1 美元的净现金流入。如果交易的股票数量为 100 万股，套利利润将为 100 万美元。

表 11-4 归纳了进行套利须进行的交易。套利者将试图大规模地进行这些交易。他们在现货市场和远期市场上的买卖活动将引起远期价格下跌和（或者）现货价格上涨，直到式 11-5 恢复平衡为止。

表 11-4　股票期货套利

（单位：美元）

套利仓位	即期现金流	1 年后的现金流
卖出远期合约	0	$109 - S_1$
借入 100 美元	100	-108
购买 1 股股票	-100	S_1
净现金流	-0	1

同黄金一样，这个期价-现价平价关系式也不能轻易地加以应用。它并不意味着远期价格是由现货价格和无风险利率决定的；相反，所有三个变量——F、S 和 r 是由市场共同决定的。如果我们知道其中任何两个变量，根据一价原则，就可以确定第三个变量。

11.3.2 隐含的无风险利率

人们可以用无风险资产和远期合约复制股票，同样也可以在购买股票的同时卖空远期合约，以此复制纯贴现债券。假设 F 为 108 美元，S 为 100 美元，r 为 1 年。我们可以复制一个面值为 108 美元的 1 年期纯贴现债券，即以 100 美元购买 1 股股票，同时以 108 美元的远期价格卖空一份 1 年后交割的远期合约。

起始的支出为 100 美元，1 年后无论股票现货价格（S）为多少，收益都将为 108 美元。因此，如果能用 100 美元的总成本买入面值为 108 美元的综合性 1 年期纯贴现债券，那么隐含的无风险利率就是 8%。表 11-5 归纳了股票期货套利所涉及的交易。

表 11-5 股票期货套利交易

（单位：美元）

仓位	即期现金流	1 年后的现金流
购买面值为 108 美元的国债	$-108(1+r)$	108
复制投资组合（综合债券）买入 1 股股票	-100	S_1
卖空远期合约	0	$108 - S_1$
总的复制投资组合	-100	108

一般而言，购买股票并卖空远期合约所获取的隐含的无风险利率为：

$$\bar{r} = \frac{F - S}{S} \tag{11-6}$$

11.3.3 远期价格不是对未来现货价格的预测

当股票不支付股利，且风险溢价为正时，很容易证明远期价格不是对将来现货价格的预测。为说明这一点，假设 S&P 股票的风险溢价是每年 7%，无风险利率为 8%，因此，S&P 股票的预期收益率是每年 15%。

如果当前的现货价格为每股 100 美元，预期 1 年后的现货价格为 115 美元。这是因为，在不支付股利的情况下，S&P 股票的预期收益率为 15%，期末的现货价格必然比期初的现货价格高 15%。

$$\text{S\&P 股票的预期收益率} = \frac{\text{期末价格} - \text{期初价格}}{\text{期初价格}}$$

但是，期价-现价平价关系式表明，1 年后交割的 S&P 股票的预期价格一定是 108 美元。购买综合股票（纯贴现债券加上远期多头合约）预期赚取的风险溢价是 7%，与投资者购买股票本身是相同的。

11.3.4 有现金支付的期价-现价平价关系式

在前面,我们假设股票在远期合约期内不支付任何现金股利,推导出了期价-现价平价关系式。现在考虑存在现金股利时应如何修正式11-5的股票期价-现价平价关系式。

假设人们都预期年末每股的现金股利为 D,如果不能确知股利,就不能准确复制出股票的收益,但是可以根据预期股利确定期价-现价关系。复制投资组合如今将包含购入面值为 $F+D$ 的纯贴现债券,并买入远期合约,如表11-6所示。

表11-6 用纯贴现债券和股票期货复制支付股利的股票

(单位:美元)

仓 位	即期现金流	1年后的现金流
购入股票	$-S$	$D+S_1$
复制投资组合(综合股票)		
买入1股股票的期货合约	0	S_1-F
买入面值为 $D+F$ 的纯贴现债券	$\dfrac{-D+F}{(1+r)}$	$D+F$
总的复制投资组合	$\dfrac{-D+F}{(1+r)}$	$D+S_1$

设股票价格等于复制投资组合的成本,得到:

$$S = \frac{D+F}{(1+r)}$$

$$F = S(1+r) - D$$

$$F = S + rS - D \qquad (11-7)$$

当 D 小于 rS 或股票的股利率(D/S)小于无风险利率时,远期价格将大于现货价格。由于不能完全确知 D,套利的力量不完全来自保持期价-现价平价关系式。这种情况称为准套利。

11.3.5 隐含的股利

前面提到对于不支付股利的股票,可以从现货价格与远期价格中推导出隐含的无风险利率。对于支付红利的股票可以推导出隐含的股利。调整式11-7,得到:

$$\overline{D} = S(1+r) - F$$

因此,如果知道 $S=100$ 美元,$r=0.08$,$F=103$ 美元,则预期股利的隐含价值为5美元:

$$\overline{D} = 100 \times 1.08 - 103 = 5(美元)$$

11.4 期权与有要求权的价格

1997年10月14日,瑞典皇家科学院宣布将本年度诺贝尔经济学奖授予美国斯坦福大学教授迈伦·斯科尔斯（Myron Scholes）和哈佛大学教授罗伯特·默顿（Robert Merton），表彰他们在金融衍生商品定价理论方面所作出的杰出贡献。这体现了人们对期权定价研究方面进展的肯定，也充分反映了金融理论对现代经济生活所产生的巨大影响。

11.4.1 期权与期权价值

11.4.1.1 期权的概念和分类

期权（Option）又称选择权，是指赋予期权购买者在规定期限内按双方约定的价格（简称协议价格，即 Striking Price）或执行价格（Exercise Price）购买或出售一定数量的某种金融资产（称为潜在金融资产或标的资产）权利的合同。

按期权购买者的权利划分，期权可分为看涨期权（Call Option）和看跌期权（Put Option）。看涨期权赋予期权购买者购买标的资产的权利，而看跌期权赋予期权购买者出售标的资产的权利。

按期权购买者可以执行期权的时限划分，期权可分为美式期权和欧式期权。美式期权可在期权有效期内任何时候执行，欧式期权只能在到期日执行，在交易所中交易的大多数期权为美式期权。但是，欧式期权比美式期权更容易分析，并且美式期权的一些性质总是可由欧式期权的性质推导出来。因此，人们在分析期权价值时通常先从欧式期权入手，进而推导出美式期权的性质。

需要强调的是，期权赋予其持有者做某件事情的权利，而持有者不一定行使该权利。这一特点使期权不同于远期合约和期货合约，在远期合约和期货合约中持有者有义务购买或出售该标的资产，因此，投资者签订远期合约或期货合约时的成本为0，但投资者购买一张期权合约必须支付期权费，或者称期权的价格。

11.4.1.2 期权的盈亏分布

（1）看涨期权的盈亏分布见图11-1。

对看涨期权多头而言，如果股票价格小于执行价格，此时执行期权会有净亏损，因此此时的期权被称为"虚值期权"（Out of the Money）。从点 x 越向左，虚值的程度越深，期权在到期日有价值的可能性越小。如果股票价格大于执行价格，此时执行期权会减少损失或有净利润，这时的期权才有实际价值，因此被称为"实值期权"（In the Money）。如果当前的股价等于期权执行价，这时的期权被称为"两平期权"（At the Money）。

（2）看跌期权的盈亏分布见图11-2。

11.4.1.3 影响期权价格的主要因素

（1）标的资产的现价和执行价格。由于看涨期权在将来某一时间执行，则其损益为执行时标的资产的价格与执行价格的差额。所以，当标的资产价格上升时，看涨期权的价值上升；当执行价格上升时，看涨期权的价值下降。对于看跌期权来说，其损益为执行价格与执行时标的资产的价格的差额，因此，看跌期权的行为刚好与看涨期权相反。

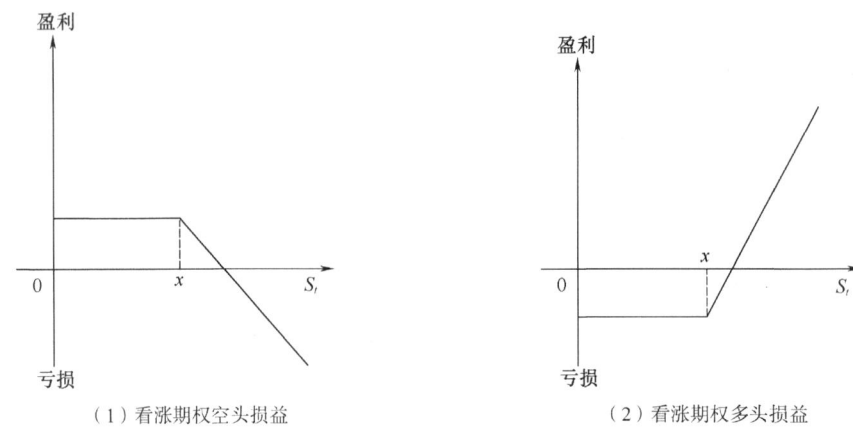

(1)看涨期权空头损益　　　　　　　　(2)看涨期权多头损益

图 11-1　看涨期权的盈亏分布

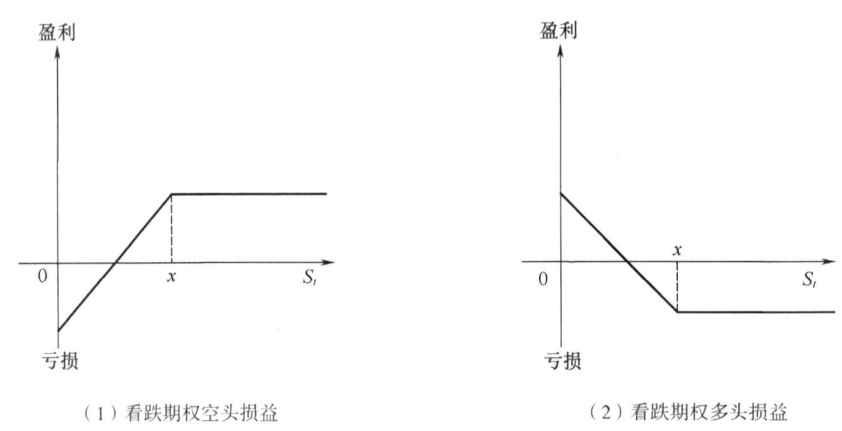

(1)看跌期权空头损益　　　　　　　　(2)看跌期权多头损益

图 11-2　看跌期权的盈亏分布

(2) 期权的期限。当期权的有效期限增加时，美式看跌期权和看涨期权的价值都会增加。考虑其他条件相同，只有到期日不同的两个期权 A 和 B，设 A 的有效期长于 B，则 A 的执行机会不仅包含了 B 的所有执行机会，还包括了 B 的有效期外的执行机会，因此，有效期长的期权的价值总是大于或等于有效期短的期权价值。

由于欧式期权只能在到期日执行合约，期限长的合约不一定比期限短的合约有更多的执行机会，所以，随着有效期限的增加，欧式期权的价值并不一定增加。

通常，期权的期限越长，期权价格越高。按照上面的分析，期权的期限越长，未来股票价格上升的机会越大，期权买方获利的可能性就越大，而期权卖方承担的风险也越大，期权价格作为对期权卖方所承担的风险的补偿也应该相应地向上调整。同时，在其他条件相同的情况下，期权的期限越长，说明持有人在未来要支付的执行价格的现值越小，因此期权的价值相应也会增加。这两个原因决定了期权价格与期权的期限呈正相关关系。

（3）标的资产价格的波动率。标的资产价格的波动率反映了未来标的资产价格变动的不确定性。随着波动率的增加，标的资产价格上升到很高或下降到很低的机会也会增加。看涨期权的持有者从资产价格上升中获利，而当资产价格下跌时，其最大亏损就是期权费。与此类似，看跌期权的持有者从资产价格下跌中获利，而当资产价格上升时，仅是有限的损失。因此，随着波动率的增加，看涨期权和看跌期权的价格升降的可能都会增加。

（4）无风险利率。无风险利率对期权价格的影响不是那么直接。当无风险利率增大时，期权标的资产的预期收益率也会增加；同时，作为贴现率的无风险利率的上升，使期权持有者未来收益的现值减少。这两种效应都会使看跌期权的价值减少。而对于看涨期权来说，第一种效应将使期权的价值增加，第二种效应将使期权的价值减少，究竟期权的价值是增加还是减少，取决于两种效应的比较。通常情况下，前者的影响将起主导作用，即随着无风险利率的增加，看涨期权的价格总是随之增加。

（5）有效期内预计发放的红利。在除息日后，红利将减少标的资产的价格，因此，看涨期权的价值将下降，看跌期权的价值将上升，所以，看涨期权的价值与预期红利的大小呈反向变动，看跌期权的价值与预期红利的大小呈正向变动。

11.4.2　期权与期货的区别

11.4.2.1　买卖双方的权利和义务

在期货交易中，买卖双方具有合约规定的对等的权利和义务。在期权交易中，买方有以合约规定的价格是否买入或卖出期货合约的权利，而卖方则有被动履约的义务。一旦买方提出执行，卖方则必须以履约的方式了结其期权部位。

11.4.2.2　买卖双方的盈亏结构

在期货交易中，随着期货价格的变化，买卖双方都面临着无限的盈亏。在期权交易中，买方潜在盈利是不确定的，但亏损却是有限的，最大风险是确定的；相反，卖方的收益是有限的，潜在的亏损却是不确定的。

11.4.2.3　保证金与权利金

在期货交易中，买卖双方均要缴纳交易保证金，但买卖双方都不必向对方支付费用。在期权交易中，买方支付权利金，但不缴纳保证金。卖方收到权利金，但要缴纳保证金。

11.4.2.4　部位了结的方式

在期货交易中，投资者可以平仓或进行实物交割的方式了结期货交易。在期权交易中，投资者了结其部位的方式包括平仓、执行或到期三种。

11.4.2.5　合约数量

在期货交易中，期货合约只有交割月份的差异，数量固定而有限。在期权交易中，期权合约不但有月份的差异，还有执行价格、看涨期权与看跌期权的差异。不但如此，随着期货价格的波动，还要挂出新的执行价格的期权合约，因此期权合约的数量较多。

期权与期货各具优点与缺点。期权的好处在于风险限制特性，但却需要投资者付出权利金成本，只有在标的物价格的变动弥补权利金后才能获利。但是，期权的出现，无论是在投资机会或是在风险管理方面，都给具有不同需求的投资者提供了更加灵活的选择。

11.4.3 卖出-买入期权的平价关系

表 11-7 和图 11-3 描述了买入股票和卖出期权两个独立成分构成的收益，说明了它们如何组合成股票的保险头寸。该投资组合的最低价值是执行价格 100 美元。表 11-8 和图 11-4 描述了由债券和买入期权两个独立成分构成的收益，说明了它们如何组合成股票的保险头寸。

表 11-7 买入股票和卖出期权的收益结构

（单位：美元）

项目	到期日仓位的价格	
仓位	如果 $S_t < 100$	如果 $S_t > 100$
股票	S_t	S_t
卖出期权	$100 - S_t$	0
股票加卖出期权	100	S_t

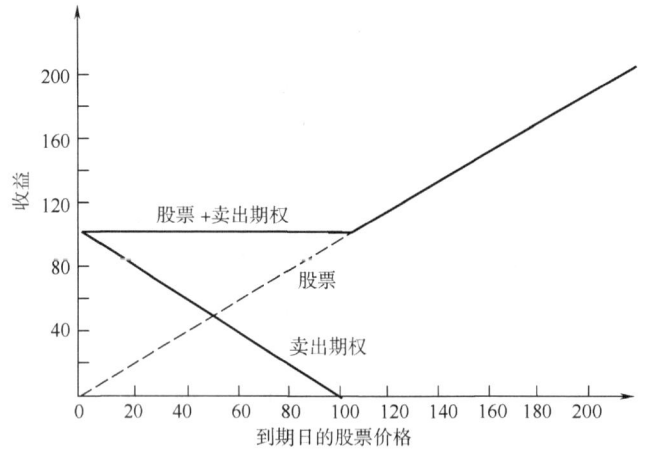

图 11-3 买入股票和卖出期权的收益结构

表 11-8 纯贴现债券加买入期权的收益结构

（单位：美元）

项目	到期日仓位的价格	
仓位	如果 $S_t < 100$	如果 $S_t > 100$
面值为 100 美元的纯贴现债券	100	100
买入期权	0	$S_t - 100$
纯贴现债券加买入期权	100	S_t

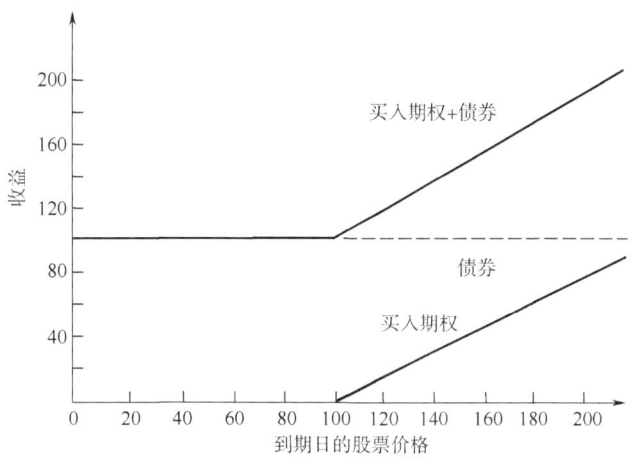

图 11-4 纯贴现债券加买入期权的收益结构

包含股票和执行价格为 E 的卖出期权的投资组合，相当于纯贴现无风险债券（面值为 E）和执行价格为 E 的买入期权的投资组合。根据一价原则，它们的价格应当相同。

式 11-8 表达了这一价格关系：

$$S + P = \frac{E}{(1+r)^t} + C \qquad (11-8)$$

式中，S 为股票价格；P 为卖出期权的价格；E 为执行价格；r 为无风险利率；t 为期权的期限；C 为买入期权的价格。

式 11-8 称为卖出-买入平价关系式，该式除了可依据四种证券中三种证券的价格确定另一种的价格外，还可用作一种"配方"，将其中任意三种证券组合为第四种证券的综合性产品。例如，调整式 11-8 可以发现，买入期权相当于持有股票，借入执行价格的现值（即按面值 E 卖空无风险纯贴现债券），并且卖出期权。

$$C = S - \frac{E}{(1+r)^t} + P \qquad (11-9)$$

式 11-9 使人们能够更深入地认识买入期权的特性。实际上，买入期权的特征可分解为三个部分：①购买股票；②借入部分资金（杠杆效应）；③对下跌风险购买保险（卖出期权）。还可以将式 11-9 看作是一个卖出期权转化为买入期权的公式；反之亦可。

【例 11-3】 假设式 11-9 右式的值为：
$S = 100$ 美元，$E = 100$ 美元，$r = 0.08$，$t = 1$ 年，$P = 10$ 美元
则买入期权的价格 C 将为 17.41 美元，计算公式为：

$$C = 100 - 100/1.08 + 10 = 17.41 \text{（美元）}$$

进一步分析，假设 C 为 18 美元，并且不存在套利障碍，则买入期权的价格过高。套利者卖出买权，并用复制投资策略同样购入一份买权，这样就可以获得套利收益，换言之就是贱买贵卖。持有股票头寸的净支出为 7.41 美元，对价格下跌风险进行保险

（卖出期权）的成本是 10 美元，因而买入期权的综合总成本为 17.41 美元。套利者可以 18 美元的价格卖出买权，而买权价格与综合买权成本 17.41 美元之间的差额 0.59 美元将留作自己的收益。表 11-9 列示了有关的交易。

表 11-9 卖出-买入期权套利

（单位：美元）

项 目	即期美元现金流	到期日的现金流	
		如果 $S_t < 100$	如果 $S_t > 100$
仓位			
卖出一份买入期权	18	0	$S_t - 100$
购买复制投资组合（综合买权）			
买入 1 股股票	-100	S_t	S_t
借入 100 美元现值	92.59	-100	-100
购买卖出期权	-10	$100 - S_t$	0
净现金流	0.59	0	0

重新调整式 11-9 的各个项目，可以对卖出期权、买入期权、股票和债券之间的自然关系得到一些更深入的认识：

$$C - P = S - \frac{E}{(1+r)^t} \quad (11-10)$$

在这一形式下卖出-买入平价关系式有三方面含义。

（1）如果股票价格等于期权执行价格的现值，则买入期权的价格等于卖出期权的价格。

（2）如果股票价格高于期权执行价格的现值，则买入期权的价格高于卖出期权的价格。

（3）如果股票价格低于期权执行价格的现值，则卖出期权的价格高于买入期权的价格。

11.4.4 期权定价关系式

11.4.4.1 布莱克-斯科尔斯的期权定价模型

布莱克-斯科尔斯模型有如下几项基本假定：

（1）不存在交易成本和税收，交易信息可以立即无成本地获得；

（2）只考虑欧式期权；

（3）股权与股票是高度可分的；

（4）短期利率已知，并且在整个期权合同期内保持不变；

（5）不存在流动性限制，投资者可以市场利率进行任何数量的借与贷；

（6）不考虑股息或红利；

（7）交易是连续进行的，因而股票价格连续变化，并且以随机游走的方式表现出来；

（8）股票的瞬时收益率服从正态分布；

（9）股票收益的方差在整个期权合同期内为常数且众所周知；

（10）在签订期权合同或卖出股票时，市场是完善的。

布莱克-斯科尔斯期权定价模型的公式为：

$$C = N(d_1)S - N(d_2)Ee^{-rt} \quad (11-11)$$

$$d_1 = \frac{\ln(S/E) + (r + \sigma^2/2)t}{\sigma\sqrt{t}}$$

$$d_2 = d_1 - \sigma\sqrt{t} \quad (11-12)$$

式中，C 为买入期权的价格；$N(d)$ 为概率算子，是正态函数在自变量为 d 时的累积和；S 为股票的当前价格；E 为期权的执行价格（协定价格）；e 为自然对数函数的基数（2.718 28）r 为无风险利率；t 为离到期日的年限数；σ 为股票收益率的标准差，该收益率指的是连续复利的年收益率。

用卖出-买入平价关系 $P = C - S + Ee^{-rt}$ 替换 C，可以推导出卖出期权的价格公式。卖出期权价格的最终公式为：

$$P = (N(d_1) - 1)S + (1 - N(d_2))Ee^{-rt}$$

11.4.4.2 布莱克-斯科尔斯模型的修正

布莱克-斯科尔斯期权定价模型的公式是在一系列假定的基础上推导出来的，但是在实践中，这些假定未必都能满足。例如，从理论上说，要保持无风险对冲应该根据股票价格和时间的变化随时调整对冲率，但是由于交易成本的存在，在实际运作中不可能连续调整。通常，交易者都是一两个星期才调整一次对冲率。另外，即使投资者愿意调整，委托商也不可能马上执行，而这些因素都会对期权的价格产生影响。

严格的假定会限制公式的使用范围，影响公式与实际情况的相符程度。为了提高公式的适用性，以默顿为代表的经济学家对布莱克-斯科尔斯模型进行了修正和推广。这些修正主要包括四个方面。

（1）考虑股息或红利对期权价格的影响；

（2）假定无风险利率是随机变化而非固定的；

（3）股票价格可跳跃而非连续变动；

（4）通过加入一些其他参数，可以使布莱克-斯科尔斯模型变得更精确，如加入期权价格关于股票价格的二阶导数、期权价格关于期限的一阶导数和期权价格对利率的一阶导数等。

11.4.4.3 默顿的期权定价公式

在推导公式时，布莱克-斯科尔斯假设在期权存续期内不支付股利。默顿推广了该模型，使之包含一个稳定的连续股利率 d。股利调整后的期权定价公式为：

$$C = N(d_1)Se^{-rt} - N(d_2)Ee^{-rt}$$

$$d_1 = \frac{\ln(S/E) + (r - d + \sigma^2/2)t}{\sigma\sqrt{t}}$$

$$d_2 = d_1 - \sigma\sqrt{t} \tag{11-13}$$

需要注意的是，期权定价公式中并没有清楚地表现出股票的预期收益率。其效应反映在股票价格上：关于未来股票价格预期或者股票的必要预期收益的任何变化都将导致股票价格变动，因而买入期权的价格也发生变动。但是，给定任一股票价格，不必知道股票的预期收益就可以推导出期权的价格。依据当前观察到的股票价格，分析者对股票的预期收益会持有异议，而对期权正确价格的意见则是一致的。

11.5 公司负债与资本的或有要求权分析

或有要求权分析（CCA）是将期权定价中的复制法应用于其他证券的估值。本节着重说明当已知公司的总价值时，如何对公司的负债及资本进行估值。

【例 11-4】有一家从事房地产业的公司甲。公司发行了两种证券：普通股（100万股）和总面值为 8 000 万美元的零息债券（8 万份债券，每份面值为 1 000 美元）。甲的债券于 1 年后到期。如果知道甲的总市值为 1 亿美元，其股票与债券各自的市场价格为多少？

设：V 为当前甲资产的市场价格（1 亿美元）；D 为当前甲负债的市场价格；E 为当前甲资本的市场价格。

已知甲公司资本与负债的总市值为 1 亿美元：

$$V = D + E = 1（亿美元）$$

求解 D 与 E 各自的值。

考虑 1 年后股票到期时甲证券持有者可能的收益，其收益可用图 11-5 和图 11-6 表示。如果公司资产的价值超过了其负债的面值（即如果 $V_1 > 8\ 000$ 万美元），股东将获得两者的差价（即 $V_1 - 8\ 000$ 万美元）。如果资产价值跌至 8 000 万美元以下，公司将对债券违约，股东将一无所获，债券持有者将获得公司的全部资产。

图 11-5 表明，公司价值低于 8 000 万美元时，债券持有者获得公司的全部资产；公司价值高于 8 000 万美元时，债券持有者获得 8 000 万美元。

图 11-6 表明，公司价值低于 8 000 万美元时，股票持有者一无所获；公司价值高于 8 000 万美元时，债券持有者获得公司价值减去 8 000 万美元的部分。

需要注意的是，甲资本的收益与以公司本身为基础资产的买入期权的收益是相同的，该期权的执行价格为债券的面值。因此，只要变换一下符号，就可以运用式 11-13。结果为公司资本价值的公式：

$$E = N(d_1)V - N(d_2)S \cdot e^{-rt}$$

$$d_1 = \frac{\ln(V/B) + (r + \sigma^2/2)t}{\sigma\sqrt{t}}$$

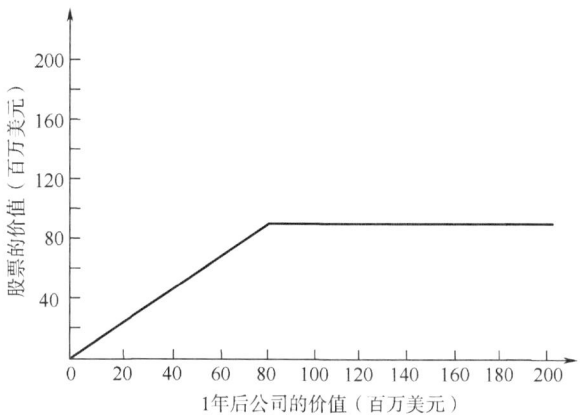

图 11-5 甲债券的收益

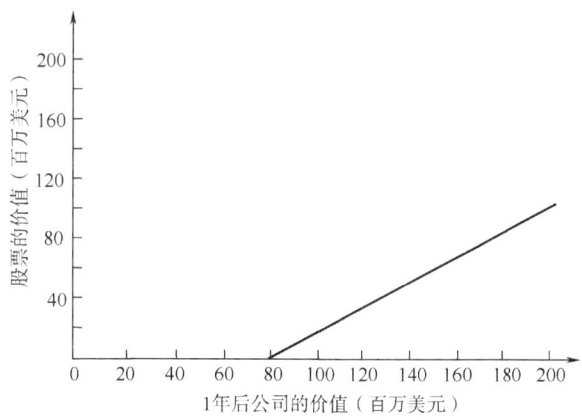

图 11-6 甲股票的收益

$$d_2 = d_1 - \sigma\sqrt{t} \qquad (11-14)$$

式中，E 为公司资本的价值；$N(d)$ 为标准正态分布中小于 d 的随机变量的概率分布；V 为公司的价值；S 为纯贴现债券的面值；e 为自然对数函数的基数（2.718 28）；ln 为自然对数；r 为无风险利率；t 为按年计算的债务到期时间；σ 为公司资产的连续复利年收益率的标准差。

根据定义，债券价值 D 等于 $V-E$。因此，债券所承诺的年复利利率 R 为：

$$R = \frac{\ln(B/D)}{t}$$

本章小结

本章的第一部分主要介绍了远期合约和期货合约的有关概念以及它们之间的区别；

第二部分运用期价－现价平价关系式来确定商品期货和金融期货的价格；第三部分主要介绍了期权的有关概念，并且通过运用卖出－买入期权的平价关系来确定期权的价格，并介绍了两种主要的期权定价关系式。最后一部分论述了或有要求权分析，它将期权定价中的复制法应用于其他证券的估值。

思考与练习题

1. 如果某人持有小麦期货的多头，并且期货价格不是下跌而是上涨了 $6\frac{1}{3}$ 美分每蒲式耳，他的期货交易账户会发生什么变化？

2. 一个玉米批发商，观察到现货价格为每蒲式耳 3 美元，1 个月后交割的期货价格是 3.10 美元。如果他持有玉米的成本为每蒲式耳每月 0.15 美元，他应当怎样做？

3. 在什么情况下，远期价格不能比当前的现货价格提供更多的关于预期将来现货价格的信息？

4. 如何区分远期合约和期货合约？为什么期货合约更为常见？在什么情况下更适合运用远期合约而非期货合约？为什么？

5. 期货的持有成本是什么？

6. 假设 $r=0.04$，$S=600$ 美元，$s=0.02$。黄金的价格为多少？说明如果不是该值时存在的套利机会。

7. 假设黄金现货价格为每盎司 300 美元，1 年远期价格为 336 美元。黄金的隐含持有成本是多少？若无风险利率为每年 8%，隐含储存成本是多少？

8. 假设 S&P 股票的现货价格为 100 美元，1 年远期价格为 106 美元。隐含的无风险利率是多少？如果实际的无风险利率每年为 7%，说明存在的套利机会。

9. 假设 S&P 股票的风险溢价是每年 6% 而不是 7%，若无风险利率仍为每年 8%，这对预期将来的现货价格有何影响？对远期价格有何影响？

10. 比较黄金与股票的期价－现价平价关系式。股票的持有成本是什么？

11. 在资产既无持有成本也无便利收益时，其远期合约价格（F）等于当前资产的现货价格乘以 $(1+r)$，其中的 r 为合同起始日和资产交割日之间的利率。通过比较以下两种策略产生的现金流，将这一关系式进行进一步的推导。

策略一：当日在现货市场中购入白银并将其持有 1 年（提示：不要使用自己的钱购买白银）。

策略二：买入白银的远期合约，1 年后交割。假设白银是一项资产，既无持有成本也无便利收益。

12. 某人签订了 1 年以后购买 10 年期零息债券的远期合约。债券的面值为 1 000 美元，1 年期及 11 年期即期利率分别为 5% 和 9%。远期合约的价格是多少？假设 1 年期及 11 年期即期利率意外地下调了 2 个百分点，该远期合约的新价格是多少？

13. 假设市场上有煤炭的看涨期权及远期合约，但没有看跌期权。如何利用现有的合同合成一个看跌期权？

 案例分析

金融衍生工具在公司金融中的应用——以平安银行为例

我国目前金融衍生品的现状是：产品种类较少，投机套利成风。例如，我国大宗商品衍生产品种类稀少，使得企业资金集中在某些产品上，导致资本市场易出现巨大波动。企业利用衍生金融工具不仅要实现企业的增值保值，还要通过衍生金融工具实现国际交易。在我国资本市场相对封闭的环境下，国际交易的渠道不畅，很难达到以上目标。作为新兴行业，缺乏专业人才也是阻碍发展的重要原因。

请根据平安银行的财务数据，从其运用的金融衍生工具种类、头寸数量、收益情况等方面，分析我国金融衍生工具在企业财务管理中的应用现状，并就如何应用衍生金融工具提升公司的财务管理效率提出建议。

第五篇

风险与收益

12 风险、收益与组合理论

学习要点
1. 期望收益率与标准差的计算和使用
2. 证券投资组合的收益与风险

每个人在决定价值和进行投资选择时都必须考虑风险。实际上，证券定价和对风险与收益平衡的理解组成了股东财富最大化的基础。在本章中，我们将论述的重点放在单个投资者投资普通股的风险和收益上，论述的结果可以扩展用于其他资产和其他种类的投资者。首先我们应该了解什么是风险以及如何衡量风险。

12.1 风险与收益

12.1.1 风险与收益的概念

12.1.1.1 风险

风险（Risk）是指证券预期收益的不确定性。先举例说明，假设投资者购买了收益率为8%的一年期国库券，如果投资者持有该国库券满1年，那么这一投资就会实现8%的收益率。现在若换成购买任意一家公司的普通股并持有1年，则预期的现金股利可能会如期实现，也有可能不能实现。若把风险定义为预期收益的不确定性，则国库券是无风险的证券，而普通股是有风险的证券。证券的不确定性越大，其风险也越高。

12.1.1.2 收益

收益（Return）是指一项投资的收入加上市价的任何变化，它经常以占投资的初始市价的一定百分比来表示。在一定期间（如1年）进行一项投资的收益率，就是基于所有权而收到的现金支付加上市价的变化，再除以初始价格。如投资者购买100美元的证券，该证券向投资者支付7美元现金，1年后价值106美元。这样，该证券的收益率将是 $(7+6)/100 = 13\%$。可见，证券的收益有两个来源：收入加上任何涨价收益（或跌价损失）。对于普通股，可以把一期的收益率定义为：

$$R = \frac{D_t + (P_t - P_{t-1})}{P_{t-1}} \tag{12-1}$$

式中，R 为实际的（预期的）收益率；t 为过去（未来）特定的时间段；D_t 为第 t 期期末的现金股利；P_t 为第 t 期的股价；P_{t-1} 为第 $t-1$ 期的股价；$P_t - P_{t-1}$ 为该期间的资本利得。

需要注意的是,这个公式既可以用于确定实际的每一期收益率(在历史数据的基础上计算),也可以用于确定预期的每一期收益率(在未来的预期股利和价格基础上计算)。

12.1.2 期望收益率与标准差

除无风险证券外,其他所有证券的期望收益率都可能不同于实际获得的收益率。对于有风险的证券,实际收益率可以看成是一个有概率分布的随机变量。概率分布(Probability Distribution)是一系列可能的价值量,这些价值量可以被假定为一个随机变量。概率分布可以用两个标准衡量,即期望收益率和标准差。

期望收益率(Expected Return)是在以收益发生的可能性为权数时的加权平均数;标准差(Standard Deviation)是反映变量的分布偏离其均值的程度的统计方法,是方差的平方根。

期望收益率 $\overline{R}$ 为:

$$\overline{R} = \sum_{i=1}^{n} R_i P_i \qquad (12-2)$$

式中,R_i 为第 i 种可能的收益率;P_i 为收益率发生的概率;n 为可能性的数目。可以看出,期望收益率是所有可能收益率的加权平均数,权数是可能收益率的发生概率。

为了完整地描述收益率分布的两个方面,需要对期望收益率的分散度或偏离度进行衡量。偏离度的一般衡量标准是标准差。收益率的标准差越大,则收益率分散度越大,投资风险也越大。

标准差 σ 在数学上可以表示为:

$$\sigma = \sqrt{\sum_{i=1}^{n} (R_i - \overline{R})^2 P_i} \qquad (12-3)$$

【例 12-1】假设一投资者预期投资某普通股一年的收益如表 12-1 的前两列所示,它代表一年投资期望收益率的概率分布。计算该股票的期望收益率,该期望的概率分布的方差和该分布的标准差。

根据表 12-1 可知,期望收益率 $\overline{R} = 9\%$;分布的方差 $\sigma^2 = 0.00703$;标准差 $\sigma = 0.0838$。

表 12-1 用可能的一年期收益率的概率分布计算期望收益率和收益率标准差

可能的收益率(R_i)	概率(P_i)	计算期望收益率($\overline{R}$)	计算方差(σ^2)
-0.10	0.05	-0.005	$(-0.10-0.09)^2 0.05$
-0.02	0.10	-0.002	$(-0.02-0.09)^2 0.10$
0.04	0.20	0.008	$(0.04-0.09)^2 0.20$
0.09	0.30	0.027	$(0.09-0.09)^2 0.30$

续表

可能的收益率(R_i)	概率(P_i)	计算期望收益率($\bar{R}$)	计算方差(σ^2)
0.14	0.20	0.028	$(-0.10-0.09)^2 0.05$
0.20	0.10	0.020	$(-0.10-0.09)^2 0.05$
0.28	0.05	0.014	$(-0.10-0.09)^2 0.05$
	$\Sigma=1.00$	$\Sigma=0.090=\bar{R}$	$\Sigma=0.00703=\sigma^2$

标准差 $=\sqrt{0.00703}=0.0838=\sigma$

12.1.3 标准差的使用

以上论述的是离散（非连续）型概率分布，即随机变量，如收益率在一个时点只取特定的值。在这里，若是为了确定具体某一收益率的发生概率，就不必计算概率分布的标准差；如为确定上例中小于 0 的实际收益率发生的概率，由表 12-1 的第 1、2 行，可见其发生的概率是 15%（0.05+0.10）。连续型概率分布的随机变量在一个时点可取任何值。对于连续分布的变量，在计算它发生的概率时，程序要稍微复杂一些。但是，对于普通股的收益率，把它假设为连续型概率分布更切合实际。这是因为，普通股的可能收益从大的损失到大的收入之间的任何数字都是可能的。

假定收益率的概率分布是正态（连续）分布。正态分布的密度函数是对称的，并呈钟形，实际收益率有 68% 的概率落入期望收益率（左或右）的一个标准差的范围内；有 95% 的概率落入期望收益率（左或右）的两个标准差的范围内；有超过 99% 的概率落入期望收益率（左或右）的三个标准差的范围。通过实际收益率偏离期望收益率几个标准差的形式，可以决定实际收益率大于或小于某一特定数字的概率。

【例 12-2】结合上例，假定收益率的概率分布近似于正态分布，期望收益率等于 9%，标准差等于 8.38%。计算未来收益率小于 0 的概率。

先确定从 0% 到期望收益率 9% 有多少个标准差。按式 12-1 计算，结果是 -1.07 个标准差（-0.09/0.0838，负数表明考察的是期望收益率的左边）。一般而言，其计算公式为：

$$Z=\frac{R-\bar{R}}{\sigma}=\frac{0-0.09}{0.0838}=-1.07 \qquad (12-4)$$

式中，Z 为 R 偏离期望收益率几个标准差；R 为未来可能收益率。根据正态分布表可知，未来收益率小于 0 的概率是 14.23%。

如上所述，收益率分布的标准差是衡量风险较好的方法。它可以作为衡量收益率变动的绝对标准，即标准差越大，实际收益率的不确定性越大；此外，它还可以用于确定实际结果大于还是小于一特定数值的可能性。

12.1.4 方差系数

方差系数（Coefficient of Variance，CV）为概率分布的标准差与期望值的比率，是相对风险的衡量标准。若投资项目的规模不同，则在比较它们的风险或不确定性时，用标准差作为风险的衡量标准可能会引起误解。考虑两种投资机会 A 和 B，它们的一年期收益率的正态分布的特点如表 12-2 所示。

表 12-2 投资机会 A 和 B 收益率的正态分布

项　　目	投资机会 A	投资机会 B
期望收益率（$\bar{R}$）	0.08	0.24
标准差（σ）	0.06	0.08
方差系数（CV）	0.75	0.33

我们能否得出这样的结论：因为 B 的标准差大于 A 的标准差，所以 B 的风险大于 A 的风险。若以标准差作为风险的衡量标准，则肯定会得出 B 风险更大的结论。然而，考虑期望收益率的大小后可以发现，投资机会 A 的变动性更大。因此，为了调节投资的规模或范围，可以用收益率的标准差除以期望收益率，从而得到方差系数：

$$方差系数(CV) = \sigma/\bar{R} \qquad (12-5)$$

因此，方差系数是相对偏离（相对风险）的衡量标准——每单位期望收益率。方差系数越大，投资的相对风险也就越大。若以方差系数作为衡量风险的标准，则投资机会 A 的风险大于投资机会 B 的风险，因为 A 的方差系数是 0.75，而 B 的方差系数仅为 0.33。

12.2 证券投资组合的收益与风险

前面我们把论述的重点放在了处于分离状态的单项投资的收益之上。但实际上，投资者很少把所有的财富都投入一种资产或单个投资项目中，而是构建一个投资组合或投资于一系列项目。

12.2.1 投资组合的收益

投资组合（Portfolio）是两种或两种以上的证券或资产的组合。投资组合的期望收益率就是组成投资组合的各种证券的期望收益率平均数，权数是投资于各种证券的资金占总投资额的比例（权数之和须等于100%）。投资组合的期望收益率 $\bar{R}_p$ 的一般计算公式为：

$$\bar{R}_p = \sum_{j=1}^{m} W_j \bar{R}_j \qquad (12-6)$$

式中，m 为投资组合中不同证券的总数；W 为投资于 j 证券的资金占总投资额的比例或权数；$\overline{R}_j$ 为证券 j 的期望收益率。

两种证券的期望收益率和标准差如表 12-3 所示。

表 12-3 两种证券的期望收益率和标准差

项 目	证券 A	证券 B
期望收益率（$\overline{R}_j$,%）	14	11.5
标准差（σ^2）	10.7	1.5

如果投资于两种证券的货币额是相等的，那么这个组合期望收益率的计算公式为：
$$0.5 \times 14.0\% + 0.5 \times 11.5\% = 12.75\%$$

12.2.2 投资组合的风险和方差的重要性

投资组合的期望收益率等于组合中单个证券期望收益率的加权平均数。而投资组合的标准差的计算并不这样直接，它不是简单地把组合中单个证券的标准差进行加权平均而得到的。若只是将证券的标准差进行加权平均，则会忽略证券收益的相互关系，即协方差，但是这个协方差不会影响组合的期望收益率。

协方差（Covariance）是衡量两个变量一起变动程度的统计量。正的协方差表明，平均而言，两个变量是朝同一方向变动的；负的协方差表明，平均而言，两个变量是朝相反方向变动的；协方差为 0，表明两个变量不是一起变动的，两个变量的变动方向既不一致也不相反。证券收益率间的协方差使有关投资组合标准差的计算复杂化。尽管如此，证券的协方差使得在不减少潜在收益的同时降低风险成为可能。

投资组合标准差的计算很复杂。对于大多数的投资组合而言，标准差主要是证券间协方差的加权平均。权数是投资于每种证券的资金比例，而用以加权的协方差是由组合中所有的任意两种证券的收益率之间的协方差组成的。

通过了解投资组合标准差的决定因素可知：投资组合是否有风险，更多地取决于组合中任意两种证券的协方差，而不取决于组合中单个证券的风险（标准差）。这意味着只要证券的变动方向是不一致的，单个有高风险的证券就能组成一个只有中低风险的投资组合。简言之，若协方差小，则投资组合的风险也低。

12.3 投资分散化、系统性风险与非系统性风险

12.3.1 投资分散化

分散化的概念可以从日常生活中窥见一斑——"不要把所有的鸡蛋放在一个篮子里"，它鼓励人们分散资产。若把这个概念运用于投资，其含义是要在许多资产或投资项目间分散风险。不过，这一概念虽然指出了分散风险的方向，但只是很原始的想法。这似乎意味着，把 1 万美元投资于 10 种不同的证券，比把相同的资金投资于 5 种不同

的证券更能分散风险。但问题在于，这种原始的风险分散的方法忽视了证券收益之间的协方差（或相互关系）。投资组合中包含的 10 种证券可能是来自同一行业的 10 只股票，倘若如此，则它们的收益就有很强的相关关系；另一个投资组合虽由 5 只股票组成，但它们来自不同的行业，则其投资收益的相关性也就较低。

有意义的证券组合方法会降低风险。在某一期间内，证券 A 的收益随着较大的经济变动而呈周期性变动，证券 B 的收益则略呈反周期性变动。因此，这两种证券的收益是负相关关系，若向两种证券投资相等的金额，将降低投资组合收益的离散度。这是因为某些单个证券收益的变动性被相互抵消了。实际上，只要证券间不是正相关关系，组合起来就可以降低风险。

此外，投资于世界金融市场也比投资于单个国家的证券市场更容易分散风险。这是因为不同国家的经济周期是不同的，一个国家的经济衰退可能被另一个国家的经济繁荣所抵消。

12.3.2 系统性风险与非系统性风险

系统性风险（Systematic Risk）是市场收益率整体变化所引起的股票或投资组合的收益率的变动性。非系统性风险（Unsystematic Risk）是不能由一般的市场变动来解释的股票和投资组合变动，它可以通过分散投资而避免。

前面论述过，彼此没有正相关关系的几种证券组合起来后，会有助于降低投资组合的风险。但是，投资组合并不能消除所有的风险。在选择一种股票时，投资组合的风险等于该股票的标准差。随着投资组合中任意选择的股票数目的增加，投资组合的总风险降低了，但是投资组合的总风险降低的速率是递减的。投资组合的总风险由两部分组成：

第一种风险——系统性风险，它是由那些影响整个市场的风险因素所引起的，这些因素包括国家经济的变动、税收改革或世界能源状况的改变等。这一部分风险是影响所有证券的风险，因此不能被分散。换句话说，即使一个投资者持有很好的分散化的投资组合也要承受这一部分风险。

第二种风险——非系统性风险，它是一种特定公司或行业所特有的风险，它与经济、政治和其他影响所有证券的系统因素无关。例如，一次大的罢工可能只影响一家公司；一个新的竞争者可能开始生产同样的产品；一次技术突破使一种现有产品消亡。对大多数股票而言，非系统性风险占总风险或总标准差的 50% 左右。但是，通过分散投资，非系统性风险能够被降低，而且，如果分散是充分有效的，这种风险还能被完全消除。因此，投资者所持有的股票的全部风险并不都与投资者相关，因为股票的非系统性风险是可以分散消除的。正因如此，重要的是不可避免的风险或系统性风险，投资者期望得到补偿的风险也是这种系统性风险，而不能期望市场对可避免风险有任何超额补偿。

本章小结

本章阐述了风险与收益的想念、计算方法及应用，证券投资组合的风险与收益，投资分散化与系统性风险和非系统性风险。

思考与练习题

1. 股票的预期报酬率是什么？它是怎样衡量的？

2. 通过观察发现，在较长的时期股票投资会优于债券投资。但是，长期投资者完全投资于债券的现象却一点也不少见。请解释这一现象。

3. 从理论上说，一个资产组合的标准差可以降到什么程度？在实践中，一个资产组合的标准差是否可以降到这一程度？

4. 一般来说，为什么有些风险是可以分散的，有些风险是不可分散的？能由此断定投资者可以控制的是投资组合的非系统性风险水平，而不是系统性风险水平吗？

5. 如果一个组合对每种资产都进行投资，组合的期望收益可能比组合中每种资产的收益都高吗？可能比组合中每种资产的收益都低吗？如果对这一个或者两个问题的回答是肯定的，请举例说明其原因。

6. 简要解释为什么一种证券与多元化组合中其他证券的协方差比该证券的方差更适合度量证券的风险？

7. 一个组合投资于股票甲20%，股票乙70%，股票丙10%。这些股票的期望收益率分别为8%、15%和24%。该组合的收益率是多少？

13　资本–资产定价模型

学习要点

1. 资本–资产定价模型及其应用
2. 贝塔系数与证券市场线
3. 套利定价模型

资本–资产定价模型（CAPM）是 20 世纪 60 年代由诺贝尔经济学奖获得者威廉·夏普（William Sharpe）创立的。在厌恶风险的投资者行为中，隐含着一种均衡关系，即每一证券的风险和期望收益之间的均衡关系。在市场均衡时，一种证券被假定能够提供与系统性风险（不能通过分散投资而避免的风险）相称的期望收益率。证券的系统性风险越大，投资者期望从该证券中获得的收益率也越大。期望收益率和系统性风险的关系以及证券的定价是资本–资产定价模型的精髓。

13.1　资本–资产定价模型概述

资本–资产定价模型（Capital–Asset Pricing Model，CAPM）是一种描述风险与期望收益率（也称预期报酬率）之间关系的模型。在这一模型中，某种证券的期望收益率就是无风险收益率加上这种证券的系统性风险溢价。

资本–资产定价模型有两个假定。首先，它假定资本市场是有效率的。在该市场上，投资者获得的信息全面，交易成本很低，投资的限制很少，没有一个投资者能够影响股票的市场价格。其次，它假定所有的投资者对单个证券的走势都有相同的看法，并且他们的预期都是建立在一个共同的持有期（如 1 年）之上的。

我们可以考虑两种投资机会。第一种是投资于无风险证券，其持有期内的收益率是确定的，所以用中短期国库券的利率代替无风险收益率；第二种是投资于普通股股票的市场组合（Market Portfolio）。它由所有流通的普通股股票组成，权数则由各股票流通在外的市价占所有流通股票的总市价的比例决定。因为市场组合难以操作，所以大部分人用标准普尔 500 股票价格指数代替市场组合。这种市场价值为权数加权而成，有广泛的代表性，因此该指数反映了 500 只普通股股票的市场走势。标准普尔 500 股票价格指数（Standard & Poor's 500 Stock Price Index，S&P 500 Index）是由从广泛的行业群中选择出的最重要的 500 只普通股组成、以市场价值为权数加权后的指数，度量的是市场整体走势。

13.2 贝塔系数与证券市场线

13.2.1 特征线与贝塔系数

13.2.1.1 特征线

特征线（Characteristic Line）是描述单个证券的收益率和市场组合的收益率之间相互关系的一条直线，该直线的斜率等于贝塔值。现在对单只股票（以下简称个股）的期望收益率和市场期望收益率进行比较。在比较时，只有比较超过无风险收益率的那部分收益率是有用的。这部分超额收益率是风险性资产之间差异形成的基本标志。超额收益率等于期望收益率减去无风险收益率。图 13-1 是一个个股的超额收益率与市场组合的超额收益率进行比较的例子。图中的斜线就是证券的特征线，它描述了个股的超额收益率与市场组合的超额收益率的预期关系。二者间的预期关系可能是以经验数据为基础的，若是如此，个股实际的超额收益率和市场组合实际的超额收益率就能反映在图上，其回归线就是二者历史关系的最好描述。这种情形可见于图中的散点，每一个散点都代表着在给定的月份（总共 60 个月）内个股的超额收益率和标准普尔 500 股票价格指数的超额收益率。每月收益率的计算公式为：

$$每月收益率 = \frac{已付股利 + （期末价格 - 期初价格）}{期初价格}$$

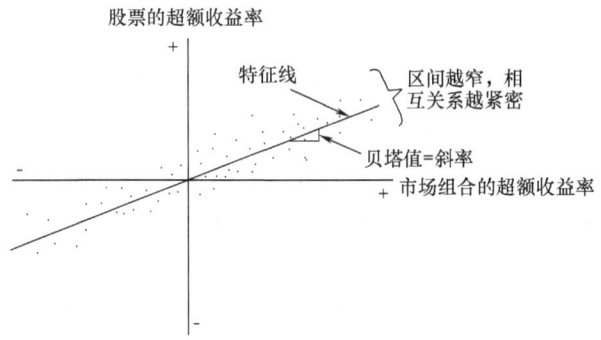

图 13-1　个股超额收益率与市场组合超额收益率的关系

13.2.1.2 贝塔系数

贝塔系数（Beta）是一种系统性风险指数，用于衡量单只股票收益率的变动对市场组合收益率变动的敏感性。市场组合的贝塔值是组合中各只股票贝塔值的加权平均数，图 13-1 显示了这个最重要的量度——贝塔系数。

贝塔值等于特征线的斜率，即个股超额收益率的变化与市场组合超额收益率的变化之比。若特征线的斜率是 1.0，则意味着个股超额收益率与市场组合超额收益率等比例变化。换言之，该股票与整个市场有同样的系统性风险。若市价上扬，每月提供的超额收益率是5%，则可以预期：平均而言，个股的超额收益率是5%。若特征线的斜率大于1.0，则意味着个股超额收益率的变动大于市场组合超额收益率的变动。从另一个角度考虑，这意味着个股不可避免的风险要大于市场整体不可避免的风险；对这种股票的投资是一种进攻性投资。若特征线的斜率小于1.0，则个股超额收益率的变动小于市场组合超额收益率的变动，这种股票的投资被称为防御性投资。上述三种情况的列示见图13-2。

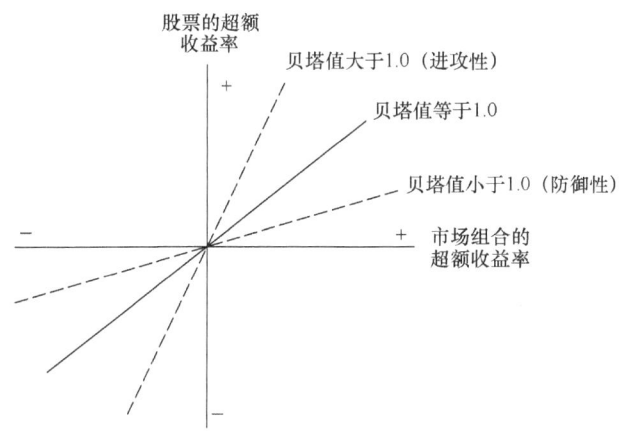

图13-2 不同贝塔值特征线列示

股票特征线的斜率越大，用贝塔值描述的系统性风险也越大。这意味着，在市场超额收益率朝上或往下变动时，个股的超额收益率以更大还是以更小的幅度变化取决于贝塔值。按定义，在市场组合的贝塔是1.0时，该贝塔值就是相对于市场组合而言的个股的系统性风险，或不可避免风险。这种风险不能靠投资于更多的股票被分散，因为它是由影响所有股票的经济和政治环境变化而产生的。

投资组合中的贝塔值是组合中各只股票贝塔的加权平均数，权数是组合中各只股票市场价值占组合总市场价值的比例。所以，个股的贝塔值代表个股对高度分散的股票组合的风险的贡献。

13.2.2 预期收益率与证券市场线

13.2.2.1 预期收益率

若假定金融市场是充分有效的，投资者作为一个整体是充分分散的，则非系统性风险是微不足道的。个股主要的风险是系统性风险，个股的贝塔越大，它的系统性风险就越大，预期收益率也就越大。若进一步假定非系统性风险已经被分散，则股票预期收益率的计算公式为：

$$\overline{R}_j = R_f + (\overline{R}_m - R_f)\beta_j \tag{13-1}$$

式中，R_f为无风险收益率；$\overline{R}_m$为市场组合的期望收益率；β_j为j股票的贝塔系数。

投资者对个股的预期收益率是市场对无风险要求的收益率加上风险溢价，而风险溢价是两个因素的函数：①预期的市场收益率减去无风险收益率，这是市场上代表性股票要求的风险溢价；②贝塔系数。

【例 13 - 1】 假定国库券的期望收益率是 8%，市场组合的期望收益率是 13%，A 公司的贝塔系数是 1.3。该贝塔系数表明，A 公司股票比代表性股票（即贝塔系数为 1.0 的股票）有更大的系统风险。根据式 13 - 1，A 公司股票的预期收益率为：

$$\overline{R}_j = 0.08 + (0.13 - 0.08) \times 1.3 = 14.5\%$$

此结果表明，平均而言，市场预期 A 公司会有 14.5% 的年收益率。由于 A 公司有更大的系统性风险，因此它的收益率要高于市场上代表性股票的期望收益率。该代表性股票的期望收益率为：

$$\overline{R}_j = 0.08 + (0.13 - 0.08) \times 1.0 = 13\%$$

13.2.2.2 证券市场线

证券市场线（Security Market Line，SML）是一条描述单个证券（或股票组合）的期望收益率与系统风险之间的线性关系的直线，它和贝塔是同样的量度。图 13 - 3 显示出单个证券的预期收益率与系统性风险之间的相互关系，这与贝塔系数所度量的关系是一样的，这种线性关系就是证券市场线。图中纵轴表示 1 年期的期望收益率，横轴表示系统性风险指数贝塔。在风险为 0 时，证券市场线与纵轴相交，交点处的期望收益率等于无风险收益率，表示即使在风险为 0 时，投资者仍期望就货币的时间价值得到补偿。随着风险的增加，投资者要求的收益率也在增加。

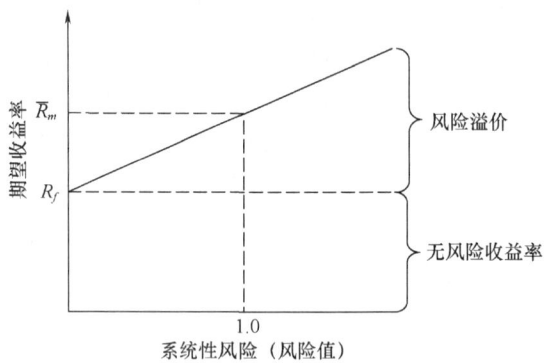

图 13 - 3 证券市场线（SML）

13.3 资本 - 资产定价模型的应用

13.3.1 资本 - 资产定价模型所需信息的获得

若投资者认为过去可以很好地代表未来，他就可以用个股的超额收益率和市场组合的超额收益率的历史数据计算贝塔。对于那些交易活跃的股票，有很多服务机构提供该公司的贝塔资料，这些贝塔通常是以过去 3 ~ 5 年的周收益率或月收益率为基础计算出来的。这些贝塔信息的服务机构包括价值线投资调查（Value Line Investment Survey）、市场指南（Market Guide）和标准普尔股票报告（Standard and Poor's Stock Reports）等。从这些服务机构取得的贝塔数据有一个明显优点，即无须计算就能获得一只股票过去的贝塔数据。大部分股票的贝塔数值的范围是从 0.4～1.4。若投资者认为一只股票过去的系统性风险适用于未来，则历史上的贝塔系数可以代替预期的贝塔系数。

不仅是贝塔的数据可以通过对未来状况的最佳估计而取得，市场收益率和无风险收益率的数据也可以通过这种方法取得。在用历史数据代替未来数据时需要注意的是，若以过去的一段经济相对平稳而通货膨胀率较高的时期来代替未来，则过去平均的市场收益率和无风险收益率就是片面的，可能会低估未来的市场收益率和无风险收益率。因此，在这种情况下，用历史的平均收益率计算证券要求的收益率就会发生错误。在另一种情形下，若近几年实现的市场收益率很高，但预期今后不会再有这样的收益率，则用此历史数据估计未来的市场收益率就会发生高估。此时，无风险收益率和市场收益率必须直接估计。估计无风险收益率比较简单，投资者只要参照当时合适的国库券收益率就可以估计出无风险收益率。估计市场收益率比较困难，不过仍是可以估计的。市场收益率可以由证券分析师、经济学家或其他专家共同作出估计。

13.3.2 风险溢价的使用

市场组合的超额收益率（超过无风险收益率的部分）就是市场风险溢价（Market Risk Premium）。在式 13-1 中，它是用 $\overline{R}_m - R_f$ 来表示的。标准普尔 500 股票价格指数的预期超额收益率一般在 5%～8%。在计算市场组合的收益率时，可以不直接计算它，而通过在当时的无风险收益率之上加上一个风险溢价求得。为说明这一点，假定我们处在一个不确定的时期，有相当大的风险，因此，我们估计市场组合的期望收益率 $\overline{R}_m$ 为 15%（0.08+0.07），其中 0.08 是无风险收益率，0.07 是估计的市场风险溢价。换言之，若估计市场的风险相当小，就可以用 5% 的风险溢价，若是如此，则估计的市场组合的期望收益率是 13%。

最重要的是，式 13-1 中所用的普通股股票预期的市场收益率和无风险收益率都是根据目前的市场估计出来的。错误地使用收益率的历史数据会错误地估计资本-资产定价模型中所使用的数据。

13.3.3 股票的收益率和股票价格

资本-资产定价模型为我们提供了一种估计证券要求的收益率的方法，该收益率就可以作为股利定价模型中的贴现率。前面提到股票的每股内在价值可以表示为预期的未来股利的现值。即：

$$V = \sum_{t=1}^{\infty} \frac{D_t}{(1+k_e)^t} \qquad (13-2)$$

式中，$\sum$ 为从第 1 期直至永远的各期未来股利的现值之和；D_t 为第 t 期的预计股利；

k_e 为股票的预期收益率。

【例 13 – 2】 假定 A 公司的股票适用于固定增长率股利模型，现在需要决定该股票的价值。该模型为：

$$V = \frac{D_1}{k_e - g} \quad (13-3)$$

式中，g 为预期的每股股利的年增长率。

进一步假定 A 公司第 1 期的预期股利是 2 美元/股，每股股利的预期年增长率是 10%；前面已求出 A 公司的预期收益率是 14.5%。在这些假定和估计的基础上，可求解股票价值为：

$$V = \frac{2.00}{0.145 - 0.1} = 44.44(美元)$$

若该价值等于股票目前的市场价格，则股票的期望收益率将等于投资者的预期收益率。这个 44.44 美元是该股票的均衡价格，该均衡价格是建立在投资者对公司和整个市场无风险资产现有收益率的预期基础之上的。

当上面的那些预期改变时，股票的价值（或价格）也就改变了。假定经济中的通货膨胀率下降，经济进入相对稳定增长的时期，结果是利息率下降，投资者的风险降低，而且，公司股利的增长率也有所降低。这些假定改变了前后相关指标的变化（见表 13 – 1）。

表 13 – 1 相关指标的变化

指 标	改变前	改变后
无风险利率（R_f）	0.08	0.07
预期市场收益率（$\overline{R}_m$）	0.13	0.11
A 公司的贝塔值（β_j）	1.30	1.20
A 公司的股利增长率（g）	0.10	0.09

假定指标改变后 A 公司的股票为补偿系统性风险而被要求的预期收益率变化为：

$$\overline{R}_j = 0.07 + (0.11 - 0.07) \times 1.20 = 11.8\%$$

将该预期收益率（11.8%）作为 k_e，则股票新的价值为：

$$V = \frac{2.00}{0.118 - 0.09} = 71.43(美元)$$

所以，所有这些假定的指标改变一起发生作用，使股票的价值从每股 44.44 美元上升到每股 71.43 美元。如果这些假定的指标改变是市场的选择，那么每股 71.43 美元也是该股票的均衡价格。因此，股票的均衡价格会随市场预期的变化而很快地变化。

13.3.4 股票定价的偏低和偏高

前面已述，在市场均衡时，投资者正确的预期收益率将等于它的期望收益率，即所有股票都将在证券市场线上。若股票不在证券市场线上,则意味着什么呢?若假定所有的投资者都知道股票的预期收益率与股票的系统性风险(或不可避免风险)之间的大致关系,并以此设置证券市场线(见图 13-3)。两种股票(X 和 Y)由于某些原因未能正确定价,相对于证券市场线而言,X 股票定价偏低,而 Y 股票定价偏高。

倘若如此,则最后的结果是,X 股票预期的实际收益率会大于为补偿系统性风险所要求的预期收益率。相反,Y 股票预期的实际收益率会小于为补偿系统性风险所要求的预期收益率。这样,投资于 X 股票就有了超额收益率。投资者若能发现这种投资机会,将会争相购买 X 股票。投资者的涌入会抬高 X 股票的价格,压低其期望收益率。那么,这种情况会持续多长时间呢?它会一直持续到价格所决定的期望收益率移到证券市场线上为止。而对于 Y 股票,投资者意识到投资于其他股票虽然冒同样的系统性风险,却会得到比 Y 股票更高的收益率,他们就会将持有的 Y 股票售出。这种人们都出售 Y 股票的压力会压低它的价格而使期望收益率上升,直到 Y 股票的期望收益率移到证券市场线上为止。

当两种股票的期望收益率回到证券市场线上时,市场就重新达到均衡。结果,股票的期望收益率又等于它们各自的预期收益率了。经验表明,股价的非均衡状态不会持久,股价对新信息的反映是很快的。也有相当多的经验说明,只要市场是有效率的,证券市场就是一种有用的方法。因而,由证券市场线决定的收益率就可以作为股利贴现模型中的贴现率。

13.4 资本-资产定价模型的发展与替代模型

13.4.1 资本-资产定价模型存在的问题

近几年,资本-资产定价模型面临着新挑战。我们知道,该模型的核心思想是用贝塔值来衡量风险。以往的经验研究也表明,贝塔值对收益率,特别是普通股股票组合的收益率有合理的解释作用。虽然同任何事物一样,没有人认为这个模型是完美无缺的,但是该模型在理解上和应用上都相当容易。不过,人们已经逐渐认识到市场是有缺陷的,如公司破产成本、税收和制度限制等,为了解释它们的影响,要对模型作进一步的改进。

学者们在努力解释证券的实际收益率时,发现了几种资本-资产定价模型的反例。

一个反例是小企业或规模效应(Small-firm or Size Effect)。他们发现,在其他条件不变时,市值(普通股每股价格乘以流通在外的股票数)小的普通股股票比市值大的普通股股票有更高的收益率。

另一个反例是市盈率(Price/Earnings)和市场价值-账面价值比率(Market to Book Value Ratio)。这两个比率较低的普通股股票比这两个比率较高的普通股股票有更高的收益率。

还有一个反例是 1 月效应（January Effect）。例如，在 12 月到第二年 1 月间持有股票比在其他时候持有同样长的期间会产生更高的收益率。虽然 1 月效应已被发现多年，但并不是每年都会发生。

在一篇富有挑战性的论文中，尤金·法玛（Eugene Fama）和肯尼斯·弗伦奇（Kenneth French）对普通股股票的收益率与公司的资本市场（规模）、市场价值－账面价值比率及贝塔值三者之间的关系进行了实证研究。通过对 1963—1990 年股票收益率的研究后，他们发现，规模和市场价值－账面价值比率对股票平均的收益率有较强的解释作用。在将这两个变量首次用于回归分析时，增加一个贝塔变量后并没有发现解释作用增加了多少。法玛教授根据这一研究宣称：贝塔——作为解释收益率的关键变量——已经"消亡"了。由此，法玛和弗伦奇开始严厉批评资本－资产定价模型对普通股股票收益率的解释作用。他们建议用公司的市场价值（规模）和市场价值－账面价值比率来衡量风险。

法玛和弗伦奇用两个建立在市场价值基础上的变量解释市场价值收益，并得出了上述结论。但是，他们研究所用的因变量和自变量有很高的相关性，得出上述结论并不令人惊奇。法玛和弗伦奇没有把重点放在风险上，而是放在了实际收益率上。他们的发现并没有任何的理论根据。因此，虽然贝塔可能不是普通股股票投资实际收益率的最好解释工具，但它是衡量风险的合理标准；更进一步说，投资者是厌恶风险的，贝塔则给出了有关投资者期望得到的最低收益率的信息。对该期望收益率来说，投资者可能能够实现，也可能不能实现；但是从公司财务的角度而言，它有助于引导资金在投资项目间的分配。

13.4.2 套利定价模型

套利定价理论（Arbitrage Pricing Theory，APT）是一种关于资产的价格是由多种因素和有效的普通套利行为所决定的理论。

也许，套利定价理论（APT）是对资本－资产定价模型（CAPM）的最大挑战。套利定价理论是由斯蒂芬·罗斯（Stephen A. Ross）首先提出的，该理论的基本思想是在竞争性金融市场上的套利行为将保证由风险和收益所决定的价格达到均衡。套利行为就是发现两样本质上相同的东西，以低价购入并以较高价售出。那么投资者怎样才能发现哪种东西便宜，哪种东西昂贵呢？根据套利定价理论，投资者会考虑 n 种一般的风险因素。

可以用一个简单的两因素模型（Two Factor Model）作为例子说明套利定价理论。假定证券的实际收益率 R_j 能表示为如下形式：

$$R_j = a + b_{1j}F_1 + b_{2j}F_2 + e_j \quad (13-4)$$

式中，a 为在两种因素的价值为 0 时的收益率；b_{1j} 和 b_{2j} 为因素 1 和 2 的反应系数，表示某一个因素变动 1 单位时所引起的证券收益率的变动量；F_1 和 F_2 为因素 1 和 2 的（不确定的）价值；e_j 为误差项。

在两因素模型中，两因素是系统性风险或不可避免风险，常数项 a 代表无风险收益率。误差项是证券特有的或非系统性风险，这种风险可以通过广泛的证券组合而分散消除。这些都与资本－资产定价模型的论述一致。两种模型的唯一区别在于：在两因素模型中有两个风险因素，而在资本－资产定价模型中只有一个风险因素，即股票的贝塔。风险是由因素的不可预计的变化决定的。

证券的期望收益率为：
$$\overline{R}_j = \lambda_0 + b_{1j}\lambda_1 + b_{2j}\lambda_2 \qquad (13-5)$$

式中，λ_0 为无风险资产的收益率；其他的 λ 为特定因素决定的风险溢价，如 λ_1 是 b_{1j} 为 1 和 b_{2j} 为 0 时的超额期望收益率（超过无风险收益率的部分）。这两项可为正，也可为负。正的 λ 反映市场是厌恶风险的。

【例 13-3】 M 股份有限公司的普通股与两种因素有关，其反应系数分别是 1.4 和 -0.8。若无风险收益率（Risk-free Rate）是 8%，λ_1 是 6%，λ_2 是 2%，股票的期望收益率为：
$$\begin{aligned}\overline{R}_j &= \lambda_0 + b_{1j}\lambda_1 + b_{2j}\lambda_2 \\ &= 0.08 + 1.4 \times 0.06 - 0.8 \times 0.02 = 14.8\%\end{aligned}$$

第一种因素反映的是风险这一厌恶因素，因此必须有较高的期望收益率作为补偿；第二种因素对投资者是有价值的，因此只需以较低的期望收益率作为补偿，所以 λ 代表某个风险因素的价格。

因此，式 13-5 说明证券的期望收益率等于无风险收益率 λ_0 加上两个因素的风险溢价。为决定期望收益率，需要先把各种风险因素的市场价格 λ 乘以特定证券的反应系数（Reaction Coefficients）b_s，并将它们的积加总。该加权数就是证券的总风险溢价，把它与无风险收益率相加就等于期望收益率。

13.4.3 多因素模型

虽然资本－资产定价模型对人们的帮助很大，但是它并不能准确地衡量市场均衡的过程或投资者对特定股票要求的收益率。多因素模型（Multifactor Models）认为证券的收益率对多种因素或指数有敏感性，而不仅仅对市场整体变动敏感。由于多因素模型考虑更多的风险因素，因此它的解释作用自然强于单因素模型，如资本－资产定价模型。资本－资产定价模型是考察风险和资本市场要求的收益率的实际方法，它也为理解不可避免（系统性）风险、分散投资和为筹集资金需要在无风险收益率之上加一项风险溢价提供了一个一般框架。这个框架适用于财务学中所有的定价模型。

在考虑更多的因素时，两因素模型的原理仍然适用，只要在模型中加上多个因素和它们的反应系数就可以了。多因素模型的基本思想是这样的：在共同作用力和偶然因素（误差项）的作用下，各个证券一起变动或分别变动，其思路是要把机会因素分离出去，以便求得共同作用力（即风险因素）。

要做到这一点，有一种方法是应用统计技术，也称为因素分析（Factor Analysis）；另一种方法是把具体因素放入理论中，然后加以测试。如理查德·罗尔（Richard Roll）和斯蒂芬·罗斯（Stephen A. Ross）认为有五种重要的因素：①预期通货膨胀率的变动；②通货膨胀中无法预期的变化；③无法预期的工业生产的变化；④低级债券和高级债券的不同收益率（违约风险溢价）的无法预期的变化；⑤长期债券和短期债券不同收益率的无法预期的变化。前三种因素首先会影响公司的现金流量，其次会影响公司的股利和股利增长率；后两种因素会影响市场资本化比率或贴现率。

不同的投资者对待不同种类的风险有不同的态度。例如，某些投资者可能不愿承担高的通货膨胀风险，而愿意承担相当大的违约风险和生产力风险。许多股票也许有相同的贝塔，但组成总风险的要素有很大的不同。实际上，若投资者关心这些风险的要素，则资本－资产定价模型就不能很好地解释股票的期望收益率。

13.4.4 均衡达成的方式——套利行为

罗尔－罗斯（Roll－Ross）或其他类型的因素模型是如何达到均衡的呢？答案是：通过投资者分别对前面提到的多种因素所进行的套利行为，市场才达到了均衡。根据套利定价理论，两种证券的反应系数 b_s 若相等，则两种证券的期望收益率也相等。若实际情况并非如此，会发生什么情况呢？投资者会争相购买期望收益率较高的证券，而出售期望收益率较低的证券。

【例13－4】假定市场上投资者要求的预期收益率是两种因素的函数，无风险收益率是7%，$\lambda_1 = 4\%$，$\lambda_2 = 1\%$，则：

$$\overline{R}_j = 0.07 + b_{1j} \times 0.04 + b_{2j} \times 0.01$$

A制造公司和B制造公司有相同的因素反应系数，其中，$b_{1j} = 1.3$，$b_{2j} = -0.9$。因此，两种证券要求的收益率是：

$$\overline{R}_j = 0.07 + 1.3 \times 0.04 - 0.9 \times 0.01 = 11.3\%$$

但A公司的股票低迷，其期望收益率是12.8%，而B公司的股票每股价格相对较高，其期望收益率只有10.6%。一个聪明的套利者就会购买A的股票而出售B的股票（或暂时出售）。若套利者对其他因素判断正确，他所冒的风险只是由因素1和2所引起的风险，则两种证券的总风险是相等的。由于定价错误，一种证券提供的期望收益率超过与风险对应的收益率，而另一种证券提供的期望收益率则低于其风险对应的收益率。这是一种货币游戏，聪明的套利者总是想抓住每一次可能的获利机会。

当套利者认为证券的价格失真并进行套利交易时，价格就逐渐被调整了。上例中A股票的价格会上升，而它的期望收益率会下降；相反，B股票的价格会下降，而它的期望收益率会上升。这种变动一直会持续到两种股票的期望收益率都达到11.3%时才停止。

根据套利定价理论，理性的市场参与者能够利用所有机会获得套利利润。当所有证券的期望收益率都符合变动的反应系数 b_s 的一定线性关系时，市场就达到了均衡。所以，均衡价格的基础是套利行为。套利定价理论表明，市场参与者按一般协议组成的行为模式行动，该协议用来确定影响证券价格变动的相关风险因素。

该假定在多大程度上符合现实仍值得探讨，因为市场上既没有关于重要的风险要素的协议，也没有经验表明该假定是稳定和一贯的。正是由于考虑了复合风险，套利定价理论才有吸引力。我们知道，不同的证券可能受不同风险的不同影响，尽管套利定价理论有很大的吸引力，但它仍不能代替资本－资产定价模型，套利定价模型对公司财务学的发展有很重要的启示意义。

本章小结

本章阐述了资本－资产定价模型及其应用，贝塔系数与证券市场线，股票的收益率和股票价格高低的计算与判断；最后分析了资本－资产定价模型存在的问题，并介绍了替代模型。

思考与练习题

1. 定义特征线和贝塔系数。
2. 为什么贝塔是系统性风险的衡量标准？它的含义是什么？
3. 证券市场线会永远保持不变吗？为什么？
4. 风险资产的贝塔系数有可能为 0 吗？请作出解释。根据资本－资产定价模型，这种资产的期望收益是多少？风险资产的贝塔系数可能为负吗？资本－资产定价模型对这种资产期望收益的预测是什么？为什么？
5. "美国南方公司的股票在过去 3 年的大多数时间都在 12 美元附近交易。既然南方公司显示了非常小的价格变动，该股票的贝塔系数就很低。另外，美国得州仪器的交易价格高的时候达到 150 美元，低的时候如现在的 75 美元。既然得州仪器的股票显示了非常大的价格波动，该股票的贝塔系数就非常高。"请评述这段话。
6. 一只股票的期望收益率是 11%，它的贝塔系数是 0.85，而且市场无风险利率是 4.5%。市场的预期收益必须是多少？
7. 运用资本－资产定价模型，证明两资产风险溢价的比率将等于它们贝塔系数的比例。
8. 一个由无风险资产和市场组合构成的投资组合的期望收益率是 12%，标准差是 18%，无风险利率是 5%，且市场组合的期望收益率是 14%。假定资本－资产定价模型有效，如果一个证券与市场组合的相关系数是 0.4，标准差是 40%，则这个证券的期望收益是多少？

第六篇

长期投资决策

14 资本预算与现金流预测

学习要点
1. 测算投资项目价值时应使用的现金流量
2. 决定项目价值的现金流量的性质及特征
3. 预测项目未来现金流的基本原则
4. 项目分析步骤
5. 预测投资项目未来产生现金流量的方法

14.1 资本预算概述

14.1.1 资本预算的概念

资本预算（Capital Budgeting）是提出长期投资方案（其回收期在 1 年以上）并进行分析、选择的过程。通俗地说，资本预算就是一张列有为明年或未来某一时间计划的投资项目的清单。进行资本预算，一般是在标准的格式或标准的模板上对每一个项目进行简明扼要的描述，而后进行一系列的筛选工作，最终的资本预算要反映出公司整体的战略意图与发展方向。

资本预算的准备工作不受条条框框的限制，在这个过程中会有多次的取舍、反复的论证和上下级之间的不断沟通。换句话说，投资项目的选择要体现企业自下而上，然后自上而下反复推敲的过程，这样才能使资本预算与公司战略相吻合。

尽管各个企业进行资本预算的工作细节不尽相同，但一般而言，资本预算的过程涉及五个方面的内容。

（1）提出与公司战略目标相一致的投资方案。
（2）预测投资项目的税后增量营业现金流量。
（3）预测项目的增量现金流量（净现金流）。
（4）依据财富最大化目标选择投资项目。
（5）继续评估修正后的投资项目，审计已完成的投资项目。

14.1.2 项目分析的本质

资本预算分析最基本的单元是投资项目，新的投资项目的挖掘受到使企业价值增加和追求股东利益最大化目标的驱使。如何评判一家企业的价值是否增加、股东的财富是否增长了呢？是使企业的利润最大化？还是使企业净资产（股东权益）的市场价值最大化？答案当然是后者。

因此，投资项目分析过程就是看这一项目为股东的财富带来的变化。项目投资（现金）在初始阶段，而收益（现金）则在未来的年度中取得，要评估项目为企业价值带来的变化就要考虑货币的时间价值，一个项目的现金流入的现值超出现金流出的现值时才能使股东的财富增加。

投资项目的现金流出与流入的预测是一个非常复杂的过程，要在充分调研、周密思考与合理假设的基础上进行。不仅如此，评价这些现金流对股东财富的市场价值的影响也不是一件轻松的事情。因为虽然分析的基点是单个项目，但最终要考察的是这一项目对企业整体现金流将带来什么变化，即以企业在项目前后产生的现金流的差额作为计算股东财富价值变化的依据，这样的现金流被称为增量现金流（Incremental Cash Flow）。

14.1.3 投资项目的类型与创意

需要资本支出的投资项目可以大致分为三类。
（1）新产品型：公司为生产新产品的需要，对厂房、设备和仓库等的资本支出。
（2）削减成本型：公司为降低劳动力成本而购买自动化设备的资本支出。
（3）替换现有资产型：公司为替换现有设备以提高生产能力或降低生产费用的资本支出。

公司投资项目的提出或创意主要来自顾客、公司的研究和开发部门、公司内部的生产部门以及竞争者。公司要想得到源源不断的投资创意，就应建立起鼓励管理人员和员工努力寻求可获得增长机会或生产改进方案的激励机制。

14.2 项目未来现金流的预测

资本预算的一个重要任务是预测项目的未来现金流量，现金流预测的准确性决定着最终分析结果的准确性。要准确地预测项目的现金流，必须了解相关项目现金流量的基本特征与预测的基本原则。

14.2.1 项目现金流的基本特征

项目现金流预测具有四项基本特征。

14.2.1.1 预测的是现金流量而非收入

在金融决策中，公司关注的是以现金流量表达的预期收入而非会计中的收入。金融决策与财务会计对数据的侧重点有很大的区别，金融决策侧重的是现金流，而财务会计则强调收入或盈利。因为公司是用现金进行投资的，而不是会计的账面收入。只有在预期未来有更多现金流入的情况下，公司才会在当期用现金进行投资。

14.2.1.2 预测的是营业现金流量

项目的现金流预测是建立在销售额增量的基础上的，公司对于每个投资方案，预测的是相关项目的营业现金流量。而融资活动产生的现金流如利息支付、本金支付、现金股利等不在投资项目现金流量分析的范围之内。但是，用于补偿资本成本的投资收益应包括在现金流量分析的范围之内，资本成本可用投资者的预期收益率作为贴现率来确定。

预测项目的营业现金流，需要确定项目产生营业现金流量的持续时间，通常以项目投资所购买设备的生命周期作为项目的期限。

14.2.1.3 预测的是增量现金流量

通常只分析公司采用某个项目与不采用该项目之间的现金流量差别，所以，预测的现金流量就是一个投资项目引起的企业现金支出和现金收入的增加数量，即增量现金流量，也称净现金流量。采纳与不采纳某个投资项目，只有增量现金流量才是最重要的。

14.2.1.4 预测的是税后现金流量

投资项目的现金流量是建立在税后基础上的，包括初始投资在内所有预期的现金流量都需要转换为相应的税后现金流量。所用的适当贴现率应为税后收益率或税后资本成本。

归纳起来，预测的相关项目的未来现金流应是"税后增量营业现金流量"。

预测一个项目的税后增量营业现金流量可以采用三种方法：

(1) 营业现金流 = 销售收入 − 现金支出 − 纳税额
(2) 营业现金流 = 净利润 + 折旧
(3) 营业现金流 = (销售收入 − 现金支出) × $(1-t_c)$ + 折旧 × t_c

三种方法计算结果是相同的，都是税后净营业现金流量。方法一和方法二的不同之处在于对非现金营业支出的处理上，典型的该类支出为折旧，虽然折旧在计账时作为费用处理，但它不是现金支出。在方法一中，现金支出 = 总支出 − 折旧；在方法二中，净利润 = 销售收入 − 总费用 − 纳税额，由于总费用中包含折旧这一非现金支出，所以在计算营业现金流时要加上这一项本没有实际支出的金额；方法三是基于方法一，将式中纳税额的计算展开为 (销售收入 − 现金支出 − 折旧) × t_c，再将其与前面两项整理合并得出方法三的公式，其中的折旧 × t_c 为税盾，所以这一方法也称为税盾法。

14.2.2 预测项目未来现金流的基本原则

税后增量营业现金流量看似简单，但在实际操作中对其计算还必须考虑一些具体因素，预测项目现金流中对这些因素的处理应考虑六个方面的情况。

14.2.2.1 应考虑忽略沉没成本

沉没成本（Sunk Costs）是指过去已经发生的不会影响当前行为或将来决策，而又无法回收的成本支出。我们关注的是站在现在这一时间点而言，一项投资对企业成本和收益所带来的现在和未来的现金流增量，而过去无法回收的成本支出与项目现在的资本预算是不相关的，所以不应该进入决策过程。当然，对于现在的资本预算而言，一项费用沉没之前是相关的增量现金流，但如果该项费用在进行资本预算之前已经沉没，则其不是项目的增量现金流。

沉没成本的特性是：沉没成本是过去发生的，它们不会因为是否接受或拒绝某个项目而有任何的改变。就像人们常说的"泼出去的水"，应该忽略这样的成本。因此，沉没成本不是项目的增量现金流。

【例 14-1】 健康乳品厂目前正在评估建立一条巧克力牛奶罐装生产线的 NPV（净现值）。为此，项目公司去年已经向一家咨询公司支付了 10 万元作为市场测试分析的费用。健康乳品厂的管理层现在进行资本预算的决定，这样的成本应该考虑进去吗？

答案是不应该。去年支付的这 10 万元已经不可收回，是"泼出去的水"。当然，花费 10 万元作市场分析决定本身，在这笔费用沉没之前是与资本预算完全相关的。关键点是，这笔费用一旦发生，它对于公司将来的任何决定就不相关了。

14.2.2.2　应考虑机会成本

在现金流量的确定中，应考虑任何适宜的机会成本。机会成本的发生是由于一个项目准备使用企业已经支付完成并拥有的资源，比如仓库、土地等。而机会成本的计量通常由三项选择中的某一项来决定：①资源出售所得款项；②资源出租或租赁所得；③为该项目而放弃企业其他业务所产生的损失。

如果某个投资项目需要使用当前未被利用的一栋建筑物，该建筑物的市场销售价格为 30 万元，那么这 30 万元的税后净值应视为该项目的初始现金支出。

【例 14-2】 假设宏大贸易有限公司有一个空闲的库房，这个库房用来存放一台新的电子弹球游戏机，公司打算将游戏机运往南方使用。那么库房和土地的成本应不应该计算在这台新游戏机的项目中？

答案是应该。库房的使用不是免费的，它发生了机会成本。这个库房如果不用来存放该游戏机，它可以被用于其他用途而为公司创造现金。因此，可选择的其他用途就成为这台电子弹球游戏机的机会成本。

14.2.2.3　应考虑投资项目副效应的影响

在决定增量现金流的过程中，还有一个比较困难的事情就是准备进行的投资项目为公司带来的其他副效应（Side Effects）的计量。副效应有负向的，也有正向的。正向效应比如协同效应（Synergies），而最重要的负向效应就是收入的侵蚀（Erosion）。

所谓协同效应是指一个项目可能为企业其他业务带来利益，那么这些利益就不应该被忽略，应该对其价值进行估算从而计入项目初始现金流的分析中。比如，某一超市内新开了一家餐馆，到这家餐馆就餐的人可能会增加超市销售额，这一增加额应视为增量现金流。

收入的侵蚀是指公司原产品的客户和销售收入转移到新项目的产品上来的现象。如果公司准备推出一种新产品，而这种新产品会与公司现有产品形成竞争，那么仅依据新产品的总销售额来预测现金流量是不全面的，必须考虑这种变化对已有产品的收入可能产生的损害。

【例 14-3】 假设星巴克正在讨论开设一家新店，这家新店的资本预算须计算其净现值，而光顾新店的客户很有可能是距其不远的原星巴克的客户。那么新店所有的收入和利润是增量吗?

答案为不是。因为一部分的现金流是从已存在的星巴克店转移过来的,这就是侵蚀现金流。它在测算新项目的 NPV 时,必须被考虑进来。如果忽略了这部分被侵蚀的现金流,计算出的新店的 NPV 就是错误的,从而无法作出正确的决策。

14.2.2.4 应考虑项目投资引起的非现金营运资本的变化

一个投资项目不仅需要对资本性资产(如设备等)的投资,且往往带动对净流动资产的投资,而投资项目带来的非现金营运资本的变化又会引起项目现金流的变化。非现金营运资本通常包括存货、应收账款和应付账款。存货和应收账款属于流动资产,这些非现金流动资产的增加会引起现金流的减少;应付账款属于流动负债,这一非现金流动负债的增加会引起现金流的增加。所以,当资本投资包括一部分流动资产投资时,应将其投入的营运资本(存货资金占用)包括在初始投资的资本支出中,而且在项目实施过程中,与运营有关的非现金净营运资本也应当视为资本投资的一部分被考虑到现金流的测算中来。净营运资本的投资在其发生时作为现金流出,而在项目结束时必须以现金流入的形式收回。

引起对非现金净营运资金投资的需求一般来源于两个方面:一是在成品生产和销售之前需购买原材料和其他存货,形成了对存货投资的增加;二是信用销售,产生应收账款而非现金。这些资金的使用代表企业的现金流出。

上述所需流动资产投资的资金可以信用采购的方式筹集,信用采购产生应付账款,可冲减对净营运资金的投资。

综上,考虑到非现金营运资本的变化所引起的项目增量现金流的变化,必须将其表达在项目增量现金流测算的公式中,所以之前的测算公式可调整为:

(1) 营业现金流 = 销售收入 − 现金支出 − 纳税额 ± 净营运资本的变化额
(2) 营业现金流 = 净利润 + 折旧 ± 净营运资本的变化额
(3) 营业现金流 = (销售收入 − 现金支出) × (1 − t_c) + 折旧 × t_c ± 净营运资本的变化额

显然,当净营运资本为正数时,表明现金流减少,在原有基础上减去其金额;当净营运资本为负数时,表明现金流增加,在原有基础上加上其金额。需要注意的是,资本预算中对净营运资本的假设是项目结束时之前投入的净营运资本以现金流入的形式收回。

14.2.2.5 应考虑通货膨胀的影响

通常,在整个项目的投资期内价格水平并不是保持不变的。所以,在预测现金流量时,必须考虑预期的通货膨胀。产品销售的价格水平变动会影响未来现金流入量;工资和原材料成本的价格变动同样会影响现金流入量。

14.2.2.6 应考虑折旧的税收影响

折旧是公司在应税收入中扣减的费用项目,所以折旧可以减少应税收入。在其他情况不变的情况下,折旧的金额越大,应纳税额越小。

对于资本性资产折旧,公司可以选择各种折旧方法,如直线折旧法和各种加速折旧法。出于税收上的考虑，许多公司愿意采用加速折旧法。

通常，如果经营活动中使用的某项已折旧的资本性资产出售后获得的收入大于其账面折余价值，超出部分应缴纳所得税。如果资产出售所得收入低于账面价值，发生的损失可以从公司的普通收入中扣除。免征税额净值等于折旧资产销售的损失乘以公司普通收入所得税率。

14.2.3 项目未来现金流量的确定

这里介绍一种确定项目现金流量的基本方法，即按照时间将项目的现金流分为初始现金流出量、期间增量净现金流量及期末增量净现金流量三个部分，分别计算这三个方面的项目现金流量，最后的综合结果就是一个项目的净现金流量。

14.2.3.1 初始现金流出量

项目初始现金流出量的基本内容如表14-1所示，主要包括购置资产的成本、安装成本、净营运资本变化、处置旧资产的销售收入和所得税调整等。

表14-1 确定初始现金流出量的基本内容

项 目	基 本 内 容
(1)	新资产的成本
(2) +	资本性支出（运输及安装费等）
(3) +（-）	净运营资本的增加（减少）量
(4) -	新资产替换旧资产的决策中，旧资产出售所得收入
(5) +（-）	与旧资产出售相关的税负（税收抵免）
(6) =	初始现金流出量

14.2.3.2 期间增量净现金流量

从初始现金投入后的第一期到最后一期现金流量所发生的净现金流量，其内容与实现的过程如表14-2所示。

表14-2 确定期间增量净现金流量的基本内容

项 目	基 本 内 容
(1)	营业收入的净增量（减少量）减（加）营业费用的任何净增加量（减少量）
(2) +（-）	税法确认的折旧费用的净增加（减少）
(3) =	税前收入净变化
(4) -（+）	税收的净增加（减少）
(5) =	税后收入净变化
(6) +（-）	税法确认的折旧费的净增加（减少）
(7) =	该期增量净现金流量

14.2.3.3 期末增量净现金流量

最后一期净现金流量需要单独列出,原因是某些特殊的现金流量往往发生在项目结束之时,如出售或处理资产的残值(处理/回购成本),与资产出售或处理有关的税收(税收抵免),项目结束时营运资本在最后一期的收回等。表14-3列示了项目结束时的内容。

表14-3 确定期末增量净现金流量的基本内容

项 目	基 本 内 容
(1)	收入的净增加量(减少量)减(加)费用(不包括折旧)的任何净增加量(减少量)
(2) - (+)	税法确认的折旧费的净增加(净减少)
(3) =	税前收入净变化
(4) - (+)	税负的净增加(净减少)
(5) =	税后收入净变化

14.3 项目未来现金流预测与分析的举例

本节通过新产品型和替换现有资产型两个项目的实例,来说明项目未来现金流量预测方法的运用。同时,以最基本的投资法则——净现值法评估或分析这些项目。

14.3.1 新产品型项目的现金流预测与分析

下面以生产各类灯具的企业——明亮公司作为实例,对新产品型项目的现金流进行预测与分析,考察生产企业如何在资本预算过程中计算项目的现金流,即增量现金流。

【例14-4】明亮公司成立于1980年,成立之初只生产普通灯管和灯泡,现已成为生产各类冷光、热光灯泡和LED灯的大型企业。最近,该公司正在考虑研制并生产一种高性能的超亮灯泡。公司认为,自身的成本优势和市场营销具有很强的竞争力。为了评估这个投资项目的可行性,在该产品大量生产并投放市场之前,公司在国内三个大城市做了问卷调查,调查的结果比预期还要好,这种超亮灯泡预期可占领10%~14%的市场份额。

此项市场调查花费了250 000元。有人指责这项费用太高了,但公司财务人员认为这是沉没成本,不应该包含在项目评估中。

基于市场调研和预测,公司决定购买设备生产超亮灯泡。公司有一闲置的厂房,这种灯泡的生产可以在那里进行。这一厂房的净值为0,即原值减累计折旧结果为0,但厂房所占土地可以卖140 000元(税后)。

公司财务人员开始进行新项目的分析,他们做出了如下假设:

(1) 机器设备的投入需 100 000 元。

(2) 机器的使用年限为 5 年，5 年后机器残值为 30 000 元。

(3) 在机器的 5 年使用期内，灯泡的产量预测分别为：第 1 年，5 000 单位；第 2 年，8 000 单位；第 3 年，12 000 单位；第 4 年，10 000 单位；第 5 年，6 000 单位。

(4) 灯泡的单价在第 1 年预计为 20 元，由于灯泡市场的高度竞争性，在年通货膨胀率为 5% 的情况下，单价每年只可递增 2%。

(5) 生产灯泡的原材料价格越来越高，因此经营性现金流出每年需递增 10%。第 1 年的单位生产成本为 10 元。

(6) 所得税税率为 34%。

与任何一家生产企业一样，该公司运营需要投入资金，因为在生产和销售之前需要购买原材料，增加存货，而信用销售使公司不能立即获得现金；另外，公司在采购原材料时也会采取延期付款的方式，但随着生产规模的扩大，净营运资金也会增加。所谓净营运资金就是流动资产和流动负债的差额。该项目的启动（第 0 年）营运资金需 10 000 元，第 5 年项目结束时，对营运资金不需投入。换句话说，营运资金的投入在项目期限内是 100% 能回笼的。

对现金流的预测是在公司所做的假设基础上进行的，分析的过程见表 14-4 至表 14-7。其中，表 14-4 列示了投资和收入的基础数据，表 14-5 和表 14-6 是解释表 14-4 中的数据来源，表 14-7 是对现金流预测的最终结果。

14.3.1.1 项目分析

项目所需的投资支出列在表 14-4 中，投资支出包括三部分。

(1) 灯泡生产的机器设备。第 0 年，即项目初期购置机器设备需 100 000 元的现金流出。第 5 年卖出该设备，卖价 30 000 元，有现金流入 21 760 元（见表 14-4 注）。

(2) 库房的机会成本。如果公司决定生产超亮灯泡，则需使用那间闲置的厂房，因而损失了可卖出这间闲置厂房所获得的收入，估计厂房和土地的售价就是该项目的机会成本。机会成本在资本预算中被视为现金流。而 250 000 元的市场调研费用不被计算为资本预算的现金流。这笔费用是在过去发生的，应该视为沉没成本。

(3) 对营运资金的投资。所需的营运资金显示为表 14-4 中的 (5) "净营运资金"。由于生产规模扩张的缘故，营运资金在第 2 年、第 3 年逐年增加。在资本预算中有一个通常的假设就是所有的营运资金在项目结束时能全部收回。换句话说，所有的存货最终都能被全部卖出。出于流动的需要，必须保持一定的现金余额，所有的应收账款都是可回收的。逐年增加的营运资金必须由企业从其他渠道取得，因此这些营运资金的增量是现金流出。相反，在之后几年营运资金的减少被视为现金流入。这些现金流的情况显示为表 14-4 中的 (6) "净营运资金的变化值"。关于营运资金更多的论述见本章后面的内容。

以上三方面的投资所发生的现金流出和流入情况见表 14-4。

表 14-4 明亮公司现金流量计算表

（假设所有现金流量发生在每年年末） （单位：千元）

项 目	第0年	第1年	第2年	第3年	第4年	第5年
投资：						
(1) 灯泡生产的机器设备	-100					21.76①
(2) 累计折旧		20	52	71.20	82.72	94.24
(3) 机器净值		80	48	28.80	17.28	5.76
(4) 机会成本	-140					140
(5) 净营运资金	10	10	13.32	24.97	21.22	0
(6) 净营运资金的变化值	-10	0	-6.32	-8.65	3.75	21.22
(7) 投资活动产生的现金流 [(1)+(4)+(6)]	-260		-6.32	-8.65	3.75	192.98
收入：						
(8) 销售收入		100	163.20	249.72	212.20	129.90
(9) 营业成本		50	88	145.20	133.10	81.84
(10) 折旧		20	32	19.20	11.52	11.52
(11) 税前收入 [(8)-(9)-(10)]		30	43.20	85.32	67.58	30.54
(12) 税金（税率为34%）		10.20	13.69	29.01	22.98	10.38
(13) 净收入		19.80	28.51	56.31	44.60	20.14

注：①假设机器设备在第5年末残值的市场价为30 000元。资本利得就是市场价格和机器账面净值的差额，为24 240元（30 000-5 760）。资本利得按所得税税率34%缴税，应缴纳资本利得税8 241.6元（34%×24 240）。资本利得税后值为21 758.4元（30 000-8 240）。

表 14-5 明亮公司营业收入和成本计算表

年度	产量（单位）	单价①（元）	销售收入（千元）	单位成本②（元）	营业成本（元）
1	5 000	20.00	100 000.00	10.00	50 000.00
2	8 000	20.40	163 200.00	11.00	88 000.00
3	12 000	20.81	249 720.00	12.10	145 200.00
4	10 000	21.22	212 200.00	13.31	133 100.00
5	6 000	21.65	129 900.00	13.64	81 840.00

注：①单价每年递增2%。
②单位成本每年递增10%。

表 14-6 明亮公司设备折旧额计算表

（单位：元）

年度	折旧期为 5 年的设备每年折旧额	年度	折旧期为 5 年的设备每年折旧额
1	20 000	4	11 420
2	32 000	5	5 760
3	19 200		

表 14-6 中的数据是根据税务局对不同设备使用年限和每年折旧额的规定进行计算得来的。

表 14-7 明亮公司的增量现金流

（单位：千元）

项　目	第 0 年	第 1 年	第 2 年	第 3 年	第 4 年	第 5 年
（1）销售收入（表 14-4 第 8 行）		100	153.20	249.72	212.20	129.90
（2）营业成本（表 14-4 第 9 行）		-50	-88	-155.20	-133.10	-87.84
（3）税金（表 14-4 第 12 行）		-10.20	-13.69	-29.01	-22.98	-10.38
（4）营业活动产生的现金流[（1）+（2）+（3）]		39.80	51.51	65.51	56.12	31.68
（5）投资活动产生的现金流（表 14-4 第 7 行）	-260		-6.32	-8.65	3.75	192.98
（6）项目产生的总现金流 [（4）+（5）]	-260	39.80	45.19	56.86	59.87	224.66

至此，我们已经计算出了超亮灯泡项目为全公司带来的现金流的变化，据此就可以利用净现值法来评估这一项目，即计算净现值（NPV）。如果 $NPV>0$，表明这一项目为企业带来了价值的增加；如果 $NPV<0$，表明这一项目使企业的价值降低了，股东的财富缩水了；如果 $NPV=0$，表明这一项目没有为企业价值带来任何变化。不过，NPV 的计算是在能够反映特定企业风险的恰当的贴现率基础上进行的。表 14-8 是不同贴现率基础上的 NPV。由表 14-8 可以看到，当贴现率为 13.67% 时，这一项目为企业带来的价值量为 0。换句话说，这个项目的内部收益率为 13.67%。当公司的贴现率大于 13.67% 时，就应该否决该项目。

表 14-8 超亮灯泡项目对明亮公司价值的影响

贴现率（%）	公司价值的变化（千元）	贴现率（%）	公司价值的变化（千元）
4	123.64	13.67	0
10	51.59	20	-31.35
14	5.47		

14.3.1.2 对净营运资金的进一步理解

对净营运资金的投资分析是任何资本预算分析中都非常重要的一项工作。对表 14-7 中第 5 行和第 6 行的数据，很多人会究其来源。净营运资金投资的需求来源于三个方面：①在产品销售之前需购买原材料和其他存货；②保存一定量的现金以备未预见事件的发生；③信用销售致使产生应收账款而非现金（信用购买产生应付账款，可冲减对净营运资金的投资）。这三个方面资金的使用代表企业的现金流出。因为企业从其他方面产生的资金被捆绑在这个项目中了。

为了了解净营运资金的投资是如何形成的，我们重点观察第 1 年。在表 14-4 中，公司预计第 1 年的销售收入为 100 000 元，营业成本为 50 000 元。如果收入和成本都是以现金形式发生的，那么公司将收到 50 000 元（100 000 - 50 000）的现金。然而，全部收入都是现金交易并不现实，因此公司预计：

（1）9 000 元是信用销售，意味着第 1 年收到的现金只有 91 000 元。9 000 元的应收账款将在第 2 年收回。

（2）相信他们能够延期支付 50 000 元成本中的 3 000 元，意味着实际的现金支出为 47 000 元（50 000 - 3 000）。当然，这 3 000 元将在第 2 年支付。

（3）决定在第 1 年留存 2 500 元的存货，以备库存不足或特殊情况的发生。

（4）决定在第 1 年留存 1 500 元的现金作为这一项目的特定用途，以备现金不足而影响生产。

因此，对第 1 年的净营运资金的投资应为：

$$9\,000 \;-\; 3\,000 \;+\; 2\,500 \;+\; 1\,500 \;=\; 10\,000 \text{（元）}$$

应收账款　　应付账款　　存货　　现金　　对净营运资金的需求

满足这 10 000 元现金的需求需要企业其他项目创造出来的价值（现金），项目经理必须尽可能准确地测算这一现金流出量。这一项目在前几年呈增长趋势，对以上三方面的资金需求也随之增加。对净营运资金需求的增加代表现金流出的进一步加大，从表 14-4 中的第 6 行可以看到，净营运资金的变化值最初几年是负数。然而，随着项目的逐渐完成，对净营运资金的需求也相应减少，最终为 0。也就是说，应收账款最后全部收回现金，为项目而留存的那部分现金返还给公司的其他项目，并且所有的存货全部被卖出。对现金的逐步释放，在表 14-4 中第 6 行的第 4 年和第 5 年以正数表示。

一般来说，公司的现金流量计算表在处理净营运资金时，将它视为一个事物，对净营运资金的构成（如应收账款、存货等）并不列在计算表中，但这并不代表明营运资金的数字是凭空而来的，它是通过对各构成部分进行严谨的预测和分析得来的，正如对第 1 年的分析那样。

14.3.1.3 利息费用

利息费用在明亮公司的例子中被省略了。其实对于很多项目来说，所需资金中有相当部分可能是借款，超亮灯泡项目也不例外。借款会增加公司的债务总量，假设项目不进行债权融资显然是不符合现实的。各个公司通常在计算项目现金流时会假设资金只采取股权融资解决,所进行的债权融资只在折现率中进行调整,而不反映在现金流中。

14.3.2 替换现有资产型项目的现金流预测与分析

替换现有资产型项目的现金流预测与分析以 LMN 公司作为实例,考察生产企业如何在资本预算过程中计算项目的现金流。

【例 14-5】LMN 公司正在考虑购买一台价值 20 万元的自动化设备,以替换一台旧设备。新设备可以减少劳动力和维修成本,预计替换后的每年可节省现金流出量 10 万元。新设备的生命周期为 4 年,4 年后该设备的残值为 0。新设备的运输费及安装费为 15 000 元,旧设备的生命周期也是 4 年,已使用 2 年,但可按其账面价值的折余价值 2 万元的价格出售。因为残值与账面折余价值相等,所以旧资产出售不引起税后变化。

该项目的初始现金流量以表 14-9 列示。

表 14-9 该项目的初始现金流量

(单位:元)

	项目	金额
	新设备的购置成本	200 000
+	运输及安装费用	15 000
-	旧资产出售所得的净收入	(20 000)
+	与旧资产出售有关的税收(税收抵免)	0
=	初始现金流出量	195 000

设备的相关信息如下:

(1) 新设备与旧设备都采用加速折旧法,税法规定的各期折旧率见表 14-10。

表 14-10 设备各期的折旧率

回收期(年)	1	2	3	4
折旧率(%)	33.33	44.45	13.45	7.41

(2) 旧设备的原始折旧基数为 30 万元。折旧基数(Depreciable Basis)是某项资产的所有安置成本,主要包括资产的购置成本、运输及安装费用等。用折旧基数乘以税法规定的相应折旧率等于每期折旧额,税法允许在一定时期内从应税收入中扣除其折旧额。那么,新设备的折旧基数为购置成本 20 万元加上运输及安装费用 15 000 元,即 215 000 元。

我们关注的是新设备替换旧设备与持续使用旧设备这两种方案在现金流量上的差别,所以要用新设备的折旧费减去旧设备的折旧费,得出与项目相关的增量折旧费。表 14-11 显示了以税法规定的相应折旧率计算出由于该项目实施在折旧费用上引起的变化。

表 14-11 项目实施在折旧费用上的净增量

（单位：元）

项目	年度 1	年度 2	年度 3	年度 4
（1）新设备的折旧基数	215 000	215 000	215 000	215 000
（2）新设备的各期折旧①	71 660	95 568	31 842	14 932
（3）旧设备的折旧基数	300 000	300 000	30 000	300 000
（4）旧设备剩余的各期折旧②	41 430	22 230	0	0
（5）税法确认的折旧费用净增值③	30 230	73 338	31 842	14 932

注：①新设备的各期折旧为其折旧基数乘以税法规定的相应折旧率：33.33%、44.45%、13.81%和7.41%。

②旧设备剩余的第1年与第2年的折旧，是其折旧基数分别乘以税法规定的第3年折旧率13.81%和第4年折旧率7.41%。

③税法确认的折旧费用净增值 = （2）-（4）。

表 14-12 为该项目未来增量净现金流量的计算过程。

表 14-12 项目未来增量净现金流量的计算

（单位：元）

项目	各年年末 0	1	2	3	4
期间增量净现金流量（第1~3年）					
营业收入的净变化（不包括折旧）		100 000	100 000	100 000	100 000
税法确认的折旧费用净增量		(27 230)	(73 338)	(31 842)	(14 932)
税前收入净变化		72 770	26 662	68 148	84 068
税负净增量（税率为40%）		(29 108)	(10 665)	(27 263)	(33 627)
税后收入净变化		43 662	15 997	40 895	50 441
税法确认的折旧费用净增量		27 230	73 338	31 842	14 932
第1~3年增量净现金流量		70 892	89 335	72 737	
期末增量净现金流量					
未考虑项目善后处理时的增量现金流量				66 373	
新资产的残值				0	
与新资产的处理或出售有关的税收				0	
期末增量净现金流量				66 373	
净现金流量	(200 000)	70 892	89 335	72 737	66 373

该项目的初始现金流出量为20万元，之后4年中各年年末产生的净现金流量分别为：70 892元、89 335元、72 737元和66 373元。

如果假设该项目的贴现率为10%，就可以计算项目各年净现金流量的现值总和。

运用 Excel 程序计算的过程与结果如下：
$i = 10\%$　　　$Value1 = 70\ 892$　　　$Value2 = 89\ 335$
$Value3 = 72\ 737$　　$Value4 = 66\ 373$　　　结果 $NPV\ (PV) = 99\ 337$（元）

应当注意的是，在 Excel 程序中运用这种简便方法计算的 NPV 实际是现值（PV），计算 NPV 还需减去初始投资额 20 万元。所以，该项目的净现值为：
$$NPV = 238\ 260 - 200\ 000 = 38\ 260（元）$$

预测与分析的结论为：该项目的 NPV 为正值，值得投资。

本章小结

本章论述了公司在进行投资决策时对资本的预算过程，并通过两个例题介绍了资本预算的实际运用。

资本预算是进行投资决策必须做的工作，是提出长期投资方案（其回收期在 1 年以上）并进行分析、选择的过程。

资本预算的一项重要任务是预测投资项目的未来现金流量，并且为营业性的税后增量现金流。基于此，预测项目的营业性的税后增量现金流应遵循的原则是忽略沉没成本，但应考虑机会成本和投资项目的副效应；同时要考虑非现金营运资本的变化带来的现金流的变化。

通过明亮公司和 LMN 公司两个例子分别介绍了新产品型项目和替换现有资产型项目的现金流预测过程。通过将项目寿命期分为初始阶段、运营阶段和结束阶段这三个阶段，可以发现，有些现金流只有在初始阶段和结束阶段才发生，运营阶段则以年为单位预测现金流。

思考与练习题

1. 什么是资本预算？资本预算的过程涉及哪些内容？
2. 资本支出的投资项目有哪三种基本类型？它们之间有何区别？
3. 与项目相关的未来现金流量有哪些基本特征？
4. 预测项目的税后增量营业现金流量应考虑哪些因素？
5. 折旧如何影响增量现金流量？
6. 净营运资本的变化如何影响现金流量？
7. 阐述机会成本和投资项目副效应的含义。
8. 在计算一个项目的 NPV 时，下列哪些现金流应当被视为增量现金流？
（1）公司其他产品销售的减少。
（2）厂房和设备的资本支出。
（3）过去 3 年对新产品的研发所支付的费用。
（4）每年的折旧费用。

（5）支付的红利。

（6）项目终止时出售设备的收入。

（7）生产工人休假时的薪金和医疗费用。

9. 宏远投资公司正考虑购买一台价值 50 万元的设备，这一设备使用期为 5 年，采用直线法进行折旧，5 年后这台设备可卖 10 万元。这台设备使用后，将节省 5 个年薪 12 万元的人工，还可节省净营运资金 10 万元，净营运资金将在项目结束时全部收回，公司所得税税率为 33%。如果该公司适用的折现率为 12%，这台设备是否值得购买？

10. 李氏兄弟公司考虑要投资一套生产计算机键盘的设备。设备价格为 40 万元，使用期为 5 年，采用直线法折旧。这套设备每年生产键盘 1 万个，单价在第 1 年为 40 元，之后每年以 5% 递增。每个键盘生产成本第 1 年为 20 元，之后每年按 10% 递增，公司所得税税率为 33%。如果适用的折现率为 14%，这项投资的 NPV 是多少？

11. 考虑下列两个项目 A 和 B。项目 A 的现金流是在真实数量的基础上测定的，项目 B 的现金流是基于名义数量预测的，项目 A 和项目 B 的现金流如表 14-13 所示。

表 14-13

年度	项目 A	项目 B
0	-40 000	-50 000
1	20 000	10 000
2	15 000	20 000
3	15 000	40 000

该公司适用的名义折现率为 14%，通货膨胀率为 4%，应该选择哪一个项目？

12. 一位书店老板正在考虑在店里增设一个咖啡屋。预计咖啡屋的扩建成本需 100 万元（假设全部为权益资本），使用期为 4 年，采用直线法折旧，在第 4 年年末残值为 50 万元。这项扩建从银行借款 40 万元，本金在第 4 年年末偿还，其间每年只支付利息，利率为 10%。咖啡屋的收入第 1 年预计为 50 万元，第 2 年为 60 万元，第 3 年为 55 万元，第 4 年为 50 万元。营业成本为收入的 40%，税率为 35%。

（1）预测这项投资每年的净资产收益率。

（2）如果折现率为 12%，书店老板应投资这个咖啡屋吗？

15 资本预算的方法

学习要点

1. 资本预算的静态方法
2. 资本预算的动态方法
3. 动态方法中的 NPV 方法和 IRR 方法在互斥项目的选择上的矛盾
4. NPV、IRR 及 PI 指标的含义
5. 在互斥项目的选择方面，IRR 出现的问题及其解决方法
6. NPV 方法中的约当成本

用正确的方法预测资本预算决策所需的相关现金流量之后，我们还需要评估各个投资方案的可行性。评价和分析投资项目是否可行或在几个投资方案中判别孰优孰劣的指标可分为两类：一类为静态指标，也称为非贴现指标。这类指标不考虑时间价值的因素，主要包括静态投资回收期（Payback Period，PBP）和平均收益率（Average Accounting Return，AAR）。另一类为动态指标，也称为贴现指标。这类指标在分析时考虑了时间价值的因素，主要包括净现值（Net Present Value，NPV）、内部收益率（也称内含报酬率，Internal Rate of Return，IRR）、盈利指数（Profitability Index，PI）和动态投资回收期（Discounted Payback Period，DPP）等。

本章将介绍几种资本预算的评估和选择方法。

15.1 净现值法

15.1.1 净现值法评估项目的基本要点

从货币具有时间价值这一理论出发，一个项目今天的资本支出会在未来若干期间内为公司产生一系列的现金流，而这些现金流的价值必须按一个恰当的折现率进行折现，这一系列未来现金流现值之和决定了项目的价值，即评价一个项目优劣的依据是现金流入现值之和与现金流出现值之和的差额——净现值（NPV）。如果 $NPV>0$，则说明项目能为企业带来价值的增值；否则，会降低企业的价值。

【例 15-1】某公司正考虑投资一个无风险项目，成本为 100 万元。1 年后有 107 万元的现金净流入并且没有其他现金流。公司经理可在以下两个方案中选取一个。

方案 1：用 100 万元投资该项目，一年后获得的 107 万元将作为红利发放给股东。

方案 2：放弃项目，将 100 万元现在发放给股东。

如果选择方案2，那么股东可能将红利存入银行一年。因为项目是无风险的并持续1年，如果银行存款利率低于7%，股东可能更倾向于方案1。

方案1和方案2的比较可以利用NPV方法很容易地进行。如果利率为6%，该项目的NPV是：

$$-100 + 107/1.06 = 0.94（万元）$$

由于NPV大于0，项目应该被采纳。但如果利率高于7%，将会使项目的NPV为负数，意味着项目应该被放弃。

所以，选择方案的基本原则是：接受NPV大于0的项目将使股东受益。

尽管这是最简单的例子，但复杂的实际问题也未脱离其本质，万变不离其宗。如果一个项目延续很长期间，将折现所有的现金流；如果这一项目是风险项目，将参照资本市场上与该项目可比的股票的风险来决定项目的预期回报率，而这一预期回报率将作为折现率。

15.1.2 净现值法的基本特征

从原理角度讲，NPV可以明确地告诉股东一个项目可以为他们增加多少价值。NPV方法是一种最好的项目评估方法，它具有三个基本特征。

（1）NPV使用的是现金流。与会计学中应计制的盈利相比，现金流更能体现企业的价值。在资本预算中应使用现金流而不是人工计算出的盈利。

（2）NPV使用一个项目全部的现金流。有些评估方法忽略了在特定日期之后产生的现金流，这样的方法缺乏完整性。

（3）NPV对现金流进行合理的折现。有些评估方法忽略了货币的时间价值，但投资项目评估的方法不只NPV一个，不可忽略其他可以选择的方法。下面介绍另外几种评估指标。

15.2 投资决策的静态评价指标

静态评价指标是指不考虑货币时间价值的投资决策指标。

15.2.1 静态投资回收期指标

投资回收期（PBP）是指投资所引起的现金流入累积到与初始投资额相等所需要的时间，一般以年为单位。

15.2.1.1 投资回收期的计算方法

投资回收期的计算方法依每年的现金净流入量是否相等而分为两种。

（1）如果每年的现金净流入量相等，则：

$$投资回收期 = \frac{原始投资额}{每年现金净流入量} \qquad (15-1)$$

【例15-2】假设某项目初始投资额为30 000元，项目投产后每年现金净流入量为

12 000 元,那么该项目的投资回收期为:

$$投资回收期 = 30\,000/12\,000 = 2.5(年)$$

(2) 如果每年的现金净流入量不等,则计算回收期要根据年末原始投资额与累计现金净流入量的差额决定。

【例 15 - 3】 假设某项目初始投资额为 50 000 元,项目投产后 3 年的现金净流入量分别为 18 000 元、20 000 元和 30 000 元。该项目的投资回收期是多少?

$$前两年累计现金净流入量 = 18\,000 + 20\,000 = 38\,000(元)$$
$$前 3 年累计现金净流入量 = 18\,000 + 20\,000 + 30\,000 = 68\,000(元)$$

由此我们可看出,回收 50 000 元初始投资的时间在 2~3 年之间。前 2 年已收回 38 000 元,第 3 年只需 12 000 元即可收回全部初始投资。因第 3 年的现金流入量为 30 000 元,产生 12 000 元现金流入占全年时间的比例为:

$$12\,000/30\,000 = 0.4(年)$$

因此,该项目的投资回收期 = 2 + 0.4 = 2.4(年)

15.2.1.2　利用静态投资回收期评价投资项目的准则

先确定一个"标准回收期"。如果项目回收期 < 标准回收期,则接受;如果项目回收期 > 标准回收期,则拒绝。进行项目比较时,选择投资回收期较短的那一个。

15.2.1.3　静态投资回收期项目评价准则的使用

从管理的角度来说,静态投资回收期项目评价方法通常是较大、组织结构较复杂的公司在考察较小的项目时使用的一种方法,诸如建立一个小仓库,或为卡车更换发动机等这样的投资决策,一般由基层管理者决定即可。更换卡车的发动机花费 20 000 元,如果更换后每年可节省 5 000 元的汽油费,那么 20 000 元的支出在 4 年内就可回本。在这种情况下,决定就很容易做出。

15.2.1.4　使用静态投资回收期指标的利弊

静态投资回收期指标的优点为简单易懂;缺点是会产生以下三个问题。

(1) 忽略了投资回收期内现金流的货币时间价值。这里对项目 A 和项目 B 进行比较。两个项目的初始投资额都为 100 万元,寿命期均为 4 年,从第 1 年到第 4 年,项目 A 的现金净流入量逐年增加,分别为 20 万元、30 万元、50 万元和 60 万元,项目 B 的现金净流入量为 50 万元、30 万元、20 万元和 60 万元。由于项目 B 第 1 年获得的是较大的 50 万元的现金流入量,因此项目 B 的净现值必然比项目 A 大。然而,在投资回收期准则中这两个项目的回收期都是 3 年。

(2) 忽略了回收期之后的现金流情况。这里对项目 B 与项目 C 进行比较。项目 C 的初始投资额为 100 万元,寿命期为 4 年,寿命期内现金流量分别为 50 万元、30 万元、20 万元和 5 000 万元。两个项目在回收期内有完全相同的现金流。但项目 C 明显好于项目 B,因为项目 C 在第 4 年产生 5 000 万元的现金流,这样的情况容易使决策人选择急功近利短期定位的项目,一些收益好而且稳定的长期投资,往往其早期现金流入较低,但在中后期收益会较高而且现金流量大且稳定。

(3) 缺乏客观的回收期标准。用以作为评判标准的"标准回收期"往往是凭借过去的经验或主观臆断出来的，缺乏客观依据，而据此作为标准评价一个项目的优劣也必然是缺乏客观性的。

15.2.2 平均收益率指标

另外一个广泛使用但也有着严重缺陷的项目评价指标是平均收益率（AAR）指标，它是项目寿命期内平均年净利润与账面平均投资价值的比率。该比率越高，表明项目获利能力越强。

15.2.2.1 ARR 的计算

ARR 的计算公式为：

$$平均收益率 = \frac{年平均净利润}{平均投资金额} \qquad (15-2)$$

【例 15-4】现有一家公司正在考虑是否在一个新的购物中心内收购一个商店，收购价格是 500 000 元。假设这个商店的折旧年限为 5 年，5 年后需翻建。该项目 5 年内的收入和费用预测见表 15-1。

表 15-1 收购项目 ARR 的收入和费用预测

（单位：元）

项 目	第 1 年	第 2 年	第 3 年	第 4 年	第 5 年
收入	400 000	450 000	250 000	200 000	150 000
费用	200 000	130 000	110 000	100 000	100 000
税前收入	200 000	320 000	140 000	100 000	50 000
折旧	100 000	100 000	100 000	100 000	100 000
税前盈利	100 000	220 000	40 000	0	-50 000
税金（税率为 33%）	33 000	72 600	13 200	0	-16 500
净利润	67 000	147 400	26 800	0	-33 500

根据表 15-1 中的数据，计算该项目的 ARR。

第一步：决定 5 年的平均净利润。

平均净利润 = [67 000 + 147 400 + 26 800 + 0 + (-33 500)]/5 = 41 540（元）

第二步：决定平均账面投资价值。

在前面的学习中我们知道，折旧使该商店的账面价值每年递减 100 000 元。第 0 年时，商店价值为 500 000 元，第 1 年年末，价值减至 400 000 元，第 5 年年末价值为 0。在项目寿命期内，平均账面投资价值的计算公式为：

平均账面投资价值 = (500 000 + 400 000 + 300 000 + 200 000 + 100 000 + 0)/6 = 250 000（元）

第三步：确定 ARR。

ARR = 41 540/250 000 = 16.62%

15.2.2.2 利用平均收益率方法评价投资项目的准则

用平均收益率评价投资项目的准则是设定目标会计收益率。如果 ARR > 目标会计收益率，则接受该项目；否则予以拒绝。

15.2.2.3 使用平均收益率指标的利弊

（1）ARR 的优点：数据容易收集、计算简便。ARR 的计算所需的数据从企业已有的会计系统中就可以获取；考虑了整个项目寿命期的收益，克服了静态投资回收期的缺点。

（2）ARR 的缺点：数据来源不全面，其计算选取的是会计上的净利润和账面投资额，会扭曲实际结果；没有考虑货币的时间价值；如静态投资回收期一样，目标会计收益率的确定带有主观色彩。

ARR 在实践中使用广泛，因为它计算比较简便且可利用会计系统中的现成数据，从而节省成本。

15.3 投资决策的动态评价指标

动态评价指标是考虑了货币时间价值的投资决策指标，包括动态投资回收期、盈利指数、内部收益率和净现值等指标。

15.3.1 动态投资回收期

动态投资回收期（Discounted Payback Period）是在考虑资金时间价值的条件下把投资项目各年的净现金流量按基准收益率折成现值之后，以项目的净收益回收其全部投资所需要的时间。

15.3.1.1 动态投资回收期的计算

【例 15 - 5】假设一个项目的折现率为 10%。初始投资需 100 万元，第 1 年现金净流入量为 50 万元，第 2 年为 50 万元，第 3 年为 20 万元。这一项目的投资回收期为几年？

按静态方法计算，投资回收期为 2 年。

为了计算动态投资回收期，首先应将现金流进行折现。折现的结果为：

$$\left[\begin{array}{cccc} \text{第 0 年} & \text{第 1 年} & \text{第 2 年} & \text{第 3 年} \\ \downarrow & \downarrow & \downarrow & \downarrow \\ -100 & \dfrac{50}{(1+10\%)} & \dfrac{50}{(1+10\%)^2} & \dfrac{20}{(1+10\%)^3} \end{array}\right]$$

$$= -100 \quad 45.45 \quad 41.32 \quad 15.03$$

为了收回 100 万元的初始投资，在考虑货币时间价值的基础上，两年的时间只可收回 86.77 万元（45.45 + 41.32），3 年时间累计现金流 101.8 万元，因此：

$$\text{动态回收期} = 2 + (100 - 86.77)/15.03 = 2.88 \text{（年）}$$

15.3.1.2 使用动态投资回收期的利弊

动态投资回收期的优点是考虑了货币时间价值的因素。

动态投资回收期的缺点为缺乏客观的评价标准,忽略了回收期之后的现金流情况。

15.3.2 盈利指数

15.3.2.1 盈利指数的计算

盈利指数(PI)又称获利指数,或称现值指数,是项目未来预计现金流现值之和与初始投资额的比值。作为一个相对数指标,它反映了 1 元原始投资可获得的现值净收益。盈利指数的计算公式为:

$$\text{PI} = \frac{\text{未来现金流现值之和}}{\text{初始投资额}} \quad (15-3)$$

【例 15-6】汉芳公司有两个投资项目。该公司适用的折现率为 12%,两个投资项目预计的现金流如表 15-2 所示。

表 15-2 两个投资项目预计现金流

(单位:万元)

项目	C_0	C_1	C_2	12%折现率,现值之和	盈利指数
1	-20	70	10	70.5	3.53
2	-10	14	40	44.4	4.44

项目 1 的盈利指数的计算过程如下:

初始投资后所产生的现金流现值为:

$$70/(1+12\%) + 10/(1+12\%)^2 = 70.5(\text{万元})$$

盈利指数由上面结果除以 2 000 万元的初始投资计算得出:

$$70.5/20 = 3.53$$

15.3.2.2 利用盈利指数评价投资项目的准则

(1) 在各项目是独立的、互不干扰的情况下,如果 *PI* > 1,则接受;如果 *PI* < 1,则拒绝。

(2) 在排他性的项目选择中,选择 PI 大的那一个。

(3) 虽然可用资金有限,但公司愿意尽可能多地选择那些盈利的项目,因此需在若干项目中进行资本配置。在这种情况下,现金指数是最适用的一种方法。

【例 15-7】假设汉芳公司除了有上述两个项目外还有第三个项目。项目 3 可产生的现金流如表 15-3 所示。

表 15-3 项目 3 预计现金流

(单位:万元)

项目	C_0	C_1	C_2	12%折现率,现值之和	盈利指数
3	-10	-5	60	43.4	4.34

假设：①该公司各项目是独立的；②该公司只有2 000万元进行投资。

项目1的初始投资为2 000万元，因此，选择了项目1就意味着必须放弃项目2和项目3；相反，项目2和项目3都需初始投资1 000万元，因此，2 000万元的资金可选择两个项目。尽管项目1带给企业的价值增值分别比项目2和项目3更大，但项目2和项目3两个项目带给企业的价值之和会更大。这种情况下，使用PI在项目中排序，在例题中，排序的次序是项目2、项目3和项目1。

15.3.2.3 使用盈利指数的利弊

（1）盈利指数的优点：考虑了货币时间价值的因素，可从动态的角度反映投资方案收益与成本的关系；相对数的特点决定了它可以方便地进行独立投资机会获利能力的比较和资金配置方案的确定。

（2）盈利指数的缺点：它只可反映投资的相对盈利性，反映投资的效率，不能给出投资方案对企业财富的经济贡献有多大；由于盈利指数是一个相对数，这一比值忽略了项目的投资规模，通常来说，投资规模大的项目，其盈利指数较低，所以，盈利指数忽略了互斥项目之间投资规模的差异。在互斥项目之间进行选择时会造成一些困惑，因为投资规模大的项目，虽然其盈利指数低，但其NPV高，而投资规模小的项目，其盈利指数高，但其NPV低，所以会造成项目选择上的困难。

15.3.3 内部收益率指标

内部收益率（IRR）也称内含报酬率，这一指标是实践中被广泛采用的用以衡量项目优劣的指标，是指当进行现金流贴现时，使现金流入量现值之和与现金流出量现值之和相等，即净现值为0的贴现率。

15.3.3.1 IRR的计算

假设一个简单的项目初始投资为100万元，一年后产生120万元现金流，寿命为1年，用通常方法表示即为（-100，120）。对于给定的折现率r，项目的净现值可描述为：

$$NPV = -100 + 120/(1+r)$$

贴现率为多少时，NPV才为0？

先任意给出一个贴现率，比如14%，这样就可计算得出：

$$-100 + 120/(1+14\%) = 5.26$$

由于这时的NPV为正，显然贴现率小了；试着调高贴现率，比如调到25%，这时：

$$-100 + 120/(1+25\%) = -4$$

由于NPV为负数，说明25%的贴现率高了，需降低一些，比如20%，这时：

$$-100 + 120/(1+20\%) = 0$$

这一反复试算过程显示，当贴现率等于20%时，该项目的净现值为0。因此，20%是这一项目的内部收益率（内含报酬率），即IRR。这个例题的含义非常简单明了：如果贴现率为20%，项目既没有降低企业价值也没有增加企业价值，那么公司接受和拒绝该项目的意愿是相等的；如果贴现率低于20%，说明投资项目所创造的收益率高于投资者预期的必要收益率，即高于该项目的融资成本，这时 NPV 大于0，企业价值增加，公司应该接受该项目；相反，如果贴现率高于20%，说明投资项目所产生的收益率不足以满足投资者预期的必要收益率，即不足以支付融资成本，则公司应拒绝该项目。由此分析得出 IRR 方法对项目评价的准则。

15.3.3.2 使用 IRR 方法评价投资项目的一般准则

IRR 方法评价项目的准则即为：如果 IRR 大于贴现率，则接受项目；反之，IRR 小于贴现率，则拒绝项目。

15.3.3.3 IRR 方法的运用

我们参考基本的 IRR 准则，尝试计算稍微复杂一些的问题。

【例15-8】某一项目的现金流情况为（-500,200,300,100），为了计算 IRR，我们运用试算方法，试贴现率分别为10%和14%时的 NPV，得出表15-4的结果。

表15-4 试算结果

贴现率（%）	NPV	贴现率（%）	NPV
10	4.88	14	-33.49

根据两个贴现率对应的 NPV 结果推理，这一项目的 IRR 应该在10%~14%之间。经过多次的反复试算我们发现，使 NPV 为0的贴现率为10.60%，所以该项目的 IRR 为10.60%。在10%贴现率的情况下，NPV>0，故接受此项目。然而，如果贴现率为14%，NPV<0，就应拒绝此项目。

在计算 IRR 时，使用机械的反复试算方法是一项异常繁琐的工作，特别是项目期限很长时更是如此。现在可以利用 Excel 计算 IRR，以上题为例。

第一步：将现金流数据输入，如表15-5所示。

表15-5 现金流数据输入

步骤	第1年	第2年	第3年	第4年	第5年
一	现金流量	-500	200	300	100

第二步：在插入工具栏中插入函数 f_x，在选择类别选项中选择"财务"，然后选择"IRR"，如图15-1所示。

第三步：选取数据范围，如图15-2所示。

第四步：只要用鼠标轻点确定，就可得到结果：10.60%。

上述 IRR 的计算可用代数表达式表示：

$$0 = -500 + \frac{200}{(1+IRR)} + \frac{300}{(1+IRR)^2} + \frac{100}{(1+IRR)^2}$$

这里 IRR 未知，图15-3描述了找到 IRR 的意义。图中显示 NPV 是贴现率的函

15　资本预算的方法

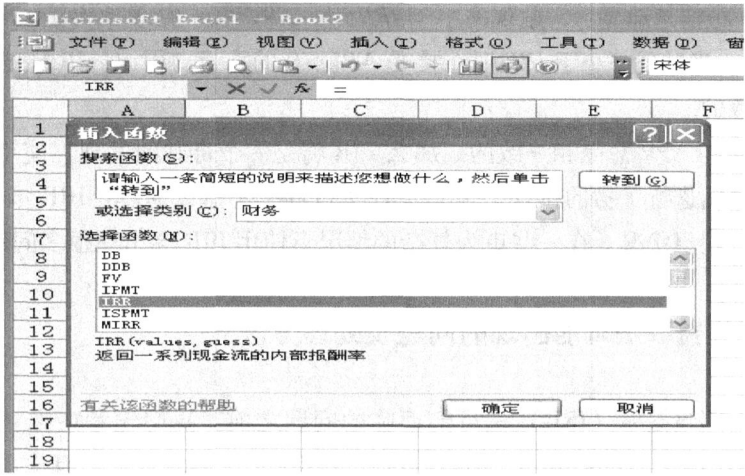

图 15-1　函数类别选项

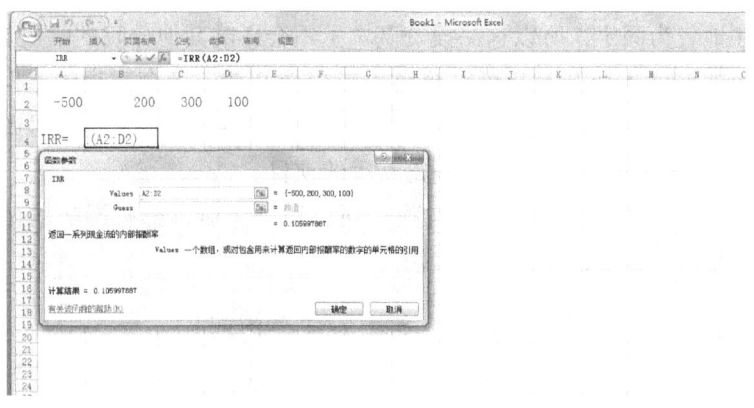

图 15-2　选取数据范围

数,曲线与横轴相交的那一点 10.60% 是 IRR,因为它使 NPV 为 0。

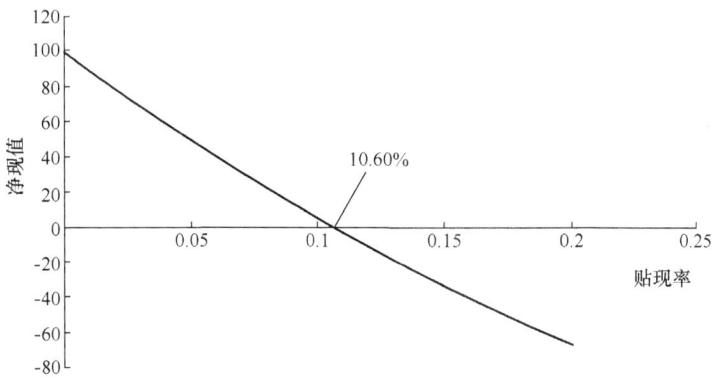

图 15-3　贴现率与净现值的关系

图 15-3 很清楚地显示，贴现率小于 IRR 时，NPV>0；贴现率大于 IRR 时，NPV<0。这就说明，当贴现率小于 IRR 时，接受 NPV>0 的项目。因此，IRR 准则与 NPV 准则是完全一致的。

如果 IRR 与 NPV 总是相一致的，那么 IRR 将是一个奇妙的发现，使用它就可以容易地在项目之间进行优劣的排序。但是，现实世界并不这么简单。IRR 准则和 NPV 准则相一致只是理想状况，在一些更为复杂的情况下使用 IRR 会出现很多问题。

15.4 内部收益率法可能出现的问题及处理方法

在论述内部收益率（IRR）法可能面临的问题之前，我们先考察独立项目和互斥（排他）项目。独立项目是指一个项目的接受或拒绝不影响对其他项目作出接受或拒绝的决定。比如，某连锁养老院正考虑建立新院，该新院建在一个还没有该品牌养老院的城市，那么对这一投资的接受或拒绝与该品牌养老院系统中的其他分院无关。因为老年人的居住地较为固定，所以这一投资基本上不会影响其他分院的收益。

相互排斥的项目 A 和 B 是指可以接受 A 或接受 B 或二者全部拒绝，但不能二者全部接受。比如，在同一块土地上有两个开发项目可供选择，项目 A 建居民楼，而项目 B 建购物中心。在这种情况下，A 和 B 是互斥的项目。

下面首先说明使用内部收益率法对独立项目和排他项目都有影响的两个问题，接下来再涉及只影响排他项目两个的问题。

15.4.1 同时影响独立项目和排他项目的两个问题

15.4.1.1 问题 1：投资项目决策还是融资项目决策

并不是所有现金流序列都会使其 NPV 随着贴现率的增大而减小。我们考虑以下两个项目 A 和 B。

【例 15-9】两个项目 A 和项目 B 的现金流如表 15-6 所示。

表 15-6 项目 A 和项目 B 的现金流

（单位：万元）

项目	C_0	C_1	IRR（%）	NPV（20%）
A	-1 000	+1 400	+50	250
B	1 000	-1 400	-50	-250

表 15-6 显示，项目 A 初始金额为负，是投资项目；项目 B 初始金额为正，是融资项目，项目 A 与项目 B 正好相反。在项目 B 中，当贴现率小于 IRR 时，NPV 为负；当贴现率大于 IRR 时，NPV 为正。NPV 与贴现率之间的关系见图 15-4。项目 B 的图形很直观地说明，对于这类融资项目决策的准则是：

当 IRR 小于贴现率时，接受项目；当 IRR 大于贴现率时，拒绝项目。

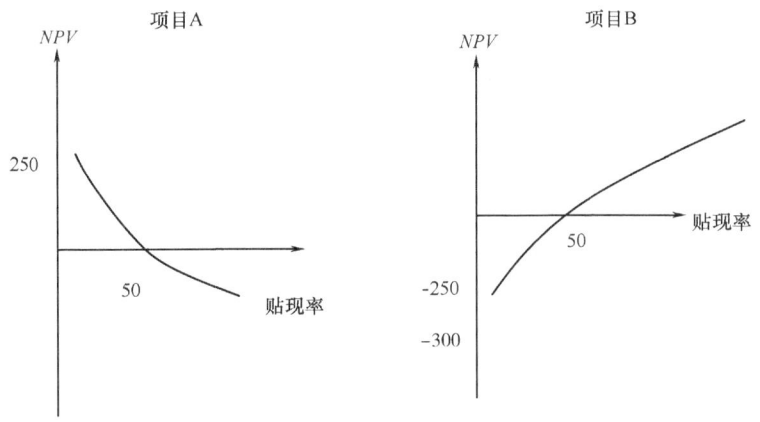

图 15-4　不同类型项目的 IRR 与 NPV 之间的关系

融资项目的 IRR 可视同于成本率，投资项目的 IRR 可理解为收益率。对项目 A 来说，最初是将资金投资出去，当然希望投资收益越高越好；对项目 B 来说，最初是借入资金，当然希望借款利率越低越好。

15.4.1.2　问题 2：多个 IRR 或不存在 IRR

假设项目 C 现金流为（-100，300，-200）。因为这个项目首先有负的现金流，接下来是正的现金流，然后又是负的现金流，这个项目的现金流符号变换了两次。经过计算，可以得出这个项目不止一个 IRR，而是有两个，0% 和 100%。应该选择哪一个？0% 还是 100%？在这样的情况下，IRR 没有任何意义，因为找不出有说服力的理由选择其中一个而放弃另一个。此时可以依靠 NPV 对项目作出抉择。

一般来说，现金流符号的变换会产生多个 IRR。从理论上说，现金流系列中如果有 N 次正负符号的变换就会有多个 IRR，最多时为 N 个。在现实中，一个项目在初始投资之后产生多个现金净流出和现金净流入的现象是存在的。比如，露天矿的开采，项目的第一阶段是初始投资进行挖掘，现金流是负的；第二阶段是在经营中获得利润，现金流是正的；之后的第三阶段需要进行法律规定的环境保护或安全设施的追加投资，或由于关停发生成本，这个阶段的现金流又是负的。

另外可能出现的情况是，当项目现金流序列有正负号变换时，可能根本不存在 IRR。比如项目 D，其现金流为（1 000，-3 000，2 500），这一项目在任何贴现率下 NPV 都为正。

在 A、B、C、D 四个项目中，A 和 B 只有唯一的 IRR，使用 IRR 准则就可以对项目作出判断。但 A 和 B 果真就只有唯一的 IRR 吗？它们不会像 C 一样有两个或多个吗？下面进行具体分析：对项目 A 而言，第一个现金流是负的初始投资，之后产生的是现金净流入，即现金流是正的。假设使用大于 50% 的贴现率试算 NPV，无论贴现率是多少，最初的 -1 000 万元都是不变的，因为不对它折现，但当贴现率增大时，后续的现金流将减少。由于贴现率为 50% 时 NPV 为 0，只要贴现率有任何幅度的上升，都会将 NPV 推向负数的范围。近似地，如果试将贴现率降到 50% 以下，那么 NPV 就会在大于

0 的范围内。尽管在项目 A 这个例子中只有一个正现金流,但通过这些推理,在初始投资后产生多个现金净流入的情况仍将只有唯一的 IRR。

同理,如果最初现金流是正的,而之后所有的现金流都表现为净流出,那么也只有唯一的 IRR。由此可以总结为:现金流只有一次正负符号的变换,使用 IRR 作为项目评判的指标是安全可靠的。

我们注意到,在上述几种情况下,NPV 标准都是一样的。换句话说,NPV 准则在任何情况下都是适用的;相对应的是,IRR 只能在一定条件下使用。

15.4.2 影响排他项目的两个问题

前面已提及,在两个或多个项目中,公司只能选取一个,那么这些项目就是相互排斥的、排他的。此处分析在排他项目使用 IRR 时出现的两个问题。这两个问题尽管逻辑截然不同,但看起来很相似。

15.4.2.1 问题 1:投资规模问题

【例 15-10】某公司有项目 A 和项目 B,二者为互斥项目。项目 A 和项目 B 的投资额见表 15-7。

表 15-7 项目 A 和项目 B 的投资额

(单位:万元)

项目	0	1	2	3	4	NPV(14%)	IRR(%)
A	100	35	45	60	75	46.79	33.66
B	1 000	300	350	450	550	135.87	20.88

在这里,项目 A 的投资额为 100 万元,项目 B 的投资为 1 000 万元。这时两个项目的 IRR 与 NPV 对项目的排序出现了矛盾,项目 A 有较高的 IRR,但却有较低的 NPV,项目 B 则相反。两个项目如何选择?问题出在 IRR 忽略了项目的投资规模。项目 A 有更高的 IRR,但投资额很小。换句话说,项目 A 的高收益率被项目 B 大规模投资获取绝对经济效益的能力抵消了。

既然完全照搬 IRR 方法会使项目的选择变得困难,那么能否通过调整或纠正而使之与 NPV 准则相一致,进而使 IRR 与 NPV 在项目选择排序上的矛盾消除呢?有一个调整 IRR 的方法,即计算增量 IRR。

增量 IRR 是在两个投资规模不同的互斥项目中,在放弃小预算项目而选择大预算项目时,测量后续能够增加的现金流相对于增加的投资预算而言所产生的内部收益率。

以上题为例,放弃项目 A 而选择项目 B,使企业能够增加的现金流为:B-A 的增量现金流 = (-900, 265, 305, 390, 475);然后计算这一现金流序列的 IRR:

$$NPV = -900 + \frac{265}{(1+IRR)} + \frac{305}{(1+IRR)^2} + \frac{390}{(1+IRR)^3} + \frac{475}{(1+IRR)^4} = 0$$

$IRR = 19.33\%$

利用增量 IRR 选择项目的准则是：当贴现率小于增量 IRR 时，选择大预算的项目 B；当贴现率大于增量 IRR 时，则选择小预算的项目 A。

15.4.2.2　问题 2：现金流时间序列问题

这是继投资规模问题之后，关于排他项目的评估在使用 IRR 准则时出现的另一个问题。对这一问题，我们仍通过例题进行阐释。

【例 15 – 11】某公司要建造一个厂房，对于厂房的使用有两种方案：一是生产产品 A；二是生产产品 B。项目 A 和项目 B 的现金流如表 15 – 8 所示。

表 15 – 8　项目 A 和项目 B 的现金流

（单位：万元）

项目	0	1	2	3	4	NPV				IRR（%）
						0%	15%	20%	21%	
A	-1 000	300	350	450	550	650	136	19	-2	20.88
B	-1 000	500	400	320	300	520	119	24	7	21.41

我们发现，项目 A 在低贴现率的条件下有较高的 NPV，而项目 B 在高贴现率时 NPV 较高。如果仔细观察现金流的格局就不难找出其中的原因。项目 A 现金流前低后高，而项目 B 现金流前高后低。假如设定一个较大的贴现率，那么人们将倾向于项目 B，因为同时假设了项目 B 早期所产生的现金流可以同样大的贴现率进行再投资。而对项目 A 来说，是后续年间产生较大现金流，因此，贴现率低时它的价值较高。

在图 15 – 5 中可清晰地看出，两个项目在贴现率为 18.62% 时的 NPV 是相等的，随着贴现率的降低，项目 A 的 NPV 迅速地上升；而随着贴现率的提高，项目 A 的 NPV 又快速地下降。

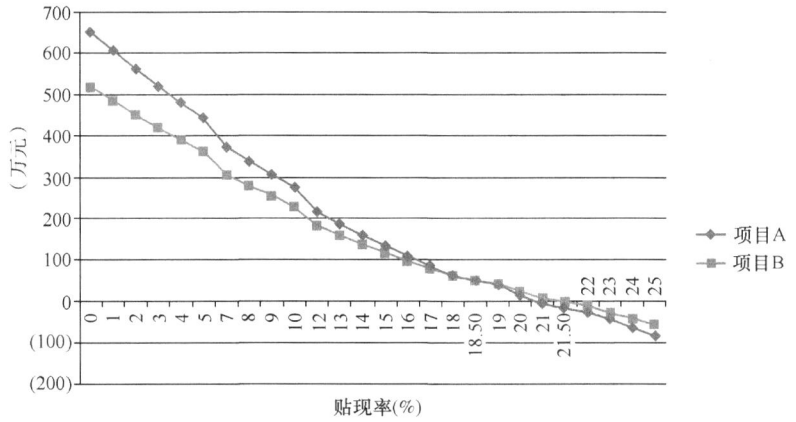

图 15 – 5　现金流产生的时间不同使用 IRR 出现的问题

项目 A 和项目 B 两条曲线斜率不同，在时间序列上晚些时候产生较高现金流的项目 A 斜率更大，说明这一项目对贴现率的变化更为敏感。既然两条曲线斜率不同，必然相交于一点，这一交点有特殊的作用。它将用于解决接下来的问题——到底应选择哪一个项目？

第一种方法：利用交点比较两个项目的 NPV，当贴现率小于 18.62% 时，项目 A 优于项目 B；如果贴现率大于 18.62%，则应选择项目 B。

第二种方法：使用解决规模问题的方法解决现金流产生时间的问题，即比较增量 IRR 与贴现率。

在此例中，用项目 A 减项目 B，这样就有了表 15-9 所示的增量现金流序列，基于此序列即可求出 IRR，即增量 IRR。

表 15-9 项目 A - 项目 B 的增量现金流序列

项目	0	1	2	3	4	增量 IRR（%）	增量现金流的 NPV		
							0%	15%	20%
A - B	0	-200	-50	130	250	18.62	130	19	-7

从表 15-9 可以看出，增量 IRR 为 18.62%。即当贴现率为 18.62% 时增量 NPV 为 0。意为在这一贴现率下，项目 A 与项目 B 是等同的，可选其中任何一个。当贴现率小于 18.62% 时，根据基本的 IRR 准则，应选择项目 A；相反，如果贴现率大于 18.62%，则应选择项目 B。

第三种方法：计算增量现金流的 NPV。当贴现率为 0% 或 15% 时，增量现金流的 NPV 是正的，因此应选择项目 A；当贴现率为 20% 时，项目 A 的增量现金流的 NPV 小于 0，应放弃项目 A，而选择项目 B。

总之，使用以上三种方法中的任何一种都可以得出相同的计算结果。切记不可简单地通过比较项目 A 和项目 B 的 IRR 来决定。

对计算增量现金流谁减谁这个问题，前面曾建议使用投资规模大的项目减投资规模小的项目，以使得最初的现金流是负的，这样可以套用基本的 IRR 准则。但在这个例子中，两个项目有相同的初始投资额，这时应如何处理？我们的建议是确保减出来的第一个非零现金流为负数。在这个例子中，使用项目 A 减项目 B 可以实现这个目的。这样就可以运用基本的 IRR 准则。

以上两个问题是关于排他项目而言的，虽然这里区分出了投资规模问题和时间序列问题，并且针对如何解决这两个问题分别进行了分析，但在实践中没有必要区分是哪一种问题，只需简单地使用增量 IRR 或 NPV 方法对项目作出评估即可。

15.4.3 对 IRR 准则的再评价

虽然 IRR 存在着上述的诸多问题，但现实中人们仍普遍使用。这是因为它有 NPV 所不具备的功能，比如可以满足人们只用单一回报率来概括关于项目的所有信息，这个单一的回报率能够为人们分析项目提供一个简单的方法，并使得相互沟通变得更轻松。

15.5 资本预算中其他问题的处理方法

对一些实际问题的解决使用 IRR 会出现很多问题，下面就实践中寿命不同的项目，介绍对其进行处理的方法。

15.5.1 寿命不同的项目

假设一个公司必须在两部寿命不同的机器当中挑选一部。这两部机器所做工作完全相同，但营业成本不同。一个简单的选择方法是 NPV 准则，依据这一准则，应选择成本的现值较低的那部机器。但成本低的机器很可能提前更新。当选择互斥的两个寿命不同的项目时，对项目的评估必须在其寿命相同的基础上进行。换句话说，以前的方法都不适用，需要一种新的方法来解决这个问题，这一新方法必须考虑未来所有替换的决定。这就是著名的替换链问题。

【例 15-12】某网球俱乐部要在两种网球投掷器中选择一个。机器 A 比机器 B 价格低但寿命短。两种机器的现金流出量如表 15-10 所示。

表 15-10 机器 A 和机器 B 的现金流出量

（单位：元）

机器	期间				
	0	1	2	3	4
A	500	120	120	120	
B	600	100	100	100	100

机器 A 花费 500 元购置费可使用 3 年，每年维护费为 120 元（年底支付）；机器 B 花费 600 元购置费可使用 4 年，每年维护费为 100 元（年底支付）。假设两部机器每年所产生的盈利是相同的，分析中就可忽略现金流入量。这些数据表示的全部是现金流出量，假设项目的折现率为 10%。

为此需计算每种机器的成本现值：

机器 A：$500 + 120/1.1 + 120/1.1^2 + 120/1.1^3 = 798.42$

机器 B：$600 + 100/1.1 + 100/1.1^2 + 100/1.1^3 + 100/1.1^4 = 916.98$

经计算，机器 B 的成本现值更高。一般的判断将会选择 A，但机器 B 的使用寿命长，它分摊到每年的实际成本也许更低。那么怎样合理地调整机器不同的使用寿命而使得它们具有可比性？

下面介绍两种方法：匹配周期和约当年度成本。

15.5.1.1 匹配周期

假设该网球俱乐部运营这项业务12年。那么机器A将有4个完整的周期，机器B将有3个完整的周期。现考虑机器A：它在第3年年末需要首次更换，所以需再花费500元和后3年（第4、5、6年）每年120元的维护费用；第三个周期从第6年年末开始；第四个周期将从第9年年末开始，第12年年末结束。前面计算A和B的成本现值时已知，机器A每一周期的成本为798.42元，第二个周期的798.42元是在第3年年末发生的，第三个周期的798.42元是在第6年年末发生的，第四个周期的798.42是在第9年年末发生的。即：

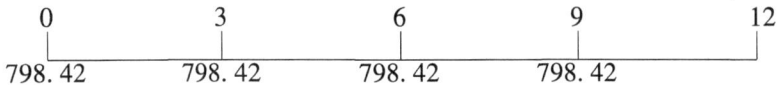

机器A在12年中所发生的成本现值为：

$$798.42 + 798.42/(1.1)^3 + 798.42/(1.1)^6 + 798.42/(1.1)^9 = 2\ 188(元)$$

现在考虑机器B：它的首次更换是在第4年年末，并每年发生100元的维护费用；第三个周期是在第8年年末。同机器A一样，需要计算机器B在12年中所发生成本的现值。即：

$$916.98 + 916.98/(1.1)^4 + 916.98/(1.1)^8 = 1\ 971(元)$$

因为在12年中两部机器都有完整的周期，通过比较可以看出，机器B的成本要低于机器A的成本，因此应该选择机器B。

这种方法比较直观、易懂，但它有一个缺点，就是实现周期匹配，有时需要很多的周期数，从而需要大量的计算。比如，如果机器C的使用寿命是7年，机器D的使用寿命是11年，那么这两部机器需要比较77年的成本现值。如果在三部机器中选择，机器E的使用寿命是4年，那么需要比较308年（$7\times11\times4$）的成本现值，可想而知计算是多么的费时。这里介绍另外一种方法。

15.5.1.2 约当年度成本

对于机器A，一个周期的一系列现金支出（500，120，120，120）相当于在期间0时单一的798.42元现金流支出，将这798.42元视为相等的3年的年金。利用前面章节讲述的年金计算技巧，我们有：

```
0        1        2        3
798.42   C        C        C
         └────一个周期────┘
```

$$798.42 = C \times A_{0.10}^{3}\ (n=3, i=10\%\ 的年金系数)$$

$$A_{0.10}^{3} = \frac{1-(1+i)^{-n}}{i} = \frac{1-1.1^{-3}}{0.1} = 2.486\ 9$$

将$A_{0.10}^{3}$代入式中，得出 $C = 321.05$（元）

所以可以说，一个周期的现金流（500，120，120，120）等同于3年中每年年末支付321.05元的年金（321.05，321.05，321.05）。若干个周期就有若干个（321.05，

321.05，321.05⋯）。我们将 321.05 元称为机器 A 对等的年度成本。

现在来看机器 B，利用同样的方法计算出机器 B 的对等年度成本：
$$916.98 = C \times A_{0.10}^{4} \qquad C = 289.28 （元）$$

机器 B 一个周期的现金流（600，100，100，100，100）就等同于现金流（289.28，289.28，289.28，289.28）。有多少个周期就有多少个（289.28，289.28，289.28，289.28⋯）。

表 15-11 描述了两部机器 A 和 B 对等年度成本的比较。

表 15-11　机器 A 和机器 B 对等年度的成本比较

（单位：元）

机器	年度						
	0	1	2	3	4	5	⋯
A	798.42	321.05	321.05	321.05	321.05	321.05	⋯
B	916.98	289.28	289.28	289.28	289.28	289.28	⋯

很明显，对比约当年度成本，机器 B 优于机器 A。

利用这两种方法解决项目寿命不同的问题，可以看出，不同方法的结论是一致的。在上述例题中为机器 B 优于机器 A。这两种方法是对相同的信息使用不同的处理形式而已，因此结论必然是相同的。在实践中，可以视具体情况选择较简便的方法。

本章小结

在资本预算实务中，以是否考虑时间价值为标准，可将使用的方法可分为静态方法和动态方法。静态方法包括静态投资回收期和平均收益率法；动态方法包括动态投资回收期、盈利指数、内部收益率和 NPV 法。

在上述方法中，每种方法都有其优点和适用条件，通过分析得出，NPV 方法是最为稳健的一种方法。除此之外，IRR 法也是实践中人们经常使用的一种方法，它通过一个单一的收益率可以概括项目信息，便于人们对项目的选择和实施进行沟通。

但 IRR 法也有自身的问题：①首先要区别投资项目和融资项目；②当现金流序列出现多次正负号变换时会出现两个或多个 IRR，有时还会出现不存在 IRR 的情况；③互斥项目中投资规模不同，IRR 与 NPV 对项目的排序会出现冲突；④互斥项目中如果项目产生现金流的时间早晚不同，这些项目的 IRR 和 NPV 在排序上也会出现冲突。解决这些问题最直接、最简单的办法就是计算项目的 NPV，然后按 NPV 的大小选择项目；也可以通过计算修正 IRR 和增量 IRR 的方法选择项目，这与按 NPV 方法选择的结果是一致的。

在资金受限，需要在项目之间进行资本配置时，盈利指数是最适用的方法。

思考与练习题

1. IRR 与 NPV 之间有什么关系?
2. IRR 衡量的是什么?
3. 为什么早期现金流较大的项目 IRR 较高?
4. 为什么初始投资较小的项目 IRR 和 PI 可能高于初始投资较大的项目?
5. 计算 AAR 有哪三个步骤? AAR 存在哪些缺陷?
6. 列出静态投资回收期的优点及其存在的问题。
7. 独立项目和排他项目之间的区别是什么? 使用 IRR 法评估这两类项目所面临的问题是什么?
8. 如何计算盈利指数?
9. 光理软件公司有项目 A 和项目 B, 其投资情况见表 15-12。

表 15-12

年度	项目 A	项目 B
0	-7 500	-5 000
1	4 000	2 500
2	3 500	1 200
3	1 500	3 000

(1) 假设光理软件公司回收期的标准为 2 年, 应选择那个项目?
(2) 假设光理软件公司使用 NPV 准则为两个项目排序, 适用的折现率是 14%, 应选择哪个项目?

10. 假设某铺路公司为一个新的工程投资 100 万元, 该项目将无限期地每年创造 14 万元的现金, 适用的折现率为 10%。

(1) 该项目的回收期是多少年? 如果公司期望回收期为 10 年, 这个项目应该被采用吗?
(2) 该项目的动态回收期是多少年?
(3) 该项目的 NPV 是多少?

11. 计算下列两个项目 A 和 B 的 IRR (见表 15-13)。

表 15-13

| 年度 | 现金流 | |
	项目 A	项目 B
0	-3 000	-6 000
1	2 500	5 000
2	1 000	2 000

12. 东方快递公司的财务总监需要对下面两个互斥的项目（A 和 B）作出判断（见表 15-14）。

表 15-14

年度	项目 A	项目 B
0	-5 000	-100 000
1	3 500	65 000
2	3 500	65 000

（1）这两个项目的 IRR 分别为多少？
（2）如果只知道项目的 IRR，如何做出选择？
（3）计算项目的增量 IRR。
（4）假设已决定折现率为 14%，根据 NPV 准则，应该选择哪一个项目？

13. 某公司预测出项目 A、B、C 的现金流如表 15-15 所示。假设相应的折现率为 12%。

表 15-15

年度	项目 A	项目 B	项目 C
0	-100 000	200 000	-100 000
1	70 000	130 000	75 000
2	70 000	130 000	60 000

（1）计算三个项目的盈利指数分别是多少？
（2）计算三个项目的 NPV 分别是多少？
（3）假设三个项目是相互独立的，根据盈利指数，公司该如何选择？
（4）假设三个项目是相互排斥的，根据盈利指数，公司该如何选择？
（5）假设该公司有 300 000 元的项目预算，这些项目都不可分割，公司该如何选择？

14. 某公司准备购置一台复印机，在两种型号 XX40 和 RH45 之间进行选择。XX40 比 RH45 价格低，但使用期短。两台复印机每年的维护费用见表 15-16。这些现金流都是真实现金流。

表 15-16

复印机型号	第 0 年	第 1 年	第 2 年	第 3 年	第 4 年	第 5 年
XX40	700	100	100	100		
RH45	900	110	110	110	110	110

假设通货膨胀率为5%，名义折现率为14%。两台复印机创造的收入是相同的，一旦公司选定了其中一种，以后将永远购买这一种。公司应选择哪一型号的复印机？（忽略纳税额和折旧费）

16 资本预算中的风险与实物期权

学习要点
1. 投资项目不确定性分析的方法
2. 会计盈亏平衡点
3. 财务盈亏平衡点
4. 营业杠杆
5. 在项目分析中对实物期权的识别

在前面介绍的项目现金流预测和资本预算的方法中,我们了解到财务人员根据假设条件预测项目所产生的增量现金流量,然后计算 NPV 或用其他投资评价方法评估项目。但实际上资本预算的过程并没有至此结束,因为决定项目价值的未来现金流量是预测的且基于一定假设条件,假设条件的设定虽然有一定根据,但未来是不确定的,往往存在着不可预见的因素。所以,实际的现金流量就会与预测存在偏差,进而错估项目价值,影响决策的正确性。如何解决不确定性对决策的影响?有下面几种技术手段可以使用。

16.1 投资项目的不确定性分析

16.1.1 敏感性分析

不确定性意味着可能有不可预见的事情发生,所以财务经理在给出预测的现金流后,应试图找出哪些情况可能发生,以及这些可能发生的事件会产生什么影响,这称为敏感性分析(Sensitivity Analysis)。具体来讲,敏感性分析就是分析当销售额、成本等因素发生变化时对项目盈利的影响以及对项目价值的影响。

16.1.1.1 敏感性分析过程

【例 16-1】一位财务经理正在对一家新的超市进行资本预算,根据经验以及审慎的调研与计算,财务人员给出了预算数据(见表 16-1)。

根据预测的现金流量计算 NPV,得到 NPV 为 478 000 元。按照 NPV 评价项目的准则,该项目是可行的。但是大多数项目都具有不确定性,例如:超市使用的建筑物也许会拖延交付,可能需要支付更多的设计费用、装修费用等而加大初始投资;另外,每年的销售额和可变成本有可能不是测算的 1 600 万元和 1 300 万元,从而使现金流量不是唯一确定的 78 万元，NPV 也不是计算出来的 47.8 万元。这些都会对项目投资的决策产生影响。如果这些因素发生变化后使 NPV 为负数，就应该放弃该项目。考虑到一些常见的不确定因素，财务人员又根据几项可能的变化计算了它们对 NPV 的影响。计算结果汇总于表 16-2。

表 16-1 新超市的资本预算

（单位：万元）

项 目	第 0 年	第 1~12 年
投资额	-540	
销售额		1 600
可变成本		1 300
固定成本		200
折旧		45
税前利润		55
税金（税率为 40%）		22
净利润		33
经营现金流（折旧 + 净利润）		78

注：预计项目寿命期为 12 年，初始投资额为 540 万元，以直线法折旧。

表 16-2 对 NPV 产生影响的因素

（单位：万元）

项 目	三种状态			对 NPV 的影响		
	悲观	正常	乐观	悲观	正常	乐观
投资额	620	540	500	-12.1	47.8	77.8
销售额	1 400	1 600	1 700	-121.7	47.8	217.4
可变成本占销售额比例（%）	83	81.25	80	-77.8	47.8	138.2
固定成本	210	200	190	2.6	47.8	93

表 16-2 除了预测正常情况之外，也做了悲观和乐观的预测，并将各项因素对 NPV 的影响分别做出了测算。比如，如果销售额只有 1 400 万元而非预测的 1 600 万元（假设其他预测条件保持不变），那么项目的 NPV 就是 -121.7 万元；如果可变成本占销售额的比例从正常情况下的 81.25% 提高到 83%（假设其他条件保持不变），那么项目就会有 -77.8 万元的 NPV。

财务人员知道，由于对销售额悲观的估计，这个项目可能被放弃。为了在一定程度上解决某些因素的不确定性，财务人员需要进行更为细致的调查，以便对某些悲观因素作进一步的确认。比如，财务人员可能担心不能吸引足够的客源，对周边居民到达该超市的交通路线或路途用时等做详细的调查、进一步的分析。这些额外的信息搜集和数据分析对最终的正确投资决策是必要的。

16.1.1.2 敏感性分析的局限性

通过上述例题我们知道，敏感性分析就是对决定现金流大小的有关变量的未知情况进行分析，然后对这些变量的各种可能情况进行计算，得出各种情况下的项目价值，并且对某些重要变量的数据做进一步的调查确认、调整以便做出正确的决策。

当然，对于应该将哪些变量纳入敏感性分析并没有一定之规，除了考虑销售额的变动对盈利及 NPV 的影响外，还可以将成本中的人工成本和销售成本作为两个变量分别进行分析，也可以考虑税制改革对盈利及 NPV 的影响等。

总之，敏感性分析在一定程度上给出了不确定性环境对项目决策所产生的风险，为我们提供了变量对项目盈利及 NPV 产生影响的分析思路，以及哪些变量更应该密切关注。但这种方法的局限性也是需要注意的。

首先，敏感性分析给出的是模糊的结果。比如，悲观和乐观的确切标准是什么，对此的理解，一个部门与另一个部门未必是一致的，如销售部门和生产部门，以及财务部门和管理层，他们对悲观和乐观的数据的定义可能相差甚远。用这些千差万别的模糊估计进行分析的结果也是模糊的。有时所有人的悲观估计实际上过于乐观，对决策者造成"安全错觉"。

其次，敏感性分析的另一个问题是孤立地分析每个变量的变化。而决定现金流量大小的变量之间实际上有内在的关联性，比如，如果工资上涨，可变成本和固定成本都会增加，不只会造成可变成本的增长；再如，如果管理不到位，不仅管理费用增加，也会使生产成本增加，从而使收益下降。由于这些变量具有关联性，我们不可能逐一详细分析每个变量，也就不太可能得出表 16-2 的计算结果。

鉴于敏感性分析的不足，另一种分析方法相应地进行了补充和完善，这就是场景分析。

16.1.2 场景分析

场景分析（Scenario Analysis）是给定一个变量假设条件的组合，这一组合形成了一个场景，然后在这样的场景中对项目进行分析。当决定现金流量的变量相互关联时，人们通常会将投资项目放在一个个场景中进行分析，然后做出项目取舍的决策。场景分析允许人们检查相同变量的组合发生的不同变化对项目盈利及 NPV 的影响。比如前述的超市案例中，假设财务经理担心竞争者会在 3 公里距离内另开一家类似规模的超市，这将会导致销售额减少 14%，且为了维持销售量，两家超市必定会打价格战，可变成本会从销售额的 81.25% 上升到 82%。对新竞争者出现这样一个场景进行分析，竞争者的超市会引起销售额减少 14%，或者可变成本占销售额的比例上升到 82%，得到的预测数据见表 16-3。

表16-3 市场竞争对超市经营的影响

（单位：万元）

项 目	第1~12年现金流量	
	基础场景	竞争超市场景
销售额	1 600	1 376
可变成本	1 300	1 128
固定成本	200	200
折旧	45	45
税前利润	55	3
税金（税率为40%）	22	1.2
净利润	33	1.8
经营现金流（折旧+净利润）	78	46.8
NPV	47.8	-120.4

另外有一种分析是场景分析的延伸，称为模拟分析。模拟分析通过分析人员给定的概率分布，由计算机生成几百甚至上千个变量组合，每个组合对应一个场景；然后，计算每个场景下项目的NPV，结果的完整概率分布由计算机模拟生成。

16.1.3 盈亏平衡分析

项目的敏感性分析和场景分析告诉我们，如果错误地估计了销售收入和成本，后果严重。换个角度看问题：关键变量是从什么时候开始使项目结果变坏，即发生损失的？对这一问题的检查称为盈亏平衡分析。

对大多数项目而言，"不成则败"的关键变量为销售量或销售收入；当然也可以设定为其他变量，比如，成本达到多高，项目开始出现红线。

至于项目结果变坏，或发生损失的定义不止一种。很多时候，会计利润为0被定义为盈亏平衡，金融学中更恰当的定义是净现值为0。

16.1.3.1 会计盈亏平衡点

会计盈亏平衡点是指当利润为0或总收入等于总成本时的销售水平。我们已经了解到，有些成本是固定的，无论产出水平如何；而有些成本则是变化的，随产出的数量而变。我们仍然用上述超市案例来说明盈亏平衡分析（见表16-4）。

表16-4 超市经营的成本

（单位：万元）

项 目	金 额	项 目	金 额
销售额	1 600	固定成本	200
可变成本	1 300	折旧	45

我们假设可变成本是销售额的 81.25%，所以，每增加 1 元销售额会增加 0.812 5 元的可变成本；如果超市没有销售额，可变成本也为 0，但固定成本和折旧仍然存在，所以利润表中反映出损失为 245 万元，而每增加 1 元销售额，就会减少 0.187 5 元（1-0.812 5）的损失。所以，为了不发生损失，超市至少要销售 1 306.7 万元（245/0.187 5）。这一销售水平上，超市将达到盈亏平衡。一般的表达方式为：

$$盈亏平衡的销售收入 = \frac{固定成本(含折旧)}{每 1 元销售收入的利润(即单位销售收入-单位可变成本)}$$

接下来的问题是，在会计盈亏平衡条件下，项目可以投资吗？换句话说，540 万元的投资值得吗？如果不太确定，可以换个角度看问题：假如以 10 元买 1 只股票，1 年后这只股票价格为 10 元，在此期间没收到股利，对于这样的投资，股票购买者自然是不愿意的，因为投资收益率为 0。虽然在会计上达到了盈亏平衡，但它没有补偿股票购买者货币的时间价值和投资风险。一个项目达到了会计的盈亏平衡，只是意味着得到了初始投资，但没有得到捆绑到项目中资本的机会成本的补偿。所以，一个项目如果在会计上盈亏平衡，那么它的 NPV 一定是负的。

所以，与其计算项目的会计盈亏平衡点，不如关注 NPV 由正变负时的销售水平，即计算净现值的盈亏平衡点更有意义。

16.1.3.2 净现值盈亏平衡点

在前面利润测算的基础上，该超市每年的营业活动现金流可以下面的公式计算（税率为 40%）。

$$0.60 (0.187\ 5 \times 销售额 - 200 - 45) + 45 = 0.112\ 5 \times 销售额 - 102$$

接下来，计算 12 年中每年营业活动现金流的现值之和，运用年金的现值公式，当贴现率为 8% 时，年金现值系数为 7.536。据此，超市营业活动现金流现值之和为 7.536（0.112 5×销售额-102）。净现值盈亏平衡点为当该超市现值与初始投资额相等时的销售额，其计算公式为：

$$(0.112\ 5 \times 销售额 - 102) \times \frac{1-(1+8\%)^{-12}}{8\%} = 540 (万元)$$

则销售额 $= \left(\frac{540}{7.536} + 102\right) / 0.112\ 5 = 1\ 543.61$（万元）。

得出净现值盈亏平衡的销售额为 1 543.61 万元。这比利润盈亏平衡的销售额 1 306.7 万元提高了 18.13%。

16.1.4 营业杠杆

参照上述会计盈亏平衡分析，在计算其盈亏平衡点时，一个项目的盈亏平衡与两个因素密切相关：一是固定成本，即不随销售量或销售收入变化而变化的成本；二是销售收入的边际利润（每 1 元销售收入-单位可变成本）。公司管理者需要时常在这两个因素之间进行权衡。

总成本包括固定成本和可变成本，如果总成本中固定成本所占比例较高，其结果是，当市场中人们对产品的需求量减少时，销售收入下降，但由于固定成本较高而使总成本降低的幅度不大，从而使利润降低，以致很难达到盈亏平衡；当市场行情转好时，销售收入增加，总成本增加的幅度不大，从而使利润增加，则很容易达到盈亏平衡。所以，固定成本占总成本比例的高低，对企业的影响不是一成不变的，而是根据情况而定。下面举例说明。

仍然沿用上述超市的例子。假如该超市采取的用工政策是聘用长期工，在不发生极端情况时不会解聘工人，这些工人的工资对超市来说就是固定成本，由此它的固定成本较高。而另外一个超市采取的用工政策是只聘用较少的长期工，当业务量大时，就大量聘用高工资的临时工，但经营不景气时就辞退这些临时工。这样，这个超市的固定成本较低，而可变成本较高。两家超市不同的成本结构对各自盈利的影响见表16-5。

表16-5 超市的成本结构对盈利的影响

（单位：万元）

项目	高比例固定成本			高比例可变成本		
	正常	萧条	景气	正常	萧条	景气
销售收入	1 600	1 300	1 900	1 600	1 300	1 900
可变成本	1 300	1 056.3	1 443.8	1 344	1 092	1 496
固定成本	200	200	200	156	156	156
折旧	45	45	45	45	45	45
税前利润	55	-1.3	211.2	55	7	203

有着较高固定成本的超市，在经济萧条状况下，税前利润为负数，低于有较低固定成本、较高可变成本的超市；当经济繁荣时则情况相反，较高固定成本的超市获得更高的利润。

我们将总成本中固定成本所占比例定义为营业杠杆（Operating Leverage），高营业杠杆将放大销售收入变动对利润的影响。营业杠杆水平的测量回答了这样一个问题，即1%销售收入的变动会使利润变动多大。我们用营业杠杆系数（Degree of Operating Leverage，DOL）表示营业杠杆的大小：

$$DOL = \frac{利润变化百分比}{销售收入变化百分比}$$

比如，计算表16-5中两家超市的 DOL。高比例固定成本超市，从正常状态到景气状态，其销售收入从1 600万元增加到了1 900万元，增加了18.75%，利润由55万元增加到了211.2万元，增加了284%，所以它的 DOL 为：

$$DOL = \frac{利润变化百分比}{销售收入变化百分比} = \frac{284\%}{18.75\%} = 15.15$$

运用同样的计算方法，低比例固定成本的超市，其 DOL 为：

$$DOL = \frac{利润变化百分比}{销售收入变化百分比} = \frac{269.01\%}{18.75\%} = 14.35$$

如果根据表 16-5 中的数据计算两家不同营业杠杆的超市的 DOL，就可以很清晰地看出营业杠杆对利润的影响（见表 16-6）。

表 16-6 超市营业杠杆对利润的影响

时 期	高比例固定成本 DOL	低比例固定成本 DOL
萧条到正常	187.67	29.71
正常到景气	15.15	14.35

通过这些数据可以看出，当经济环境或企业的营业环境发生变化时，会直接影响企业的销售收入，而销售收入的变化对利润的影响会根据营业杠杆的不同而有所不同，高营业杠杆会放大对利润的影响。通常，我们用盈利的波动反映风险的大小，波动越大，表明风险越高。所以，一个项目的风险受到营业杠杆的影响。在资本预算中，企业管理者可以根据情况的变化而调整项目决策。

16.2 资本预算中的实物期权

敏感性分析和盈亏平衡分析可以帮助管理者了解项目在什么情况下可能失败或不可行，进而决定是否需要投入更多的时间和努力进一步探究不确定性，然后在获得新数据的基础上调整假设条件，根据新的预测数据做出决策。然而，未来所有不确定性因素不可能全部掌握，企业管理人员可以试着发现项目在不同阶段是否存在某些情况可以灵活选择处理，比如，继续项目还是放弃项目，在选择继续项目的情况下再去检查下一阶段可以灵活处理的可能性。这些灵活性能增加项目的价值，避免或减轻不良的结果对企业造成的影响。因为企业项目未来的不确定性中存在的可以进行灵活选择处理的情况很像金融产品期权，我们将之称为实物期权（又称管理期权）。下面举例说明项目中的实物期权，以及通常情况下有哪些实物期权。

16.2.1 决策树

【例 16-2】某专家研发出一种日常饮用的威士忌，公司准备先进行试生产和市场测试，然后决定是否大规模生产并进入市场。预计测试阶段需要时间 1 年，费用 20 万元。有关人员预测试生产和市场测试成功的概率为 50%。如果成功，公司将投资 200 万元进行该产品的生产，预计每年产生 48 万元的税后现金流量。确定的资本成本 12%，该项目将有 200 万元的净现值。而如果测试失败，公司将停止生产，试生产和市场测试费用全部损失。公司如何做出决策？

就目前来看，公司只需做出是否进行试生产和市场测试的决定。然后根据阶段测试结果再决定是否进行规模化生产。

遇到这种按次序相继做出决策的项目时，有一个很有用的方法就是画出决策树。

图 16-1 中，方块代表公司的决策点，圆点代表命运的决策点。公司首先从最左侧的方块开始。如果公司决定测试，那么命运将会投掷骰子决定结果。给定测试结果后，公司开始第二阶段的决定：是否要投资 200 万元进行规模化的生产。

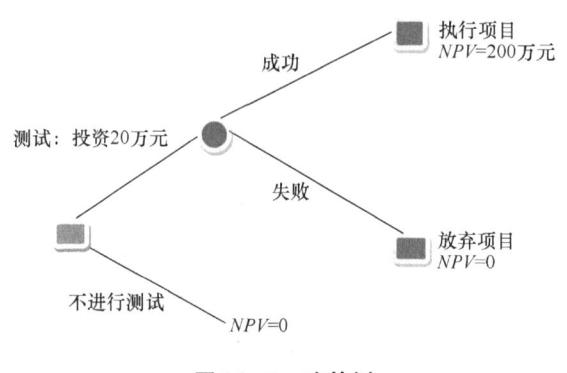

图 16-1　决策树

第二阶段的决定显而易见：当测试结果表明项目 NPV 为正时执行项目，项目 NPV 为负时放弃项目。公司能够容易地做出当前阶段的决定：支付 20 万元的测试费用或立即放弃测试。如果放弃，则项目 NPV 就为 0。所以，第一阶段的决策只是决定现在是否要投入 20 万元获取 1 年后 200 万元的净现值。如果净现值为 0 和 200 万元有相同的可能性，那么预期的收益会有 100 万元（$0.5 \times 0 + 0.5 \times 200$）。所以，第一阶段 20 万元的试生产和测试项目可能有 100 万元的收益产生。在恰当的资本成本条件下，它会是一个不错的项目。

16.2.2　扩张的期权

实际上，公司在测试项目上的支出等于购买了一个有价值的管理期权。费用支出后公司拥有了根据测试结果而决定是否对新产品进行生产的选择权。如果测试结果不尽如人意，那么公司可以就此停止而不产生后续的成本；如果测试结果令人满意，才会进行后续的投资，从而创造可观的收益，提升公司价值。这一选择权获得的收益与其支付的成本是不对称的，即收益远远高于成本。

公司也可以不做第一阶段的测试项目，一开始就进行该产品的大规模生产然后投放市场。如果这种威士忌大受欢迎、大获成功的话，那么公司很快就会占领市场，获得可观的收益。但另外的可能性则是该产品不被市场认可，这时测试项目就会使公司避免 200 万元的损失。公司所做的测试，从管理角度来说，正是遵循了人们生活中的基本规则：如果知道水的温度，那么就放心下水吧；如果不知道水温，那就先用脚试一试。

这一测试项目本身虽然不产生盈利，但它可以给出后续项目的选择机会，而后续项目可能创造巨大的收益，所以这一测试项目仍具有价值。比如，开采沙地油田的项目。人们都知道在沙地开采石油的成本很高，可能在很长一段时期内高于石油价格。

但石油公司仍然会购置沙地油田储备。为什么？答案就是沙地油田储备给了石油公司一个期权，不一定必须开采油田，如果石油价格低于开采成本，那么石油公司将始终不去开采，当石油价格高于开采成本时再进行开采，会成为石油公司的赚钱项目。

这里需要铭记的是，灵活选择具有价值是因为未来是不确定的。如果确切知道未来的石油价格不会高于开采成本，那就没人肯花钱购买沙地油田。而石油价格会围绕当前价格发生剧烈波动的前景使得实物期权具有价值，未来的不确定性使选择权具有价值，明确这一点很重要。

16.2.3 放弃的期权

如果说扩张的期权具有价值，那么终止项目的选择权呢？项目不是一定等到机器散架才停止，项目常常被管理者在到期之前"叫停"。项目一旦不能再盈利，公司就会终止项目而止损。

像扩张项目一样，不是所有项目的放弃选择权都具有价值，有些资产更容易脱手从而摆脱亏损的困境。比如，有形资产比无形资产更容易出售，那些标准的、通用的东西有比较活跃的二手市场，像房地产、运输车和用途广泛的工具等都相对容易出手，像知识性、专业性较强的资产就不太容易脱手，比如药品的研发计划一般不会有很高的终止价值；更糟糕的项目放弃期权的价值是负的，比如废弃核电站或废弃露天矿，这些项目的终止选择权不仅没有价值，而且反过来要支付高额费用。

管理人员在进行初始投资时要认识到什么情况下项目才有放弃期权且具有价值。比如，假设某公司在生产某一新产品时有两种技术选择：

技术1，使用为此产品量身定制的机器，这种方法成本较低。但是如果该产品卖不出去，那么这套设备将一文不值。

技术2，使用标准的设备工具，虽然劳动力成本较高，但是如果产品销路不畅，那么设备也容易出手。

在NPV分析中，技术1看起来会更好，因为在一定预计销售量的条件下初始成本更低。然而在不确定新产品是否能够通过市场的验证（即能成功）的情况下，技术2更具有灵活性，可给予公司以较低成本放弃项目的期权。

16.2.4 灵活的产品生产线

如果公司不确定市场对它的某项产品的需求是否足够，那么可以构建一个调整生产线生产其他产品的期权。当市场需求发生变化时，企业可以选择转换产品，那么这是一种生产的选择权，一种实物期权。

例如，某汽车制造厂准备增加一条能在几天之内从生产微型面包车转换到生产轿车的生产线。工厂预测，从现在开始的3年内人们对微型面包车的需求旺盛，可满负荷生产；3年后，有50%的可能人们将转向轿车，微型面包车的销量将大幅下降，到那时工厂可以选择放弃微型面包车的生产而转向生产轿车。

16.2.5 投资时间的选择

有些项目允许公司选择投资的时间，可以今天投入资金开始项目，也允许在之后的某个时间投资。换句话说，投资可以等待、延迟，但项目一般存在期限，要在允许的范围内选择投资的时间，这也是典型的实物期权。

例如，某房地产开发商获得了一块用于建造购物中心的土地，建造成本为2 500万元，1年后可以2 750万元卖出，IRR为10%。目前短期、中期和长期的利率均为10.3%，该项目的NPV为−6.8亿元。因此，该开发商决定放弃该地块的开发权，以1亿元将其转让给另一开发商。一个月后，利率降为9.3%，这时项目的NPV为16亿元，扣除1亿元的转让费，第二位开发商净赚了15亿元。

如果该开发商延迟一个月投资，那么情况就会完全不同。投资时间的期权增加了项目价值。

由于未来的不确定性，利用资本预算进行投资决策，根据预测的现金流量计算项目的NPV，但NPV实际上可能是不准确的，不准确的原因有两个：一是预测的现金流量可能不准确；二是忽略了期权的价值，从而低估了整个项目的价值。因此，对实物期权的认知是资本预算中不能忽视的一项内容。

本章小结

投资决策需要经过一些过程，预测现金流量后计算项目NPV，这只是第一步，接下来要讨论可能出现的问题，即"万一怎么样"。

有两个主要的工具可回答"万一怎么样"的问题，即敏感性分析和场景分析：敏感性分析是分析一个假设条件（预测变量）的变化对NPV的影响；场景分析是分析在不同的场景中（全部假设条件变化），项目的NPV是多少。

盈亏平衡分析是敏感性分析和场景分析的另外一种变形，它回答的是销售收入或销售量下降到多少时项目开始发生损失。这一损失有两种定义方法：一是会计角度的损失；二是净现值角度的损失。当然，以财务学的观点考虑净现值角度的定义更为合理。

项目的盈亏平衡点会受到销售额下降时成本下降幅度的影响。如果总成本中固定成本占有较高比例，那么就说明该项目的营业杠杆高。

有些项目会在传统的NPV分析的基础上增加价值，这些项目给予公司在项目进行过程中扩大投资、放弃投资、选择投资时机或调整产品的权利，这些权利被称为实物期权。使用决策树法可以分析项目中的实物期权。

思考与练习题

1. 如何定义销售收入使现金流量为0的盈亏平衡点？销售收入的现金流量盈亏平

衡水平比会计利润的盈亏平衡水平高还是低？

2. 如果项目整个寿命期限内都是在现金流量盈亏平衡水平上经营，那么项目的NPV将会怎样？

3. 如果项目以会计盈亏平衡点经营，NPV将是正的还是负的？

4. 敏感性分析和场景分析的本质区别是什么？

5. 敏感性分析与盈亏平衡分析如何相互作用？

6. 一家企业拥有一个铜矿。假设铜价下跌到开采成本以下，铜矿可以暂时关闭。为什么这是一个有价值的经营期权？它如何增加这一铜矿的NPV？

7. 为什么传统NPV分析法趋向于低估项目的真实价值？

8. 在经营状况不好的年份，某汉堡店有100万元的销售额，总成本为140万元；在经营状况好的年份有200万元的销售额，总成本为200万元。汉堡生产的可变成本和固定成本分别是多少？

9. 某工厂利用碳元素制成人工钻石，每颗钻石售价100元。其中，原材料成本为30元，维持工厂基本运转费用和管理费用等固定成本为20元。设备成本100万元，以直线法折旧，残值为0。

(1) 会计盈亏平衡的销售量是多少？

(2) NPV盈亏平衡的销售量是多少？假设税率为35%，10年期，贴现率为12%。

(3) 如果设备折旧期为5年，经营第1年的会计盈亏平衡点增加还是减少？

(4) 如果设备折旧期为5年，NPV的盈亏平衡点增加还是减少？

10. 某项目每年的固定成本是1 000万元，折旧费每年为500万元，每年的销售收入为6 000万元，可变成本是销售收入的2/3。

(1) 如果销售增加10%，税前利润将增加多少？

(2) 该项目的营业杠杆系数（DOL）是多少？

(3) 验证：利润变化的百分比等于DOL乘以销售收入变化的百分比。

11. 某公司打算投资500万元建立一个生产化妆品的工厂，预计寿命期为5年，每年销售600万单位的化妆品。固定成本为200万元，可变成本为每单位1元。产品单位定价2元。设备将按直线法折旧，无残值，折现率为12%，税率为40%。

(1) 在以上假设下，项目的NPV是多少？

(2) 如果可变成本为每单位1.2元，NPV为多少？

(3) 如果固定成本是140万元，NPV为多少？

(4) NPV为0时的单位售价应为多少？

第七篇

长期融资

17　长期债务融资

学习要点
1. 债务融资的基本特征
2. 长期债券的概念及基本特征
3. 定期贷款的概念及基本特征

长期债务融资主要包括长期债券、定期贷款等。

17.1　债务融资的基本特征

债务融资是公司必须承担支付利息和到期偿还所借款项义务的融资方式。

与权益融资相比，债务融资具有四个特征：①设定融资期限，借款人到期必须偿还所借款项；②不论公司是否盈利，必须按期支付固定的利息；③债务的利息费用可以在税前扣除，资本成本低于普通股；④贷款人是发债公司的债权人，不涉及公司的控制权等。

17.2　长期债券

17.2.1　长期债券的基本概念

长期债券是指到期日在1年以上10年以内或10年以上的债务凭证。通常，1年以上10年以内到期的债券又称为中期债券（Note）。

17.2.1.1　债券的面值与收益率

债券的面值是债券到期时发行人支付给债权人的金额，面值也称票面价格，通常债券的面值为100元。在美国等一些国家，债券面值为1 000美元或1 000美元的倍数。

按照现金流的特征，债券可分为纯贴现债券与付息债券。

纯贴现债券（Pure Discount Bond）又称零息债券，是一种承诺只在到期日支付一笔现金的债券。纯贴现债券是以低于面值的价格按折扣方式发行的，其收益则是面值与发行价格的差额。

付息债券（Coupon Bond）是指在约定期限内定期向债券持有人支付利息，并到期偿还本金的债券。付息债券的利息与面值的比率称为票面利率，又称息票利率。例如，一张面值为1 000美元的债券，10%的票面利率表示发行人承诺向债券持有人每期支付

100 美元的利息。

利率也是承诺的收益率，债券的收益率有本期收益率与到期收益率之分。本期收益率（Current Yield）是债券年利息与购入价格的比率，其计算公式为：

$$本期收益率 = \frac{利息}{购入价格}$$

假设以 1 050 美元购买一张面值为 1 000 美元的付息债券，年利率为 10%，其本期收益率为：

$$本期收益率 = \frac{1\,000 \times 10\%}{1\,050} = 9.52\%$$

到期收益率（Yield Spread）是指使债券一系列现金流的现值等于其价格的贴现率。如果上例中的债券为 1 年到期，其计算公式为：

$$到期收益率 = \frac{利息 + 面值 - 价格}{价格} = \frac{1\,000 \times 10\% + 1\,000 - 1\,050}{1\,050} = 4.76\%$$

如果债券的期限长于 1 年，到期收益率就是使债券一系列现金流的现值等于其价格的贴现率，其计算公式为：

$$PV = \sum_{t=1}^{n} \frac{PMT}{(1+i)^t} + \frac{FV}{(1+i)^n} \quad (17-1)$$

式中，n 为债券到期前支付利息的次数；i 为年到期收益率；PMT 为利息；FV 为债券到期的面值。

如果将上例债券改为 5 年期，经 Excel 程序计算，其到期收益率 i 为 8.72%：

$n = 5$，$PV = -1\,050$，$PMT = 100$，$FV = 1\,000$，$i = 8.72\%$

如果债券的价格低于它的面值，则称为折价债券。折价债券的到期收益率＞本期收益率＞票面利率。例如，一张 1 年期、票面利率 10%、面值 1 000 美元、市场价格 980 美元的折价债券，其本期收益率为：1 000×10%/980＝10.20%。但本期收益率低估了折价债券的实际收益率，其到期收益率为：(1 000×10%＋1 000－980)/980＝12.24%。

如果债券的价格高于它的面值，则称为溢价债券。溢价债券的到期收益率＜本期收益率＜票面利率。例如，一张 1 年期、票面利率 10%、面值 1 000 美元、市场价格 1 020 美元的溢价债券，其本期收益率为：1 000×10%/1 020＝9.80%。但本期收益率高估了溢价债券的实际收益率，其到期收益率为：(1 000×10%＋1 000－1 020)/1 020＝7.84%。

17.2.1.2　债券的受托人与债券的契约条款

按照法律规定，公开发行的债券发行公司必须指定一个合格的受托人（Trustee），由其代表债券持有人的利益，典型的受托人是银行。债券受托人受证券监管部门的监督与管理，具有保证债券合法发行、监督借款人财务状况与行为、确保借款人全面履行合同义务的职责，以保证债权人的利益。受托人向债券发行公司收取报酬，其构成借款成本的一部分。

债券发行公司与代表债券持有人利益的受托人之间必须签订债券契约，债券契约的法律文件主要包括债券的发行条件以及对公司的限制性条款，这些条款的目的在于保护债券持有人的利益，又称保护条款。契约条款是由发行公司与受托人和承销商共同决定的。受托人有权监督发行公司遵守债券契约，并纠正发行公司的违约行为。如果发行公司的行为不能令人满意或严重违约，受托人有权要求发行公司立即偿还发行在外的债券。

债券的契约条款主要包括以下几个方面的内容：

（1）负债限制：不经贷款人的同意，借款人不得增加新的债务。

（2）股利限制：限制借款人用现金发放股利或回购股票。

（3）担保品留置权限制：在贷款期间，禁止借款人以资产做抵押或担保。

（4）子公司借款限制：在借款期间，不允许借款公司通过其子公司向外借款。

（5）出售主要资产限制：借款人不得出售其主要资产，包括出售资产后的回购租赁。

（6）合并或出售限制：禁止借款公司与另一家公司合并或实际上将全部资产卖给另一家公司。

17.2.1.3 债券评级

为解决信息不对称的问题，便于社会公众的投资选择和债券的发行，上市交易债券要由投资评级机构对其信用等级进行评价，具有国际影响力的评级机构主要有穆迪投资者服务公司与标准普尔公司。评级机构根据可预见的违约可能性进行债券的等级评定。最高的信用等级为 AAA 级（标准普尔）或 Aaa 级（穆迪），然后依次为 AA、A、BBB 或 Aa、A、Baa 等。D 级或 C 级为最低等级。一般认为，前四个等级为投资级别债券，其他等级则为投机债券。投资者依据评级机构公布的评级信息衡量投资风险，并选择投资的债券。

17.2.2 长期债券的主要种类

按照不同标准和附加的限制性条款，长期债券具有许多不同级别或种类。

17.2.2.1 信用债券

信用债券（Debenture）是指无任何财产抵押或担保的长期债券。由于信用债券无担保，其持有人是普通债权人，债券持有人为了维护自己的利益，通常会要求在债券契约中附加一些限制性的保护条款，如规定借款企业不得以其未担保的资产向其他债权人提供抵押。由于信用债券的本金偿还和利息支付仅凭借款人的信用，所以一般只有实力雄厚、信用可靠的公司才能发行信用债券。信用债券的优点是借债无须提供抵押或担保品，公司在发行信用债券之后仍保有未来举债的能力。

17.2.2.2 次级信用债券

有些公司可能同时发行多种信用债券，这就有必要确定各种信用债券在公司清偿时的先后顺序。次级信用债券是指清偿要求权在其他信用债券之后的债券。

17.2.2.3 抵押或担保债券

抵押或担保债券（Mortgage/Secured Bond）是以不动产或其他资产作为清偿担保的

债券。通常，抵押品或担保品的市场价值要高于债券发行的总额，以防止抵押资产市场价值的下降。债券抵押合同赋予债券持有人抵押资产的留置权，如果发行公司不能按期还本付息，抵押资产托管人就有权出售抵押品，并以该收入清偿债权人。如果出售收入不足以清偿债务，债券持有人就其未清偿的数额成为企业的普通债权人，这部分清偿要求权与信用债券相同。

抵押债券的持有人具有抵押资产的第一优先权，出售抵押财产的收入首先清偿抵押债券持有人，如有剩余才清偿普通债权人。公司的同一资产可以多次地抵押发行债券，财产首次担保发行的抵押债券持有人具有第一抵押权，以同一资产做担保再次发行的抵押债券为第二抵押权。出售抵押资产的收入在满足第一抵押权的债券持有人后，如有剩余才清偿具有第二抵押权的债券持有人。

17.2.2.4 零息债券

零息债券是一种承诺在未来到期时按债券面值金额支付，而不支付利息的债券。由于它是按低于债券面值的价格发行的，所以又称为贴现债券。零息债券的收益是其发行价格或购买价格与其面值的差值。零息债券不同于折价债券，前者不支付利息，而后者要支付利息。

对发行公司而言，零息债券的优点包括：不用每年支付利息；此类债券需求量大，可以通过拍卖方式提高发行价格；债券发行价格低于面值的折扣额可以在公司应税收入中摊销，具有抵税效应。但零息债券也有缺点包括：债券到期时，公司支付的现金流远大于发行时的现金流入；此类债券通常不能提前赎回，所以当市场利率下降时，公司不能要求回购债券持有人的债券。

17.2.2.5 收益债券

收益债券是指只有当公司有足够盈利时才支付利息的债券。这种债券允许公司在亏损或盈利不足时不支付债券的利息。当公司有足够盈利时，才支付过去累计的未付利息。但累计未付利息通常不得超过 3 年。收益债券的利息支付可在税前扣除，这不同于优先股。收益债券的清偿顺序先于次级债券、优先股和普通股。由于收益债券承诺向投资者支付固定收益的可靠性低，对投资者缺乏吸引力，所以收益债券一般在企业重整时才发行。

17.2.2.6 垃圾债券

垃圾债券是指信用等级低于穆迪公司 Ba 级别或标准普尔公司 BB 级别的债券。在早期，垃圾债券是指原财务状况良好的公司陷入财务困境、信用等级下降时发行的债券。但该种债券投机性太强，一直未受到投资者的欢迎。20 世纪 80 年代，在一些国际投资银行的培育下，垃圾债券发展成为一个活跃的非投资级别的债券市场。

垃圾债券的主要投资者有养老金、高收益率债券投资基金及一些个人投资者。垃圾债券是一种可行的筹资方式，但其具有很大的风险性。

17.2.2.7 资产支持证券

资产支持证券是资产证券化的产物。资产证券化（Asset Securitization）是指将能够产生现金流量的同类资产合并，然后以资产支持证券形式出售其收益的过程。例如，某公司需要资金，但由于其信用等级低，不能发行成本低的证券来筹集资金，它可将几种资产合并打包，从其资产负债表中剔除，然后将这些资产销售给专业的中介机构（Special Purpose Vehicle，SPV）。运用这种方式，如果该公司破产，公司的债权人将不能获得打包的资产。专门的中介机构以购买的公司资产作为支持卖出资产支持证券，为出售合并或打包资产的公司筹集资金。

资产支持证券（Asset-backed Securities，ABS）是由资产组合产生的现金流支付本金和利息的债券。资产证券化为信用等级低的公司提供了资产流动性或现金流量，而且降低了成本或利息率。过去，资产证券化主要应用于贸易应收款、汽车贷款、信用卡应收款和租赁等方面；现在，资产证券化的应用领域得到广泛扩展，只要具有能够产生预期现金流特征的资产都可能被证券化。

17.2.2.8 中期票据

中期票据（Medium-term Note，MTN）是公司向投资者连续发行的债务凭证，票据期限为9个月至2年。现在，30年或30年以上的中期票据也很常见。中期票据的发行人主要是财务公司、银行或银行控股公司以及工业公司。

20世纪80年代中期，中期票据开始国际化。欧洲中期票据（Euro Medium-term Note，Euro MTN）以各种不同的货币、数额、期限，以固定利率或浮动利率发行。

17.2.2.9 欧洲债券

欧洲债券是指在境外发行的以不同于发行地货币标价的债券。例如，美国某家公司在欧洲或亚洲国际金融市场发行的以美元支付利息与本金的债券就属于欧洲债券。这种债券不论是否在欧洲发行，只要债券标价的货币与债券发行地的货币不同，就可称为欧洲债券。而且，这个市场也不局限于欧洲，现在亚洲等地区的欧洲债券市场也得到很大的发展。

欧洲债券市场是一个国际化的市场，欧洲债券的收益率不易受到政府利率政策的影响；欧洲债券多采用承销团（即辛迪加）的发行方式，发行手续简便，发行费用和利息相对较低。所以，很多公司愿意发行欧洲债券来筹集资金。欧洲债券的期限一般为3~5年，最长为20年。该债券的利率可以固定也可以浮动，或两者混合。

17.2.3 债券的偿还

债券的偿还或收回有许多方式。对于到期的债券，公司在到期时一次性偿还本金。但对于未到期的可赎回债券，公司主要采用三种偿还方式：①可提前赎回债券；②可在公开市场上回购债券；③经债券持有人同意，公司发行新债券兑换已发行的未到期债券，这种兑换称为替续旧债券。

17.2.3.1 以偿债基金赎回债券

大部分公司发行的债券都带有设立偿债基金的限制条款，要求公司在特定的时期内定期向受托人支付偿债基金以保证每期赎回特定数量的债券。

以偿债基金定期赎回债券时，公司根据债券市场价格的变动，有两种赎回的方式：①当市场价格低于偿债基金赎回价格时，公司会选择在公开市场上购买债券，然后将购买的债券交付给受托人；②当市场价格高于偿债基金赎回价格时，公司选择向受托人支付现金，由受托人以偿债基金赎回价格回购债券。这两种选择都有利于公司，而不利于债券持有人。

偿债基金条款对债券持有人也有一定的好处：首先，发行公司以较低成本赎回债券，节约了现金，降低了公司违约的可能性；其次，设置偿债基金的债券可以得到有次序的赎回，这具有摊销效应，因而比不设偿债基金的债券违约风险小；最后，稳定的陆续赎回提高了债券的流动性，有利于债券持有人。

17.2.3.2 系列债券的偿还

公司同次发行的具有不同到期日的债券，被称为系列债券（Serial Bond）。公司在债券到期之前分次部分偿还，直至到期日还清同次发行的全部系列债券。系列债券与设有偿债基金的债券不同：后者是同次发行、具有共同到期日的，公司可在到期日之前赎回特定部分的债券；而同次发行的系列债券具有不同的到期日。例如，某公司发行了10年期、1 000万美元的系列债券，在10年中预定每年有100万美元到期，因而分别有1年至10年的不同到期日。这样，投资者可以在系列债券中选择到期日适合自己的债券。系列债券比同次发行同一天到期的债券更具流动性，因而对投资者更有吸引力。

17.2.3.3 可赎回债券的偿还

可赎回债券是指在条款中允许发行公司在到期日之前以一个设定价格购回的债券。大部分债券都具有赎回条款，给予公司在到期日之前可以一个设定价格赎回债券的选择权。可赎回债券的赎回价格通常高于债券的面值并经常随到期日的临近而降低。通常，第1年的初始赎回价格等于债券的面值加上一年的利息。例如，一张1 000美元面值、票面利率为8%的可赎回债券，其初始赎回价格就是1 080美元。

发行公司可以在任一时间以赎回价格购回的债券称为即时赎回债券；而按条款规定递延一段时间后才可赎回的债券称为递延赎回债券。也就是说，在递延时间内公司不得购回递延赎回债券。在美国，公用事业债券的递延赎回期通常为5年，工业债券为10年。

赎回条款可给予公司融资灵活性。赎回权是一种期权，当市场利率大幅度下降时，公司执行期权赎回债券，可以更低的利息成本再筹资。

可赎回债券有利于公司，而不利于投资者。因为市场利率下降，债券价格上升，公司在此时赎回债券是以债券持有人丧失潜在的资本收益为代价的，所以赎回权是有价值的，赎回权的价值就是债券发行时可赎回债券与不可赎回债券收益率的差额。可赎回债券的价值用公式表示为：

$$可赎回债券价值 = 不可赎回债券价值 - 赎回期权价值$$

赎回期权价值主要取决于利率的变动。如果目前利率水平较高且预期将要下降，赎回期权就会有一个较高的价值。在低利率时，公司赎回债券使得债券持有人无法获得利率下降的全部好处，因而投资者会要求可赎回债券的收益率高于不可赎回债券，即价格应低于不可赎回债券。相反，目前利率水平较低且预期将要上升时，公司将不会选择赎回债券，赎回期权的价值为0。此时，可赎回债券与不可赎回债券的收益基本一致。利率的变动幅度决定债券价格的变动幅度，利率下降的幅度越大，赎回期权的价值也就越高。

17.2.3.4 替续已发行的债券

替续已发行的债券是指公司发行新债券赎回已发行的还未到期的债券，即以新债换旧债，又称为再筹资。公司替续已发行的债券的常见原因是在利率下降时发行新债，以降低借款成本。公司提前赎回未到期的已发行债券，是经债券持有人同意后废除债券限制性条款的行为。所以，公司在做替续决策时，必须对替续成本与废除旧条款的收益进行比较，有利可图时才可采用。当市场债券利率急剧下降时，公司就可以较低成本替续旧债，从而抓住获利的机会。

公司替续债券时，债务比例加大进而改变资本结构，往往会产生一些负面影响。为了降低这些负面作用，公司在做出替续决策时还应对偿还旧债的税后现金流与偿还新债的税后现金流进行比较，根据结果决策。

随着金融的创新，证券市场上出现了一些新的债券品种，它们风险转移的功能比传统债券更强。这类创新债券主要有商品连接债券、抵押保证证券、浮动利率票据、信用敏感票据和可展期票据等。

17.3 定期贷款

17.3.1 定期贷款的概念与特征

定期贷款（Term Loan）是指由商业银行等金融机构发放的长期贷款。定期贷款区别于银行其他类型贷款的特征如下：

(1) 贷款的主要提供者是商业银行，保险公司和养老基金也发放定期贷款。

(2) 贷款期限在1年以上。商业银行发放的定期贷款，大多数期限为1年至5年。由于养老基金和保险公司的负债期限较长，往往提供5年至10年的定期贷款。

(3) 贷款时通常要求借款人以动产或不动产做抵押。期限较短的贷款一般可用动产（如机器、设备）或有价证券（如债券、股票等）做抵押，而期限较长的贷款多要求以不动产（如土地、建筑物）做抵押。根据抵押资产的流动性，贷款额度通常为抵押资产价值的40%~80%。

(4) 还款计划根据借款人的现金流量状况制订，贷款大多采用定期（通常按月、季度、半年或年）等额偿付本金与利息的方式。

(5) 定期贷款利率高于短期贷款。定期贷款的利率有固定利率与浮动利率两种。浮动利率随市场利率的变动而相应调整，有时可确定一个上限或下限，限制利率变动的范围。

(6) 定期贷款经常是正式贷款协议下的展期信用。

(7) 借款人必须支付与银行签订贷款协议发生的律师费用和在承诺期内未利用的

贷款额度的承诺费（Commitment Fee）。承诺费是贷款人在同意保留信用额度时收取的费用。

17.3.2 定期贷款的限制性条款

除了抵押之外，定期贷款合同中的主要限制性条款有以下五个方面的要求。

（1）营运资金的流动性要求。一般的贷款协议中都对借款人在贷款期内的营运资金规定一个流动比率或固定金额，目的在于保持企业的偿债能力和资金流动性。为保持借款公司资金的流动性，通常贷款协议中还包含对现金股利与普通股回购的限制性条款，常见的是将现金股利与普通股回购限定在某一基准日后净利润的某一累积比例之内。

（2）资产净值的要求。资产净值是资产与负债之间的差额，有的贷款人会在贷款合同中要求借款人的资产净值必须保持一定比例的最低限额。借款人的资产净值越高，贷款人的风险就越小；而借款人的资产净值越低，道德风险越高，借款就越难。

（3）限制新增债务的要求。贷款协议经常会限制借款人再发行其他任何形式的长期债务，规定借款人在增加新债务时必须事先征得现有贷款人的同意，这一限制也包括长期租赁。

（4）定期报送财务报表并提供足够的保险。贷款协议中规定借款人必须定期向贷款人提交公司的财务报告，包括年度、季度或月度的资产负债表、损益表和现金流量表。一般情况下，禁止借款人以任何一项资产作为未来债务的担保或抵押。

（5）借款公司高层管理人员的变动须经贷款人同意。贷款人可能要求借款公司为公司的关键人物投保人身保险，并将贷款人列为受益人。

17.3.3 定期贷款的主要种类

17.3.3.1 循环贷款协议

循环贷款协议（Revolving Credit Agreement）是指银行在特定期间内给予借款公司发放最高限额贷款的正式法律承诺。按照循环贷款的承诺，无论公司何时需要贷款，银行都有义务按贷款合同向公司发放贷款。在贷款的承诺期内，借款公司可以续借续还，但不得超过规定的最高贷款限额。借款公司要向银行支付已借贷款额与最高限额之间差额的承诺费。大部分循环贷款的期限为3年，也有一些短期的。定期贷款的利率比短期循环贷款的利率要高。

循环贷款协议使得借款公司在资金需求不确定的情况下，具有筹集资金的灵活性和较大的财务弹性。同时，在承诺到期时，借款公司可根据情况将已使用的循环贷款转换为定期贷款。

17.3.3.2 保险公司发放的定期贷款

人寿保险公司发放的定期贷款与银行的定期贷款不同：①由于保险公司的负债期限较长，所以保险公司发放的定期贷款期限较长；②由于保险公司不能发放补偿存款余额（即附加百分点）的贷款，也不能获得由贷款产生的其他业务的收益，所以保险公司的定期贷款利率比银行要高；③保险公司发放的定期贷款代表公司的一种投资，其希望资金不中断地连续使用，所以保险公司通常会要求预付违约金，而银行通常没有这一要求。

保险公司的定期贷款与银行定期贷款的期限不同，可在定期贷款组合中互为补充。

17.3.3.3 设备（动产）抵押贷款

设备抵押贷款是以企业拥有的可流通变现的设备（动产）或正在购买的设备作为抵押品获得贷款。由银行或财务公司向企业提供的动产抵押贷款，贷款偿还计划与设备的折旧计划一致，借款企业以设备折旧资金分期偿还贷款。设备抵押贷款的期限通常在1年以上。银行评估抵押品的变现能力，并根据设备的质量确定抵押品的价值。银行通常要求抵押设备的市场价值高于贷款的金额，并根据抵押品的变现能力确定一个市场价值的比例，依此确定贷款的金额。银行提供设备抵押贷款，除了要求借款企业签订一份贷款合同外，还要求借款企业签订一份动产抵押协议。动产抵押协议规定银行具有抵押设备的留置权，一旦借款企业不能按期支付利息或偿还本金，银行具有出售设备以其收入偿还贷款的权利。

借款企业也可以用正在购买的设备作为抵押品，向设备供应商取得设备融资。设备供应商可采用赊销方式将设备销售给企业，企业以分期付款的方式偿还。通常，设备供应商提供的设备融资利率较低，但可能以提高设备的销售价格作为补偿。在这种融资方式中，企业作为设备的买方要与设备供应商签订一份附加条件的销售合同（Conditional Sales Contract），合同规定在买方未完全履行合同之前，卖方保留设备的所有权。买方在该协议中保证在规定时间内向卖方分期付款，在买方未完全履行所有合同条件之前，卖方继续保留设备的所有权。因此，卖方出售设备后获得第一期分期付款额与一张标明购买设备价格的本票。以合同为担保的本票给予卖方在买方违约情况下重新占有设备的权利。而且，卖方可以持有合同或将合同与背书的票据卖给商业银行或财务公司获得资金，这样银行或财务公司就成为债权人并获得设备的担保利息。

17.3.3.4 银团贷款

对于资金需求量巨大的借款，不仅风险大，而且一家或少数几家银行不能提供足够的额度来满足贷款需求，因此往往由几家或更多的银行联合起来发放贷款。这种形式的贷款称为银团贷款或辛迪加贷款，它既可以满足经济发展对巨额信贷的需求，又可以达到分散贷款风险的目的。

17.3.3.5 欧洲美元贷款

欧洲美元贷款是一些大银行以美元表示的外币形式向企业提供的一种中期贷款。欧洲美元贷款的金额一般在100万美元至15亿美元之间，利率高出伦敦银行同业拆借利率（LIBOR）一定的百分比。贷款利率一般为浮动利率，调整期通常为6个月，贷款期限比较宽松。欧洲美元贷款已成为商业贷款的主要来源之一。

欧洲美元贷款市场不受各国法规的管制，借贷自由，资金量大且利率水平相对较低。

17.3.4 定期贷款的偿还

定期贷款通常以分期等额付款作为偿还方式,简称分期偿付(Amortization)。等额分期偿付一般安排在每期期末,还款期限可以是年度、半年或季度,因此分期偿付实际上是一种普通年金。每期的等额偿付中包括利息与本金,每期偿付后,将偿还的本金从未偿还的贷款中扣除。因此,之后每期支付的利息占总付款额的比例逐步降低,而偿还的本金则逐步增加,直至还清贷款。

本章小结

负债筹资是企业根据生产经营和优化资本结构的需要而采用的一种筹资方式,主要包括长期借款、长期债券等。长期借款的成本主要由利息构成,采用这种方式筹资应遵循一定的程序,并根据生产经营情况安排还款方式。长期债券按其利息支付方式不同,其筹资额也不相同。为便于投资者接受,企业要对债券信用进行评级。每种筹资方式各有优缺点。

思考与练习题

1. 债务融资有何特点?
2. 为什么本期收益率低估了折价债券的实际收益率而高估了溢价债券的实际收益率? 本期收益率与到期收益率有何区别?
3. 债券的限制性条款通常包括哪些主要内容? 为什么要附加这些限制性条款?
4. 信用债券与抵押债券有何区别?
5. 债券的偿还有哪些主要形式?
6. 定期贷款与银行其他贷款相比有何特点? 定期贷款通常包括哪些限制性条款?
7. 某公司发行面值为 1 000 元的债券,不计复利,5 年后一次性还本付息,票面利率为 10%,发行时资本市场的年利率为 12%。该公司的债券发行价格是多少?
8. A 公司要筹集 990 万元的资金,使用期为 5 年,现有两个筹资方案。甲方案:委托 B 证券公司公开发行债券,面值为 1 000 元,承销差价为每张票据 51.60 元,票面利率为 14%,每年年末付息一次,5 年后到期一次还本,发行价格根据当时的预期市场利率确定。乙方案:向 C 银行借款,年利率为 10%,补偿性余额为 10%,5 年后到期一次还本付息(按单利计息)。假定发售债券时的预期市场利率为 10%。

(1) 甲方案的债券发行价格应该是多少?
(2) 假设不考虑时间价值,哪个方案的筹资成本较低?
(3) 假设考虑时间价值,哪个方案的筹资成本较低?

9. 某一债券面值为 1 000 美元,期限为 m 年,市场价格为 980 美元,每半年付息一次。到期收益率是多少?

10. Z公司的债券面值为1 000美元，15年后到期，票面利率为6%，每年付息一次。假如以1 200美元购买该债券，到期收益率是多少？

11. 一笔10万美元的贷款，期限为5年，年利率为12%，每年年末等额还款一次。计算每年的偿还额，其中本金和利息各是多少？

18 权益融资

学习要点

1. 长期融资
2. 普通股的融资
3. 认股权
4. 优先股

18.1 长期融资概述

长期融资是指期限在 1 年以上的筹资活动。通常，将期限在 1 年以上、10 年以内的融资称为中期融资，将 10 年以上的融资称为长期融资。

18.1.1 公司融资的基本形式

公司的融资活动可分为内部融资与外部融资。

18.1.1.1 内部融资

内部融资（Internal Financing）是公司通过自身运营获得的资金，如留存收益、累积的未付工资或应收账款等。内部融资大多数是企业经营过程中自动生成的，主要取决于公司的股利分配政策及公司信用等级等因素。当公司的增长超过其内部资金能力时，就需要通过外部融资来筹集资金。

18.1.1.2 外部融资

外部融资（External Financing）是指公司通过金融市场向投资者或贷款者筹集资金。发行股票和债券是外部融资的主要形式，其中，发行股票称为权益融资，发行债券或借款称为债务融资。外部融资通常是公司进行规模扩张时采用的融资方式，与内部融资相比，外部融资更多地受到资本市场的影响。因此，公司的外部融资决策也更谨慎、更复杂。

18.1.2 资本市场的证券发行程序

公司是通过资本市场发行证券（包括股票与债券）获得资金的，证券发行的一般程序如下。

18.1.2.1 提交申请文件

未来的发行公司必须向管理部门递交文件提出申请。申请文件主要包括公司文件、公司章程、经营估算书和初步的招股（招募）说明书。招股（招募）说明书的主要内容为发行公司的业务、财务状况和经营历史，发行证券的条件，以及其他相关信息。

18.1.2.2　协商发行条件与费用

发行证券的申请经管理部门审查批准后，发行公司与承销商协商发行条件和发行费用。商定后，修改并最后确定招股（招募）说明书，然后向社会公告。

18.1.2.3　证券发行与结算

公告招股（招募）说明书之后，在规定的发行期内开始进行证券的发行。发行期结束后办理证券的交割结算，发行公司向承销商支付承销费用，承销商向投资人交付证券，发行公司取得证券的销售款项。

18.1.3　证券的发行方式

一级市场是发行新证券的市场，公司在这个市场上通过新证券的发行从外部筹集资金。公司发行证券包括设立时的初次发行（Primary Offering）以及以后扩充资本的增发股票，初次发行与增发股票都是在一级市场进行的。证券发行主要有公开发行（Public Issue）和私募发行（Private Placement）两种方式。

18.1.3.1　公开发行

公开发行是指向社会公众发行证券的方式，也称公募。在公开发行中，大多数公司通常以投资银行等中介机构作为承销商（Seasoned Issue）进行证券的销售。

投资银行在协助销售证券中，对公司发行证券（股票或债券）的种类、期限、利率或发行价格和发行时机等提出建议。当确定发行条件之后，投资银行作为承销商购买发行公司的新证券，然后再出售给公众投资者。通过这种服务，投资银行获取证券买入价与销售给社会公众的卖出价之间的差价。由于大多数发行公司缺乏发行经验和发行渠道，而投资银行具有证券发行的专业人员和经验、销售机构或渠道，因而投资银行能够以更低的成本和更高的效率完成证券的发行工作。

承销发行分为包销发行和代销发行两种方式。

18.1.3.1.1　包销发行

在包销发行（Underwriting Offering）中，承销商以固定的价格向发行公司承购全部证券，然后以特定的公开发行价格向投资者推销证券。通常，大公司在公开发行时多采用包销发行。在包销发行方式中，承销商承担了发行风险，如果承销商不能以公开发行的价格销售证券，而是按照市场结算价销售证券，承销商就会遭受损失。

在包销发行方式中，如果证券发行规模很大，为了分散承销发行的风险和取得更多的发行渠道，通常由主承销商作为牵头承销商，邀请其他投资银行共同参加承销团（辛迪加），开展承销团发行业务（Syndicated Offering Process）。

在承销发行中，证券发行价格的确定通常有竞争定价和协商定价两种方式。竞争定价（Competitive Bidding）是由发行公司对承销团采取招标竞价的方式，出价最高的承销团获得证券发行权的定价方式。协商定价（Negotiated Offering）则是由发行公司选择一家投资银行，直接与其商定发行价格、发行时间以及发行规模等主要发行条件的定价方式。

承销总差价（Gross Underwriting Spread）是承销商提供公开发行承销服务所获取的报酬，它占公开发行价格的一定比例。总差价由管理费、承销费和承销差价比例三个部分组成。管理费作为牵头承销商的报酬，承销费作为承销风险的补偿，承销差价比例作为承销商提供销售服务的报酬。包销发行的费用除了支付承销商的承销总差价报酬之外，还包括律师费、会计费和印刷费等。由于股票风险高于债券，发行普通股需要较高的销售代理费，相比之下，普通股的发行费用最高，而债券的发行费用最低。

18.1.3.1.2 代销发行

在代销发行（Best-efforts Offering）中，投资银行承诺尽最大努力按事先确定的价格，代理发行公司推销证券。承销商不承担发行风险，对未发行出去的证券不承担责任。由于小公司的发行风险较高，它们很难找到愿意承购包销的承销机构，所以这类公司通常采用代销方式发行证券。

18.1.3.2 私募发行

私募发行是指公司直接将证券销售给特定投资者的发行方式。私募发行范围小，一般以少数投资者或几家金融机构为发行对象。私募发行的手续简便、费用低廉，但是私募证券不能公开上市，流动性较差。私募发行的投资者主要是保险公司、养老基金和商业银行等机构投资者。

18.1.3.2.1 私募发行的优点

与公开发行相比，私募发行具有以下主要优点。

（1）筹资迅速，发行条件灵活。私募发行是发行者直接与少数几家有资金实力的大公司或投资者之间达成协议的发行方式，发行条件可以协商调整以适合借款人的需要，可以迅速地筹集到资金。而且，私募发行可以不必一次完成，公司与贷款人签订协议在一段时期内多次借款或需要的时候才借款，直至达到协议规定的限额。在这个信用协议中，发行公司只需支付一笔承诺费，而公开发行则缺乏这方面的灵活性。

（2）适应小规模的低成本发行。由于减少了公开发行中的一些文件和手续，小规模私募发行的代理费用会低于公开发行的承销费用。而在公开发行中，如果发行规模较小，发行费用则高于私募发行。

（3）具有积极的股价反应。由于私募证券的投资者是具有专业水准的机构投资者，信息较为充分，当公司宣布私募方式发行可转换债券时，股票市场通常对其股价能做出积极反应，这对于从未公开发行债务的公司而言，可以降低信息不对称的程度。而在公开发行中，由于信息不对称，通常市场的反应较为迟缓。

（4）可以较低成本解决财务危机。由于私募证券的投资者主要是具有专业水准的机构投资者，而且了解发行公司的情况。这样，当私募公司多次发行债务以解决财务危机问题时，可较为容易地实现债务的重组。而公开发行的公司，由于社会投资者的信息不对称程度大，很难通过公开发行解决资金短缺的财务危机。

18.1.3.2.2 私募发行的缺点

私募发行主要有以下两个缺点。

（1）资金成本高。虽然私募发行方式具有较低的发行成本，但由于其流动性较差，投资者要求将证券的发行溢价作为其承担风险的报酬，由此提高了证券的资金成本。

（2）受到合同条款的严格限制。由于私募发行不像公开发行那样必须满足管理部门的报告要求，所以，投资者为防范风险，要求的合同条款更为严格。例如，要求公司必须保持较高净资产的限制条款，以避免公司净资产下降导致投资者遭受损失；限制公司债务比率的合同条款，以防范当公司净资产大幅度下跌时，利用财务杠杆牺牲债权人的利益为股东牟利；限制公司从事某些风险经营活动的条款，如购买其他公司等。这些合同条款限制了公司经营的灵活性，可能会使公司丧失一些有利的投资机会。

18.2 普通股的融资

18.2.1 普通股的特征及权利

普通股（Common Stock）是代表公司最终所有权的证券。普通股具有四个基本特征：①普通股股东是公司的最终所有者，承担与所有权相关的最终风险，但其以投资额承担有限责任；②普通股没有到期日，但可在二级市场转让股票，因而具有流动性；③普通股没有固定的股利率，股利分配取决于公司的盈利状况和股利分配政策；④在公司清算时，普通股股东对在全部清偿债权人及优先股股东之后的公司剩余资产享有索求权。

普通股股东具有以下基本权利。

18.2.1.1 收益权

当公司支付债权人的利息及优先股股东的股息之后，剩余收益属于普通股股东。普通股收益可以直接的现金股利方式或间接的留存收益方式分配给普通股股东。

18.2.1.2 投票权

每张股票具有相同的投票权，一个普通股股东拥有的股票越多，其投票权也就越多。普通股股东具有出席股东大会、行使表决的权利，通过选举公司董事会和修改公司章程，间接行使对公司的控制权。

18.2.1.3 股份转让权

普通股股东按公司章程规定的条件和程序，可以自由转让持有的股份。

18.2.1.4 清算权

对公司宣布破产清算时，在对公司债权人和优先股股东清偿之后，普通股股东对公司剩余资产具有按股份比例分配的权利。

18.2.1.5 优先认股权

根据公司章程或法律的要求，当公司发行普通股的新股或可转换成普通股的证券时，必须给予现有普通股股东优先认股权（Preemptive Right），以使普通股股东有权保持其在公司现有股权中的比例。

18.2.2 普通股的种类

按照不同标准与限制性条款的特征，普通股主要有以下四种。

18.2.2.1 双级普通股

按照股票的级别，可分为 A 级普通股和 B 级普通股。在新建的企业中，公司创立者为保持公司的控制权，通常会发行投票权与收益索取权不同级别的普通股，称为双级普通股（Dual-class Common Stock）。通常，A 级股投票权的级别低，但在股利分配上享有优先索取权；B 级股则投票权优先而收益低于 A 级股。一般情况下，公司创建者或管理者持有 B 级股票，而对公众投资者发行 A 级股票。

18.2.2.2 外流股票与库藏股票

证券管理部门对公司执照限定的普通股核定股份的数量（Authorized Shares）是公司在不变更公司章程的情况下可发行的最高数额。公司销售给投资者的股份称为已发行股票（Issued Stock），它由在外流通股（Outstanding Shares）和库藏股（Treasury Stock）构成。

通常，公司为其授予股票期权、收购目标公司和分割股份上的便利，可以改变公司章程而保留一部分不发行的股票。公司按照核定股份发行的股票称为已发行的普通股。在外流通的普通股就是公司已发行的由股东所持有的普通股，而库藏股则是公司从股东手中回购的已发行普通股而自己持有的股票。

18.2.2.3 有面值股票与无面值股票

按照股票是否标明面值，可分为有面值股票和无面值股票。无面值股票只标明公司股本总额与股份数额的比例，其价值随公司资产价值的变动而变动。

18.2.2.4 记名股票与无记名股票

按照股票是否登记股东名册，可分为记名股票和无记名股票。无记名股票在股票转让时，无须办理登记股东名册或过户手续。目前，《中华人民共和国公司法》（以下简称《公司法》）规定，不得发行无面值股票和无记名股票。

18.2.3 普通股的公开发行价格

股票的公开发行价格是指公司在资本市场上采用公开发行方式时的股票销售价格，即投资者在一级市场上所购买的股票价格。公司根据自身的盈利能力、资信水平、市场状况、发行规模和资金需求等因素确定股票的发行价格。股票的发行价格主要分为以下三种。

18.2.3.1 平价

平价即以股票面值为发行价格，也称为等价发行。通常，在初次发行股票时，为推销股票多采用平价发行方式。

18.2.3.2 时价

时价即以本公司已发行流通的股票在当前二级市场上交易价格确定的股票发行价格。时价主要在公司增发股票时采用，股票的现行价格更能反映公司的实际价值。当时价高于股票面值时，公司会获得发行的溢价收益，将其列入公司资本公积；当时价低于股票面值时就是折价发行，许多国家的法律都规定公司不能以低于面值的折价方式发行股票。我国《公司法》中也有相同的规定。

18.2.3.3 中间价

中间价即以时价与股票面值的平均值确定的发行价格。

18.3 认股权

18.3.1 优先认股权的概念

通常，公司章程或法规中都要求现有股东对公司新发行的普通股或可转换成普通股的证券具有优先认股权（Preemptive Right）。认股权是现有股东为保持其在公司中原有股权比例的一种特权。

假设，一个人拥有某公司 100 股普通股，公司决定发行新股，使在外流通的股票增加 10%，那么，他作为现有股东享有优先认股权，就具有购买 10 股新股以保持其在公司股权比例不变的选择权。

18.3.2 认股权的发行条件

认股权的发行条件主要包括每股的认股权数量、每股认购价格（低于普通股的现行市场价格）和发行截止日期等。在认股权发行时，公司宣告一个登记日期和除权日期。在除权日之前，公司公布现有股东获得每股发行认股权的新股分配比例，以确定股东购买新发行股票的数量。例如，如果一个人拥有 5 股普通股，公司每股发行认股权的分配比例为 20%，那么他的 5 个认股权就可以购买 1 股数量的新股票。

认股权有期限和执行价格，发行日截止到期前的时间被称为认购期限（Subscription Period）。特定的认股权价格就是执行价格，也称为认购价格（Subscription Price）。通常，认购价格低于股票的当前市场价格。

认股权作为一种股票的买入期权，股东是否执行认股权，可有三种选择：①执行认股权，即认购股票；②出售认股权，即转让他人；③放弃认股权，任凭认购权过期。通常，股东不会选择第三种做法。

18.3.3 认股权的发行方式

公司在认股权的发行中可以采用特权认购、超额认购优先权和预备包销安排三种方式。

18.3.3.1 特权认购

优先认股权规定，当公司发行普通股时，必须给予现有股东认购新股保持其原有股权比例的权利。公司不向社会公众发行普通股，而只向其现有股东以优先认购方式发行新股，这种方式称为特权认购（Privileged Subscription），也称为认股权发行（Rights Offering）。

优先认购新股被认为是股东应该享有的权利或机会，所以公司必须首先直接向原有股东发行认股权，认购价格低于公司股票的现行市场价格，这样可以维系了解公司经营业务与发展的基本投资者。认股权发行的优点是：不通过投资银行，所以筹资成本低于向社会公开发行的成本。但是，一般认为，认股权发行会导致公司股票价格的大幅度下降，而且公司并不能保证股东全部执行股权的认购，这样公司还需要采用其他方式，以确保认股权发行成功。

18.3.3.2 超额认购优先权

为了提高认股权发行成功的可能性，公司可以采用超额认购优先权的方式。超额认购优先权（Oversubscription Privilege）是在给予股东按原有股权比例认购新股的权利之外，再给予股东超额认购未出售股票的权利。超额认购优先权根据未出售股票的数量由股东按比例认购，例如，在认购股权发行中股东只认购了100万股中的80万股，一些股东还愿意购买新股25万股。因此，超额认购的每个股东对超额认购的每一股享有0.8股（20万股/25万股）的认购权，这样就使全部证券都销售出去了，但超额认购优先权也并不一定能保证认股权全部发行出去或全部认购股票。因此，公司并不经常采用超额认购优先权的方法。

18.3.3.3 预备包销安排

为了确保认股权发行的成功，大多数公司会采用预备包销安排来发行认股权。预备包销安排（Standby Arrangement）是在认股权发行中，由投资银行或投资银行集团承诺预备包销未认购的部分，以确保证券全部发行的一项措施。在预备包销安排中，包销人根据发行风险的大小向公司收取承销费。

预备包销安排是一种股权的公开发行方式，大多数公司愿意采用预备包销安排发行方式的原因是：一方面，承销发行方式的发行成本较高，而且会导致股权稀释；另一方面，公开发行降低了发行风险，提高了股票的广泛性，股权集中交易的成本相对较低，而且它对股票价格下降的影响幅度要小于认股权发行。

18.3.4 认股权发行的优缺点

18.3.4.1 认股权发行的优点

（1）可以保护现有股东免受公开发行（承销）导致的权益潜在损失，可以避免公开发行导致的财富向新股东的转移。

（2）股东可以获得低于市场价格购买股票的好处。

（3）对于持股较为集中、市场吸引力不大的公司而言，认股权发行可能比公开发行更为有利，因为认股权发行使得销售集中于那些已持有公司股份并对公司非常了解的股东。

（4）股权发行的筹资成本低于向社会公众发行的成本。

18.3.4.2 认股权发行的缺点

（1）通常，它的发行期较长，即从开始发行到结束发行需要较长的时间。

（2）它失去了向潜在投资机构出售大量股票的机会，由此也失去了股票规模交易的节约成本。

18.3.5 认股权的价值

认股权是一种买入期权,期权是有价值的。由于优先认股权的股票购买价格低于市场的交易价格,那么股东出售认股权就应当由购买者提供一个相应的补偿。因此,认股权具有转让或交易价值。

除权日之前的股票交易称为"含权股票"交易,除权日及其之后的股票交易称为"除权股票"交易。"含权股票"市场交易价格与"除权股票"市场交易价格的差就是认股权的价值。假定,在除权日前以"含权股票"的市场价格购买了某公司的1股股票并持有股票,就可以选择购买该公司一股新股的认购权,并保留1股股票认购价格的现金,待认购日购买新股。两种选择的结果都购买了该公司的股票,不同之处在于后者在获得一个认股权之后以低于股票的市场价格购买了1股新股。因此,两种选择的差价就等于认股权的价值。

含权交易时的每股认股权的初始价值(理论价值或内在价值)应为:

$$R_0 = P_0 - (R_0 N + S) = (P_0 - S)/(N + 1) \quad (18 - 1)$$

式中,R_0 为"含权股票"交易中一个认股权的价值;P_0 为"含权股票"每股市场价格;N 为认购1股新股所需认股权的数量;S 为每股认购价格;$(N+1)$ 为每有 N 股流通股,就需发行1股新股。

例如,当前交易中某公司"含权股票"的每股市场价格为110美元,认购价格为每股90美元,认购一股需要5个认股权(即每股分配比例为20%),那么,认股权在含权交易时的理论价值或内在价值即为:

$$R_0 = (110 - 90)/(5 + 1) = 3.33(\text{美元})$$

需要注意的是,含权股票的市场价值(P_0)中包含认股权的价值。

在除权日后,股票交易是除权交易(Ex-right),购买的股票不再具有新股的认股权,所以市场价格下跌。除权股票的每股内在价值(P_1)为:

$$P_1 = (P_0 N + S)/(N + 1) \quad (18 - 2)$$

本例中:

$$P_1 = (110 \times 5 + 90)/(5 + 1) = 106.67(\text{美元})$$

除权后的每股股利市场价值的下降金额应等于认股权的价值,所以除权后每股认股权的内在价值(R_1)为:

$$R_1 = (P_1 - S)/N \quad (18 - 3)$$

需要注意的是,公式中用 N 除而不用 $N+1$ 来除,是因为认股权已与股票分离。

本例中,除权后每股市场价格为106.67美元,那么除权后的每股认购权市场价值为:

$$R_1 = (106.67 - 90)/5 = 3.33(\text{美元})$$

除权后的认购权的理论价值与除权前的带权股票交易时的认股权理论价值相同。

由于存在交易成本、投机行为以及市场供求状况等因素,认股权的市场价格往往与其内在价值不一致。但是，套利行为制约了认股权市场价格偏离其内在价值的程度。

18.4 优先股

18.4.1 优先股的特征

优先股是一种兼有股票和债券特征的混合证券。优先股对公司收益和清算时剩余资产的要求权优先于普通股。

优先股与普通股的共同之处是：没有到期日；股利在税后分配，没有抵税作用；当公司无力支付股利时，不构成违约。

优先股与普通股不同，但与债券有相似之处：事先规定固定的股利率；一般不具有投票权；对公司收益和清偿后剩余资产的要求权先于普通股，但在债权人之后；优先股的发行可以附加一些保护性或限制性条款。

18.4.2 优先股的种类

优先股的种类繁多，在发行优先股时可以设定一些限制性条款，这就形成了多个等级或种类的优先股。

18.4.2.1 次级优先股

次级优先股的收益要求权在优先股之后。当公司向次级优先股支付股利之前，必须全额支付优先股股利。一般而言，公司在营业执照限制其发行额外的优先股时才发行次级优先股。

18.4.2.2 累计股利优先股

大多数优先股都附加累计股利条款（Cumulative Dividends Feature），即在向普通股支付股利之前，公司必须首先付清所有累计未付的优先股股利。当然，如果公司决定不向普通股支付股利，就没有必要向优先股股东付清积欠的股利。

18.4.2.3 具有投票权的优先股

通常，优先股股东不具有投票权，但在优先股发行的附加保护条款中，可以规定当公司违反限制性条款时优先股股东具有投票权。例如，公司在特定时期内（通常为1年）不能支付优先股股利；在公司面临财务困难，仍向普通股股东支付股利等情况下，优先股股东就具有投票权。

18.4.2.4 可参与优先股

可参与优先股（Participating Preferred Stock）在可参与条款下，当公司普通股股利超过一定数额时，允许优先股股东具有与普通股股东同等分享剩余收益的优先权。例如，有一只10%股利率、面值100美元的可参与优先股，当普通股股利每股超过10美元为12美元时，该优先股股东有权与普通股股东一样每股增加2美元的剩余收益分配。实际上，几乎没有哪个公司发行可参与优先股。

18.4.2.5 选择性赎回优先股和强制性赎回优先股

通常，优先股都有选择性赎回条款，这与债券发行相似。这些条款规定公司具有按发行时设定的赎回价格（高于初始发行价格）回购优先股的选择权。赎回条款，使得公司可根据需要来选择赎回的时机，当优先股市场价格大大高于赎回价格时，公司以低成本回购优先股，以调整其资本结构或者发行其他证券替代优先股，从而增加了公司财务的灵活性。

许多优先股在发行时附加的限制性条款中，要求公司设立偿债基金，在特定的时间内必须以偿债基金按设定价格（通常按面值）有次序地收回偿债基金优先股（Sinking Fund Preferred Stock），称为强制性赎回优先股。由于不断地收回优先股，增加了剩余股票市场价格上升的动力，所以对投资者是有利的。

18.4.2.6 可转换优先股

一些优先股在发行时附加了允许优先股股东自主选择将优先股转换为预定数量公司普通股的条款。几乎所有的可转换证券都有可赎回条款，当优先股的市场价格大大超过其赎回价格时，公司就会赎回优先股并按条款将其转换为普通股。

在收购其他公司时，公司通常发行可转换优先股，因为被收购的公司或其股东获得可转换优先股便可免缴所得税。

18.4.2.7 浮动股利优先股

为了避免优先股股东因利率的剧烈波动而导致优先股价格剧烈波动所带来的损失，公司可发行浮动股利优先股，其又称股利收益率可调整的优先股。浮动股利的确定有两种情况：一种是以市场交易价格为基准，规定股利浮动的上下限；另一种是采取每隔一定时间由拍卖方式决定优先股的股利率，这种方式可以比较准确地反映当前市场利率，使股票价格接近于市场价值。

18.4.3 优先股融资的利弊选择

优先股（不可转换的优先股）是公司筹资的一种手段，运用时必须权衡其利弊。

18.4.3.1 不能税前抵扣

优先股的最大缺点就是股利不能税前扣除（这与普通股相同）。所以，在长期融资中，不可转换优先股不是公司融资的主要手段，通常在短期融资中使用。

18.4.3.2 融资具备灵活性

运用优先股融资的最大好处是具有灵活性。因为优先股的股利支付不具有法定义务，当公司经营状况或财务状况不好时，可以不向优先股股东支付股利。而债务融资却不行，不论公司盈利状况好坏，都必须按期支付利息和到期还本。

18.4.3.3 易于发行

对机构投资者而言，优先股比债券更具有投资吸引力。在一些国家，为鼓励投资，税法规定公司投资股票低于20%的持股比例，其收到的股利可以抵免70%的所得税，而剩余的20%则可抵免80%的所得税。所以，大多数优先股是由机构投资者持有的。

18.4.3.4 获得潜在的好处

不可转换优先股实际上是一种永久性债券。对公司而言，优先股巩固了公司的权益基础，可以提高公司的举债能力，从而改善公司的财务状况。而且，当公司遇到财务困难时，优先股股东不会强制公司实行法定破产。这些潜在的好处可以部分地抵消优先股不能抵扣所得税的缺点。

本章小结

本章重点介绍了权益融资，并全面分析了权益融资的优缺点。权益融资的优点包括：①增强企业信誉和借款能力；②财务风险较小。

权益融资的缺点包括：①资本成本负担较重（相对于负债筹资）；②容易分散公司的控制权。

思考与练习题

1. 什么是内部融资与外部融资？什么是权益融资与债务融资？
2. 比较公募与私募的区别。它们一般适用于哪类企业的证券发行？
3. 投资银行在证券发行中有何作用？
4. 比较包销与代销两种发行方式的区别。
5. 包销发行的费用包括哪些主要内容？
6. 普通股股东有哪些基本权利？
7. 认股权有哪些发行方式？承销方式的发行成本较高，为什么大多数公司还愿意采用预备包销安排的方式？
8. 如何理解优先股是一种兼有股票与债券特征的混合证券？
9. 优先股有哪些优缺点？
10. 一位普通股股东拥有一家公司 100 万股在外流通股中 10% 的股份，公司计划销售 50 万新股。这位股东应如何维持其 10% 的股权？
11. 某公司当前股价为 40 美元，其中在外流通股 100 万股。当公司宣布公开发行 50 万股普通股股票时，股价跌至 38 美元。
    (1) 计算由于宣布新股发行导致股东财富减少的数额。
    (2) 若公司以每股 38 美元的价格出售股票，请将股东财富的减少数额表达成发行总收入的百分比形式。
    (3) 承销总差价为 5%，那么宣布发行股票与发行成本，哪个因素对股东财富影响较大？
12. 根据某公司 2005 年 12 月 31 日的年报，该公司股东权益为 32 亿美元，发行在外的普通股为 2 亿股。计算该公司每股普通股的账面价值。
13. M 公司以每 7 份认股权认购 1 股新股的方式，在 18 天的认购期内，新股认购价为 17.15 美元，此时该公司股票的市价为 18.375 美元。那么，该公司每股认股权的初始价值是多少？

14. H 公司的股票现行市价为每股 50 美元，公司进行认股权发行，每 5 个认股权可购买 1 股新股，认购价为每股 40 美元。

（1）计算含权股票交易时认股权的理论价值。

（2）计算除权后每股股票的理论价值。

（3）如果除权股票的市价是 50 美元，认股权的理论价值是多少？

15. 一只普通股年股息是每股 2.1 美元，无风险利率为 5%，风险溢价为 4%。如果年股息保持在 2.1 美元，股票的价格为多少？

16. F 公司的股权收益率为 16%，再投资率为 40%。如果预计该公司明年的每股盈利为 2 美元（假定市场资本化率为 12%），预测其股价应为多少？预测 F 公司股票 3 年后的股价为多少？

17. 假设一个公司现有股票数量为 100 万股，每股价格为 40 元。该公司打算执行一项股权激励计划，送给公司高管人员 20 万份的认购权证，每份权证有权在 5 年之后按照 60 元的价格购买公司股票。市场的无风险利率为 3%，该公司股票的价格波动率为 30%，该公司不付红利。计算认购权证的价值。

18. 某公司 2019 年每股收益为 4 元，其中 50% 的收益用于派发股息，近 3 年公司的股息保持 10% 的增长率，且将保持此速度增长。公司的风险程度系数为 0.8，国库券利率为 5%，同期股份综合指数的超额收益率为 10%，公司股票当前的市场价格为 40 元。对这只股票是否被高估做出判断。

19. 某公司按每 10 股送现金股息 30 元、送红股 2 股的比例向全体股东派发股息和红股，向公司现有股东按 10 配 3 股的比例进行配股，配股价为 8 元。6 月 25 日为除息除权日，6 月 24 日该股票收盘价为 20 元。计算其除息除权的基准价。

20. 分析表 18-1 中的 3 只股票，其中 P_t 代表 t 时刻的股票价格，Q_t 代表在外流通的股票的数量，股票 C 上期 1 股分割成 2 股。

表 18-1

股票	P_0	Q_0	P_1	Q_1	P_2	Q_2
A	90	100	95	100	95	100
B	50	200	45	200	45	200
C	100	200	110	200	55	400

（1）计算第 1 期（$t=0$ 到 $t=1$）3 只股票的价格加权指数的收益率。

（2）第 2 年，价格加权指数的除数会发生什么变化？

（3）计算第 2 期（$t=1$ 到 $t=2$）的收益率。

（4）分别计算 3 只股票的市值加权指数及权重指数在第 1 期的收益率。

21. 已知 X 公司无风险收益率为 8%，市场资产组合的期望收益率为 15%，股息支付率为40%，所宣布的最近一次的每股盈利为8美元。股息刚刚发放，预计每年都有分红，预计X公司所有再投资的股权收益率都是2%。

(1) 计算该公司的内在价值。

(2) 如果公司当前股票的市价是80美元，预计1年后市价等于内在价值，计算持有X公司股票一年后的收益。

22. 某企业目前拥有资本1 000万元，其结构为：债务资本为20%（年利息为20万元），普通股权益资本为80%（发行普通股10万股，每股面值80元）。由于扩大业务，需要追加筹资400万元，其筹资方式有两种：①全部增发普通股，每股面值80元，增发5万股；②全部筹借长期债务，利率为10%，利息为40万元。追加筹资后，企业税前利润预计为160万元，所得税税率为33%。

(1) 确定该企业税前筹资无差别点。

(2) 计算股票盈余无差别点的每股收益。

(3) 试比较并选择最优方案。

19 租　赁

学习要点
1. 租赁的概念与特征
2. 租赁的分类
3. 租赁的优缺点
4. 租赁决策分析

19.1 租赁的概念与特征

租赁是一种租约（Lease），在租赁契约中资产的所有者将资产出租给承租人，承租人在租赁期内向出租人支付租赁费，获得租赁资产的使用权。

租赁费一般是等额支付的，可以每月、每季、每半年或每一年支付一次租赁费，第一笔租赁费通常在签订租约的当天支付，以后的租赁费在每期期初支付，所以租赁费是一种即时年金。租赁期满后，租约通常赋予承租人多种选择：第一种选择是将租赁资产归还出租人。第二种选择是续租。通常，续租租金比原来的租金要低一些。第三种选择是承租人购买租赁资产。

几乎所有的资产都可以租赁，包括飞机、船只、火车、通信卫星、采矿设备、计算机和运输工具等诸多物品。主要的出租人是租赁资产的生产商、商业银行、财务公司、保险公司以及独立的租赁公司等。承租人可以是个人、企业或政府。

租赁有如下三个基本特征。

（1）在租赁期间，承租人获得租赁资产的使用权，而不具有该资产的所有权，这不同于购买商品将所有权转移。为获得资产的使用权，承租人必须向出租人定期支付租赁费。

（2）租赁行为涉及多方当事人，如承租人、出租人或租赁资产的生产商以及债权人。

（3）租赁的期限大多为10年以内，所以可将租赁列入中期融资范围。租赁资产的所有权属于出租人，承租人定期支付租金，因此，租赁类似于有担保的贷款。

19.2 租赁的类型与形式

19.2.1 租赁的类型

按照租约的特征，租赁可分为两种类型：经营性租赁和财务性租赁。

19.2.1.1 经营性租赁

经营性租赁（Operating Lease）是短期的，在租赁到期之前承租人可以选择撤销租约。如果撤销租约被执行，承租人必须将租赁资产归还给出租人。经营性租赁的租期比租赁资产的经济生命期限短，这意味着租金支付不足以弥补出租人资产的全部成本，所以出租人只有不断地将该资产出租才能获得设备的剩余成本。经营性租赁的资产一般为办公室、复印机、计算机和运输工具等。在经营性租赁中，出租人承担租赁资产的维修保养、保险以及支付与该资产相关的财产税。

19.2.1.2 财务性租赁

财务性租赁（Financial Lease）则是长期的，通常在租赁期到期之前承租人不能撤销租约，承租人有义务支付租赁费直至租约到期。财务性租赁的租期与租赁资产的经济生命基本一致。在财务性租赁中，如果出租人允许承租人撤销租约，通常要求承租人补偿由于撤租对出租人造成的损失。财务性租赁作为一种中期融资，与债务融资具有可比性。

财务性租赁又有纯租赁与双纯租赁两种。纯租赁（Net Lease）是指租约规定承租人承担租赁资产所有权责任与风险的租赁形式，即由承租人承担租赁资产的维修保养与保险费，并缴纳财产税。双纯租赁则是承租人除了承担纯租赁的上述责任外，还必须在租赁期满后将预先设定价值的租赁资产归还出租人。

19.2.2 租赁的形式

财务性租赁可采用直接租赁、售后租回或杠杆租赁三种形式。

19.2.2.1 直接租赁

直接租赁（Leveraged Leasing）是指企业为获得以前所未有的资产使用权所采用的租赁形式。在直接租赁中，承租人确认所需要的资产，然后由出租人购买承租人所需的资产，再将资产出租给承租人，承租人也可以直接向资产的生产商租赁该资产。

19.2.2.2 售后租回

售后租回（Sale and Leaseback）也称回购租赁，是指企业将其资产卖给出租人，同时签订租约再租回这些资产。在回购租赁中，一方面，承租人获得出售资产的收入并将其用于其他方面的安排；另一方面，承租人丧失了资产的所有权，在租赁期间定期支付租赁费，获得资产的使用权。购买资产的出租人获得了法律上的资产所有权与资产的剩余价值。售后租回协议在不动产方面的应用很普遍，售后租回的出租人包括保险公司、机构投资者、财务公司以及独立的租赁公司。

19.2.2.3 杠杆租赁

杠杆租赁（Leveraged Leasing）是在租赁大型资产（如飞机、船只、火车及勘探设备等）时普遍采用的一种特殊租赁形式。直接租赁与回购租赁只涉及承租人与出租人两个当事人，而杠杆租赁则涉及三方当事人：承租人、出租人和提供贷款的债权人。

在杠杆租赁中，出租人以购买的资产和租赁费做担保，通常向债权人（贷款银行）借入租赁资产价值60%~80%的资金，而出租人出资20%~40%作为权益投资者，获得租赁资产的部分权益。在杠杆租赁中，承租人与出租人签订租赁合同，承租人保证分期支付租赁费并获得资产的使用权；出租人作为借款人与贷款银行签订担保协议以及贷款合同。在贷款担保中，出租人将租赁资产抵押给长期贷款人，并将租约转让给贷款人，因此，贷款人具有该资产的第一留置权和对所付租金的优先求偿权，如果承租人不能按时支付租金，贷款人有权扣押该资产。

19.3 租赁的优缺点

19.3.1 租赁的主要优点

（1）出租人具有租赁资产的所有权，所以可以获得资产折旧抵税的好处。租赁类似于担保贷款，承租人支付的租金可以税前列支，从而也可获得抵税的好处。

（2）可撤销的短期经营性租赁（如计算机租赁等）可帮助承租人解除资产陈旧的风险。

（3）对易于出售、使用广泛的租赁资产（如车辆等），出租人不必进行详细的信用分析，租赁手续简便，因此降低了交易成本和租赁费用，有利于小企业的资产租赁。

（4）出租人拥有租赁资产的所有权，如果承租人拖欠租金的支付，出租人有权扣押资产，降低了承租人发生财务危机给出租人带来的风险。所以，小公司或信用度不高的公司获得租赁融资比获得贷款较为容易。

（5）租赁融资为承租人提供了筹集资金的一种渠道。与购买设备相比，承租人不需要支付大量的现金，保留了运营资本。而且，如果一家公司在其债务限制性条款中被禁止进行常规的负债筹资，它就可能以租赁筹资的方式规避债务限制性条款的制约。

19.3.2 租赁的主要缺点

（1）承租人不具有租赁资产的所有权，不能获得资产折旧抵税的好处。

（2）因租赁资产的所有权归属于出租人，所以通常承租人得不到租赁资产的残值。

对于承租人而言，必须权衡租赁融资成本与租赁资产带来的收益，只有在成本低于收益时选择租赁融资的形式才是有益的。

对出租人而言，必须权衡租赁收益与租赁成本。虽然承租人可以租赁费扣减税额，但出租人的租赁收入全部都是应纳税的。只有当租赁税后收益的现值高于租赁成本的现值时，出租资产才是有益的。

19.4 财务性租赁的现金流

财务性租赁的现金流类似于担保贷款的现金流，下面举例并借助表19-1来说明这个问题。

【例19-1】假设QWE公司采用租赁方式租用一台价值为100万美元的设备，租约期限为 8 年，每年支付 18 万美元的租金。该租约规定出租人具有租赁资产的所有权与留置权，这相当于将租赁设备作为抵押品。

QWE 公司租用设备而不必花费 100 万美元的设备购置资金，这相当于借款得到现金流入 100 万美元。但是 QWE 公司必须定期支付租金，租金与债务的利息费用一样可以税前列支，由此承租人获得税收扣减的好处。假设该公司的所得税税率为 40%，租约规定每年年末支付 18 万美元租金，那么租金产生的扣减税额为 7.2 万美元（0.4 × 18）。但 QWE 公司必须放弃租赁设备折旧的税额扣减以及租赁设备的残值。假设预计该设备的残值为 4 万美元，采用直线折旧，每年的折旧额为 12 万美元 [(100 − 4)/8]，那么每年放弃的折旧抵税额为 4.8 万美元（0.4 × 12）。

综合上述所有因素，可以得出 QWE 公司实际初始现金流入为 100 万美元（见表 19-1），之后在第 1 年至第 7 年每年的实际现金流出为 15.6 万美元，在第 8 年现金流出为 19.6 万美元。

表 19-1　QWE 公司租赁融资的直接现金流

（单位：万美元）

项目	租期（年）								
	0	1	2	3	4	5	6	7	8
租赁收益									
初始开支（被避免）	100								
租赁成本									
租金支付		−18	−18	−18	−18	−18	−18	−18	−18
租金支付的抵税		7.2	7.2	7.2	7.2	7.2	7.2	7.2	7.2
放弃的折旧抵税		−4.8	−4.8	−4.8	−4.8	−4.8	−4.8	−4.8	−4.8
放弃的残值									−4
承租人的净现金流	100	−15.6	−15.6	−15.6	−15.6	−15.6	−15.6	−15.6	−19.6

19.5　租赁决策分析

财务性租赁的现金流与有担保债务的现金流很相似，这就为公司进行租赁融资决策提供了一种基本的分析方法，即将租赁融资的现金流与借款购买资产的现金流进行比较。实践中，有多种租赁决策的分析方法，在此首先介绍偿债对等法——净现值法，然后再介绍其他方法。

19.5.1　租赁决策分析的基本框架

由于财务性租赁类似于有担保债务，所以偿债对等法的基本原则是：在评价租赁资产与借款购买资产这两种方式时，必须将任何一种方式下公司全部的税后负债（租金偿付与债务偿付）看成是严格相等的。在这个原则下，如果借款购买方式下的税后每期偿债支出的现金流与租赁方式下的税后每期偿债现金流完全相同，那么这个金额就是公司在现在应当借得的债务量（现值）。也就是说，如果将租赁税后付款看成是一组已承诺的未来现金流，那么将这组现金流在资本市场上拍卖所获得的金额就是公司现在所能借到的债款。如果这个借款收入不足以购买设备，那么租赁融资方式的净现值为正，就应该选择租赁；相反，如果这个借款收入高于购买设备的成本，那么就应选择借款购买。据此，我们可以建立租赁融资净现值的公式。

租赁融资净现值（Net Advantage to Leasing, NAL）等于资产购买价格减去与该租赁活动有关的净增税后现金流（CFATs）的现值。租赁融资净现值的公式为：

$$NAL = P - PV(CFATs) \qquad (19-1)$$

在计算租赁融资活动净增税后现金流的现值时，关键是采用哪种贴现率。通常，应该将与租赁类似的有担保贷款的税后利率作为贴现率，有担保贷款的税后利率也是确定租金支付额的必要报酬率。估计必要报酬率并将其作为贴现率的一个重要方法是资金的机会成本概念：必要报酬率是同等风险的其他备选方案中所能得到的报酬率。因为财务性租赁中出租人保留对租赁资产的所有权与留置权，租赁负债是有担保的，公司的租金支付与有担保贷款的偿债支付属于同一风险级别，所以计算租赁融资活动净增税后现金流采用的贴现率应是担保贷款的税后利率。

实际操作中，财务性租赁现金流的贴现率稍高于有担保贷款的税后利率。这是因为担保贷款是"有完全担保的"，即一般按照担保资产的价值打一个折扣（如80%）确定贷款额，而租赁融资中的资产担保是100%的。所以，租赁融资的贴现率一般是有担保贷款的利率与无担保贷款利率的加权平均数。而在确定资产预期残值的现值时，则要按一个较高的必要报酬率贴现，以反映它的较高风险。资产残值与整个项目的经济风险相关，因此应用该项目的必要报酬率（即市场资本报酬率）来计算预期残值的现值。

与租赁还是借款购买相关的净增现金流有六项：①该资产的成本（被避免的购买资产的开支）；②租赁费（成本）；③租赁融资和借款购买两种方式之间的营业费用或其他费用上的净增差异（成本或节余量），其中包括承租人承担的设备维修保养、保险和缴纳财产税的费用成本；④折旧税额扣减（放弃的收益）；⑤预期净残值（放弃的收益）；⑥投资税收抵免或其他税收抵免（放弃的收益）。

根据租赁融资净增现金流的具体内容，可将租赁融资净现值的公式改写为：

$$NAL = P - \sum_{t=1}^{n} \left[(1-T)(CF_t - \Delta E_t) + TD_t \right] / [1 + (1-T)r]^t - SAL/(1+k)^n - ITC \qquad (19-2)$$

式中，P 为资产购买价格；T 为承租人的所得税率；CF_t 为第 t 年的租金支付额；ΔE_t 为第 t 年租赁和购买两种方式在营业费和其他费用上的全部净增差额；TD_t 为税率 T 乘以第 t 年的折旧额 D，表示折旧税额扣减；r 为债务的税前利率，那么税后利率为 $(1-T)r$；SAL 为资产的期末预期残值；k 为资产的必要收益率（税后加权平均资本成本）；

n 为租赁期限；ITC 为可能得到的投资税收抵免。

必须注意的是，式 19-2 中假定租金在每期期末支付（普通年金），而租约通常规定租金在每期期初支付（即时年金）。如果为了精确，则必须调整该公式，否则计算就较为复杂。该公式还假定出租人有权获得全部的投资税收抵免（ITC）。

19.5.2 租赁与购买决策分析

【例 19-2】 此例运用净现值法，结合表 19-1 来分析 QWE 公司的租赁与购买决策。

首先，需要确定贴现率。假定 QWE 公司能以 10% 的税前利率借到 8 年期的有担保的分期偿付的贷款，贷款金额为该设备价值的 80%；而对该设备其余 20% 价值的那部分金额，公司可按 12% 的税前利率借到无担保的分期偿付的贷款。假定该项目的税后必要收益率（加权平均的资本成本）为每年 13%，QWE 公司适用的税率为 40%。如果 QWE 公司是 100% 的债务融资，其中 80% 是有担保的债务，20% 是无担保的债务，那么该公司的税前债务成本为 10.4%（0.8×10%＋0.2×12%），则债务的税后利率为 6.24%〔（1－0.4）×10.4%〕。那么，6.24% 的债务税后利率就是计算租赁净增现金流现值的贴现率，而项目的税后必要收益率 13% 就是计算残值现值的贴现率。

在 8 年中，QWE 公司每年年末支付 18 万美元的租金，承租人每年获得的租金扣减税额后为 7.2 万美元（0.4×18），而不能抵免的部分为 10.8 万美元〔（1－0.4）×18〕。每年的折旧额为 12 万美元〔（100－4）/8〕，每年放弃的折旧减税额为 4.8 万美元（0.4×12），放弃的残值为 4 万美元。假设 QWE 公司的租赁项目没有投资税收抵免，还假设租赁和购买两种方式在营业费和其他费用上的全部净增差额（ΔE_t）为 0。这是因为，公司采用租赁（纯租赁）方式或购买方式都需要承担设备的维修保养、保险与缴纳财产税，两种方式的营业费用相差不多。

其次，依据以上数据，运用式 19-2 计算 QWE 公司租赁融资的净现值：

$$NAL = 1\,000\,000 - \sum_{t=1}^{8}(108\,000 + 48\,000)/1.062\,4^t - 40\,000/1.13^8 - 0 = 25\,360.70(美元) \qquad (19-3)$$

运用 Excel 程序的计算过程为：

$i = 6.24\%$，$n = 8$，$PMT = -156\,000$，结果 $PV = 959\,592.90$（美元）

$i = 13\%$，$n = 8$，$FV = -40\,000$，结果 $PV = 15\,046.40$（美元）

$NAL = 1\,000\,000 - 959\,592.90 - 15\,046.40 = 25\,360.70$（美元）

结论：依据 NPV 法则，租赁融资净现值为正，QWE 公司应选择租赁方式，而不是借款购买方式。

19.5.3 其他分析方法

偿债对等法实际上是净现值分析法。前面已讲述过 NPV 法则是普遍适用的有效分析方法，除此以外，我们再简单地介绍两种分析方法，即内部收益率法和约当贷款法，这两种方法与 NPV 法的分析结果相同。

19.5.3.1 内部收益率法

内部收益率法是实际操作中分析人员常用的一种分析方法，其前提也是偿债对等原则，依据的是租赁融资现金流类似于财务融资现金流。因此，内部收益率（IRR）是式 19-3 中租赁融资净现值等于 0 的贴现率，即：

$$NAL = P - \sum_{t=1}^{n} [(1-T)(CF_t - \Delta E_t) + TD_t]/[1+IRR]^t - SAL/(1+IRR)^n - ITC \qquad (19-4)$$

内部收益率代表租赁融资的税后成本。这个租赁融资的税后成本包括由于未借款而失去的利息扣税额、由于租赁融资而不是购买该资产所放弃的税额扣减、税收抵免和残值的价值。如果租赁融资成本低于承租人有担保的税后成本，公司就应选择租赁融资方式，而不选择借款购买；反之，则选择借款购买方式。

【例 19-3】仍以 QWE 公司为例，运用式 19-4 计算租赁融资净现值的内部收益率（IRR）：

$$NAL = 1\,000\,000 - \sum_{t=1}^{8} 156\,000/(1+IRR)^t - 40\,000/(1+IRR)^8 = 0$$

$$IRR = 5.85\%$$

运用 Excel 程序的计算为：

$n=8$，$PMT=-156\,000$，$PV=1\,000\,000$，$FV=-40\,000$，结果 $IRR=0.0585$

结论：QWE 公司租赁融资的收益率为 5.85%，租赁融资成本低于该公司债务的税后成本 6.24%，因此 QWE 公司应选择资产租赁。

19.5.3.2 约当贷款法

在现金流贴现决策准则中没有与约当法相对应的分析方法，但该方法符合偿债对等原则。约当贷款法是将租赁提供的融资额与约当贷款（Equivalent Loan，EL）提供的融资额相比较。约当贷款是指如果承租人将未来净增现金流用于清偿常规的有担保贷款，那么就是承租人所应借到的最高金额。

约当贷款的计算公式为：

$$EL = \sum_{t=1}^{n} [(1-T)(CF_t - \Delta E_t) + TD_t]/[1+(1-T)r]^t + SAL/(1+k)^n \qquad (19-5)$$

该公式意味着如果资产购买价格减去投资税收抵免的差额超过了约当贷款额，那么租赁实际上提供了更多的融资额，因此应选择租赁而不是资产购买；反之，则选择资产购买。

【例 19-4】仍以 QWE 公司租赁融资为例，其约当贷款额为：

$$EL = \sum_{t=1}^{8} 156\,000/1.0624^t + 40\,000/1.13^8 = 974\,639.30(美元)$$

运用 Excel 程序的计算过程为：

$IRR = 6.24\%$，$n = 8$，$PMT = -156\ 000$，结果 $PV = 959\ 592.90$（美元）

$IRR = 13\%$，$n = 8$，$FV = -40\ 000$，结果 $PV = 15\ 046.40$（美元）

$EL = 959\ 592.90 + 15\ 046.40 = 974\ 639.30$（美元）

$NAL = 1\ 000\ 000 - 974\ 639.30 = 25\ 360.70$（美元）

结论：结果与 NPV 法完全相同，融资租赁净现值为正，应选择资产租赁方案。

本章小结

租赁中的融资租赁主要有三种方式。融资租赁的租金受到设备的买价、残值及利息等因素的影响。通过对融资租赁和长期借款的税后现金流量进行比较，决定采用何种方式取得所需设备。

思考与练习题

1. 租赁有哪些基本特征？经营性租赁与财务性租赁有何不同？解释直接租赁、售后租回和杠杆租赁三者之间的区别。

2. 如何理解财务性租赁类似于有担保的债务？

3. 为什么预期残值的贴现与租金的贴现所使用的贴现率是不同的？

4. 某电子公司正在考虑向顾客直接销售产品之外再开展产品租赁业务，产品售价为 1.5 万美元，经济寿命为 8 年。

（1）出租人希望取得 12% 的利率，承租人每年年初支付的租金是多少？

（2）如果产品在第 8 年年末的残值为 3 000 美元，承租人每年的租金是多少？

5. 某企业从某租赁公司租入一套设备，价值为 100 000 元，租期为 5 年，预计租赁期满时的残值为 6 000 元，残值归租赁公司所有，年利率为 9%，租赁手续费为设备价值的 2%，租金每年年末支付一次。每次应支付的租金为多少？

6. A 企业采用融资租赁的方式租入一台设备，价值为 500 万元，租期为 8 年，到期后设备无偿归租入企业所有，双方商定的折现率为 15%。

（1）如果双方约定每年年末等额支付租金，每年的租金额是多少？

（2）如果双方约定每年年初等额支付租金，每年的租金额是多少？

7. 某企业因生产经营发展的需要，拟考虑购买或租赁甲种机床。如购买甲种机床其原价为 30 000 元，可使用 3 年，3 年后残值为 6 000 元，折旧采用年数总和法；B 租赁公司出租甲种机床，每年租赁费/手续费为 10 000 元，A 企业使用甲种机床生产的产品每年销售额为 100 000 元，变动成本总额为 50 000 元，固定成本（除折旧或租赁费）总额为 20 000 元，该企业所得税税率为 40%，资金成本率为 10%。该企业应做出购买还是租赁甲种机床的决策？

8. A 企业于 12 月 31 日将一台公允价值为 283.41 万元的大型专用设备以融资租赁

方式租赁给 B 企业（B 企业资产总额为 800 万元）。双方签订合同，从次年 1 月 1 日起 B 企业租赁该设备 36 个月，12 个月的月末支付租金 80 万元，B 企业的母公司担保的资产余值为 50 万元，B 企业另外担保公司担保金额为 30 万元，租赁开始日估计资产余值为 90 万元，租赁合同规定的租赁年利率为 7%。那么 B 企业在租赁开始日应记入未确认融资费用的金额为多少？

9. X 公司于 2015 年 12 月 10 日与 Y 租赁公司签订了一份设备租赁合同。合同主要条款有五项：①租赁标的物为甲生产设备；②租赁期为 2015 年 12 月 31 日至 2019 年 12 月 31 日；③甲生产设备 2015 年 12 月 31 日的原账面价值为 3 500 万元，已提折旧 400 万元，公允价值为 3 100 万元，已使用 3 年，预计还可使用 5 年；④租赁合同年利率为 6%；⑤2019 年 12 月 31 日，X 公司将甲生产设备归还给 Y 租赁公司。甲生产设备于 2015 年 12 月 31 日运抵 X 公司，当日投入使用（与租赁有关的未确认融资费用采用实际利率法摊销，并假定未确认融资费用在相关资产的折旧期限内摊销）。若约定每年年末支付租金，则支付租金为多少？

20 期权性质的融资

学习要点

1. 可转换证券的概念与特征
2. 可转换证券的价值计算
3. 可交换证券与可转换证券的区别与联系
4. 认股权证在企业融资中的应用

20.1 可转换证券

20.1.1 可转换证券的概念与特征

可转换证券（Convertible Security）是证券持有人在一定期限内可将持有的债券或优先股按规定比例转换为发行公司普通股的期权。可转换证券主要是可转换债券与可转换优先股。

20.1.1.1 可转换证券的基本特征

（1）可转换证券与直接债券（Straight Bond）一样，也具有面值、票面利率和到期日。

（2）可转换证券的持有者可获得一个固定数额的债券利息或优先股股利，并享有将所持有的证券转换为普通股的选择权。

（3）公司可以低于直接债券或优先股的利率出售可转换证券。

（4）大多数的可转换证券都有可赎回条款，所以可转换证券通常也有可赎回价格。

（5）几乎所有的可转换证券都是次级后偿债券，其对公司资产的索求权在有担保债券之后，但在优先股和普通股之前。

20.1.1.2 可转换证券的转换特征

20.1.1.2.1 转换价格与转换比率

可转换证券可在到期日之前以规定的转换价格转换为普通股。转换价格（Conversion Price）是可转换证券转换为每股普通股的执行价格，转换价格等于可转换证券面值除以转换比率，通常转换价格高于转换证券发行时的普通股市价。转换比率（Conversion Ratio）是每份可转换证券能转换的普通股股数，转换比率等于可转换证券面值除以转换价格。例如，BBN公司每份面值为1 000美元的可转换证券，规定的转换价格为42美元。那么，其转换比率每股为23.81（1 000/42），也就是投资者的每份可转换证券按42美元的执行价格转换的普通股的股数。直接债券是与可转换债券具有相同利率、相同到期日、相同风险的不可转换的债券。

转换价格和转换比率并不是固定不变的，通常会由于发行期内转换价格的多次上调、股票分割、股票股利或认股权的发行等因素而做出调整。例如，公司按照条款的规定，可转换证券的转换价格在前5年为每股35美元，在第二个5年期间为每股40美元，在第三个5年期间为每股45美元。这样，随着时间的推移，每份可转换证券转换为普通股的股数会越来越少。如果公司进行普通股的分割，假如比例为1∶2，那么转换价格也随之相应减半。如果公司发放股票股利或认股权，转换价格也必须按相应比例进行调整。

20.1.1.2.2 转换价值与转换价值溢价

转换价值（Conversion Value）是用可转换的普通股市价计算的可转换证券的价值，转换价值等于转换比率乘以每股普通股市价。例如，BBN公司当前的股票市价为38美元，那么其可转换证券的转换价值为904.78美元（23.81×38）。

在证券发行时，可转换证券的价格高于转换价值，可转换证券的发行价格与其转换价值的差就是转换价值溢价（Premium Over Conversion Value）。例如，BBN公司以每份1 000美元的价格向社会公众发行可转换证券时，其普通股价格为每股36美元。那么，转换价值就是857.16美元（23.81×36），转换价值溢价则为142.84美元。通常，转换价值溢价用转换价值的百分比来表示，即转换溢价为16.66%（142.84/857.16）。大多数公司可转换证券在发行时的转换溢价范围在10%~20%之间。如果是高成长型公司，转换溢价甚至会更高。

20.1.2 可转换证券的优缺点

20.1.2.1 可转换证券的优点

（1）可降低增发新股的股权稀释度。公司发行了新的股票后，会导致公司原有普通股股东的每股收益或权益下降，这被称为股权稀释（Dilution）。由于可转换证券具有转换为普通股的期权特征，所以其具有对股权的潜在稀释作用。

虽然可转换证券具有潜在的股权稀释作用，但是可转换证券不是普通股。公司发行可转换证券可降低增发普通股的稀释度，其原因在于可转换证券的转换价格高于新股的发行价。

【例20-1】PLM公司普通股的市价为每股50美元，公司为筹集资金发行新股必须低于市价发行股票。公司将通过承销商向社会公众出售股票获得每股45美元的净收入。如果P公司希望筹资4 500万美元，那么必须发行100万股普通股。如果P公司发行可转换证券，以高于市场价格的转换价格出售可转换证券，转换溢价为14%，那么转换价格为57美元（50×1.14）。公司发行4 500万美元的可转换证券，转换后新增普通股的股数为：

$$\frac{45\,000\,000}{57} = 789\,473.68(股)$$

由于减少了新股的发行,其数量为 210 526.32 股(1 000 000 - 789 473.68)普通股,所以发行可转换证券带来的潜在稀释度低于增发普通股的稀释度。

(2) 可降低融资成本。发行可转换证券的利息率或股利率低于直接债券的利息率或股利率,因而可转换证券的期权特征对投资者具有吸引力。投资者对可转换证券的需求越大,证券的价格越高,公司发行可转换证券的利率就越低。尤其对于成长型公司来说,当其处于成长阶段时,利息支付得越少,公司可用于发展的现金就越多。而且,由于新公司或信用等级稍低的公司出售直接债券或优先股一般会很困难,但因其股票未来的潜在质量,其发行可转换证券可能会受到市场的欢迎。

(3) 可降低代理成本。可转换证券可以降低筹资中的代理成本。直接债券的持有者担心公司为了股东的利益而转移财富、公司将债务资金投向高风险的项目等道德风险问题,而可转换证券是一种潜在的普通股股票,发行可转换证券可以减少这类道德风险的发生,由此也降低了债权人的担心程度。

20.1.2.2 可转换证券的缺点

如果发行可转换证券后,公司增长乏力而导致公司股票市价没有上升,那么公司则可能陷入债务危机。

20.1.3 可转换证券的转换方式

公司为实现股权融资的目的,通常在预期未来一段时期内可转换证券会被转换的前提下才发行可转换证券。可转换证券转换为普通股,主要有以下三种形式。

20.1.3.1 自愿转换

可转换证券的投资者在有利的情况下才会主动地将证券转换为股票。例如,当公司普通股有较高的股利支付时,将证券转换为股票对投资者是有利的。但是,在另一些情况下,投资者可能持有可转换证券而不选择转换。例如,通常在债券利息或优先股股利支付日之前,证券的持有者为获得稳定的收益很少会进行自愿转换。再如,随着公司股票价格的上涨,投资者一般会继续持有可转换证券而不选择转换,因为这时可转换证券的转换价值(转换比率×每股市价)也在上升。而且,在此期间进行转换也将丧失原来稳定的利息或股利收入。

20.1.3.2 强制转换

几乎所有的可转换证券都是可赎回的,如果许多投资者都接受证券的赎回,那么公司就不得不在短期内筹集大量资金进行支付,这就违背了公司发行可转换证券的融资目的。为了避免这种情况的发生,公司通常会采用强制转换的方式。

发行公司可依据赎回条款在转换价值超过赎回价格时,以赎回价格收回可转换证券,并按契约规定在赎回日之前(一般为 30 天)通知证券持有人,证券持有人可在通知期内将证券转换为普通股。在此条件下,可转换证券持有人不进行转换而接受偏低的赎回价格将会有明显的损失。公司在转换价值高于赎回价格时赎回证券,迫使可转换证券持有人将证券转换为普通股的这种行为称为强制转换。公司之所以实行强制转换取消证券持有者的选择权，是为了实现发行可转换证券的融资目的。

公司进行可转换证券的强制转换需要具备两个基本的前提。

（1）转换成本。当转换后支付的普通股股利低于可转换证券的利息或股利的支付时，进行强制转换对发行公司是有利的。如果转换后支付的普通股股利超过了可转换证券的利息或股利支出，那么进行强制转换则是不明智的。

（2）转换时机。只有当可转换证券的转换价值高于赎回价格时开始进行强制转换，才能实现强制转换的成功，因为这时才能迫使投资者接受转换而不是接受低的赎回价格。如果转换价值低于赎回价格，许多投资者就会选择接受赎回价格而不是转换价值。这样，公司就不得不用大量的现金来赎回可转换证券。所以，为了确保基本转换，公司只有待转换价值超过了赎回价格一定的溢价比例之后才开始赎回。在这个价位上投资者的损失会更大，由此基本上达到证券的全部转换，从而实现股权融资的目的。

【例20-2】 M公司估计以高于赎回价格15%的转换溢价才能应付宣布赎回时可能导致的未来股价下跌，并促使投资者将手中的可转换证券基本上全部转换为普通股。假设M公司可转换证券（面值为1 000美元）的转换价格为35美元，而赎回价格为1 050美元。此时转换比率为28.57股（1 000/35），要使转换价值（转换比率×每股市价）等于赎回价格，股票市价必须为1 050美元除以28.57，即每股36.75美元。如果股票市价为每股36.75美元，那么有许多投资者会选择赎回价格而不是转换价值。这样，公司就不得不支付现金来赎回可转换证券。为了确保几乎全部的转换，公司只有待转换价值超过赎回价格15%左右时，即股票每股市价为42.26美元（36.75×1.15）左右时才开始赎回。因为在这个价位下，转换价值为1 207.37美元（28.57×42.26），远高于1 050美元的赎回价格，投资者不抓住转换的机会进行转换损失是很大的。因此，在这个价位上公司进行赎回，可以促使投资者基本上全部地将可转换证券转换为普通股。

20.1.3.3 刺激转换

公司还可以利用其他一些手段刺激投资者进行转换。如果转换价值相对较高，公司可以按照条款的规定在未来固定地每隔一段时间逐步地调高转换价格。如果其他条件不变，随着时间的推移和转换价格的不断提高，转换比率也越来越低。如果投资者继续等待，转换为普通股的股数就会越来越少，这样可以对继续持有可转换证券的投资者形成转换的压力。公司还可以通过提高普通股的股利，来提高证券转换的吸引力。

20.1.4 可转换证券价值概述

20.1.4.1 可转换证券的价值

可转换证券可以被看成是直接债券加上股票买入期权的综合产品。如果期权与可转换债券的到期日相同，则可转换证券价值的关系式为：

$$\text{可转换证券的价值} = \text{直接债券价值} + \text{期权价值} \qquad (20-1)$$

债券价值和期权价值都受到公司现金流量不确定性的影响，不确定性越大，公司的经营风险越高，公司发行债券的利率成本就越高，相应债券的价格也就越低；而不确定性越大，公司经营风险越高，可转换证券的期权价值也就越高。

可转换证券的直接债券加股票期权的组合特征，使得投资者购买了可转换证券也就建立了一个保值的对冲头寸。这是因为在转换比率不变的条件下，当基础股票市价上涨时，可转换证券的价值主要由转换价值（转换比率×每股市价）来决定；而当股票市价下跌时，可转换证券为投资者提供了一个转换价格（可转换证券的面值/转换比率）的下限。所以，可转换证券的价值不可能为负值。

20.1.4.2 直接债券价值

可转换证券的直接债券价值（Straight Bond Value）为同一公司或类似公司发行的相同期限、相同利率和相同风险的不可转换债券在公开市场出售的价格。以半年复利计息（美国的公司债券通常采用半年支付一次利息的方式）来计算直接债券价值的公式为：

$$V_{sb} = \sum_{t=1}^{2n} \frac{(I/2)}{(1+r/2)^t} + \frac{MV}{(1+r/2)^{2n}} \qquad (20-2)$$

式中，V_{sb} 为可转换债券的直接债券价值；$I/2$ 为由年利率决定的半年利息支付；MV 为债券的到期值，即面值；$r/2$ 为同一公司类似的不可转换债券的市场半年的到期收益率；$2n$ 为至到期日止半年的期数。

【例 20-3】某家公司发行了一种面值为 1 000 美元、期限为 10 年、利率为 8%、半年支付一次利息的可转换债券。这表明该公司半年支付的利率为 4%，即利息额为 40 美元。如果该公司向市场出售 10 年期的信用债券，半年利率最少为 5% 才能吸引投资者，那么 8% 年利率的 10 年期债券只有折价出售。根据式 20-2 得到的直接债券的价值为：

$$V_{sb} = \sum_{t=1}^{20} \frac{40}{(1+0.05)^t} + \frac{1\,000}{(1+0.05)^{20}} = 875(美元)$$

运用 Excel 程序计算的结果为：

$i = 5\%$，$n = 20$，$PMT = 40$，$FV = 1\,000$，结果 $PV = 875$（美元）

可转换证券的直接债券价值会随着资本市场利率、公司违约风险和每股收益的变动而发生变动。如果市场利率上升，直接债券价值将下降。假如本例中半年期到期收益率由 5% 上升到 6%，那么该可转换证券的直接债券价值将由 875 美元下降到 771 美元。如果经营风险增大，信用等级降低，或者每股预期收益下降，也都会导致公司可转换证券的直接债券价值的下降。

20.1.4.3 溢价与期权价值

可转换证券往往同时按转换价值溢价和直接债券溢价出售，也就是说，可转换证券的市场价值总是超过转换价值和直接债券价值的。前面讲过，可转换证券在发行时总是按高于转换价值的价格出售的,两者的差为转换价值溢价。并且,可转换证券价值也总是高于直接债券价值的。

可转换证券两种溢价之间的权衡决定了期权的价值。我们以图20-1来说明两种溢价之间的关系。图20-1中的横轴表示基础普通股的市价,纵轴表示可转换证券的市场价值。从原点出发的对角线表示可转换证券的转换价值,由于转换比率与股票市价无关,因而它是一条直线。

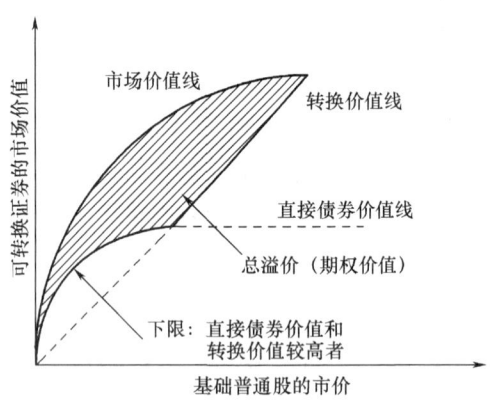

图20-1　可转换证券两种溢价之间的关系

直接债券价值线与普通股的市价密切相关。如果普通股价格上涨,直接债券价格也会上升;随着股票市价的继续上涨,债券价格上升幅度变小;当达到某点后直接债券的价值线将趋于水平,股票价格还继续上涨与债券价格之间没有对应关系。在这点上,直接债券价值由市场出售的其他类似信用等级的债券决定。

图20-1中最高一条曲线代表可转换证券的市场价值,该线与直接债券价值线之间的垂直距离为直接债券价值溢价,该线与转换价值线之间的垂直距离为转换价值溢价。如果我们将可转换债券的价值下限看成转换价值与直接债券价值的较高者,那么直接债券价值线就是可转换证券价值的下限。图20-1中的阴影部分代表总溢价或价值下限溢价,它代表期权的价值。当基础股票市价较高时,直接债券价值的水平线与市场价值线的垂直距离代表期权的价值,直接债券价值的水平线与转换价值线之间的距离代表期权的执行价格。

当基础普通股市价的上涨超过转换价格时,转换价值就会超过直接债券价值。在该股价波动范围内,可转换证券的价值就等于直接债券价值加上总溢价。当基础股票市价很低时,可转换证券的价值接近于直接债券价值。当基础股票市价处于一个很高的水平时,可转换证券的市场价值就接近于转换价值。如果这时直接债券溢价较高,转换价值溢价可以忽略。这时,可转换证券主要是作为股票的替代物出现的。以下两种情况是投资者不愿为可转换证券支付较高转换溢价的原因。

(1) 可转换证券的直接债券市场溢价越高,直接债券价值的保护价越低。

(2) 转换价值很高时,可转换证券可能被赎回。这样投资者宁愿将它转换为普通股而不是接受赎回价格。当然，在转换时可转换证券的价值就只是转换价值。

当可转换证券的市场价值线接近于直接债券价值线时，转换特性几乎没有价值。在这个水平线上可转换证券的价值主要就是直接债券的价值。在这些条件下，可转换证券的市场价值线可能大大高于其转换价值。

可转换证券既有转换价值溢价又有直接债券溢价的主要原因是它同时具备债券和股票期权的特征。可转换证券为投资者提供了部分下跌保护的好处，又为投资者提供了获得股票市价上涨的潜在收益的好处。因此，可转换证券对投资者具有一定的吸引力。股票价格波动幅度越大，潜在的收益越高，可转换证券的期权价值也就越高。

20.2 可交换债券

20.2.1 可交换债券的概念与特征

可交换债券（Exchangeable Bond）是指允许债券持有人将其债券转换为另一家公司普通股的债券。可交换债券类似于可转换债券，它们的不同之处是可交换债券涉及另外一家公司的股票。

可交换债券具有以下基本特征。

（1）可交换债券的持有人具有将债券交换为另一家公司股票的选择权，所以可交换债券具有期权的特性。

（2）只有发行人拥有另一家公司股票并具有交换性的情况下，才能发行可交换债券。

（3）可交换债券有类似于可转换证券的转换价格或转换比率，在发行时必须确定可交换债券的交换价格或交换比率。例如，K公司的债券交换价格为53美元，每份面值为1 000美元的债券可交换18.87股（1 000/53）C公司的股票。如果发行时C公司的股票市价为每股41.2美元，那么转换价值就是777.44美元（18.87×41.2），转换价值溢价222.56美元，即转换溢价为28.63%（222.56/777.44）。

20.2.2 可交换债券的融资

通常，只有在发行者拥有另外一家公司股票并具有交换性的条件下，才能够发行可交换债券。例如，K公司拥有C公司5%的流通股，其向公众发行可交换债券，并且最后能够使持有可交换债券的投资者从K公司购买了C公司的股票，该股票就满足了可交换的条件。发行可交换债券会导致发行人拥有另一家公司股份额的下降，因此这种融资决策必须经过谨慎的考虑。

当一家拥有大量其他公司普通股股票的公司想要筹集资金，并最终卖掉这些股票时，发行可交换债券进行融资对公司是有吸引力的。或者，公司可能会为此推迟股票的销售。比如，当公司相信其股票价格将要上升或希望延缓应缴资本收益税时，发行可交换债券是有利的。

与可转换债券相同，由于具有可交换为股票的期权特性，可交换债券对投资者具有吸引力，所以可交换债券支付的利息较低，这可降低公司的筹资成本。

目前，可交换债券还不是一种广泛运用的融资工具，但其重要性越来越显著。

20.2.3　可交换债券的价值

可交换债券也具有直接债券加期权的组合特征，所以其价值可用下列公式表示：

$$可交换债券的价值 = 直接债券价值 + 期权价值 \qquad (20-3)$$

由于可交换债券的投资者具有的股票买入期权属于债券可交换的另一家公司的普通股，因此投资者必须同时跟踪分析发行公司的债券和另一家公司的普通股。由于发行公司的债券价值与另一家公司的股票价值无直接关系，所以可交换债券具有风险分散的优点。一家公司的财务困难或恶化并不会导致直接债券或普通股的价格下跌，如果这两家公司分属于不相关的行业，那么投资风险就分散了，风险分散化会导致可交换债券价值大大高于可转换债券的价值。

可交换债券在税收上不利，在交换时债券成本与普通股市价之间的差价被作为资本收益，要缴纳资本利得税。而可转换债券只有普通股被出售时才涉及纳税问题。

可交换债券的期权价值取决于相关资产（普通股）的市场价格变动率，市场价格变动率的不同会影响投资者对可交换债券和可转换债券之间的选择。如果股票发行公司在交易所上市的普通股比债券发行公司的债券变动敏感性大，那么可交换债券的期权价值就会大于可转换债券。

20.3　认股权证

20.3.1　认股权证的概念与特征

认股权证（Warrant）是指公司发行的在某一特定期限内以特定价格购买普通股的相对长期的期权。

虽然认股权证与认股权都是购买普通股的期权，但两者是有区别的。

第一，认股权证的期权期限较长，通常可持续几年，甚至有时是永久性的；而认股权的持续时间很短，通常为2~4周。

第二，认股权证的执行价格通常高于认股权证发行时的股票市价，溢价一般在15%左右，假设股价为每股30美元，那么执行价格就是34.5美元；而认股权的执行价格通常低于股票市价。

第三，大多数认股权证与债券一起发行，也就是发行附有认股权证的债券，而且通常采用私募方式；而认股权一般与债券发行无关，可采用预备包销安排的公开发行方式。

认股权证具有以下期权特征。

20.3.1.1 认股权证本身包含了期权的条款

认股权证规定了其持有者每份认股权证的购买股数。所以，一份认股权证提供了购买1股（或2股、2.5股、3股等）普通股的期权。认股权证的条款必须确定交割价格，它是认股权证持有者购买1股普通股票的执行价格。例如，规定每股15美元，这就意味着认股权证的持有者必须支付15美元才能购买1股普通股股票。

执行价格可以是固定的，也可以随时间的延续而逐步调高。例如，执行价格可能在3年后由15美元上升到17美元，或上升到19美元，等等。

20.3.1.2 除了永久性认股权证之外，认股权证必须确定到期日

由于认股权证只是一种购买普通股的期权，它没有投票权与股利收益，通常要考虑普通股分割或股利支付等因素，调整认股权证的期权价格。

20.3.1.3 发行公司必须报告稀释后的每股收益

与可转换债券一样，认股权证被执行后会增加普通股的股数，从而导致现有股东的股权稀释。普通股股东需要了解发行认股权证带来的潜在股权稀释度。

20.3.1.4 认股权证与债券是可以分离的

当公司发行债券后，认股权证可以脱离债券单独交易，即使认股权证被执行了，只要债券没有到期或没有被赎回，债券或公司债务就依然存在。

20.3.2 认股权证的融资

20.3.2.1 认股权证的融资应用

认股权证的发行通常被高成长性的小公司在发行债券或优先股时运用。由于这类公司的风险高、信用等级低，为了避免过高的利息负担和使用资金的限制，它们往往会选择发行附有认股权证的债券。如果公司发行债券后确实发展很快，发行附有认股权证的债券会给投资者带来较高的预期收益，从而可能使投资者放宽对发行公司使用资金的条款限制。因此，认股权证对投资者和发行公司都具有吸引力。

有些处于风险边缘的公司，采用认股权证的方式可以使原来不能运用债券方式筹资转变为可以利用债券进行筹资。有时，一些公司直接向投资者出售认股权证用来换取现金。认股权证还可以用于公司成立时作为对承销商或风险投资者的一种补偿。

20.3.2.2 认股权证的执行

认股权证的一个重要特点是，只有公司需要融资时才会给公司带来资金。如果公司发展比较快，一般会需要增加股权资本。同时，公司价值的增长也会促进股价上升和认股权的执行，从而使公司获得股权资本，但如果公司未增长或增长很慢，那么认股权证一般不会被执行。如果出售认股权证可能会带来更多的收益，认股权证的持有人可能在到期日前不执行期权。一般在以下三种情况下，投资者可能会执行认股权证的期权。

（1）如果认股权证在到期日前公司的股票市价高于执行价格，投资者会选择按执行价格购买股票。

（2）如果公司普通股股利大幅度提高，认股权证的持有人也会选择按执行价格购

买股票。

(3) 如果认股权证的执行价格是不断提高的,也会刺激投资者执行购买股票的期权。因为随着执行价格的提高,投资者为防止执行价格上升导致的认股权证的价值下降,将会按执行价格购买普通股。

发行附有认股权证的债券,不仅会增加公司的债务资本,而且当认股权证被执行时还会增加公司的股权资本,从而增加公司的总资本,我们以 ZXC 公司的情况来说明这个问题。

【例 20-4】 ZXC 公司发行了附有认股权证的债券,由此筹集了 2 000 万美元的资金。该信用债券的利率为 9%。每份认股权证允许投资者以每股 40 美元购买 3 股普通股,而每张债券附有一份认股权证。该公司融资前、融资后及认股权证期权被全部执行后的资本情况如表 20-1 所示。

表 20-1 ZXC 公司融资前后及认股权证被执行后的资本情况

(单位:万美元)

项目	时期		
	融资前	融资后	期权执行后
债券		2 000	2 000
普通股	1 000	1 000	1 060
额外资本收入			180
留存收益	800	800	800
股东权益	1 800	1 800	2 040
总资本	1 800	3 800	4 040

股票面值为 10 美元、在外流通 100 万股(期权执行前)

融资前,ZXC 公司在外流通股为 1 000 万美元,留存收益为 800 万美元,股东权益为 1 800 万美元。当公司发行附有认股权证的债券后,筹得资金 2 000 万美元,股东权益不变。发行的信用债券既没有到期也没有被赎回,融资后的公司总资本增加到 3 800 万美元。当认股权证被执行时,认股权证的持有者以每股 40 美元的执行价格购买了 6 万股(2 000 万美元/1 000 美元×3 股)普通股,其价值为 240 万美元。每股面值为 10 美元,其中 60 万美元列入普通股股本中,其余的 180 万美元列入额外资本收入。股东权益增加到 2 040 万美元,债务资本与权益资本共计 4 040 万美元。

20.3.3 认股权证的价值

20.3.3.1 认股权证的理论价值

认股权证是可以转让交易的,卖出认股权证意味着将购买普通股的权利转让给了购买者。因此,认股权证是有价值的,其理论价值为:

$$认股权证的理论价值 = \max\{NPs - E, 0\} \tag{20-4}$$

式中，N 为每份认股权证能够购买的普通股股数；P_s 为普通股的每股市价；E 为购买 N 股普通股的执行价格；max 为取 $NP_s - E$ 和 0 的最大值。

如果在市场中认股权证的价格低于其理论价值，则存在套利机会，竞争力量将使其市场价格趋向于理论价值。

当基础股票的市价低于其执行价格时，期权不会被执行，股票的买入期权为虚值期权，其价值为 0。只有当基础股票的市价高于执行价格时，期权才会被执行，这时期权价值为正值，即实值期权。

20.3.3.2 认股权证理论价值的溢价

认股权证常常能以高于其理论价值的价格出售，其主要原因是投资者预期股价上涨的潜在收益机会。例如，ASD 公司的认股权证能以 12 美元的执行价格购买 1 股普通股。如果当前的股票市价为每股 15 美元，那么认股权证的理论价值就是 3 美元。然而，假定该股票价格增长了 20%，达到了每股 18 美元，这时的认股权证的理论价值将由 3 美元上升到 6 美元。

在图 20-2 中，实线为认股权证的理论价值线，虚线为认股权证的市场价值线。我们可以看到，当普通股股价上涨并接近于执行价格时，预期股价继续上涨对投资者有很大的吸引力。这时投资者愿意购买或持有认股权证而不是股票，这是因为如果股票继续上涨并超过执行价格后，投资者在认股权证上的投资获利将高于对普通股的等量投资收益。所以，当股票市价接近或超过执行价格时，在这个价格波动范围内投资者预期的潜在收益使得认股权证的市场价值线高于其理论价值线，市场价值线与理论价值线之间的垂直距离就是理论价值溢价。

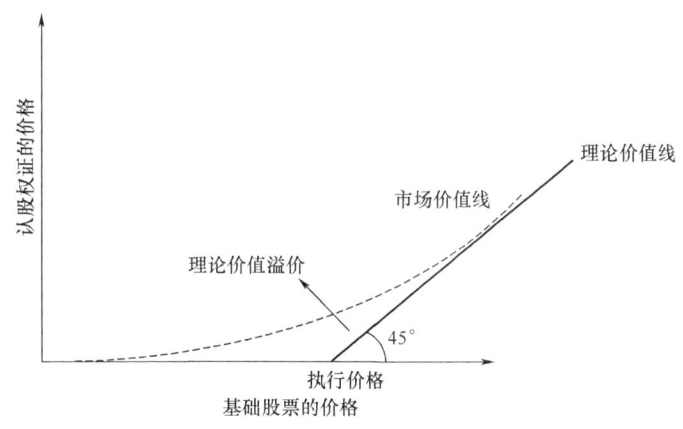

图 20-2 认股权证的理论价值与市场价值之间的关系

认股权证的期权价值有一个下限的保护，因为当基础股票的价格低于执行价格时，认股权证不会被执行，期权价值为 0，但不可能为负。所以，因为有个 0 值下限，认股权证价格的下跌是有限的。如果股票市价降为 0，在认股权证行使期间股票市价就不可能超过认股权证的价值。

在图 20-2 中，认股权证的理论价值与市场价值之间的关系由图中的虚线表示。

如果认股权证距离到期的时间越远，投资者选择执行机会的时间越多，从而认股权证的价值也越高。结果是认股权离到期日越远，认股权证的市场价值线比理论价值线越高。从图20-2中我们还可发现，如果股票价格低于认股权证的执行价格，认股权证的市场价值就会高于理论价值。随着基础股票市价的上涨，认股权证的市场价值通常向理论价值靠近。这表明，如果认股权证价值的上升比例越高，它越高于认股权证的理论价值。

本章小结

本章介绍了三种具有期权性质的融资，分别是可转换证券、可交换债券与认股权证融资，这三种证券属于金融衍生品的范畴。可转换证券的主要特点是未来可用债权转换为股权。对发行方而言，可在发行当期用相对较低的利率进行债务融资；对投资方而言，由于其内含了一个美式看涨期权，使证券同时具备了债券和认股权证的双重属性。可交换债券与可转换证券的主要区别在于可交换债券置换的股权为除发行方外其他公司的股权。认股权证作为一种金融衍生工具，应该重点关注它的价值计算。

思考与练习题

1. 什么是可转换证券？它有哪些优点？
2. 可转换证券的转换价格、转换比率及转换价值之间存在什么关系？解释转换价值溢价与直接债券价值溢价。
3. 在什么情况下可转换证券的持有者愿意主动进行证券的转换？在什么情况下可转换证券的持有者愿意持有可转换证券？
4. 解释公司对可转换证券实行强制转换的意义。在什么条件下公司才能成功实现强制转换？请解释原因。
5. 什么是可交换债券？如何确定可交换债券的价值？可交换债券的融资适合于哪类公司？
6. 认股权证与认股权有何异同？小型、高速成长的公司采用认股权证有何优势？在哪些情况下认股权证的持有者可能会执行认股权证的期权？
7. 假设M公司已发行50万股的普通股股票，每股收益3美元，公司计划发行4万股面值为每股50美元、固定股息为7%的可转换优先股。每股优先股可转换2股普通股，普通股当前市价为每股21美元。
    (1) 优先股的转换价值是多少？
    (2) 转换溢价是多少？
    (3) 假定总收益不变，在转换前每股收益有何不同？在股权稀释的基础上每股收益有何不同？
    (4) 假定税后收益增加了100万美元，那么转换前每股收益是多少？完全稀释后每股收益是多少?

8. 假定一个人购买了一份认股权证,他可凭其以 45 美元的价格购买 2 股普通股票。普通股当前市价为每股 26 美元,而认股权证的当前价格超过其理论价值 10 美元。1 年后,公司普通股股价上涨至每股 50 美元,认股权证价格高于其理论价值 2 美元。

(1) 如果这一年普通股的股息为每股 1 美元,那么在普通股票上的投资收益为多少?

(2) 认股权证的投资收益为多少?

(3) 为什么这两种收益不相等?

9. 某公司预计未来一段时期内绿豆的市场价格将会下降,于是以 200 元/吨的期权价格买入 1 000 吨绿豆 6 个月的卖出期权,履行价格为 4 000 元/吨。在合同规定的有效期内,当绿豆的市场价格跌到 3 500 元/吨时,该公司从市场上购入绿豆现货。按照 4 000 元/吨卖出绿豆,经纪人佣金 30 元/吨,则该公司的收益是多少?

10. 某投资者以 5 美元的价格买入一份施权价为 30 美元的股票看涨期权,同时以 2 美元的价格卖出一份施权价为 35 美元的看涨期权。两份期权均为欧式期权,且到期日与交割品均一致。该投资者在不同的到期价格区间的收益是多少?

11. 下面哪种证券的售价应高些?

(1) 期限为 3 个月、执行价格为 40 美元的看涨期权和期限为 3 个月、执行价格为 35 美元的同一股票的看涨期权。

(2) 售价为 50 美元的股票的看跌期权和另一售价为 60 美元的股票的看跌期权。

12. 看涨期权和看跌期权的标的股票均为 X,二者的执行价格均为 100 欧元,期限均为 6 个月。在以下股价条件下,投资于价格为 8 欧元的看涨期权的投资者收益为多少? 如果投资于价格为 12 欧元的看跌期权,在以下各股价条件下,投资者的收益又会怎样?

(1) 80 欧元;

(2) 90 欧元;

(3) 110 欧元;

(4) 120 欧元。

13. 某公司的可转换债券面值为 1 000 元,票面利率为 11%,按年支付利息,市场利率为 10%。转换价格为 20 元,转换年限为 3 年,若当前该公司的普通股股票价格为 16 元,并且预计股票价格以每年 10% 的速度上涨,则该可转换债券每年年末的转换价值为多少? 是否应转换?

案例分析

我国企业融资现实问题——以农村中小企业融资难为例

我国农村中小企业不断壮大,对我国的国民经济发展做出巨大贡献,如带来就业机会、增加居民收入、转移地区剩余劳动力等。同时,农村中小企业在我国国民经济中的地位也在逐渐提升,农村中小企业已经成为国民经济的重要支撑力量。但是在农村中小企业发展中,受到自身劣势与外界环境因素的影响,融资过程并不顺利,这在不同程度上限制了农村中小企业的发展。

请针对企业融资所需条件,从市场环境、政府当局、金融机构以及企业自身等角度分析农村中小企业融资难的实际原因。

第八篇

财务政策

21 资本结构决策

学习要点

1. 债务资本的优点
2. 债务资本使用存在的一些限制以及财务困境成本的性质
3. 有关资本结构的不同理论
4. 财务经理在制定资本结构政策时应考虑的因素

所谓资本结构就是公司的债务资本与权益资本的比例。相应的，公司在资本结构上的决策是当公司扩张需要资本时，决定对债务资本依赖的程度，即在总的资金需求中有多少资金需通过债务融资提供。

前述中曾介绍，债务融资从公司角度讲有两方面的好处：一是利息可以税前抵扣，从而降低公司的实际融资成本；二是支付给债权人固定金额的利息，这样在公司经营状况好时，超额的收益可由股东独享。但债务融资是一把双刃剑，虽然可以带来这两方面的好处，但当债务资本比例过高时也会给公司带来困难甚至是灾难。因为公司产生债务资本后增加了权益资本的风险，从而增大了公司的财务风险；另外，无论公司经营情况如何都要支付债权人的利息，当公司的盈利不足以支付利息时，公司就会面临被清算的危险，因此公司对债务资本的使用是有条件的。

本章将探讨为什么有些企业的负债比率更高一些，而有的更低一些；为什么企业有时要改变资本结构，资本结构是否会影响企业价值，以及企业的资本结构应怎样决策等问题。

21.1 无税条件下的资本结构与企业价值

资产负债表表明，资产的价值等于债务资本的价值加所有者权益的价值，即：

$$V = D + E$$

式中，V 为资产的价值；D 为债务资本的价值；E 为所有者权益的价值。

就像一张大饼，无论这张饼被切成 4 份还是 8 份，饼的大小都不会发生变化，不会因为切分的份数多了就可以让更多的人吃饱。上式中，等式的左边代表饼的大小，右边决定这张饼怎样切分。同理，企业可以任意切分它的现金流，它可以有 4 个债权人、4 个股东，也可以有 8 个债权人、8 个股东，但所有这些现金流加在一起始终与未切分时的价值是一样的。

这样一个基本思想被曾获得诺贝尔奖的两位经济学家弗兰克·莫迪利亚尼和莫

顿·米勒（Franco Modigliani and Merton Miller，众所周知的 MM）应用于企业的资本结构中。他们在 1958 年提出，在完善的资本市场条件下，企业的价值并不决定于它的资本结构。换句话说，企业不能通过改变其融资组合来增加价值。下面我们通过更加详细的分析来理解这一思想。

21.1.1 MM 的观点

21.1.1.1 财务杠杆与股东收益（假设无税）

我们以不同的资本结构对股东回报的影响开始进行论述并举例说明。

【例 21-1】AS 公司目前没有债务，全部资本为权益资本，数据如表 21-1 所示。

表 21-1　AS 公司当前资本结构：无债务

项 目	数 据	项 目	数 据
股票数量（只）	200 000	权益资本市场价值（元）	2 000 000
每股价格（元）	10		

AS 公司采取了将全部营业收入都作为红利派发给股东的股利政策。在不同的经济状态下，AS 公司预期盈利和股东的收益率测算如表 21-2 所示。

表 21-2　AS 公司当前资本结构：无债务时的股东收益

项 目	经济状态			
	衰退	停滞	正常	繁荣
营业收入（元）	150 000	200 000	250 000	300 000
每股盈利（EPS，元）	0.75	1.00	1.25	1.50
股票收益率（%）	7.5	10	12.5	15

公司财务经理认为，如果资本结构改为债务资本和权益资本有相同的份额将会使股东受益，即在不改变总资本和投资策略不受影响的情况下改变资本结构，这称为结构重组。公司考虑通过发行债券的借款回购一部分股票（回购原股票的 50%），借款利率为 10%。AS 公司重组后的资本结构见表 21-3。

表 21-3　AS 公司重组后资本结构：50% 债务资本

项 目	数 据	项 目	数 据
股票数量（只）	100 000	权益资本市场价值（元）	1 000 000
每股价格（元）	10	债务价值（元）	1 000 000

股票回购后，公司的权益资本和债务资本各占总资本的 50%。AS 公司重组后股东收益的测算结果见表 21-4。

表 21-4 AS 公司重组后资本结构：50%债务时的股东收益

项目	经济状态			
	衰退	停滞	正常	繁荣
营业收入（元）	150 000	200 000	250 000	300 000
利息（元）	100 000	100 000	100 000	100 000
股权收益（元）	50 000	100 000	150 000	200 000
每股盈利（EPS，元）	0.50	1.00	1.50	2.00
股票收益率（%）	5	10	15	20

21.1.1.2 资本结构的选择

表 21-4 中的数据表明，债务既可以增加又可以降低股东收益。如果公司的营业收入能够超过 200 000 元，那么股东收益将得到提高，如果营业收入不足 200 000 元，那么债务的增加将会使股东收益下降；在营业收入为 200 000 元时，股东收益将不受债务多少的影响，营业收入在这一水平上每股盈利为 1 元，股票收益率为 10%，正好等于借款利率。我们可以将表 21-4 的数据以图的形式做出更直观的表达，见图 21-1。

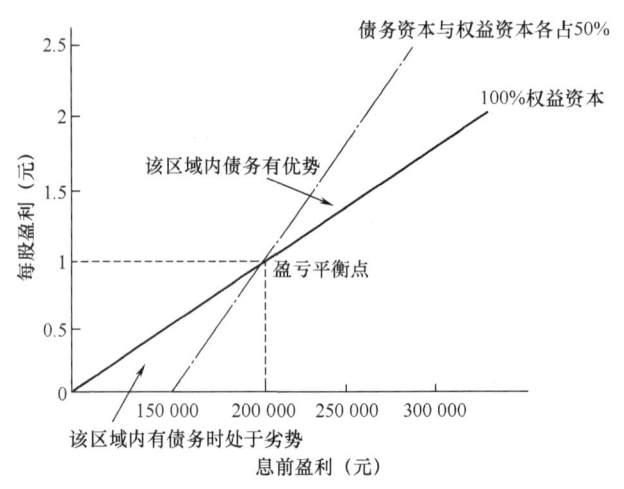

图 21-1 财务杠杆：AS 公司的每股盈利（EPS）和息前盈利（EBI）

现在考虑两条线的斜率，虚线的斜率大于实线的斜率。造成这种情况的原因是有债务要比没有债务时的股票数量少，因此，由于盈利的增长贡献给较少的股票，所以任何息前盈利（EBI）的增加都会导致杠杆公司的每股盈利（EPS）有更大的增长。

由于虚线的截距小而且斜率大，所以两条线必然会交于一点，这点就是盈亏平衡点。从图 21-1 看出这点是息前盈利（EBI）200 000 元，即当 EBI 为 200 000 元时，公司在有杠杆和无杠杆两种情况下的每股盈利（EPS）是一样的，都是 1 元；当 EBI 大于 200 000 元时，有杠杆的情况会使公司的 EPS 大于无杠杆时的 EPS；当 EBI 小于盈亏平衡点 200 000 元时，有杠杆的情况会使公司的 EPS 小于无杠杆的 EPS。

应选择哪一个资本结构？也就是说，公司希望预计达到何种营业收入水平？如果预计营业收入在 200 000 元的盈亏平衡点之上，那么就应该选择借款回购股票，因为这样会增加股东收益；反之，则相反。

21.1.1.3 自制杠杆

从以上分析可以看出，当预计公司的营业收入能够高于 200 000 元的盈亏平衡点时，公司将去借款，提高股东收益。现在假设这样一种情景：如果公司不去借款，而股东个人可以按相同的利率去银行借款，假如他借了 10 元，再加上他自己的 10 元，用 20 元购买 2 股公司股票。股东个人代替公司借款称为自制杠杆。由此可以对比一下自制杠杆与公司借款两种方式下的股东收益情况，见表 21-5。

表 21-5 自制杠杆下的股东收益（公司没有借款）

项 目	经济状态			
	衰退	停滞	正常	繁荣
2 股的收入（元）	1.50	2.00	2.50	3.00
减利息（元）	1.00	1.00	1.00	1.00
投资净盈利（元）	0.50	1.00	1.50	2.00
10 元投资收益率（%）	5	10	15	20

从表 21-5 中可以看出，这个股东的收益与购买公司重组后股票的收益是完全相同的。股东直接借款制作杠杆和公司代表股东借款对股东收益来说是无差别的。

我们可以将过程反过来论述自制杠杆的问题，以此说明股东收益不会在重组之后下降。假设一个股东在公司资本结构重组之前持有 2 股股票，他担心重组后收益有可能下降，仍然希望公司是一个无杠杆公司，这时他可以做反向的自制杠杆。该股东购买 1 股重组后的股票，同时贷款给公司 10 元，这样他的总投资额是 20 元。我们将他的收益情况归纳在表 21-6 中。

表 21-6 股东反向自制杠杆后的收益

项 目	经济状态			
	衰退	停滞	正常	繁荣
1 股的收入（元）	0.50	1.00	1.50	2
加利息（元）	1.00	1.00	1.00	1.00
投资净盈利（元）	1.50	2.00	2.50	3
20 元投资收益率（%）	7.5	10	12.5	15

从表 21-6 中可以看到股东的收益与公司重组之前（见表 21-2）是一样的。股东个人可以通过贷款给公司从而消除公司增加杠杆后对他的收益的影响。

以上分析再现了 MM 的论点。如果投资者能够按与公司相同的利率借入或贷出资金，那么无论是公司重组资本结构还是个人自制杠杆，企业价值在重组前后都将是相同的。

21.1.1.4 MM 命题 I（无税）

MM 命题 I（无税）：资本结构不影响企业价值：$V_u = V_L$

式中，V_u 为无杠杆时的企业价值；V_L 为有杠杆时的企业价值。

在 MM 以前，关于资本结构的理论非常复杂，莫迪利亚尼和米勒大大简化了资本结构理论。AS 公司这个例题表明，杠杆并没有影响公司的价值。如前所述，公司的价值直接关系到股东的利益，由此推理出，资本结构不会影响股东的利益。

以上 MM 结论的一个关键假设就是股东个人可以借到与公司一样便宜的资金，即两者的借款成本相同。如果个人的借款成本高于公司的话，那么很容易证明公司可以通过增加债务来提高公司的价值。

这一相同借款成本的假设成立吗？答案是肯定的。个人的借款成本不一定要高于公司，个人的借款成本在很大程度上可以同公司一样便宜。因为股东借款可以通过股票经纪人，比如，某人想买 10 000 美元股票，而他自己可以拿出 6 000 美元，剩下的 4 000 美元可从经纪人处借款。经纪人出借资金有两个条件：一是要求借款人随时补充他账户内的资金；二是要以他的股票做质押。所以，经纪人面临的违约风险很小，特别是当借款人账户中余额不足时，经纪人可以卖掉质押的股票补偿贷款。所以，经纪人一般收取的利息比较低，很多情况下，利率只比无风险利率稍高一些。

与之相对应的，公司借款时通常以非流动性资产做抵押。贷款人处理危机的成本很高，包括前期调研和贷后监管等，一旦遭到违约，非流动性资产的处置也要相当高的时间成本。所以，个人贷款利率不一定会比公司的贷款利率高。因此，二者借款成本相同的假设应该是成立的。

21.1.2 增加债务与风险的关系

表 21-2 和表 21-4 的计算结果很清晰地表明，增加债务后，当经济繁荣的时候股东的收益升高，但风险怎样呢？无论有无债务，公司营业收入都是一样的，说明债务—权益的比率不会影响经营风险（Operating Risk 或 Business Risk）。而在债务增加、权益减少的情况下，营业收入的变化对每股收益的影响加大。比如，无杠杆时，在四种经济状态下，股票收益率的波动较小，从正常状态下的 12.5% 下跌到衰退时的 7.5%，或上涨到繁荣时的 15%；而在资本结构重组后，股票收益率从正常状态下的 15% 下跌到衰退时的 5%，上涨到繁荣时的 20%。债务的使用加大了营业收入的波动对股票收益的影响，使股票收益波动加大。这就是我们把对债务融资的使用称为财务杠杆（Financial Leverage）的理由。

财务杠杆是由于债务的使用增加了股东投资收益的变动，换句话说是增加了股东投资收益的风险。债务融资没有影响企业的经营风险，但是增加了企业的财务风险（Financial Risk）。上述例题中，只有原来一半的股权吸收相同大小的经营风险，均摊到每一股的风险必然加大一倍。

21.1.2.1 MM 命题 II（无税）

命题 II：公司债务提高了股东预期收益率。

由于在有债务的公司中权益资本承担更大的风险，它就应该有更高的收益作为补偿。对 AS 公司来讲，市场对其股票在无债务情况下只有 12.5% 的预期收益，但对有债务时要求有 15% 的预期收益率。

这一推理有助于引入 MM 命题 Ⅱ。MM 认为，权益资本的收益率与杠杆大小正相关，因为杠杆增加了股东的风险。

为了更好地理解该命题，应重温加权平均资本成本（WACC）的计算。加权平均资本成本的计算公式为：

$$r_{WACC} = r_{资产} = \frac{D}{D+E} \times r_D + \frac{E}{D+E} \times r_E \tag{21-1}$$

计算 AS 公司在有杠杆和没有杠杆两种情况下的加权资本成本列示在表 21-7 中。

表 21-7　AS 公司资本成本的计算

如式 21-1
无债务时：12.5% = 0/2 000 000 × 10% + 2 000 000/2 000 000 × 12.5%
有债务时：15% = 1 000 000/2 000 000 × 10% + 1 000 000/200 000 × 20%

MM 命题 Ⅰ 陈述公司资本结构的选择不影响企业的营业收入或公司资产的价值。这意味着由债务资本和权益资本共同形成的资产总体收益率 r_{assets} 不受资本结构的影响。

然而，我们同时也看到了杠杆确实增加了权益资本的风险，因而股东预期收益增加，并且与杠杆大小呈正比关系。将式 21-1 重新整理一下可以看出权益资本收益率如何随杠杆的变化而变化：

$$r_E = r_{资产} + \frac{D}{E}(r_{资产} - r_D) \tag{21-2}$$

这就是用公式表达的 MM 命题 Ⅱ（无税）。

仍以 AS 公司为例看 MM 命题 Ⅱ。

在公司决定借款以前，全部资本来源于权益资本，这时：

$$r_E = r_{资产} = \frac{预期营业收入}{权益资本市场价值} = \frac{250\ 000}{2\ 000\ 000} = 12.5\%$$

如果公司实施用增加债务回购股票改变资本结构的计划，根据 MM 命题 Ⅰ，资产收益率 $r_{资产}$ 仍然是 12.5%。所以权益资本的预期收益率为：

$$r_E = r_{资产} + \frac{D}{E}(r_{资产} - r_D) = 12.5\% + \frac{1\ 000\ 000}{1\ 000\ 000}(12.5\% - 10\%) = 15\%$$

以上描述也可以通过图 21-2 直观地表达出来。

权益资本成本 r_E 与 D/E 的比例正相关，而公司的加权平均资本成本与资本结构无关。需要注意的是，图 21-2 中 $r_{资产}$ 只是一点，而 r_{WACC} 是一条线。

21.1.2.2　对 MM 命题的总结（无税）

（1）假设：①无税；②无交易成本；③个人与公司的借款利率相同。

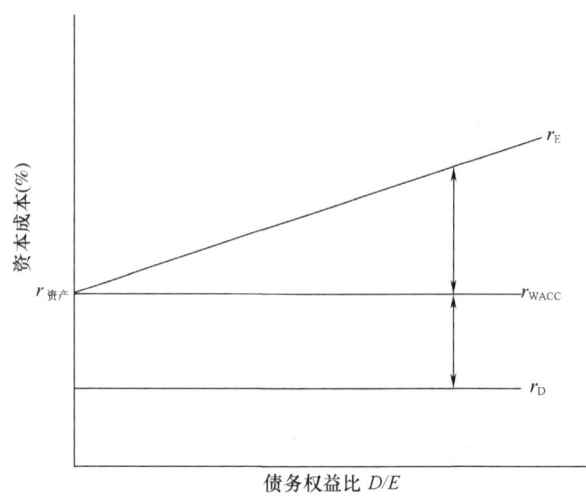

图 21-2 权益资本成本、债务资本成本和
加权平均资本成本：MM 命题Ⅱ（无税）

（2）结论：

命题Ⅰ：$V_L = V_U$（有杠杆时的公司价值与无杠杆时的公司价值相等）。

命题Ⅱ：$r_E = r_{资产} + \dfrac{D}{E}(r_{资产} - r_D)$。

（3）进一步理解：

命题Ⅰ：通过自制杠杆，个人可以获得视同公司有同样杠杆的效果。

命题Ⅱ：有杠杆的公司，其权益资本成本升高，因为有杠杆时股东的风险加大了。

21.1.2.3 对 MM 命题的再解释

莫迪利亚尼-米勒的结论说明，公司不能通过重组其资本结构而改变其价值。这一思想自20世纪50年代问世以来，被认为是具有革命性的理论，他们的模型和推理也得到了人们的认可。

MM 认为，尽管债务资本的成本明显低于权益资本的成本，但公司整体的资本成本不会因为债务资本替代权益资本而降低。原因是债务的加入会使权益资本更具风险，而这一风险的增加必然造成权益资本成本的升高，由债务资本带来的低成本被增加的权益资本成本抵消了，因此公司的价值和整体资本成本不会随着资本结构的变化而变化。

尽管学者们对深奥的理论情有独钟，但一般人也许更注重现实中的实际情况。现实世界中公司经理们能否遵从或者说接受 MM 关于公司的资本结构与公司的市场价值无关的理论？不幸的是，所有的公司都不会很随意地选择自己的资本结构。对于一些特定的行业，如银行、航空公司、房地产开发公司，以及其他那些资本密集型的企业，如钢铁厂或化工厂等，选择的是高债务比例结构；而对于其他行业，如制药厂或广告代理公司等，往往选择低债务的资本结构。事实上，任何一个行业都有适合自己的债务-权益结构。所以，金融经济学家们（包括 MM）都在考虑现实世界当中的一些因素是否被理论所忽略了。

当检查理论所做的不太切合实际的假设的时候我们发现：①税的因素被忽略了；②与债务有关的破产清算成本被忽略了；③股东和债权人之间的利益冲突所带来的代理成本问题被忽略了；④公司融资方式对投资决定的可能影响被忽略了。

在下面的论述中将考虑这些现实中存在的因素，说明资本结构理论中资本构成与企业价值之间的关系。

21.2 有税条件下的资本结构与企业价值

前述章节的内容说明，在没有税的情况下，公司价值与资本结构无关。无论公司债务权益比例如何变化，企业价值都保持不变，平均资本成本也不变。现在需要说明的是，在公司税存在的情况下，公司价值与债务资本呈正相关。

【例 21-2】某自来水公司有两种资本结构可以选择，分别为方案 1 和方案 2。方案 1 为资金全部来源于权益资本；方案 2 为公司借款 4 000 000 元，债务资本成本（r_D）为 10%。该公司所得税税率（T_C）为 25%，预计每年的息税前收入（EBIT）为 100 万元，并且以全部的税后净收益作为红利支出。

该自来水公司做出的测算方案见表 21-8。

表 21-8 某自来水公司资本结构的方案

（单位：元）

项目	方案 1	方案 2
息税前收入（EBIT）	1 000 000	1 000 000
利息（$r_D \times D$）	0	400 000
税前收入（EBT）=（$EBIT - r_D \times D$）	1 000 000	600 000
税金	-250 000	-150 000
税后收入（EAT）=（$EBIT - r_D \times D$）×（$1 - T_C$）	750 000	450 000
可供股东和债权人使用的现金流 = $EBIT \times (1 - T_C) + T_C \times r_D \times D$	750 000	850 000

从我们分析的目的来说，最相关的两个数据一个是税后收入，此为属于股东所有的现金流；另一个是利息，此为债权人所享有的现金流。从表 21-8 可以看到，方案 2 能够为双方带来更多的现金流，方案 1 和方案 2 之间的现金流差额为 100 000 元（850 000 - 750 000）。在方案 2 下，税务部门收到较少的税金，比方案 1 少收了 100 000 元（250 000 - 150 000）。因为利息可税前扣除，而利息后的收入要按 25% 的税率上缴所得税。这种关系可用线性公式表达如下：

对于方案 1 全权益资本结构来说，应纳税收入为：$EBIT$，应缴纳税金为：$EBIT \times T_C$。

税后收入即属于股东的现金流为：
$$EBIT \times (1 - T_C) \qquad (21-3)$$

对于方案 2，公司借款 400 万元，应纳税收入为：
$$EBIT - r_D \times D$$

应缴纳税金为：
$$T_C \times (EBIT - r_D \times D)$$

在有杠杆的情况下，可为股东用于分红的现金流为：
$$EBIT - r_D \times D - T_C \times (EBIT - r_D \times D) = (EBIT - r_D \times D) \times (1 - T_C)$$

在杠杆公司中，可用于股东和债权人的现金流之和为：
$$EBIT \times (1 - T_C) + T_C \times r_D \times D \qquad (21-4)$$

可以看出，有杠杆时，公司的现金流在一定程度上依赖债务融资 D 的金额。

问题的关键可以通过比较式 21-3 和式 21-4 看出，它们之间的差额是 $T_C \times r_D \times D$，它是公司杠杆为投资人创造的多余的现金流，投资人既包括股东也包括债权人。这一现金流是没有流向税务部门的资金，可以计算其差额：
$$T_C \times r_D \times D = 25\% \times 10\% \times 4\,000\,000 = 100\,000(元)$$

这与上述的计算结果是相同的。由于公司使用债务资本从而为公司节省的税金称为债务的利息税盾。

21.2.1 债务税盾的现值

上面论述了债务给公司带来的税金的减少，现在计算税金节省的价值。通过上述的分析和计算，我们知道公司有杠杆比无杠杆每个期间多产生的现金流为：$T_C \times r_D \times D$。这是一个以年为单位的金额。

假设该现金流与利息有相同的风险，所以它的价值可用利率作为折现率进行折现，并假设这一现金流是永续的。税盾的现值为：
$$\frac{T_C \times r_D \times D}{r_D} = T_C \times D \qquad (21-5)$$

21.2.2 税盾与公司价值

上面计算了由债务而来的税盾的现值，下一步就是计算有杠杆时公司的价值。这一价值由两部分组成：第一部分是全权益资本（公司无杠杆）的价值，其现值计算公式为：
$$V_U = \frac{EBIT \times (1 - T_C)}{r_{资产}} \qquad (21-6)$$

式中，V_U 为非杠杆公司的现值；$EBIT \times (1 - T_C)$ 为税后公司现金流；T_C 为公司所得税税率；$r_{资产}$ 为非杠杆公司的资本成本。

杠杆公司价值的第二部分现金流是 $T_C \times r_D \times D$，即税盾，其现值即式 21-5 所计算的结果。由此我们得出了考虑公司税的 MM 命题 I，MM 命题 I（公司税）为：

$$V_L = V_U + T_C \times D \qquad (21-7)$$

式21-7揭示了随着债务的增加，公司得到的税盾就多，公司可以用债务资本代替权益资本而增加它的现金流和其价值。

无税的MM命题Ⅰ指出"饼的大小不依赖于它怎样被切分"。公司资产价值被比喻为饼，切分的份额分别为债务资本和权益资本。如果保持饼的大小不变，那么每多1元的债务价值就会减少1元的权益价值。但在公司税存在的条件下，情况会发生变化，原来的那张饼会有第三方参与切分，这第三方就是政府以税的形式参与。如果能减少政府切分的份额，就会相应增加债务和权益的价值份额。怎样可以实现？通过增加债务来增加税盾从而减少政府切分的份额，最终增加债务资本和权益资本的价值，即企业价值。我们用图21-3描述其含义。

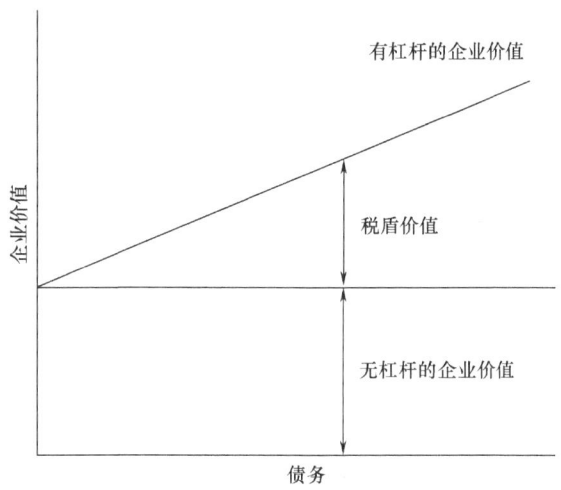

图21-3 企业价值随债务-权益比的增大而增加

至此可以说资本结构很重要：增加债务-权益比率可降低应缴税金，因此增加公司的总价值。这一动力会驱使公司采取100%债务的资本结构。

21.2.3 公司税的存在与资本成本

无税的MM命题Ⅱ指出，在没有税的情况下，权益资本的预期收益与杠杆成正比。因为权益资本的风险随着杠杆的增加而增加。在有税的情况下，由于债务产生的利息费用可以提供税盾减少企业税金的支出，因此降低了公司实际支付的利息，降低了实际利率，其他条件保持不变，那么平均资本成本就降低了。考虑税盾效应后，WACC的调整如下：

$$r_{WACC} = \frac{D}{D+E} \times r_D(1-T_C) + \frac{E}{D+E} \times r_E \qquad (21-8)$$

由此推导出有税条件下权益资本预期收益率，MM命题Ⅱ（公司税）为：

$$r_E = r_{WACC} + \frac{D}{E} \times (1-T_C) \times (r_{WACC} - r_D) \qquad (21-9)$$

21.2.4 公司税存在条件下 MM 命题的解释

既然债务可以提供税盾,减少税金的支付从而增加企业价值和降低资本成本,那么这就意味着所有企业都应该尽可能多地借入资本。但现实中,人们对债务的使用并不那么狂热。人们很容易地想到,如果企业大量借款,那么有可能所有的营业收入都用于支付利息,债务到期时本金的偿还会给企业带来很大的财务压力。所以,企业都会只使用一定比例的债务,并不会将债务用到极致去追求税盾。这说明债务融资带给企业的节省税金的优势由于某些原因被打了折扣。但这些都不能解释为什么有着很高盈利的公司,宁肯支付大额的税金也不借入或很少借入资本。显然,在企业决定杠杆水平时,除了税的因素外,还要考虑其他因素。

21.3 财务困境成本及其构成

财务困境成本是理论假设当中被忽略的因素,使理论与实际发生了差异。前面我们论述了其中被忽略了的公司税的因素,这里我们将进一步研究破产清算成本等因素,从而解释既然增加杠杆能提高公司价值,那么为什么现实当中很多行业中的很多企业却选择较低的债务－权益比率。

21.3.1 财务困境成本

虽然债务能够提供税务的优惠,但同时也给公司增加了压力,因为借款的利息和本金是必须要支付和偿还的。而支付和偿还的义务一旦不能履行,公司就面临着财务的困境,而财务上的困境最终会导致公司破产,届时公司财产的物权将合法地从股东一方转移给债权人。由于破产清算所产生的或是清算之前经营决策的失误所产生的成本称为财务困境成本。财务困境成本将抵销债务所带来的税收的好处。当财务出现困境的信息传递到市场中时,即便目前还没有破产清算,投资者也会将潜在的财务困境因素评估在当前的证券价格中,从而使价格下跌,这使企业整体价值受到影响。考虑财务困境成本因素后的企业价值为:

企业价值 = 无杠杆时资产价值 + 税盾现值 - 财务困境成本现值

在权衡税盾收益和财务困境成本后可以决定最优的资本结构。二者对公司价值的共同影响与作用可以用图 21-4 加以描述。

在图 21-4 中,斜线表示没有考虑财务困境成本情况下公司的价值。我们看到,公司价值随债务的增加而增加。倒 U 形曲线反映存在财务困境成本因素时的公司实际价值。这条曲线在没有债务到有较小比例债务的区间内是上升的,因这时发生财务困境的可能性较小,所以这时财务困境成本的现值较小。然而,当债务不断增加时,财务困境成本现值将以较快的速度增加。在某一点上,当额外增加 1 元的债务所带来的财务困境成本现值的增加等于税盾现值的增加时,这点就是理论上使公司价值达到最大的债务水平,在图 21-4 中用 D^* 表示。换句话说,D^* 就是最优的债务金额水平。债

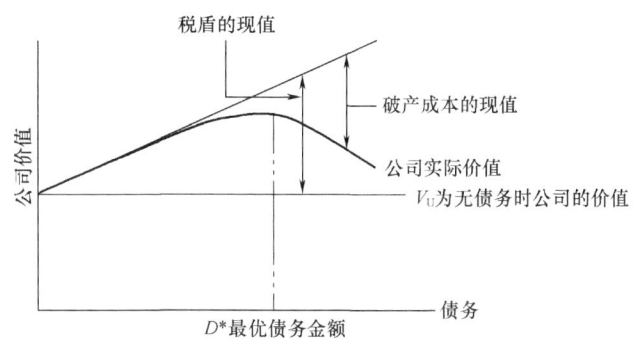

图 21-4 税盾收益与财务困境成本权衡决定最优债务-权益比

注：债务的利息税盾增加了杠杆公司的价值，但随债务而来的还有财务困境成本的出现，这些成本又降低了公司的价值。两个因素相互作用产生了一个最优债务水平 D^*。

务金额水平超出这个点，就会使财务困境成本的增加快于税盾现值的增加，也就意味着公司的价值会随债务的增加而降低。

21.3.2 财务困境成本的构成

财务困境成本现值决定于出现困境的可能性大小以及困境发生后成本的数额。下面论述财务困境成本的构成。

21.3.2.1 直接破产成本

从原理上说，破产清算是当企业对其债务发生违约时允许债权人接管企业的一项法律机制。当企业不能偿还它的债务时，公司交由债权人接管，债权人将成为公司新的所有者。破产不是企业价值下降的原因，只是结果。

实践中，与破产清算相关的成本主要包括诉讼费、律师费、账务审计费和资产评估费等专业人员的费用。债权人得到的将是扣除了所有这些清算费用后的价值。如果有破产的可能性，那么公司证券在市场上就会反映出所有这些成本而使价格下跌。由此不难推理出杠杆的增加会加大财务困境成本。企业欠债越多，发生违约的概率也就越大，因而与法律诉讼相关的成本越大，这将降低企业的市场价值。

当债权人预见到违约的可能性或与之相关的成本发生时，他们会将律师费等破产清算费用提前为自己做出补偿，他们会提高贷款利率，这样可以降低股东从公司中拿走的收益。

21.3.2.2 间接破产成本

到目前为止，我们只涉及了如前所述的直接破产成本，除此之外还有间接的破产成本发生，这些成本很难测量，但这并不等于它们不重要；相反，这些成本可能是巨大而不容忽视的。

间接成本反映的是公司经营出现困难走向破产过程中发生的成本。当企业经营困难可能出现违约时，公司经营管理者为延缓破产诉讼的到来，试图起死回生，防止企业经营进一步恶化所做的各种努力往往使事情变得更糟，到了更糟糕的地步再申请破产可能会使企业资产变得一文不值。这样的间接破产成本是巨大的。

从原理上说，为了避免这么严重的间接破产成本的发生，债权人最好在企业出现经营困难苗头时尽快清算以便很快地拿到资产。但实际情况是，债权人往往轻视企业的违约，总抱有可以帮助企业走出困境的希望和幻想。他们这样做的原因可能是想避免清算费用。对于企业借款有一句老话："如果借款1 000元，就等于得到了一个银行；如果借了1 000万元，就等于找了一个合伙人。"

21.3.2.3 如何避免破产成本的发生

由于破产成本会使公司的价值降低，因此各公司财务经理都想尽办法减少这些财务困境成本。他们通常的做法是，与债权人签订保护性契约，契约包括一些限制或禁止公司采取某些活动的条款（比如：限制公司支付红利的金额；公司不得将任何资产抵押给其他任何另外的贷款人；公司不得发行另外的长期债务；公司承诺维持一定水平的营运资金；公司必须定期向贷款人提供财务报表等），并将这种契约作为全部贷款合同的一部分。公司必须严格执行这个保护性契约，任何违反契约规定的行为将视同违约而被起诉。

保护性的契约虽然减弱了资金使用的灵活性，但它能降低破产清算的风险，进而降低相应的成本，因此可以使公司的价值提升；同时，它还能以最低的成本解决股权与债权之间的冲突。正因为这些原因，股东都很赞成签订所有合理的借款契约。

21.3.3 财务困境成本的高低与其他因素

没有一个唯一的公式为所有的公司用来确定财务困境成本的大小，但从理论角度和实践研究两方面的结合来看，可以根据行业和企业的实际情况估计发生财务困境的可能性大小以及成本的高低，综合考虑以下三个因素，从而决定适合本企业的债务—权益比。

（1）税。如果公司能够产生应税收入，那么公司就有能力增加债务。

（2）资产的类型。如果公司有大量的固定资产，如土地、建筑物和其他有形资产，那么公司面临的财务困境成本就较低，因此公司对比那些有较少固定资产的企业，其债务融资能力较强，直接破产成本和间接破产成本都较低。

（3）营业收入的不确定性的大小。如果公司的营业收入有较大的不确定性，那么即便是没有债务也会有较大的财务风险而面临财务困境。所以，这些企业就一定要采取权益融资。例如，医药行业的企业因为很难预测今天的研发是否将产生新的药品，因此它们的营业收入具有较大的不确定性，所以这类企业通常很少借款，而绝大多数采取的是权益融资。与此相对应，能源行业的企业，收入较为稳定，因此它们有较高的债务比率。

21.4 权衡理论

企业的财务经理在选择合适的资本结构时，通常会在债务产生的利息税盾和财务困境成本之间进行权衡，而后得出结果，这就是权衡理论的思想。当然，人们一直在争论债务的利息税盾到底价值几何以及哪些财务上的麻烦才最具威胁，但是这些质疑始终停留在谈论的话题这个层面上，理论上没有深入探究。所以，对企业资本结构的考虑上述图21-4仍然具有指导意义。

资本结构的权衡理论认识到不同公司的目标债务比率各不相同。那些具有安全的、有形固定资产的企业，或那些能够产生较多应税收入的企业应该有比较高的债务比率；相反，那些不盈利的、风险较大、持有更多无形资产的企业就应该有比较低的债务比率，主要应该依赖于权益融资。

总之，资本结构的权衡理论告诉我们一个感觉较为舒适的逻辑推理，但重要的是，这个理论确实解释了实践中公司真正的做法了吗？

答案既是肯定的又是否定的。肯定的方面是，权衡理论成功地解释了不同行业具有不同的资本结构。比如，增长型高科技行业，由于其高风险性和更多的无形资产，通常有较少的债务；基础设施、能源类行业，由于有大量安全的、有形的固定资产，所以通常有大量借款。否定的方面是，权衡理论没有给出为什么有的企业其盈利可观但债务较少。

21.5 啄序理论

啄序理论可能可以解释上面的问题，即为什么企业盈利很好，本可以借入更多资金也不至于产生很高的破产成本，但它们却保持很低的资产负债率。啄序理论说明，公司在需要资金时，融资的先后顺序依次是先内部权益（留存收益），后外部融资。由于盈利较好的公司有较多的内部资金，即留存收益，所以较充裕的内部资金可以减少外部资金的使用。当资金需求超出留存收益时，发行债务在先，而后是发行股票。这样的次序可以用两点理由加以解释：由于要支付给投行较高的费用，因此外部融资的成本较高；信息的不对称会造成股东不愿意购买新的股票。

因为缺乏公式的支持，以上几点解释似乎有些模糊不清，很难用于财务决策的制定。但在实践中，很多企业都参考行业平均的资本结构。因为人们认为，现存的公司是竞争中的幸存者，因此他们的资本结构是被现实所接受的。

对于资本结构的决策来说，没有一个简单的答案可以回答应如何制定明确的标准。因为债务使用问题是一个很复杂的问题，比如，在某些情况下企业使用债务资本要好于权益资本，但在另外一些情况下使用债务资本就会造成麻烦。尽管如何做出资本结构决策没有统一、简单的答案，但在实践中人们会综合考虑几个因素后做出决定。一般需考虑五项因素：①企业盈利的稳定性。如果有持续稳定的可观盈利需要纳税，那么债务资本的税盾作用就可以利用。②风险。对于高风险企业来说，债务资本会加大其破产成本发生的可能性，所以具有高风险经营性质的企业很少借入资本。③资产类型。对于持有更多无形资产的企业来说，一旦陷入财务困境或发生违约，由于其资产不易变现，所以其资产会迅速贬值。因此这样的企业应减少债务的使用。④保持财务的宽松。保持较多的留存收益或较大的债务融资空间，当有好的投资时就可以使用而不必被迫发行新股造成股价的下跌。⑤税制差异。中国的双税制（增值税与所得税）、美国直接税（所得税且无增值税）以及欧洲直接税（所得税辅以增值税）等不同税制，对公司资本结构影响是很大的。

本章小结

公司在资本结构上的决策是当公司扩张需要资本时，决定对债务资本依赖的程度，即决定在总的资金需求中有多少要通过债务融资来解决。尽管各个企业的资本结构各有不同，但决策所应遵循的基本原则是相同的，那就是"使企业价值最大化"。

在完善的资本市场条件下，企业的价值并不决定于它的资本结构。换句话说，企业不能通过改变其融资组合来增加价值。这就是著名的MM命题Ⅰ（无税）：资本结构不影响企业价值，$V_U = V_L$。同时，MM又指出，债务的使用加大了营业收入的波动对股票收益的影响，使股票收益波动加大。债务的使用增大了股东投资的风险，因而提高了股东投资预期的收益率。用公式表达为：

$$r_E = r_{资产} + \frac{D}{E}(r_{资产} - r_D)$$

这就是无税条件下的MM命题Ⅱ。虽然权益资本预期收益提高，但加权平均资本成本不变：$r_{WACC} = r_{资产} = \frac{D}{D + E} \times r_D + \frac{E}{D + E} \times r_E$

然而，无税假设显然有违现实。MM又提出了公司税存在条件下的资本结构理论。由于债务资本为企业带来了利息税盾，所以债务的使用可以增加企业价值，增加的是税盾的价值。有MM命题Ⅰ（公司税）：$V_L = V_U + T_C \times D$。由此可见，增加债务－权益比率可降低应缴税金，因此增加公司的总价值。这一动力会驱使公司采取100%债务的资本结构。又由于债务产生的利息费用可以提供税盾，减少企业税金的支出，因此降低了公司实际支付的利息，降低了实际利率，其他条件保持不变，那么平均资本成本就降低了。

现实中有些现象需要深入探讨后再做出解释。比如，有着很高盈利的公司，宁肯支付大额的税金也不借入或很少借入资本。显然，在企业决定杠杆水平时，除了税的因素外，还要考虑其他的因素，那就是财务困境成本。

财务困境成本可以分成两大部分：破产成本，包括直接破产成本和间接破产成本；除破产成本之外的财务困境成本，包括债权人和股东之间的利益冲突可能导致经营业绩的下滑或做出错误的投资决策，以及债权人出于对自己的保护，在债务合同中加入很多对资金使用的限制条款,增加了合同执行和监督的成本。

资本结构选择的理论还有权衡理论。该理论认为,公司选择资本结构要在债务提供的税盾和其所带来的财务困境成本之间进行权衡,之后形成一个最佳的资本结构。如果公司有比较多的固定资产且有较多的营业收入,就可以有比较高的债务比率;相反,如果公司盈利较少,并且所持有的资产大多是无形资产,那么其所需资本应主要来源于权益资本。

资本结构选择替代理论是啄序理论。该理论认为,企业在需要资金时,更愿意首先使用内部融资,如果需要外部融资,则首先选择债务,其次是权益资本。这样的顺序反映了企业试图避免与发行股票相关的负面影响。

思考与练习题

1. 为什么财务经理要选择使公司价值最大化的资本结构?
2. 为什么权益资本的预期收益率会随着杠杆的升高而升高?权益资本的预期收益率与公司杠杆有什么样的关系?
3. 股东采取哪些方法会降低债务成本?
4. 对下述说法判断对错并做出解释:
(1) 企业价值的增加总是能使股东收益增加。
(2) 债务增加权益资本的风险是因为它增加了破产的可能性。
(3) 企业资产收益率一定高于借款利率,所以债务能使股东收益增加。
(4) MM 命题 I 意味着债务的增加能增加每股盈利并导致市盈倍数下降。
5. "MM 命题完全忽略了债务越多利率越高的事实"。解释这一说法是否为有效的反对理由。
6. A 公司普通股股票的市场价值为 2 000 万元,债务市场价值为 1 000 万元,债务资本成本为 9%。当前的国库券利率为 8%,预计的市场溢价为 10%,A 公司的权益资本成本为 14%。
(1) A 公司的债务 – 权益比率是多少?
(2) A 公司综合需求收益率是多少?
7. 某杠杆公司和某非杠杆公司的营业风险是相同的。每个公司预计每年盈利 9 600 万元,并且两个公司都将所有的净利润全部分配。杠杆公司债务的市场价值为 27 500 万元,利率为 8%。杠杆公司的股票每股 100 美元,共发行 450 万股。非杠杆公司发行股票共 1 000 万股,每股 80 美元,没有税。投资哪只股票更好?
8. RB 制造公司目前全部资本为权益资本。该公司的权益资本价值为 200 万元,权益资本成本为 18%,该公司无税。RB 公司计划发行 40 万元债券用来回购一部分股票,债务资本成本为 10%。
(1) 该公司股票回购后,综合资本成本是多少?
(2) 该公司股票回购后,权益资本成本是多少?

（3）解释（2）的结果。

9. 一个全部为权益资本的公司，其所得税税率为30%，公司股东要求20%的收益率。该公司初始价值为350万元，有17.5万股发行，并且该公司以10%的利率发行了100万元的债券用以回购股票。假设这些资本没有改变公司的财务困境成本，根据MM，该公司新的权益资本的价值是多少？

10. 某企业取得5年期长期借款200万元，年利率为10%，每年付息一次，到期一次还本，借款费用率为0.2%，企业所得税税率为20%。计算该项借款的资本成本率。

11. 某企业以1 100元的价格，溢价发行一批面值为1 000元、期限为5年、票面利率为7%的公司债券。每年付息一次，到期一次还本，发行费率为3%，所得税税率为20%。计算该债券的资本成本率。

12. 某公司普通股β系数为1.5，此时一年期国债利率为5%，市场平均报酬率为15%。计算该普通股资本成本（要求使用资本-资产定价模型）。

13. 某企业生产A产品，固定成本100万元，变动成本率为60%，当销售额分别为1 000万元、500万元、250万元时，经营杠杆系数分别为多少？

14. 某公司2020年的净利润为750万元，所得税税率为25%，估计下一年的财务杠杆系数为2。该公司全年固定成本总额为1 500万元，公司年初发行了一种债券，数量为10万张，每张面值为1 000元，发行价格为1 100元，债券票面利率为10%，发行费用占发行价格的2%。假设公司无其他债务资本。

（1）计算2020年的利润总额。
（2）计算2020年的利息总额。
（3）计算2020年的息税前利润总额。
（4）计算2021年的财务杠杆系数。
（5）计算2020年的债券资本成本（计算结果保留两位小数）。

15. 某公司本年度只生产一种产品，息税前利润总额为90万元，变动成本率为40%，债务筹资的利息为40万元，单位变动成本为100元，销售数量为10 000台。计算该公司的经营杠杆系数、财务杠杆系数和总杠杆系数。

16. 某公司拟发行债券，债券面值为1 000元，5年期，票面利率为8%，每年付息一次，到期还本，若预计发行时债券市场利率为10%，债券发行费用为发行额的0.5%，该公司适用的所得税税率为30%。该债券的资金成本为多少？

17. 2016年中国金融业推行增值税改革后，上市公司的资本结构会产生哪些变化？

22 股 利 政 策

学习要点
1. 股利政策对股票价值影响的不同逻辑分析和形成的观点
2. 财务经理在做出改变股利政策决定时应考虑的因素
3. 企业采取不同的股利政策的原因
4. 股利的信息内容及其含义

公司的股利政策是在可分配利润中决定将多少资金返还给投资人，又将多少资金留存于企业用于再投资的问题。股利政策可以进一步表达为股利支付率以及留存比率之和等于1。股利支付率为股利占可分配净利润的比率，一般用 d 表示；留存比率是净利润中未返还给股东而留存在企业中的那一部分，一般用 b 表示。至此，股利政策可以表述为：$d+b=1$。

股利是股票发行公司支付给股东的投资报酬，股利的来源是公司的税后盈利。股利政策包括三方面的内容：①是否发放股利，即在留存收益和发放股利之间做出选择；②发放多少股利；③股利的稳定性，即确定各年度之间股利政策的变动程度。

《公司法》规定了股东有按其股份的多少取得股利的权利，但并没有规定取得股利的时间、比例和方式等内容，这就使上市公司在制定股利政策时自由度很大。股利可分可不分，可多分也可少分，这样就为公司选择股利政策提供了客观条件。公司应该怎样制定适合自己的股利政策？是高比例的分配方案好，还是低比例的分配方案好？这个问题没有确切的答案。有很多理由说明公司应该支付给投资人较高的股利，但又有很多理由说明公司应该支付给投资人较低的股利，股利政策同时又能够向股东传递有关公司经营状况的信息。每个公司都将股利政策视为相当重要的一种经营决策。

对探究股利的支付与股票价格之间的关系中所形成的各种逻辑推理和系统说明被称为股利理论。有关股利政策的理论在回答股利支付率的高低是否会影响股东的财富以及是否会影响股票价格的问题上各有说辞，观点不一。

这一章中我们将论述各种股利政策的理论，并研究股利政策对股票价值和公司价值的影响。

22.1 股利的种类和发放程序

22.1.1 股利的种类

22.1.1.1 现金股利

现金股利（Cash Dividend），即以现金的形式支付给股东的投资回报，亦称为红利。

现金股利是最主要的一种股利支付方式。

22.1.1.2 股票股利

股票股利（Stock Dividend），是以送股的形式向股东支付股利，也就是公司向股东按股票的比例无偿增发新股，如10送1或10送3等，这即为股票股利，也称无偿配股。派发股票股利后，股东手中的股票数量增加。

22.1.1.3 股票回购

股票回购，是指上市公司用现金在股票市场上从股东手中购回自己已发行在外的一定数量的股票，所回购的股票可以有两种处理方式：一是注销；二是作为"库藏股"保留，保留下来的"库藏股"虽仍作为公司发行的股份，但它们不参与每股收益的计算和收益的分配。"库藏股"可以作为期权股票分配给企业职工作为激励手段，也可以作为发行可转换债券等特殊用途所需的股票。

22.1.1.4 股票分拆

股票分拆，也称股票分割（或称转送股，是上市公司按比例将公积金转增股本，它可以不受公司本年度可分配利润的多少及时间的限制，只要将公司账面上的资本公积减少一些，增加相应的股本金就可以了），是指将1股股票均等地拆成若干股，比如1拆2，或1拆3，即1股拆成2股及3股。

股票股利从会计处理上说，它使累计留存收益或资本公积减少，而使股本增加，所以股票股利也称盈余转增资，使股本金或实收资本增加即为增资。

股票分拆在会计意义上与股票股利不同，它对所有者权益内部结构及各项目的金额不会产生影响。

股票分拆的形式在经济意义上与股票股利是一样的，都是增加在外发行的股票数量。但不同的是，股票分拆是将原来发行的高面值的股票全部收回，取而代之的是低面值的股票，比如1拆2，原来10元面值的股票被现在5元面值的股票代替，相应的每股盈余、每股净资产和每股市价也下降。

红利与股票回购的区别主要表现在税收上。红利作为一般性的收入缴纳个人所得税；而股票回购则不同，只有当股东决定将股票卖给公司时才能获得现金取得资本利得，并且资本利得的税率低于一般性收入的所得税税率。现在，美国税务当局已对名为回购、实为分红的做法予以关注，并做出了相关规定，比如，对经常性的回购或大比例的回购要求按红利的税率缴税。

公司股票回购的目的主要有四个：一是消化暂时不用的、多余的现金；二是以债务替代权益资本来改变资本结构；三是可将"库藏股"作为内部奖励手段；四是防御恶意收购或满足企业兼并与收购的需要。

股票回购的方法主要有三种：第一种方法是最常见的，是宣布回购的决定，然后以普通投资者的身份在公开市场上购买本公司股票；第二种方法是公司按高于市场价格大约20%的价格出价，买回一定数量的本公司股票；第三种方法是与主要的股东直接协商购买股票。

股票回购在除美国以外的国家并不常见，有些国家完全禁止这样的做法，如奥地利和挪威以及欧洲其他一些国家将股票回购视为现金分红进行征税，一般税率较高。所以在这些国家中，那些有大量多余现金的公司更愿意另作投资，哪怕是利率较低。

除以上形式外，还有其他非现金的股利支付方式，如以公司自身的产品或资产等形式支付的财产股利，或以公司的应付票据形式支付的负债股利等，但这两种形式的股利不常使用。

22.1.2 股利的发放程序

公司一旦宣布有股利派发，那么它就是公司应履行的义务，不能轻易取消或更改，必须在指定的日期将承诺的股利发放给股东。红利分配的方案有三种表示方法：①以每股金额（Dividend Per Share）计算；②以占市场价格的百分比——红利收益率（Dividend Yield）计算；③以占每股盈利的百分比——红利支付率（Dividend Payout Ratio）计算。

股利的支付必须遵循法定的程序，其中几个重要的时间节点包括：股利宣告日、除权除息日、股权登记日、支付日。

22.1.2.1 股利宣告日

股利宣告日（Declaration Date）：股东大会决议通过并由董事会宣布发放股利的日期。

22.1.2.2 除权除息日

除权除息日（Ex-dividend Date）：除去股利股息的日期，即股利领取权与股票分开的日期。股票买卖交易后，需要一定的时间办理股票过户手续，如果对于在股权登记日之前数天就购买了股票的股东，由于时间问题而未能在股权登记日办理好股票过户手续而失去股利领取资格的话，那么对他们就是不公平的，所以有必要规定一个日期。按证券业的惯例，一般规定是股权登记日的前4天为除息日。凡是在除息日之前购买的股票，即使在登记日未办理好过户手续，也有资格领取股利。但在除息日当天或以后购买的股票则不能领取股利。除息日前后股票的价格明显不同，之前的股票价格中包含股利领取权，而在当日或之后的股票价格会下跌，因为它不再包含股利。

22.1.2.3 股权登记日

股权登记日（Date of Record）：有资格领取股利的股东登记的截止日期。只有在登记日登记在册的股东才有权领取本期股利。股权登记日也称除权日。

22.1.2.4 支付日

支付日（Date of Payment）：是将股利正式发放给股东的日期。

22.2 股利政策的基本理论

所谓股利政策就是关于公司是否支付股利以及支付多少股利等方面的方针和策略。人们对探究股利的支付与股票价格之间的关系中所形成的各种逻辑推理和系统说明被称为股利理论。下面阐述了有关股利与股票价格之间的不同的逻辑推理所形成的不同的观点。

22.2.1 股利政策无关论

莫迪利亚尼和米勒（MM）于1961年发表了题为"股利政策、增长率和股票价值"的论文。文章中阐述了基于一些假设，公司的股利政策不会影响股票价值和公司价值，因此不会影响股东财富的观点。MM设定了如下假设条件：

（1）没有税收、没有交易费用，并且没有个别参与者能够通过他的交易影响证券的市场价格。经济学家们说，如果这些条件都满足了，就是一个完全的市场。

（2）如果公司用现金支付太多的红利，公司可以发行新股来填补这些现金，既无成本也不会有任何信号效应。

（3）公司的投资政策是事前确定了的，不会因股利政策的改变而改变。

（4）如果公司支付了较少的股利，公司也不会滥用现金投资不好的项目或收购不良的资产。

MM认为，投资者不关心公司股利的多少，因为公司的股票价格完全由公司已有的投资战略和获利能力所决定，而非取决于股利政策。在公司有较好投资机会的情况下，股票价格就会上升。如果这时股利分配较少，投资人也可以通过自制股利增加现金，如出售自己手中的一部分股票等；如果股利分配较多，那么投资人在取得现金后会寻找新的投资机会，如购买公司的股票，这样仍可以使公司筹集到所需资金。如果投资人出售或购买股票不需纳税和缴纳费用，那么公司的股利政策确实与公司价值无关，股东的利益不会受损。举例说明如下：

【例22-1】ABC公司是一家无杠杆公司，刚刚过去的一年有100万元的税后利润，预计今后5年利润每年增长5%，资本成本为10%。另外，假设该公司需要50万元新的投资，今后5年每年的投资递增5%。该公司在外流通的股票数量为105万股。

情况1：假设该公司将剩余净利润全部作为红利发放。

$$FCFF = EBIT(1 - T_C) - 新增投资额$$
$$= 100 - 50 = 50(万元)$$
$$企业价值 = FCFF(1 + g)/(WACC - g)$$
$$= 50(1.05)/(0.10 - 0.05) = 1\,050(万元)$$

$$股价 = 1\,050/105 = 10.00(元)$$
$$每股红利 = 50/105 = 0.476(元)$$
$$每股总价值 = 10.00 + 0.476 = 10.476(元)$$

情况 2：假设该公司改变股利政策，红利增加 1 倍，而投资政策保持不变。这意味着公司将发行 50 万元新股，以满足新增投资的需要。

$$企业价值 = FCFF(1+g)/(WACC-g)$$
$$= 50(1.05)/(0.10-0.05) = 1\,050(万元)$$

分红后属于老股东的企业价值 = 1 000(万元)（其余 50 万元属于新股东权益）

$$股价 = 1\,000/105 = 9.523\,4(元)$$
$$每股红利 = 100/105 = 0.952(元)$$
$$每股总价值 = 9.524 + 0.952 = 10.476(元)$$

情况 3：假设该公司取消分红。在这种情况下，公司在满足 50 万元的新增投资需求后，现金余额将新增 50 万元。这时：

$$企业价值 = FCFF(1+g)/(WACC-g) + 新增现金余额$$
$$= 50(1.05)/(0.10-0.05) + 50 = 1\,100(万元)$$
$$每股总价值 = 1\,100/105 = 10.476(元)$$

以上事例证明了 MM 所述的股利政策无关论。在 MM 理论所描述的假设条件下，如果企业派发大量现金给股东，当企业有投资需求时，可以无成本发行新股筹集资金来满足投资需求，从而使企业价值不受影响；而对于股东个人来说，即使收到较高红利也不会对此缴税，因此对股东财富不产生影响。相反，如果企业支付较少红利，那么企业累积的现金也不会随意投资，仍使企业价值不受影响。

根据 MM 股利政策无关论，企业可以随意安排股利支付。但在实务中，受到税负、交易成本和信息不对称等情况的影响，企业内部融资成本要远远低于外部融资成本，股利支付的多少对企业价值并非不相关，股利政策不仅会影响股东的利益，也会影响公司的正常运营以及未来的发展，甚至会影响到整个证券市场的健康运行。因此，公司管理者在制定股利政策时，不得不进行慎重考虑。

22.2.2 股利政策相关论

持这一观点的人主要有以下推论。

22.2.2.1 "一鸟在手"论

西方有句谚语叫作"双鸟在林，不如一鸟在手"，以此形容在股利收入与股票价格上涨产生的资本利得收益之间，投资人更倾向于取得股利收入。因为股利是即将到手的收益，而资本利得如仍在树丛中的鸟有待捕获。这是人们获利最快也是最普遍用来反对 MM 股利无关论的一种观点。的确，公司经理能够掌控股利，但他们没有能力控制股价，股票价格的上升与下跌有着很大的不确定性，因此获得资本利得这种收益也就有很大的不确定性。这就是人们更愿意购买支付较高股利的股票的原因，也因此说明股利政策影响股票价格，影响股东的财富。

22.2.2.2 信息传递论

对投资人来说,他们用来观察和分析公司经营状况的数据很多,如资产负债表和损益表、每股盈利以及证券分析家的评述等,但由于信息的不对称,人们不愿意过多地依赖这些信息而更愿意通过股利来分析公司的经营状况。因为他们认为股利能传达更值得信赖的信息。

22.2.2.2.1 股利所传达的信息

有大量的证据可以证明公司经理们确实要根据所预测的公司未来的情况设定股利的多少。如果他们想通过股利隐瞒公司的实际经营状况,那么只能隐瞒一时,很难隐瞒长久。因为如果公司没有较高的利润就没有足够的现金支付股利,但如果它偏偏选择了高股利支付率,那么公司只能最终减少投资,以牺牲公司的未来发展作为代价,或转而向投资人进行额外的债权或股权融资。所有这些都要付出高额的成本。所以,公司都将制定适合自己经营状况的股利。

既然股利可以预见未来的盈利,就毫不奇怪为什么股利的削减被投资人视为坏消息,引致股票价格下跌;相反,股利的增加被视为好消息,引致股票价格上涨。当股利出乎意料地变动时,股票价格将上下浮动,因为这时投资人在不断地解释这一变动的意义。

22.2.2.2.2 股票回购所蕴含的信息

股票回购像红利一样将现金返还给投资人,但与之不同的是,股票回购往往是一次性的事件,它不是对投资人长期的、经常性的股利承诺。虽然公司进行股票回购无外乎前面所述的原因,作为其中任何一个原因来说,股票回购本身都谈不上是好消息,但投资人却经常将其看作是一件好事。

股票回购往往是公司经理对未来充满自信的信号。因为当经理对公司的发展前景充满信心时,会认为公司的股票被市场低估了,这时他会决定以高于市场价值20%的价格回购自己的股票。出于这样的原因,投资人很容易做出这样的结论:该公司的股票将有很大的升值空间。难怪研究人员发现,每当公司宣布股票回购的消息时,股票价格都快速上涨,平均上涨率为11%。

22.2.2.3 财富转移论

更多地派发股利给股东,债权人的财富就有可能转移给股东。债权人将增加股利视为不好的消息,因为这将使债权人承担更高的风险,其资金不能被偿还的可能性加大。如果股利超预期地增加而未相应地提高对利率补偿风险的防范,那么就将发生财富的转移。

22.2.2.4 客户效应论

持有不同偏好、不同目的的投资人都有各自偏好的股利政策,他们会影响公司股利政策的制定。

(1)追求稳定股利收入的股东。一些股东喜欢常规的股利收入,甚至以股利作为生活的来源。因此,他们要求股利的稳定性,认为资本利得的收入带有很大的不确定性。在制定股利政策时,这类投资人会极力建议采取稳定的股利政策。

(2) 具有控制权的股东。持股比例高的大股东对公司有较大的控制权。如果由于公司派发较多股利从而需要转向资本市场融资，那么无论是债权人还是购买新股的股东都有可能稀释他们的股权，因此这些人就会极力建议公司采取低比例股利分配，多留存利润，以降低另去融资的可能性。

(3) 不同税级的股东。很多国家的个人所得税采取累进制。对于收入较高的人来说，边际税率就较高，所以这一群体不愿意公司采用高股利政策，但对于收入较低的股东来说，由于边际税率较低，所以支持公司多分红。

22.3 不同的股利政策

按照股利政策相关论的观点，股利政策会对股票价格产生影响，因此，公司需要认真对待股利分配政策的制定，要确定一个适当的、合理的现金流分配方案，即在公司所产生的现金流中，决定多少分配给股东，多少留存于公司作为再投资使用。既然股利分配能影响股价和股东的财富从而影响企业的经营目标，那么制定股利政策对公司管理层来说就是一项非常重要的工作。当然，制定股利政策的目标就是要实现公司价值最大化亦即股东利益最大化。

是否分配股利以及按照什么样的支付比率分配股利，各个公司不尽相同，必须根据公司的具体情况进行选择。有些公司产生了大量的现金流，但投资机会很少，所以可以分配较高比例的股利，从而吸引了那些偏好高股利的投资人；有些公司现金流不多但投资机会很多，如那些新兴的成长型公司，这类公司的股利通常很低甚至没有股利分配，将现金流尽可能多地留存于企业用于好的投资项目中，因为公司的再投资能够创造比股东自己投资更高的收益。这样的公司股票吸引了那些偏好资本利得收益的投资人。

在制定股利政策时，一般要综合考虑以下四个因素：

(1) 投资人对股利收益和资本利得收益的偏好。
(2) 公司投资机会的多少与获利水平。
(3) 公司的目标资本结构。
(4) 公司的外部融资能力及资本成本。

在实际操作中，一般有四种类型的股利政策使用最为广泛：剩余股利政策、固定或稳定增长的股利政策、固定股利支付率股利政策和低股利加额外股利政策。

22.3.1 剩余股利政策

所谓剩余股利政策是指在企业最优目标资本结构下，税后可分配净利润首先满足投资的需要，若有剩余则用于发放股利。这一政策的理论依据是 MM 的股利政策无关论。因为在他们的理论中，公司的投资政策是预定了的，独立于股利政策。如果公司按照既定的投资政策去执行就可以取得公司价值的最大化，股东可以自制股利政策来满足对现金的需求。

在公司有着良好投资机会和良好的投资计划安排的情况下，股东就会相信留存于公司的现金能够产生比自己投资更好的收益，因此能够接受这家公司的股票。但这种类型的股利政策不受偏好稳定股利的投资人的青睐，因为他们当中很多人的收入来源很大程度上依赖股利的收入。

根据 MM 理论，事先确定的投资政策实际上隐含了公司已确定了自己最优的资本结构。最优的资本结构的综合资本成本最低，这样企业才能实现价值最大化和股东利益最大化。因此，股利政策要满足最优资本结构。在最优资本结构下，公司采取剩余股利政策，那么其在一定期间的股利支付额可用公式表示为：

$$股利 = 净利润 - 满足投资政策的留存收益$$

公式中满足投资政策的留存收益在目标资本结构的要求下为：

$$满足投资政策的留存收益 = 目标权益资本比例 \times 总投资预算支出$$

现举例说明剩余股利政策的应用。

【例 22 - 2】假设某公司的资本结构中债务为 40%，权益资本为 60%，上年度公司的净利润为 7 000 万元。该公司有一个投资项目需投入资金 8 000 万元。若该公司采用剩余股利政策，该如何确定分配的股利？投资项目该如何融资？

根据公司目标资本结构，新项目的融资需权益资本 4 800 万元（8 000 × 60%），公司净利润为 7 000 万元，那么可用于股利分配的资金为 2 200 万元（7 000 - 4 800）。

由于投资机会和公司盈利每年都不相同，所以剩余股利政策会导致不稳定的股利，特别是那些带有商业周期性特征的企业，现金流尤其不稳，致使其股利也有较大幅度的变化。对于那些偏好稳定股利的投资人来说，这种股票是不受欢迎的。

22.3.2 固定或稳定增长的股利政策

所谓固定或稳定增长的股利政策是指企业每年发放的股利固定在某一水平上并在一段较长的时期内不变，只有当企业确信在未来有不可确定的增长势头的时候才增加每股股利额。这一政策的理论依据是股利政策相关论。股利政策向投资人传递关于公司经营状况、未来收益和公司信心的信号，从而对股票价格产生影响。

这一政策的主要目的是避免股利随公司盈利状况的变化而变化，对投资人支付稳定的股利从而向市场传递公司经营稳定的信息。如果公司的股利忽高忽低，就将对投资人传递企业经营不稳定的信息，使股票价格下跌。

另外，这一政策还可以使投资人便于安排他们的收入和支出，特别是那些对股利收入有很强依赖性的投资人更倾向于购买这种股票。

为了维持一个稳定的股利发放水平，有时公司的留存收益可能不足以满足未来的投资或目标资本结构，而不得不以拖延投资计划或改变资本结构作为代价，但即使是这样，支持稳定股利政策的人也认为，这样可能会比股利不稳而造成的股价下跌带来的损失要小。

然而，这一股利政策的缺点也是显而易见的。因为股利发放的金额与公司盈利情况相脱节，当公司遇到经济状况不好的年份时仍要照常支付较高的股利，这样会造成公司财务上的压力,这时公司只好要么缩减生产规模,要么增加外部融资成本或不得不降低股利的发放。

22.3.3 固定股利支付率股利政策

所谓固定股利支付率股利政策是指规定一个固定的股利占净利润的比例,公司每年按照这一比例计算股利的发放额。在这一政策下,每年的股利额会随公司盈利的多少而变动。

这是一种变动的股利政策。这种政策的优点是不会给公司的财务造成压力。支持这一政策的人认为,这一政策体现了多盈多分、少盈少分、不盈不分的原则,公平地对待每一位股东。

但这种政策也有缺点。由于它与盈利密切挂钩,而每年盈利水平有高有低,容易造成股利忽高忽低,这样会给投资人传递公司经营不稳的信息,使股价发生波动,对公司不利。

22.3.4 低股利加额外股利政策

所谓低股利加额外股利政策是指公司每期支付稳定的但较低的股利,当企业盈利较多时再发放额外股利的一种政策。这是一种灵活性较强的政策。当公司盈利较少或投资需求较大时,公司可以只支付较低的正常股利,这样既可以保障投资人有稳定的回报,又不会给公司造成财务压力;当公司盈利较多或投资需求较小时,在支付正常股利的基础上可以适度地增发股利。实际上,这充分体现了债务资本与权益资本之间的区别,作为股东可以享受公司超额的收益,而作为债权人只能得到固定的利息收入,对公司的超额收益无索取权。

这一灵活的股利政策既可以维持股利的稳定性,保持股价的稳定,又可以保障投资计划的有效实施。

22.4 影响股利政策的因素

上述分析使我们了解了公司的股利政策如何影响股票的价格、公司未来的投资、资本结构进而影响公司的价值及股东的财富。所以,制定一项好的股利政策对公司而言是非常重要的。影响股利政策的因素主要有约束条件和公司自身的因素。

22.4.1 约束条件

公司在进行股利分配时往往受到很多方面的限制和约束,如来自政府方面的法律条款、来自债权人方面的贷款契约等。股利分配主要受四个条件的约束。

22.4.1.1 资本保全的约束

为了保护债权人的利益,政府以法律或行政命令的形式对公司的股利分配进行一定的限制,规定股利的发放只能用当期利润或累计留存利润,并不能超出留存利润总额。因为公司必须留有相当的净资产（即权益资本，也称所有者权益）用来弥补损失，当公司陷入困境时，公司往往做出有利于股东的行为，因此，规定公司的资本不能低于债务合约中的最低数额。

22.4.1.2 债务契约的约束

对此，本书"资本结构决策"一章中已有所涉及，即为了减少破产成本，在债务融资时，股东与债权人之间通常签订保护性契约。在这些契约中比较常见的条款是限制股利的发放。

22.4.1.3 现金的约束

如果公司账面上的净利润很多，但现金流量过小，也要限制红利的发放。

22.4.1.4 利润累积的约束

为了增强公司抵御风险的能力，在公司的净利润中必须先提取各种公积金，余下的部分才能用于考虑股利的分配。我国会计法规定，在公司的税后净利润中，要提取10%的净利润作为法定盈余公积金，并鼓励在分配普通股股利之前提取任意盈余公积金，只有当法定盈余公积金达到注册资本的50%时，才能不再提取。但有的国家税法规定，如果累计利润超过一定水平，就被认为是股东想逃避个人所得税，那么将被加征额外税金。

22.4.2 公司自身的因素

公司自身的各种特性及生存的外部环境因素也影响股利政策，如投资机会的多少、企业债务融资能力的大小和控制项目的能力等。

22.4.2.1 投资机会的多少

如果公司有很多好的投资机会，那么就会减少股利分配的比例，多留存收益以便进行再投资。

22.4.2.2 债务融资的能力

公司是否有较强的债务资金的筹措能力在一定程度上影响着股利政策。如果一个公司有较强的举债能力，则可以采取比较宽松的股利政策；反之，不可发放太多的红利。

22.4.2.3 加快或推迟投资项目的能力

当资金充裕时，公司有能力加快项目的进展，不会存留大量闲置的现金；相反，当公司资金不足时，可以推迟项目的实施，保证股利的发放。所以，控制项目能力的大小决定公司是否可以采取稳定的股利政策。

本章小结

作为企业的一项管理政策，股利政策决定了在可分配的净利润中将有多少发放给股东，多少留存于企业用于再投资。实践中，每一个企业都十分重视这一决策，因为它将股东投资的收益性和企业的成长有机地结合起来。另外，由于股利派发的多少会直接影响企业的财务状况，从而影响到投资和融资的安排，所以，股利政策是企业投融资决策中不可分割的一部分。

股利派发的多与少是否会影响股票价格？对股利的支付与股票价格之间的关系所进行的各种逻辑推理和系统说明形成了股利理论。股利理论涵盖了不同的逻辑推理所形成的形形色色的不同观点，大体上可分为股利政策无关论和股利政策相关论。

股利政策无关论是莫迪利亚尼和米勒（MM）于 1961 年提出的，他们基于一些假设，阐述了公司的股利政策不会影响股票价值和公司价值，因此不会影响股东财富。

然而，现实世界的条件很难满足市场的完美假设，另一类观点认为，股利政策不仅会影响股东的利益，也会影响公司的正常运营以及未来的发展，甚至会影响到整个证券市场的健康运行。因此，公司管理者在制定股利政策时不得不进行慎重考虑。在股利政策与股票价格相关的逻辑推理下形成了四种观点：①"一鸟在手"论；②信息传递论；③财富转移论等；④客户效应论。

公司在制定股利政策时需综合考虑若干因素，如法律法规或与债权人签订的贷款契约等约束条件。另外，公司投资机会的多少、企业债务融资能力的大小以及控制项目的能力等因素都是应该考虑的。

思考与练习题

1. 试解释 MM 的股利政策无关论和与之对立的股利政策相关论。
2. 有哪些最为广泛使用的股利政策，它们套用的理论观点是什么？
3. 某公司的净利润为 3 000 万元，发行的普通股数量为 2 000 万股。当前该公司股票价格为每股 35 元。公司正在考虑用多余的现金回购其 20% 的股票，假设回购对公司的净利润和市盈率都没有影响，计算股票回购前后股价的变化。
4. 决定股利政策水平的因素有哪些？
5. 股利支付有哪些程序？
6. 现实中的股利政策有哪些？
7. 现实生活中投资者和公司经理人员对股利政策都十分重视。从哪些方面可以解释这一现象？
8. 分析股利政策与管理层的态度。
9. X 公司的目标资本结构中债务为 40%，权益为 60%。公司采取的是固定股利政策，以前年度的股利为每股 3 元，股东希望今后几年仍保持稳定的股利。公司发行的普通股数量是 200 万股，净利润为 1 000 万元，公司的投资计划为资金需求 1 500 万元。

（1）如果公司采取剩余股利政策，需要多少留存收益用于新项目投资？
（2）如果公司采取剩余股利政策，来年的每股股利和股利支付率分别为多少？
（3）如果公司保持每股 3 元的股利不变，则公司还有多少留存收益用于项目投资？
（4）假设公司保持每股 3 元股利不变，并保持目前的资本结构不变，若执行 2 500 万元的投资项目，需从发行新股中获得多少权益资本进行项目融资？

10. 某股份公司有普通股 200 000 股，每股面值为 2 元，无优先股。该公司明年的计划投资总额为 800 000 元，今年的预计税后利润为 2 000 000 元，假定该公司明年投资计划的资金来源完全以今年的留存收益内部筹资完成（盈余公积与公益金合计按 20% 提留）。

（1）今年以剩余资金发放股利所能达到的每股股利是多少？

（2）今年的股利发放率是多少？

11. 某公司某年提取了公积金、公益金后的税后净利润为 1 000 万元，第二年的投资计划拟需资金 1 200 万元。该公司的目标资金结构为自有资金占 60%，借入资金占 40%。另外，该公司流通在外的普通股为 2 000 万股，没有优先股。试计算该公司当年可发放的股利额及每股股利。

12. A 公司目前发行在外的股数为 1 000 万股，该公司的产品销路稳定，拟投资 1 200 万元，扩大生产能力 50%。该公司想要维持目前 50% 的负债比率，并继续执行 10% 的固定股利支付率股利政策。该公司在 2020 年的税后利润为 500 万元。该公司 2001 年为扩充上述生产能力必须从外部筹措多少权益资本？

13. 分析中国上市公司的财务政策（如分红派息、股票增发、债券发行等）是如何影响市场的。

第九篇

期货、期权与公司金融

23 实物期权与公司金融

学习要点

1. 期权理论在公司理财中的应用
2. 有无实物期权、实物期权有无经济价值的判断方法
3. 实物期权价值的计量方法
4. 考虑和忽略实物期权，项目价值会有多大的差别
5. 定价模型中实物期权的变量含义及取得

本书第 16 章中论述了企业投资项目的不确定性使某些项目嵌入了期权的特性，称为实物期权。但第 16 章只是定性地描述了哪些项目会嵌入期权以及嵌入的是什么期权（如扩大投资的权利、放弃投资的权利或推迟投资的权利等），而所嵌入的实物期权到底价值几何？这是本章将要论述的问题。利用传统的资本预算方法对这些期权进行定价是非常困难的，我们可以利用期权定价理论来处理这些问题。

23.1 传统投资项目评估方法

在诸多的项目价值评估方法中，人们认为 NPV（净现值法）在理论上和实践中都是较为成熟完善的方法。NPV 指出了一个投资项目可以为企业带来的价值增加值是多少。我们根据 NPV 的正负来判断项目的可行与否并依此做出决策，要么投资，要么不予投资。净现值为负值表明了承担这个项目的结果将会降低公司对股东的价值，因此不应投资这一项目；正的净现值则表明投资将会增加股东的财富，因此应该对这一项目进行投资。

实际上，决策并不是这样非此即彼，在决策过程中是有若干选择的。企业在项目投资决策的制定过程中，由于决策环境是动态的，情况总是在发生变化，所以动态的决策环境就使得管理者在不同的状态下有不同的决策选择。例如，某个公司考虑建造一个工厂加工一项新产品，当情况不如预先想象的那么好时，公司常常有放弃这个项目的权利；当市场上对其新产品的需求超出预期时，公司同样有扩大生产的权利。而这些决策的选择权利就使我们之前介绍的传统的 NPV 方法在项目价值的评估上不那么准确了，因为传统的 NPV 方法忽略了这些选择权，因此低估了项目价值，使得本可以采纳的项目被放弃。

项目所隐含的选择权就是期权。现代金融学理论的重要发现之一就是期权是具有价值的，有时这一价值还是不菲的，因此是不能忽略的。所以，对项目价值的估算应

该将所隐含的期权价值连同资产创造的现金流价值同时考虑进来。项目价值应该表述为：$V = NPV +$ 期权价值。

在传统的 NPV 资本预算方法的计算中，我们知道了如何测算投资的资产所创造的增量现金流，也知道了计算现值所使用的贴现率是一种经过"风险调整"（Risk - adjusted）的贴现利率，它的选取反映了项目的风险程度。项目风险越大，贴现率也会越高。风险调整后的贴现率应当是公司（公司的股东）投资所需求的收益，它可以通过许多方式进行计算：经常被推荐的一种方法是利用资本 - 资产定价模型（Capital Asset Pricing Model，CAPM）。

那么实物期权的价值有多大？能不能用 NPV 的方法呢？在最早的时候，人们也试图用 NPV 方法对期权价值进行评估，但没有成功。因为人们只是知道期权的风险高于基础资产如股票的风险，而高出多少则很难确定；同时，即便是确定了风险的大小也很难决定一个期权的恰当的折现率为多大。接下来我们将论述能否将通常金融资产期权上的风险中性定价原理用于实物资产期权上的问题。

23.2 投资机会中期权的定价

我们已经提到过，大多数投资项目都会涉及期权。这些期权可以为项目增加可观的价值，但人们常常会忽略这些期权或使用错误的方法定价。所以，要正确地评估实物期权，我们需要考虑三个方面的问题：第一，怎么知道、如何判断项目中有期权的嵌入？第二，所嵌入的期权是否有、什么时候具有客观的经济价值？第三，所嵌入的期权能否用期权定价模型计量？用双状态二项式模型还是用布莱克 - 斯科尔斯模型？下面分别进行论述。

23.2.1 投资项目中是否嵌有期权

一个期权给予持有人在到期日或到期之前按固定价格（称为行权价）买或卖一定数量的标的资产的权利。所以，企业的投资项目中如果含有期权，首先它应有定义清晰的标的资产（比如新型产品的生产、房地产开发、天然气开采等），并且项目价值随产品价格或利率等因素的变化而变化；另外，在项目存续期间内，实物期权的收益依某些特定事件的发生而定。

23.2.2 实物期权何时具有可观的经济价值

如果一项期权具有可观的经济价值，那么就某个项目（或资产）的取得须有竞争上的限制条件。这一获取上的非充分竞争性，使得只有某个人对这一项目（资产）有独占权或专营权，嵌入其中的实物期权因而将有较高的不容忽视的价值。而期权价值将随着竞争限制条件的放宽而逐渐下降，如某地块的开发权只属于特定的某开发商，某油田的开采权只属于某特定的公司，等等。

23.2.3 何时可以用期权定价模型评估实物期权的价值

要回答这个问题，首先需要回忆决定期权价值的因素有哪些。根据前面的论述可知，影响期权价值大小的因素分为三类。

第一类因素是与标的资产有关的变量：①标的资产的价格。随着标的资产价格的提高，按固定价格购买它的权利的价值将增大，即看涨期权价值将增加；按固定价格卖出它的权利的价值将下降，即看跌期权的价值将减少。②标的资产价格的方差。当价格波动性增大时，无论是看涨期权还是看跌期权的价值都将增加，因为所有的期权都限定了由于价格波动而产生损失的风险，价格波动性越大，期权对发生损失的限定就越有价值。③标的资产的预期分红。由于分红很可能会降低资产价格，所以将使看涨期权价值下降而使看跌期权价值上升。

第二类因素是与期权合约相关的变量：①期权的执行价格。行权价与看涨期权成反比，而与看跌期权成正比。②期限。看涨期权和看跌期权的价值都将随合约期限的延长而增加。

第三类因素是利率这一变量。看涨期权价值与利率成正比，随利率的上升而增加；看跌期权与利率成反比。

在期权的定价模型中，我们可以看出以上的变量都出现在模型当中。通过组合复制期权的概念使得期权定价模型在很多时候都可以运用于实物期权的定价中。问题的关键在于期权定价的变量可以确定。有三个必要条件：一是标的资产可以交易，这不仅可以观察出标的资产的价格以及定价模型所需要的价格波动率（方差），而且为组合复制提供可能性；二是期权自身有交易的场所；三是执行期权的成本具有一定程度的确定性。

然而，当利用期权定价模型评估实物期权时，必须接受两个事实：一是估算结果欠缺精确性；二是估算的价值与交易价格会有较大的偏差，因为很难套利，这是由资本进行实物投资的特性所决定的，它不像金融资产有活跃的交易市场，所以即使有套利利润也很难实现。

关于期权定价模型的选择问题，大多数实务工作者认为双状态二项式（Binomial）模型优于布莱克-斯科尔斯（Black-Scholes）模型，并且提出了证明观点：①实物期权通常都是提前行权的；②基础资产（项目）的价值一般为非连续的。如果能够用二项式的方法给出每个结点的结果，那么就将资本预算中的决策树做出来了，这样，用二项式模型估算项目价值显然就是更合适的方法。但在项目的期限较长而且在长时间内所嵌入的期权都有价值的情况下，二项式模型的步骤过多，计算过程较为繁琐。更为重要的是，项目期限长，降低了远期预测的准确性。所以，虽然从实物期权的本质特征上来说二项式模型是合理的，但由于这些客观因素的存在，我们思考布莱克-斯科尔斯模型在实物期权的定价方面似乎也可以使用。

23.2.3.1 评估带有专利权的产品开发项目的价值（嵌有实物期权）

一个产品的专利权提供了开发产品并进入市场的权利。只有当产品的未来收入高于产品开发成本时，企业才会将专利转化为产品并进行销售。否则，企业就将专利封存起来，将不会有进一步的成本。

如果用 X 表示产品的开发成本现值，S 为预期的现金流现值，企业拥有产品专利的收益情况就将如图 23 - 1 所示。

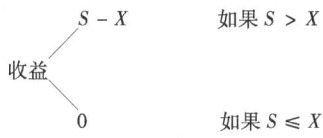

图 23 - 1　产品专利收益情况

带有专利的产品开发项目收益见图 23 - 2。

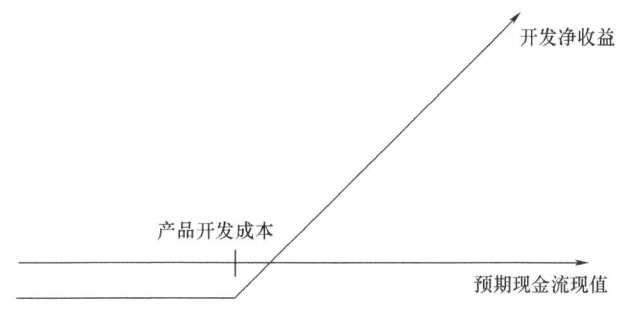

图 23 - 2　带有专利的产品开发项目收益情况

由此可以看出，这样一个由专利权转化为具体产品的项目是一个嵌入有看涨期权的项目。这个期权的执行价格是产品的开发成本。当产品未来产生的收益的现值高于执行价格时，看涨期权处于实值状态，所以，行权也就是要将专利转化为产品，否则就放弃，损失的只是专利的研发或购买成本。

对照前面期权测试的几个标准，我们逐条对专利转化为产品这个项目是否具有期权，是否可以用布莱克 - 斯科尔斯模型计量期权的价值进行检测。

第一，有实实在在的项目，即标的资产由专利转化为产品，并能预测出未来情况变化时可能获得的收益，即当产品所产生的预期现金流的现值高于项目开发成本时，项目的收益为产品所产生的预期现金流现值与成本之差；当产品所产生的预期现金流现值低于项目开发成本时，则放弃项目，项目的收益为 0，所以通过了期权的第一个测试。第二，这个项目是否具有排他性，或唯一性？因为专利意味着对某种技术的保护，申请了专利也就意味着拥有了某项技术的保护权，限制了竞争者使用相同技术开发相同产品并使其进入市场，否则就视为侵犯了专利权。所以，这样的项目具有排他性，有期权价值。第三，项目是否可以交易，是否可以用布莱克 - 斯科尔斯模型呢？

三条中的第一条：标的资产是否可以交易？回答是将专利转化为产品的项目是不进行交易的，因此，模型中标的资产的价格无从获得，标的资产价格的波动性无从获得；第二条：期权可以买卖吗？即专利可以买卖吗？回答是专利是可以买卖的，期权费用是已知的，在专利保护期内买卖，距到期日越近，专利的价格越低；第三条，行权的成本是明确的，即如果将专利转化为产品，设备的购置费、厂房的建造费和流动资金的投入等费用是行权价格，这些费用是可以知道并且明确的。所以，从以上三条分析判断，布莱克－斯科尔斯模型在某种程度上可以使用，但有些牵强，模型中所需的五个变量——利率、波动性、标的资产价格、期限、行权价格，两个重要的变量不容易获得，只能估算，而期权价值测算结果的准确性在很大程度上依赖于这两个变量估算的合理性。所以，评估的结果只能作为参考。

对专利转化产品的项目，运用布莱克－斯科尔斯模型评估价值所需变量见表23－1。

表23－1 专利转化产品项目变量

变 量	估算过程
1. 标的资产价值	• 现在执行项目所产生的现金流入现值
2. 标的资产价值的方差	• 相似资产或企业现金流的方差 • 资本预算时模拟的现值方差
3. 期权的执行价格	• 当前投资额
4. 期限	• 专利有效期
5. 利率	• 延期成本 • 每延期一年就会少一年的现金流产生 • 年度延期成本 = $1/n$

【例23－1】艾格公司是一家生物技术公司，有一项治疗多种炎症药品的专利。该专利有效期为17年，公司计划生产并销售该药品。主要变量如下：

$$现在开发药品预期现金流\ PV = S = 34.22\ (亿元)$$
$$开发成本\ PV = X = 28.75\ (亿元)$$
$$专利期\ T = 17\ (年)$$
$$无风险利率\ r = 6.7\%\ (17年国债利率)$$
$$预期现值方差\ \sigma^2 = 0.224\ (生物技术行业平均值)$$
$$预期延期成本\ y = 1/17 = 5.89\%$$

根据布莱克－斯科尔斯模型：$d_1 = \dfrac{\ln(S/X) + (r + \sigma^2/2)T}{\sigma\sqrt{T}}$

$$d_2 = d_1 - \sigma\sqrt{T}$$

$d_1 = 1.1362 \quad N(d_1) = 0.8720; d_2 = -0.8512 \quad N(d_2) = 0.2076$
$C = e^{-yT}SN(d_1) - Xe^{-rT}N(d_2) = 34.22 \times 0.8720 - 28.75e^{-0.067 \times 17} \times 0.2076 = 27.93(亿元)$

模型结果说明,所嵌入的看涨期权价值为9.07亿元。

23.2.3.2 评估自然资源开采项目的开采权

对自然资源开发的投资,标的资产是资源,资产(项目)的价值基于两个变量——资源的量和价格。

在大多数这类投资中,定义开发成本为X,资源的价值为S,自然资源开发权的收益如图23-3所示。

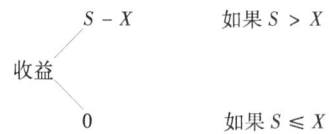

图23-3 自然资源开发权的收益情况

由此可以分析出自然资源开发的项目是一个嵌入有看涨期权的项目。这个期权的执行价格是开采成本。当产品未来产生的收益的现值高于执行价格时,看涨期权处于实值状态,所以,行权也就是进行资源的开采。否则就放弃开发的项目,损失的只是开采成本。图23-4为自然资源开发项目中嵌入的期权。

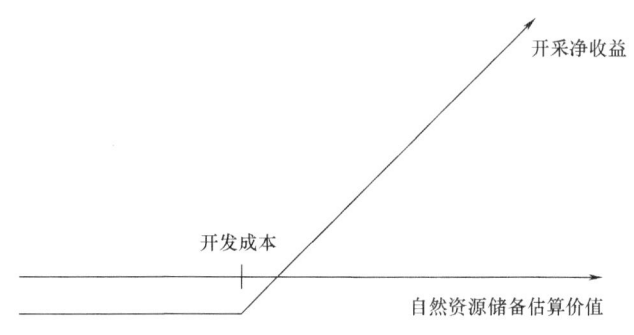

图23-4 自然资源开发项目中嵌入的期权

对照前面期权测试的几项标准,我们逐条对自然资源开发项目是否具有期权、是否可以用布莱克-斯科尔斯模型计量期权的价值进行检测。

首先,有定义清晰的标的资产即资源储备,如石油、黄金、天然气等;其次,标的资产虽然不能交易(如果我们确切知道储备量,标的也可以交易),但开采出来的产品可以交易;再次,对于期权(开采权)来说,石油公司之间经常相互买卖,所以期权有交易的市场,期权费用是已知的;最后,行权也就是储备的开发。有经验的公司可以较精确地估算,因此,行权的成本是明确的。

布莱克-斯科尔斯期权定价模型可以很好地用于自然资源的开采权。表23-2对模型所需变量进行了总结。

表 23-2　自然资源开发项目变量

变量	估算过程
1. 资源储备价值	地质专家测算,然后估算出现值
2. 对储备的开采成本	此类投资的平均成本
3. 到期日	资源枯竭日
4. 标的资产价格的方差	基于该类资源的价格估算
5. 产品净产值率	每年的净产值占市值的比重
6. 开发滞后	根据滞后计算储备的现值

【例 23-2】考虑开发一个油田,估计石油储备量为 5 000 万桶,开发费为每桶 12 美元,开发滞后期为 2 年。企业有 20 年开发权,目前每桶利润为 12 美元(每桶价格 - 每桶成本)。油田一旦开发,每年的净产值将为储备价值的 5%,无风险利率为 8%,石油价格的方差为 0.03。

该项目的期权定价模型变量分别为:

$$资产现值 S = 12 \times 50/(1.05)^2 = 544.22(万美元)$$

(如果现在开发油田,两年后才有石油可供销售,滞后的机会成本是在滞后期内损失的产值,所以按红利折现)

行权价 = 开采成本,即 PV = 12 × 50 = 600(万美元)

到期日 = 20 年

标的资产价格的方差 = 0.03

无风险利率 = 8%

红利 = 年净产值/储备价值 = 5%

根据变量,利用布莱克-斯科尔斯模型定价:

$d_1 = 1.035\ 9$　　$N(d_1) = 0.849\ 8$

$d_2 = 0.261\ 3$　　$N(d_2) = 0.603\ 0$

$C = SN(d_1) - Xe^{-rT}N(d_2) = 544.22 \times e^{-0.05 \times 20} \times 0.849\ 8 - 600e^{-0.08 \times 20} \times 0.603\ 0 = 0.97(亿美元)$

23.2.3.3　项目中放弃期权的估值

放弃期权(Abandonment Option)是指转让或结束项目的权利,是项目价值上的美式看跌期权,期权的执行价格是项目的清仓(或转让)价值减去清仓时的所有费用。当清仓价值很低时,执行价格可能为负值。放弃期权可以减轻非常糟糕的投资结果对项目的影响(见图 23-5),从而增加最初项目的价值。

【例 23-3】空客公司正在考虑与利尔公司建立合资公司,生产载客量 40~50 人的短途运输商用飞机。假设空客将投资 5 亿美元,占 50% 股权,空客股权未来现金流的现值为 4.8 亿美元;利尔公司渴望达成这一交易,提出在未来 5 年内如果空客决定退出的话,任何时候都以 4 亿美元购买空客 50% 的股权。目前模拟的股权投资现金流现值的方差为 0.16。这一项目的期限为 30 年。

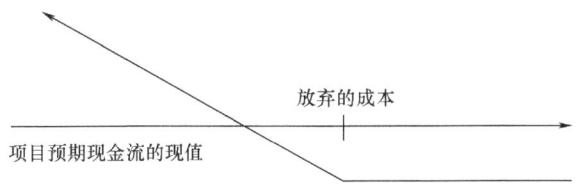

图 23-5　放弃期权收益

对空客公司而言，投资项目中嵌入有放弃的选择权。我们可以利用期权定价模型计算该项目中所嵌入的放弃期权的价值。模型所需的变量估算如下：

标的资产价值 = 项目现金流现值 = 4.8（亿美元）
行权价 = 放弃后的残值 = 4（亿美元）
标的资产价值的方差 = 0.16
期权期限 = 5 年
红利率 = 1/项目期限 = 1/30 = 0.033（假设项目现值将按 1/n 年递减率递减）
假设 5 年期无风险，利率为 6%
根据以上变量，这一看跌期权的价值为：

$$P = Xe^{-rT}N(-d_2) - Se^{-dT}N(-d_1)$$

$400e^{-0.06 \times 5}(1 - 0.4624) - 480e^{-0.033 \times 5}(1 - 0.7882) = 7323（万美元）$

从这个例题中我们可以看出，如果忽略该放弃期权，按照传统的 NPV 方法计算空客公司该项目的 NPV = -2 000 万元，项目是不可行的。但考虑到所嵌入的期限为 5 年的看跌期权的价值，空客成立合资企业的项目价值为 7 323 万美元。

23.3　资本结构决策中的期权

在资本结构决策中，有关期权的定价问题最直接地体现在证券的设计当中，如可转债、认股权证等代表债权或股权的证券。如果这些证券公开发行并且交易，那么期权就必须定价。其他期权的定价应用体现在评估融资的灵活性方面。企业通常不会按最高限额借款，会保留债务融资的容量，因而保持资金筹集的灵活性。企业保存额外的借款容量或持有充足的现金余额是为了满足未来不可预见性的需求。

虽然保持这一财务的灵活性对企业有价值，但同时也会有成本。保留额外的借款容量意味着企业要放弃某些有价值的项目或资产，或者采用其他更高资本成本的融资方式。

财务灵活性价值的分析可以套用期权定价模型的框架。一个企业保持充足的现金余额和充分的债务容量，目的是未来在项目投资上具有更大的选择权，不会因为借不到资金而不得不放弃。

现考虑一个企业预计今后每年将有 X 的再投资需求，再投资资金需求量的标准差为 σ_X。假设该企业在资金筹集上有限制，从内部和外部资金两方面来说，它可以从内部筹集的资金量为 L，并且它可以进入资本市场筹集外部资金。这时如果其内部资金不足，那么公司在筹集外部债务资金上的能力就显得十分重要。

如果 $X > L$：可以使用额外的债务融资容量满足项目所需资金；如果 $X < L$：不必使用额外债务融资（但会产生相关的成本）。

如果公司实行投资，机会将会怎样？

如果投资产生超额收益，那么公司价值将得到提升。假设每年的超额收益是持续的并且是永续的，那么超额收益产生的项目现值用公式可以表达为：

$$投资价值 = \frac{ROC - 资本成本}{资本成本}$$

如图 23-6 所示，之所以能够获取这一投资价值是因为企业有能力筹集资金，所保留的融资灵活性能够使企业选择取得这一收益。如果 $X > L$，即为新投资价值；如果 $X < L$，即为 0。

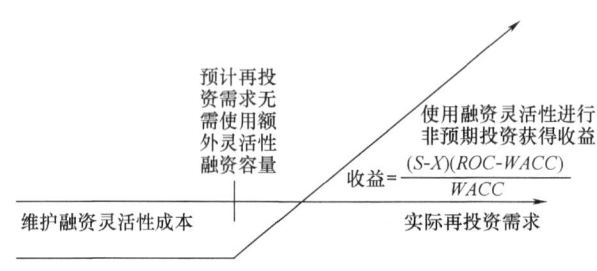

图 23-6 外部融资能力

本章小结

传统的资本预算方法告诉我们：当 NPV 大于 0 时，执行项目可以使企业整体价值得到提高；当 NPV 小于 0 时，执行项目会使企业价值下降，因此应该放弃投资。但通过前面的学习我们知道，由于决策环境存在不确定性，企业在项目投资中往往嵌入有期权的特性，即管理者根据环境的变化可以选择改变决策，我们将这一特性称为实物期权。

要判断项目中是否嵌入有实物期权，就要看项目是否有定义清晰的标的资产，并且其价值随产品价格或利率等因素的变化而变化。实物期权在项目有竞争性限制的情况下将有经济价值，并且随着竞争性限制条件的放宽或随着限制性期限的缩短，实物期权的价值将会下降。实物期权可以套用金融期权的定价模型进行计量，从实务工作者的角度来看，二项式模型比布莱克-斯科尔斯模型更为合理，在项目期限较长或某些特定情况下布莱克-斯科尔斯模型也可以使用。然而，无论使用哪一个模型，计算结果都只是一个参考，最终的交易价格和模型的计量结果会相差很大。

运用布莱克-斯科尔斯模型需要五个变量。如果能够合理地估算出五个变量的值，其模型结果就更有参考性。从这个角度来说，自然资源开采类的项目可以比较好地运用布莱克-斯科尔斯模型。

在一个企业中，除了资本预算中有期权之外，其他决策中也包含期权，如保留融资中债务融资的灵活性。这一灵活性也是有价值的，虽然保留债务融资的这一灵活性需要成本。

思考与练习题

1. X石油公司正在考虑开发一个项目。土地为10 000美元，初始开采成本为500 000美元。在未来20年，每年开采量为10 000桶。预计油价为每桶20美元，成本为每桶16美元，公司考虑实际盈利为每桶4美元，对应的实际折现率为10%。这个项目值得做吗（初始投资土地值得购买吗）？

现X公司的顾问指出，明年的石油价格有不确定性。一方面，国际石油组织正在考虑一项长期协议，即在未来多年将石油价格升至每桶35美元；另一方面，某科技公司刚刚宣布，一种使用水做燃料的汽车目前正在测试阶段，这位顾问估计，如果这项试验成功，石油价格在未来很长时间内都将是每桶5美元。这两个事件的全面信息将在正好一年的时间宣布。

（1）该项目含有期权吗？请做出详细分析（标的资产、期权、期权费用、执行价格、期限等）。

（2）测试是否可以使用布莱克-斯科尔斯模型计量期权的价值？

（3）试用双状态二项式方法计量期权价值。

2. A公司是一家钢铁生产企业，最近公司准备投资建一个汽车制造厂，共建立两条生产线，分两期进行。第一条生产线于2017年1月1日开始投资，固定资产投资合计为10 000万元，使用寿命为5年，5年后的变现收入为1 000万元（与税法规定相同），计划2018年1月1日投产，需垫支200万元的营运资本，每年的销售收入为1 000万元，营业成本为销售收入的80%，所得税税率为25%。

第二期项目计划于2020年1月1日开始投资，固定资产投资合计为6 000万元，立即就可以达到生产状态，使用寿命也是5年，5年后的变现收入为300万元（与税法规定相同），项目的第一年初垫支100万元的营运资本，预计每年的销售收入为1 600万元，营业成本为销售收入的80%。

假设B公司为可比企业，所得税税率为30%，产权比率为0.5，权益的贝塔值为1.5，A公司目标资本结构为负债比例的60%。当前的无风险利率为5%，平均股票必要收益率为8%。A公司税后债务资本成本为1.95%，资产负债率为60%。

（1）计算项目投资的必要收益率。

（2）计算第一期项目和第二期项目不考虑期权的净现值。

（3）如果项目现金流量的标准差为20%，采用布莱克-斯科尔斯期权定价模型计算考虑期权的第一期项目的净现值，并评价投资第一期项目是否有利。

3. 甲公司拟投产一个新产品，预计投资需要 1 100 万元，每年现金流量为 120 万元（税后，可持续），项目的资本成本为 10%（其中，无风险利率为 6%）。

(1) 计算立即进行该项目的净现值。

(2) 如果每年的现金流量 120 万元是平均的预期，并不确定；如果新产品受顾客欢迎，预计现金流量为 150 万元；如果不受欢迎，预计现金流量为 96 万元。利用风险中性原理，计算上行项目价值和下行项目价值、现金流量上行时期权价值和现金流量下行时期权价值、上行报酬率和下行报酬率、上行概率。

(3) 计算期权到期日价值和期权现值，并判断是否应该立即投产该项目。

24 衍生品与风险规避

学习要点
1. 企业进行风险规避的目的
2. 进行风险规避的不同工具的性质
3. 企业利用衍生工具可以进行哪些风险的规避
4. 如何利用衍生工具进行风险的规避
5. 相同风险使用不同工具进行风险规避的区别

任何企业都是在不确定的环境中经营运作的。企业在努力创造收益和价值的过程中,许多经营要素不可预期地发生着变化,如原材料成本上升、利率变动及技术变革等,因而每个经营期间的收益也有不确定性,这就是企业面临的风险。

虽然环境的不确定性不可避免且不可控,但对于风险,企业可以采取一些措施和使用一些工具进行管理,以期减少收益的波动,降低风险,如上一章中论及的投资项目中嵌入灵活性的期权。除此之外,企业还可以利用一些金融工具规避经营风险。这一章将论述企业如何利用期权、期货、远期和互换等金融工具规避风险。这些本质上是对商品或金融资产价格风险进行管理的工具统称为金融衍生工具,或简称衍生品。

24.1 企业进行风险规避的目的

规避风险不是免费的,对于绝大多数企业来说是为了降低风险而不是为了盈利。既然风险的规避不是为了盈利,那么企业为什么还要做这项工作?一般而言,原因有如下两个。

24.1.1 减少财务计划中发生资金短缺的可能性

财务计划是按照一定的假设条件编制而成的,但未来不可预见情况的发生会使计划落空,可能发生资金短缺,使债务的偿还受到影响,如果发展到极端的话还可能使企业倒闭。签订一些金融衍生合约可以减少未来不确定性对资金的影响。

24.1.2 有利于查找经营管理的问题

假设某企业的进出口业务部门,当本国货币增值时,营业利润下降了50%,究竟其中有多少是由于汇率上升造成的,有多少是因为管理的问题造成的?如果公司对汇率的变化已经做了防范性的工作,那么利润的下降就纯属管理的问题;如果公司没有规避未来汇率的不确定性,那么利润下降的原因就需要判断,有可能这样的判断是不客观的。所以,规避来自外部环境不确定因素对收益的影响,可以使经营管理者将注意力放在企业各个环节的管理上。

24.2 利用期权降低风险

关于看涨期权和看跌期权的问题,我们在之前的章节中已做了介绍。

企业管理人员通常购买汇率、利率及商品的期权合约,以控制它们的下行风险。很多这样的期权在期权交易所交易,但也有相当一部分是企业与银行之间签订的合约。

下面通过例题讲述企业如何利用期权合约降低风险。

【例 24-1】ABC 石化公司担心重质石油的价格会上涨,因为这是公司生产的主要原材料。为了避免由价格上涨造成的损失,公司购买了期限为 6 个月的期权,标的物为 1 000 桶原油,行权价为 60 美元,期权价格为每桶 0.5 美元。

如果合约到期时原油价格高于 60 美元,公司则行权并收到市场价格与行权价的差价;如果合约到期时原油价格低于 60 美元,公司则放弃行权。ABC 石化公司的收益情况如表 24-1 所示。

表 24-1 ABC 石化公司持有看涨期权的收益情况

	每桶原油价格(美元)		
	55	60	65
1 000 桶原油成本	55 000	60 000	65 000
-看涨期权收益	0	0	5 000
+期权费用	500	500	500
净支出	55 500	60 500	60 500

从表 24-1 中可以看到,通过购买期权合约,在未来原油价格上涨时,ABC 公司能够以不高于 60 美元的价格购买原材料,但同时也会受到原油价格下跌带来的成本下降。所以,期权创造了买方与卖方收益的不对等,当标的物价格从高于行权价时期起持有方的收益随着价格的升高可以很高,而价格低于行权价时放弃合约而以较低的市场价购买标的物,损失的只是有限的期权费用而已。然而,期权合约的卖方则与买方正好相反,收益有限,只是收取期权费用,但损失却可能很大。这种收益上的不对称是因为期权实际上是权利的买卖,期权持有者支付了费用因而拥有了权利,期权卖方因为收取了费用因而必须履行义务。

在这个例题中,人们可能会考虑原油供应商的风险。它的风险也同样需要规避。该供应商如何利用期权规避其风险?

假设 XYZ 公司为原油供应商,他们想锁定最低的原油价格(这样可以规避因价格持续下跌而造成的损失),但同时也不放弃价格上涨的利益。要达到这个目的,公司可以购买看跌期权,行权价为每桶 60 美元。如果届时原油价格下跌且低于 60 美元,则行权;如果届时因原油价格高于 60 美元而放弃合约,只是损失期权费用而已。XYZ 公司的收益情况如表 24 - 2 所示。

表 24 - 2　XYZ 公司持有看跌期权的收益情况

	每桶原油价格(美元)		
	55	60	65
1 000 桶原油销售收入	55 000	60 000	65 000
+ 看跌期权收益	5 000	0	0
- 期权费用	600	600	600
净收入	59 400	59 400	64 400

从表 24 - 2 中可以看出,如果每桶原油价格低于 60 美元,看跌期权的收益正好抵消销售收入的损失,从而保证价格被锁定为 60 美元这一最低销售价格。

24.3　期货合约

小麦种植者担心未来收获时小麦价格下跌,那么就可以签订期货合约卖出小麦。合约规定,当小麦收获时以双方当天约定的价格卖出约定数量的小麦。这里需要注意的是,这一期货合约不同于上述期权合约,期权合约持有者拥有选择是否执行合约的权利,而这里的期货合约规定小麦种植者必须履行卖出小麦的义务。与其签订合约的对方是面粉加工者,合约规定届时面粉加工者必须按双方当天约定的价格购买约定数量的小麦。

签订期货合约,小麦种植者和面粉加工者较之以前的风险都降低了。

对于期货合约的买方和卖方,他们都可以在合约到期时进行标的物的实物交割,但实践中这种做法很少,更便捷的方法是小麦种植者在合约即将到期前买回合约中规定数量的小麦(有些情况下,期货合约不可以交割实物,到期时买方收到或支付现货价格与合约价的差价)。

例如,小麦种植者在 9 月份的期货合约中以 6.8 美元的价格售出 5 000 单位的小麦,9 月份期货合约到期时,小麦的价格仅为 6.0 美元,在合约到期前夕,他以 6.0 美元的价格买回相同数量的期货,同时收到每单位 0.8 美元的利润。他的收支情况如表 24 - 3 所示。

表 24 - 3　小麦期货合约收支情况

合约项目	合约价格(美元)
(1) 期货合约的卖出与再买入利润	0.8
(2) 9 月份合约到期前夕按现货价格销售小麦所得款项	6.0
(3) 总收入 [(1) + (2)]	6.8

从表 24-3 中可以看到，期货合约使种植者将小麦价格锁定为每单位 6.8 美元，规避了小麦收获时价格的不确定性。

实际上，除了面临由于原材料价格的波动所带来的利润的更大波动外，很多企业也面临由于利率和汇率的变动对其盈利的影响。所以，除了商品期货外，也有金融期货用来规避这些企业的利率、汇率以及股票价格的风险。美国自 1972 年正式使用金融期货以来获得了巨大成功，金融期货的交易量迅速超过了商品期货的交易量。中国证监会于 2010 年 2 月 20 日正式批复中国金融期货交易所沪深 300 股指期货合约和业务规则，至此股指期货市场的主要制度已全部发布。自 2010 年 2 月 22 日 9 时起，中国金融期货交易所正式接受投资者开户申请。沪深 300 股指期货合约自 2010 年 4 月 16 日起正式上市交易。

期货既可以用来规避风险，又可以用于投机的目的。前面所讲述的小麦种植者和面粉加工者为了避免经营过程中由于粮食价格的波动而产生的盈利的波动，利用期货合约锁定粮食的交易价格因而规避风险。而当一个人既不是小麦种植者又不是面粉加工者，本无须规避小麦价格的风险，但他却持有期货合约买或卖小麦，这时他就是风险的追逐者，目的是投机以期获得可观的利润。

期货的投机者对于期货市场来说是必不可少的参与者，可以繁荣期货市场。比如，如果有非常多的小麦种植者利用期货销售小麦，那么小麦的期货价格将会下跌，当价格下跌到足够低的时候，投机者就会购买期货希望获利；同样，如果市场上有大量的面粉加工者利用期货购买小麦，小麦的期货价格就会上涨，当价格上涨到足够高的时候，投机者就会卖出期货以期获利。

虽然期货投机者有可能获得超常的利润，但一旦发生损失，那也将是惨重的。

24.4 远期合约

在期货交易市场上，每天的期货交易量都很可观。期货具有较强的流动性是因为期货合约是标准化的，而且到期日每年都在相对固定的日期。但是如果期货合约的条款不适合交易的需求，可以通过远期合约来规避风险。

远期合约只是量身定做的期货合约，其与期货的一个区别是：由于远期合约没有盯市价格，所以远期合约只能在到期时结算盈利或损失。

最为活跃的远期合约是外汇远期。

24.5 互换

假设 XYZ 公司希望借入欧元帮助其在欧洲经营所需融资，另假设 XYZ 公司在美国是较著名的企业，所以公司财务经理认为他们应该可以从银行按比借入欧元更优惠的利率获得美元贷款，因而公司在美国从银行贷款 1 000 万美元，利率为 5%，期限为 5 年。同时，XYZ 公司与银行签订了用欧元偿还美元债务的协议。在该协议下，银行同意贷款给 XYZ 公司足够的美元用于其经营所需，而 XYZ 公司则每年以欧元偿还其美元贷款。这一协议就是货币互换。

XYZ 公司这一互换的现金流列示于表 24-4 中。第 1 行表示公司在美国获得美元贷款，按 5% 的利率计算每年应支付 50 万美元利息，第 5 年偿还 1 000 万美元本金；第 2 行和第 3 行表示互换协议的现金流，假设即期汇率为 1 美元兑换 0.75 欧元，XYZ 交给银行其借来的 1 000 万美元，并交换到 750 万欧元；在接下来的 4 年中，银行每年支付给 XYZ 公司 50 万美元用来偿还利息，作为交换，XYZ 每年支付给银行 45 万欧元；第 5 年，银行支付给公司 1 050 万美元用来偿还 1 000 万美元本金和 50 万美元利息，而作为交换，公司支付给银行 795 万欧元。

表 24-4 美元与欧元的现金流互换

（单位：万元）

	第 0 年		第 1~4 年		第 5 年	
	美元	欧元	美元	欧元	美元	欧元
1. 获得美元贷款	+1 000		-50		-1 050	
2. 安排货币互换						
a. 公司收到美元	-1 000		+50		+1 050	
b. 公司支付欧元		+750		-45		-795
3. 净现金流	0	+750	0	-45	0	-795

综合公司两个步骤的交易，使得公司将 5% 的美元贷款转换为 6% 的欧元贷款。

互换不仅可以用于未来货币的交换，很多公司也利用互换来交换固定利率与浮动利率的现金流，将固定利率的贷款改变为浮动利率的贷款，互换甚至可以用于商品的交换。在商品交换中，不需要交割商品，只是结算商品价值的差额。

本章小结

商品价格的波动、利率的变动或汇率的变动会使企业的财务计划变得更为困难，从而有可能将企业置于经营难以持续的境地。为此，财务经理要寻找管理这些风险的机会，而一些特定的工具由此开发出来，以有助于这些问题的解决。这些工具统称为金融衍生工具。

期权经常被企业用来规避其下行风险。比如，若担心产品的销售价格会下跌，就可以购买看跌期权，为按不低于某一价格进行销售规避风险。

期货合约是以今天制定的价格在未来购买或销售资产的协议。价格在今天确定，而在交割日进行资金的结算。期货是标准化的合约在有组织的交易所交易。期货合约像期权合约一样，既可以用于商品价格风险的规避，也可以用于金融产品价格风险的规避。

远期合约是量身定制的期货合约。比如，企业可以经常与某一银行签订买卖远期合约来锁定未来贷款的利率。

互换允许企业与其他企业或机构交换一系列未来现金流。比如，企业可以以某一货币进行一系列的支付而按另外一种货币接收一系列现金流。

思考与练习题

1. 某投资者目前持有 100 万元长期国债，他开始担心越来越大的利率波动。为此，他决定利用国债的期货合约来规避其风险。他应该这样做吗？

2. 某公司的资金部经理准备发行 3 个月期限的债券，同样担心未来利率的波动。他想锁定价格使其债券按 8% 的息票率销售。他如何使用国债期货规避其风险暴露？

3. CBOT 中交易的玉米期货合约规模为 5 000 蒲式耳，与远期市场上通过协商确定的合约规模相比，这一标准化的期货合约规模各有哪些优缺点？

4. 如果投机者（Speculator）的行为被禁止，将会对期货市场的套期保值交易产生怎样的影响？

5. 一位跨国公司的高级主管认为："我们完全没有必要使用外汇远期，因为我们预期未来汇率上升和下降的机会几乎是均等的，使用外汇远期并不能为我们带来任何收益。"请对此说法做出评论。

6. 假设现在是 6 月 15 日，某厂商预计在 9 月末将需要 25 000 蒲式耳玉米作为生产原料。当前市场上 9 月份玉米期货合约的价格为每蒲式耳 2.11 美元（合约规模为 5 000 蒲式耳）。为避免玉米价格上涨的风险，锁定生产成本，该厂商应如何利用期货市场进行套期保值？

7. 对期权和期货进行比较论述。

第十篇

公司战略

25 公司兼并与收购

学习要点
1. 公司重组的几种常见方式
2. 公司并购的动机
3. 目标公司的估值方法
4. 反接管条款的方式
5. 公司分立的几种方法

25.1 公司重组的方式

公司重组包括许多方式，只要是公司资本结构、生产作业和所有权等方面有任何脱离常规经营的变化都可以进行重组。重组方式包括兼并、战略收购（清算、部门出售、股权分割和持股分立的公司成立）、股权收购、战略联合与公司分立、所有权重组（将公众持股公司转为私有公司）。公司兼并与收购的中心目的都是增加公司价值。

25.1.1 兼并

《大不列颠百科全书》中对 Merger（兼并）一词的解释是："指两家或更多的独立的企业、公司合并组成一家企业，通常由一家占优势的公司吸收一家或更多的公司。兼并的方法：①用现金或证券购买其他公司的资产；②购买其他公司的股份或股票；③对其他公司股东发行新股票以换取其所持有的股权，从而取得其他公司的资产和负债。"

兼并有狭义和广义之分。狭义的兼并是指一个企业通过产权交易获得其他企业的产权，使这些企业的法人资格丧失，并获得企业经营管理控制权的经济行为，这相当于吸收合并。广义的兼并是指一个企业通过产权交易获得其他企业的产权，并企图获得其控制权，但是这些企业的法人资格并不一定丧失。广义的兼并包括狭义的兼并和收购。收购（Acquisition）是指一家企业用现金、股票或者债券等支付方式购买另一家企业的股票或者资产，以获得该企业的控制权的行为。

25.1.2 战略收购

战略收购是指一个公司收购另外一个公司，并把被收购公司作为其总战略的一部分。获得成本优势是战略收购的理想结果。例如，一家钢铁公司由于产量不足而希望收购另外一家产量过剩的钢铁公司；或者，目标公司可通过产品扩张或主导市场而提高公司收入。战略收购的关键是要有合并两个公司的战略性动机。

相对而言，如果收购方的动机是出售一部分资产，降低经营成本，并且更有效地经营剩余资产，那么这种收购很有希望创造比购买价格更高的价值。但是这种收购不属于战略收购，因为被收购的公司是作为一个独立的实体来经营的，这种收购就是财务收购。不可避免的是，财务收购涉及现金付款，通常付给被收购公司的款项是通过债务融资的，因此这种收购又被称为杠杆收购（LBO）。

25.1.3 股权收购

收购有两种形式：资产收购和股权收购（Tender Offer）。资产收购是指一家企业通过收购另一家企业的资产以达到控制该企业行为的目的。股权收购是指一家企业通过收购另一家企业的股权以达到控制该企业行为的目的。股权收购通常是基于控制公司的目的而以特定价格向股东收购股票。这种收购通常是由另外的公司做出的，并且收购的股票价格高于当前市场价格。

25.1.4 战略联合与公司分立

战略联合（Strategic Alliance），是指为了达到一定的商业目的，两个或多个独立的公司之间的一种合作协议。有时个别公司由于缺乏资源，仅仅通过直接投资或收购难以实现其战略目标，两个公司间的合作协议或战略联合为此提供了第二条途径。战略联合与兼并不同的是，其参与成员仍然是相互独立的，而且合作形式是多样的，合作伙伴也各异。供应商与其顾客之间可产生战略联合（合作协议使 JIT 存货管理系统能够正常运转）；同一行业的竞争者（如两个共享同一个组装工厂的汽车公司）或者业务互补的非竞争者（如提供健康者、医院与心理学家之间降低成本的合作）之间都可形成战略联合。

公司分立（Divestiture）产生于战略联合，即两个或多个相互独立的公司同意合作，但是，有时公司要创造价值必须从成长性或合作等不同方面考虑公司重组。一个公司可能决定分离企业的一部分或全部清算。

25.1.5 所有权重组

有些公司重组是用于改变所有权结构的，并通常与大比例的债务改变如私有化与杠杆收购有关。

25.1.5.1 私有化（Going Private）

私有化（取消上市）是通过由现行管理层或外部私人投资者重新购买公司股票，从而使公众上市公司私有化的过程。很多有名的公司是从公众持股转向私有化的。私有化仅意味着将公众持有的公司股票转化为私人持有。私有化股票由少数投资者所持有，公司现任管理者通常持有大比例的股票。在这种所有权变化中，可采用多种方法来购买公众股票，最普通的方法是以现金购买股票，并将公司转为仅由管理层的私人投资者所有的壳公司。还有其他私有化的方法，但结果都一样，即作为公众持股的公司不再存在,其原有股东得到可观的收益。尽管大多数私有化是以现金支付的,但有时也采用非现金支付,如票据。

已有人就私有化对股票持有者财富的影响进行了研究。实证表明,在私有化公布前后,股东得到可观收益(12%~20%)。若以现金支付,其收益与接管中的溢价差不多,尽管股东明显获益,但还是不清楚他们是否得到公平待遇。

25.1.5.2 杠杆收购

私有化是一种直接的交易,投资者仅需向公众股东购买股票即可。它还可以采取杠杆收购(LBO)的方法,此时要涉及三方甚至是四方投资者。顾名思义,杠杆收购中所有权转移主要是通过债务来实现的;在一些通过资产抵押贷款机构而进行的融资中,债务是以公司有关资产作抵押的,结果是大多数杠杆收购涉及的是资本集中的企业。尽管一些杠杆收购是针对整个公司的,但是大多数情况下是针对公司的一个分部或其他次级单位的,而通常情况是公司认为该分公司不再适于其战略目标,并将它向其管理层出售。这种杠杆收购被称为管理层收购(MBO)。杠杆收购的另一特征是用现金而不是股票支付的,这使该分公司不可避免地成为一个私人持股的公司。

理想的杠杆收购候选公司有一些共同特点:面临一时困难、今后几年内会有扩大规模的机会、其主要费用是可递延的。相反,一些需要高投入的公司(如烟草公司)不是理想的收购公司。杠杆收购后的头几年,其现金流收入必须用于偿还债务,资本支出、研究开发、广告及个人研究费用必须稍后考虑。一般情况下,由工作人员构成其主要价值的服务性公司不是一个理想的收购候选公司,因为一旦人员离开,公司所剩价值就不多了。

稳定的可预期的营业收入在考虑杠杆收购中应得到充分重视。在这方面,生产消费品的公司占据主导地位,有优良业绩及广泛市场的公司也排序在前。除此之外,还必须考虑到存货周转的问题。公司的产品或其经营受到的周期性需求影响越小,公司就越值得作为收购对象。公司的资产必须为有形资产或商标。管理层也是一个重要因素,因为有经验又有名望的高级管理者是成功公司不可缺少的。这里对杠杆收购公司的介绍较为简略,但是根据上述观点可以看出一个公司是不是理想的收购对象。

25.2 公司并购的动机

近年来,全球兴起并购浪潮,并购不再局限于横向并购或者纵向并购,而是发生在多个领域。一个公司进行并购的原因有很多,但最终的目的都是增加公司的市场价值,实现股东财富最大化。公司并购出于多种动机,主要有如下各种。

25.2.1 协同效应

协同效应(Synergy)是指兼并公司实现的规模经济作用,即兼并后公司整体的经营业绩超过了原来各个独立公司的业绩之和。如果A公司和B公司合并组成C公司,C公司的价值高于A和B公司价值之和,那么就可以说存在并购的协同效应。这样的并购对 A 公司和 B 公司都是有益的。协同效应可以从四个方面产生：①经营规模效应，可能来源于管理、市场、生产及分配方面的规模经济；②财务规模效应，包括交易成本的下降；③效率不同；④提高市场占有率。

通常，两公司合并能产生作业经济并减少重复的设备，市场营销、会计、原料购买以及其他作业都可以合并起来。为避免在特定地域内的人员冗余，可以减少销售人力。在铁路行业兼并中，中心目标是通过消除重置设备达到作业经济。在工业公司兼并业务中，一个公司的产品可能是另一个公司产品线的必需品，从而可充实此生产线，增加兼并公司的产品需求量。规模经济的方式就是所谓的协同效应，重组后一个公司的价值大于原来两个或数个公司的价值之和，也就是通常说的 1 + 1 大于 2。

在部门出售或股权分割等公司分立的情况下，可能出现反协同效应，相当于 4 − 2 = 3。也就是说，公司分立后，一些资产由于能够产生现金流，得到正的净现值从而使这些资产更有价值。结果是，有人愿意以比目前净现值更高的价格购买分立后的资产。某些情况下，该资产可能长期亏损，因为当前的所有者可能不愿意投入必要的资源以使其盈利。

许多公司兼并的一个主要动因是扩大产品销量。通过提高市场份额，公司的产品销量能持续增加，并且在市场上占据主导地位。除此以外，还能产生其他市场营销或战略上的收益，其原因可能是兼并可促进产品技术更新，或者弥补生产线缺陷，从而使整个公司的销量得到提高。然而，从价值方面来考虑，这种兼并以及由此带来的销量的增加都必须考虑成本效应。

25.2.2 规模经济

规模经济（Economics of Scale）是指由于规模扩大而带来的单位成本随着产量上升而下降的益处。两个公司合并后，随着平均成本下降也就产生了规模经济。我们通常只考虑到产品生产的规模经济，而忽略了在市场营销、原料购买、产品销售、会计甚至财务上的规模经济。这是由于在已定的设备、已定的人员数、已定的产品销售系统等条件下业务量得以扩大。换句话说，业务量的扩大使资源的利用效率更高。与其他获益一样，规模经济是有限的。超过一个特定产量之后，产量扩大的益处少于为公司带来的负效用，从而使公司的经营效率更低，经济学上的"包络线"（即 U 形的平均成本线）反映了在到达最优产量之前存在规模经济，之后产生规模不经济的现象。

水平兼并，即合并同一行业的两个公司可最好地实现规模经济。这主要得益于避免了重复设备，拓宽了产品生产面，从而总需求上升。垂直兼并，即向前到最终消费者，向后到原料来源地的兼并，同样可产生规模经济，这种形式的兼并使公司能更好地控制产品销售和原料的购买。混合兼并，即兼并两个经营无关的公司，也可能带来一定程度的规模经济。

25.2.3 提高管理水平

有些公司管理失效，公司盈利低于其所能获得的正常水平。如果公司重组能提高管理水平,那么仅这一条就有理由实行公司重组。尽管公司重组可改善管理状况,但在实践中,保证公司重组成功也必须满足一些后续条件。低回报的公司,即那些收入很少的公司作为被兼并对象,往往会提出一些要求,然而,该公司在盈利水平上必须有显著提升,有些产品和公司提高收入的可能性很小,其原因不是管理不好,而是由其他方面的原因造成的。

25.2.4 信息效应

如果公司重组的新消息传开,那么公司就会增值,这种现象表明,管理者(收购方)与股票市场拥有的信息是不对称的。如果股票价值被认为是低估了的,那么一旦公司重组的信息传开,该公司的股价就会立即上升。这是因为公司合并或重组事件传递的信息是其他渠道无法替代的。

一方面,在公司分立事件中,其消息的公布可能被认为是公司投资战略或经营效率改变的信号,因而对其股价提升可能有积极作用;另一方面,如果公司重组消息的公布被认为是公司市场销售的分公司对付逆境的信号,那么对公司股价就会产生负面影响,公司价值到底是被低估了还是被高估了往往难以判断。不可避免的是,在某些情形下,即使公司管理层认为其公司价值是被低估了,这类信息也不能在股票市场正确反映出来。然而,总有办法有效地传递公司的价值信息,而不是仅仅依靠公司重组。

25.2.5 财富的转移

股东财富改变的另一条途径是公司财富的转移,即财富从股东手中转到公司债权人手中,或者相反。例如,如果由于兼并而降低了公司现金流的波动程度,那么,债权人就由于其债权信用等级更高而获益,结果是在其他条件不变的情况下,其债权的市场价值就会上升;如果公司总价值没有其他途径得以改变,那么债权人的收益就是以股东的损失作为代价的。相反,如果公司把一部分收益分离出来,分给股东,那么财富就由债权人转移到了股东手中。这种财富转移的结果是减少了公司获利资产,降低了债务偿还的可能性,从而使得债务价值下降。假定公司总价值不变,由于违约风险的上升使债务价值下降,那么公司股票价值就会上升,这实质上是公司股东"偷"走了公司的一部分财富,因而也降低了公司对债权人的担保价值。

总之,任何类似降低现金流风险的兼并都会使公司财富从股东转移到债权人。然而,类似公司分立的重组业务,增强了相对风险和财务杠杆的作用,从而使公司财富从债权人转移到了股东。

25.2.6 税收

一些公司兼并的动机是减少应纳税额。在亏损弥补期内,拥有累计亏损的公司想要使其未来赚得的收益完全利用其亏损弥补税收优惠的希望很小。通过与一个盈利多的公司合并,该公司就可有效地利用亏损弥补手段。然而,亏损弥补是有限制的,冲销额不能超过被兼并公司市值的一定比例，但是兼并仍有各公司单独不能获得的经济收益，只不过是以政府的损失作为代价。

获得税负利得的可能成为某些并购发生的强大动力，由并购产生的税负利得有三方面：①使用由经营净损失形成的纳税亏损；②使用尚未动用的举债能力；③使用多余的资金。

25.2.7 杠杆收益

利用财务杠杆可增加公司市值。许多公司经过重组后，财务杠杆程度加大，从而使股东拥有的价值增加，财务杠杆产生的价值是公司税收影响、个人税收影响、破产和代理成本以及激励效果综合作用的结果。公司可能仅由于重组而使财务杠杆程度发生变化，从而改变了公司价值。

25.2.8 管理者的代理成本

给予被兼并公司过高的支付额不是重组公司自负的表现，也不是最大化股东财富的结果，而是管理者追求个人目标的结果。有些管理者"追求成长性"，例如，一个小公司成长为一个大公司将为管理者赢得很好的声誉；同时，管理者的目标也可能是风险分散化，因为把公司业务分到不相关行业将分散公司风险，从而使管理者的地位更加稳定。

售卖公司中也有代理成本。对一个私人公司而言，拥有公司的个人希望被有其公司大量股票的另外一家公司兼并。出于财产税的目的，公司所有者所持有的股票须有市场需求并且以市价可买卖股票。私人公司所有者的财产大部分与公司连在一起，与一家公有公司合并后，私人公司的资产变现能力得到显著提高，因而可以出售部分股票，实现多样化的投资。

25.3 公司兼并的技术

25.3.1 对每股收益的影响

公司并购必将对企业的每股收益、每股市价产生影响，由于企业并购投资决策以投资对股票价格的影响为依据，而股票价格的影响又取决于投资对企业每股收益的影响。所以，企业在评估并购方案的可行性时，应将其对并购后存续企业每股盈余的影响纳入考察范围。

【例25-1】收购方在评估一个可能的收购方案时，必须考虑合并对现有公司每股收益的影响。A公司正在考虑购买股票收购B公司，收购时A公司与B公司有关财务数据如表25-1所示。

表 25-1 A 公司与 B 公司的有关财务数据

项目	A 公司	B 公司
现有收益（美元）	20 000 000	5 000 000
已发行股票	5 000 000	2 000 000
每股收益（美元）	4.00	2.50
每股价格（美元）	64.00	30.00
市盈率（%）	16	12

B 公司同意 A 公司以每股 35 美元的价格收购股票。那么交换比率为 35/64 美元，大约为 0.547 股 A 公司股票交换 1 股 B 公司股票，A 公司需要再发行股票总额为 109.375 万股。假定股票收购后，两家公司的收益不变，那么收购后的 A 公司每股收益如表 25-2 所示。

表 25-2 收购后的 A 公司每股收益（1）

项目	收购后的 A 公司股票收益	项目	收购后的 A 公司股票收益
总收益（美元）	25 000 000	每股收益（美元）	4.10
已发行股票	6 093 750		

公司合并后，A 公司的每股收益有了适度提高，然而，B 公司股东遇到的却是每股收益的减少。原来持有 1 股 B 公司股票，现持有 0.547 股 A 公司股票。对于 B 公司股票来说，收购后的每股收益为 2.24 美元（4.10×0.547），而收购前为 2.50 美元。

假定 B 公司同意的股价为 45 美元，而不是 35 美元，那么交换比率为 45/64 美元，即 0.703。也就是说，用 0.703 股 A 公司股票可换 1 股 B 公司股票。A 公司需要发行的股票总数为 140.625 万股。收购后的 A 公司每股收益如表 25-3 所示。

表 25-3 收购后的 A 公司每股收益（2）

项目	收购后的 A 公司股票收益	项目	收购后的 A 公司股票收益
总收益（美元）	25 000 000	每股收益（美元）	3.90
已发行股票	6 406 250		

此时，考虑到收购了 B 公司，A 公司的每股收益被稀释了。任何时候，支票支付给被收购方的市盈率都高于收购方股票的市盈率，那么收购方的每股收益就要被稀释。本例题中，第一种情况下 A 公司的收购市盈率为 35/2.5 美元，即 14；第二种情况下 A 公司的收购市盈率为 45/2.5 美元，即 18。因为 A 公司的当前实际市盈率是 16，所以

第一种情况下 A 公司的每股收益会增加,而第二种情况下每股收益会降低。

因此,收购后公司的每股收益可能增加也可能减少。增量或减量是收购前市盈率之比以及收购前两公司总收益大小的函数。收购前收购方与被收购方的市盈率之比越大,收购前被收购方相对于收购方的收益越大,收购后收购方每股收益增加得越多。

25.3.2 对未来收益的影响

如果仅仅根据对期初每股收益的影响做出是否收购其他公司的决策,那么期初每股收益的稀释会使任何公司都不敢收购其他公司。然而,这种分析并没有考虑由于收购而使未来收益增加的可能性。这种成长性可能来源于被收购方作为一个独立的经济实体或由于收购带来的协同效应而增加了预期未来收益。

给出收购与不收购两种情况下未来可能收益曲线是很有用的。图 25-1 列出了在假定的收购情况下收购方的两条收益曲线,表明了每股收益稀释会持续多长时间,每股收益何时开始增加。从收购方的角度来看,每股收益稀释持续的时间越长,该收购就越不理想,有些公司还设定了可接受的每股收益稀释持续年数的上限。

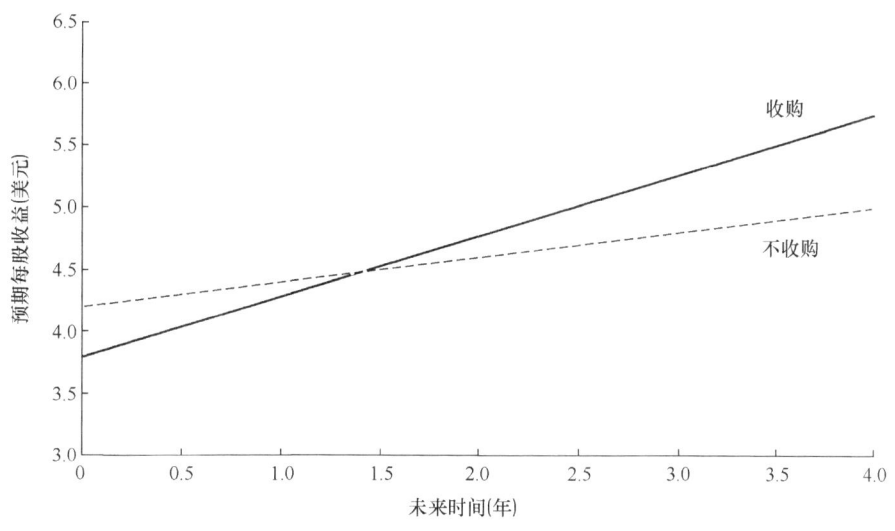

图 25-1 收购方在收购与不收购情形下的预期每股收益

25.3.3 收购的资本预算

从收购方的角度来看,收购可能被视为一种资本预算。从原理上说,评估预期的收购方法与为项目做资本预算相同。收购中有原始支出和未来预期收益,不论是用现金还是用股票支付,为了增加股东的长期财富,公司都应该尽量乐观地分配资本。但是,与传统的资本预算不同,收购的原始支出有很多不确定因素。确实,收购中的原始支出主要由讨价还价决定,并且可以假定收购方倾向于从长期考虑而不改变现有的资本结构。评估预期收购时不考虑融资方式的影响是正确的。

25.3.3.1 自由现金流及其价值

在评估预期收购中，收购方应该估计纳税后收购中会获得现金流增加额。人们感兴趣的是自由现金流，这是经过从预期收益中减去预期经营成本和为了提高现金流而支出的费用之后剩余的现金流。换个角度说，自由现金流就是为所有经内部收益率折现后有净现值的项目支付后剩余的现金流。

人们感兴趣的还有收购的收益影响，因此，估计自由现金流应考虑协同效应。并且，这种现金流估计应在任何一项财务支出之前，其目的就是要把预期收购的财务结构与其作为一种投资的总价值区分开来。人们关心经营被收购方所得的税后收入，而不是财务结构变化后的净收入。有了这样的考虑，假定接管后的预期自由现金流如表25-4所示。

表25-4 预期的自由现金流

（单位：美元）

项 目	年度均值				
	1~5	6~10	11~15	16~20	21~25
收购后年度税后营业现金流入	2 000	1 800	1 400	800	200
净投资	600	300	—	—	—
税后现金收入	1 400	1 500	1 400	800	200

恰当的贴现率是被收购公司的资金成本。这一比率能很好地反映被收购公司现金流量的风险。如果其税后折现率为15%，那么所得到的预期现金流现值为8 724美元。若这种接管不会出现债务，那么在有利于公司利益的原则下为收购该公司所能支付的最高价格为8 724美元，实际支付价格应根据谈判而定。但是，预期现金流现值应作为收购方的支付价格上限，任何低于该价格的接管都是一次合算的投资。这样，从长期看公司股票价格必然上升；如果支付价格高于该现值，那么该笔收入将低于乐观情况下所需资金。

25.3.3.2 非现金支付和债务承担

除了涉及现金的收购外，还有支付给被收购方股东普通股、优先股、现金或承担债务的收购。并且，在多数情况下收购方要承担其所收购公司的债务。这些事情会使收购复杂化，但我们必须着重于价值评估，即所增加的现金流。在上例中，根据计算能得到的现值为8 724美元，这个值表示最大的支付价格。如果不是用现金而是用债券收购，那么必须按市值折算证券价值。如果收购方承担所收购公司的债务，那么必须从支付价格中减去债券的市值。因此，所增加现金流的现值（减去承担的债务）为支付价格的一个上限，而不管其价格是以债券市值还是以现金表示。根据这种方法，我们把有价值的收购投资与收购融资区分开。

25.3.3.3 现金流的估计

收购中通常会出现未来现金流估计的困难，但这个过程可能比融资方案要简单些，因为被收购公司是一个持续经营的实体。收购方购买的资产，还有经验、组织、结构和有效的管理方式，对销售收入与成本的估计都是根据公司以往成绩做出来的。因此，这些估计可能要比对新项目的估计精确些。在其他条件不变的情况下，如果不稳定性减少，风险也少一些，那么预期收入的估计方差就会小一些。但是，将所收购的公司考虑进来又会出现另一个问题，即所收购的公司不能作为一个分离的经营企业，必须考虑协同效应。要对这方面的影响做出估计是很困难的，特别是收购组织结构复杂时尤为困难。

25.3.3.4 现金流分析方法与每股收益分析方法

基于现金流与基于每股收益所做出的收购分析是有区别的。采用每股收益分析方法，必须用假定两种普通股互换条款，人们关心的问题是目前或未来每股收益是否会增加；采用现金流分析方法，人们关心的问题是预期净现金流收入是否会超过收购成本。

一般而言，现金流分析方法是从长远的角度评估收购的价值，而每股收益分析方法则只注重短期效果。如果预期收购不能使未来几年内每股收益正向增加，仅从每股收益分析方法来看，通常会取消该项收购计划。与此形成对比的是，现金流分析方法着重未来许多年的可能现金流。因此，每股收益分析方法适用于有适度成长期望的公司，该公司不一定要有长期成长的期望。不过，这两种方法都没有考虑到经营风险发生变化的情形。

除了风险问题以外，还有一个问题是：究竟应该采用哪种方法——现金流分析方法还是每股收益分析方法？可能的最佳答案是两种方法都采用。由于考虑到收购后的长期经济价值，因此现金流分析方法极为复杂。实践中，不管其用现金流分析方法所得到的结果多么理想，也很难想象公司的管理层收购对每股收益的影响。同样，每股收益分析方法本质上是一种短视的方法，依据每股收益分析方法很可能忽略公司的长期成长期望。因此，一个更恰当的做法是综合每股收益分析方法与现金流分析方法。

25.3.4 收购的交易程序与处理方法

25.3.4.1 评估目标公司价值

有许多方法可以用来评估目标公司的价值，最常用的一种是贴现现金流法。无论采用哪种方法，并购后的目标公司都不再作为一个独立的经营实体，而是成为收购公司的一部分。因此，经营的变化将会影响公司的价值，在分析中也必须加以考虑。另外，对目标公司价值的评估主要是评估其权益的价值，因为并购是针对公司的所有者而不是债权人，尽管使用了"价值评估"这样的术语，但主要是指评估权益的现值而不是所有资产的价值。

现金流的贴现有两个关键的因素：评估未来的现金流和确定合适的贴现率。

25.3.4.1.1 估计现金流

准确地估计并购后的现金流是非常重要的,我们通过例题来分析如何运用贴现现金流的方法评估目标公司的价值。

【例 25-2】A 公司打算收购 B 公司,表 25-5 显示了 B 公司的现金流,所有的现金流都是并购后的现金流,在现金流中已经考虑了并购所可能产生的经济协同效应。B 公司的负债比率为 50%,假设并购后负债比率保持不变,并且假设两个公司并购前后的所得税税率均为 40%。

表 25-5 并购后 B 公司未来 5 年的现金流

(以 12 月 31 日为准) (单位:万美元)

项 目	年 份				
	2012	2013	2014	2015	2016
1. 净销售额	105.0	126.0	151.0	174.0	191.0
2. 产品成本	75.0	89.0	106.0	122.0	132.0
3. 销售费用	10.0	12.0	13.0	15.0	16.0
4. 折旧	8.0	8.0	9.0	9.0	10.0
5. EBIT	12.0	17.0	23.0	28.0	33.0
6. 利息①	8.0	9.0	11.0	11.0	11.0
7. EBT	4.0	8.0	12.0	17.0	22.0
8. 税率(40%)	1.6	3.2	4.8	6.8	8.8
9. 净收益	2.4	4.8	10.2	10.2	13.2
10. + 折旧	8.0	8.0	9.0	9.0	10.0
11. 现金流	10.4	12.8	16.2	19.2	23.2
12. - 保持增长所需资金②	4.0	4.0	9.0	9.0	12.0
13. + 最后的价值③					150.2
14. 最后的现金流	6.4	8.8	7.2	10.2	161.4

①利息额为 B 公司现有债务的利息加上并购中所增加负债的利息。

②B 公司并购后所产生的现金流有一部分要用于资本支出,或用于股利发放给股东,因此必须在现金流中减去这部分支出。

③假设 B 公司并购后从 2016 年起,现金流将以每年 10% 的速率递增,因此可以计算出 2016 年年末公司的市场价 $\frac{CF_{2017}}{K_S - g} = \frac{(23.2 - 12.0) \times 1.10}{0.182 - 0.10} = 150.2$(万美元)。

下面介绍 0.182 的计算过程。

25.3.4.1.2 估计贴现率

应该采用目标公司的权益资本成本,而不是并购公司或者并购后新公司的权益资本成本。运用证券市场线 $K_S = K_{RF} + RP_M \times \beta$，如果无风险利率为 10%，市场风险升水为 5%，β 为 1.63，则 $K_S = K_{RF} + RP_M \times \beta = 10\% + 5\% \times 1.63 = 18.2\%$。

25.3.4.1.3 贴现现金流

$$V_{2011} = \frac{6.4}{1.182^1} + \frac{8.8}{1.182^2} + \frac{9.8}{1.182^3} + \frac{10.2}{1.182^4} + \frac{161.4}{1.182^5} \approx 92.8(万美元)$$

则目标公司的价值为 92.8 万美元。

在并购的分析中，目标公司的价值等于并购前的价值加上并购产生的经营协同或财务协同所增加的价值。在此例中，假设公司保持目标资本结构不变，且税率不变，由此协同效应只表现为经营协同效应，则在分析目标公司的价值时，必须加上财务协同效应所增加的价值。

25.3.4.2 确定收购价格

如果并购公司能以低于目标价值的价格收购目标公司，那么对其股东来说就是有利的。沿用例 25-2 资料，考虑到并购所增加的价值，如果目标公司的价值为 92.8 万美元，那么并购公司以低于 92.8 万美元的价格购得目标公司则对股东有利，反之则不利。

假定目标公司所估的公司价值为 62.5 万美元（没有考虑并购带来的价值），如果能以高于 62.5 万美元的价格出售，则对股东有利，反之则不利。

两种价格之间的差异反映了并购所能增加的价值，并购中需要注意以下五个方面的问题。

（1）如果并购不能带来协同效应，那么并购方愿意出的最高价格为目标公司的市场价值。协同效应越大，两种价格之间的差距越大。

（2）协同效应越大，并购越有可能发生。

（3）如何分享协同效应至关重要，任何一方都想尽可能得到最大利益。

（4）并购价格究竟会定在 62.5 万～92.8 万美元中的哪一点呢？这取决于多种因素，包括收购公司的支付方式（现金或证券）和双方管理者的谈判技巧等，不过，最重要的还是双方的经济状况以及由此而决定的讨价还价能力。

（5）并购公司会对其愿意支付的最高价格保密，它们会非常谨慎地根据当时的经济状况制定收购价格。

25.3.4.3 确定支付方式

并购公司可以用现金、普通股和债务等方式向目标公司支付其价值，支付方式会影响并购后公司的资本结构、并购双方的税收、目标公司股东从并购中获益的能力。

并购方的支付方式影响目标公司股东的个人所得税。如果股权支付额（包括普通股和优先股）超过 50%，那么目标公司的股东在交易中获取的股权不需要纳税，因此，目标公司的股东在出售其拥有的证券之前没有任何资本利得收益或损失。然而，如果债务和现金的支付额超过 50%，那么在交易当年目标公司的股东就需要缴纳资本利得税。

在其他条件相同时，股东总会偏好免税的支付方式，因为这会推迟他们支付资本利得税的时间,并且如果用股票支付,目标公司的股东还有可能获得并购财务协同效应带来的股价上涨的好处。如果能享受免税优势,目标公司股东愿意以较低的价格放弃他们所持有的股份。或许有人会认为免税的支付方式肯定占优势,其实现实并非如此,几乎一半的并购交易都是要纳税的。

证券法也对支付方式产生很大的影响,证券监管机构对并购中发行的证券具有监督权,因此,如果并购双方通过股权或债务方式进行,整个过程都会受到证券监管机构的监督,造成并购时间延长,从而使目标公司有更多的时间准备,也使得其他并购方更容易介入。因此,绝大多数敌意收购都是用现金支付的。

在并购分析中,控制权很重要。首先,考虑目标公司为所有权和经营权集于一身的小公司,其所有者会非常关注并购后自己的地位,他们有可能会与其雇员建立良好关系,并一同关注并购后他们的地位。如果是上市公司被其他公司收购,那么管理者对自己并购后拥有的权利非常关注;如果并购后他们对公司仍拥有控制权,那么他们不会强烈地反对并购;如果并购后他们将失去控制权,那么他们就会反对并购。

25.3.5 加权平均资本成本法

25.3.5.1 资本成本

资本成本是指企业为筹集和使用资金而付出的代价。从广义上讲,企业筹集和使用任何资金,不论短期的还是长期的都要付出代价;狭义的资本成本仅指筹集和使用资金(包括自有资本和借入长期资金)的成本。

资本成本包括资金筹集费和资金占用费两部分。资金筹集费是指在资金筹集过程中支付的各项费用,如发行股票、支付债券的印刷费、发行手续费、律师费、资信评估费、公证费、担保费和广告费。资金占用费是指占用资金支付的费用,如股票的股息、银行借款和债券利息等。相比之下,资金占用费是筹资企业经常发生的,而资金筹集费通常在筹集资金时一次性发生,因此在计算资本成本时可作为筹资金额的一项扣除。

25.3.5.2 必要收益率与资本成本

必要收益率是从投资者角度定义的,是投资者付出资金所要求的必要回报,因此,如果一项投资的必要收益率为8%,那么只有当该项投资的收益率大于8%时,这项投资才会有正的净现值。换句话说,企业必须在这项投资上获得8%的收益,才能够正好补偿投资者为该项目融资而付出的资本成本,即投资者所要求的必要收益率就是公司层面的资本成本。

然而必须注意,并非融资方式或者说资金来源决定了资本成本的大小,而是资金的使用即投资项目本身的收益和风险决定了资本成本的大小。假设公司进行的是无风险投资,那么投资者的必要收益率也只能是无风险利率;如果公司的投资是有风险的,那么投资者会根据公司投资项目(资金使用)风险的大小来确定自己的必要收益率。因此,资本成本主要取决于资金的使用。

25.3.5.3 加权平均资本成本

企业资本往往不是一种来源，因此，在企业兼并前需要计算企业的加权平均资本成本（Weighted Average Cost Capital，WACC）。加权平均资本成本一般是以各种资本占全部资本的比重为权数，对个别资本成本进行加权平均确定的。加权平均资本成本一般按照市场价值加权平均，其计算公式为：

$$K_w = \sum_{j=1}^{n} K_j W_j$$

式中，K_w 为加权平均资本成本；K_j 为第 j 种个别资本成本，是使用该种资金的成本；W_j 为第 j 种个别资本占全部资本的比重（权数）。

影响加权平均资本成本的因素有很多，公司不能控制的因素主要有利率和税率，公司可控制的因素有资本结构政策、股利政策和投资政策等。

25.3.6 现值法

当计划对一个公司进行兼并时，可把这个兼并项目看作是公司的一个组成部分，以项目能否增加公司股东的财富为准则来决定项目的取舍。这样的决策程序依赖于"价值的可加性"，即在一个高度完善的资本市场上，价值可加性是成立的，企业整体的价值等于各部分的价值之和。此时，考虑并购带来的价值还可以采用调整现值法（APV）。

25.3.6.1 净现值法

净现值（Net Present Value，NPV）是指兼并方案的未来现金流入的现值与未来现金流出的现值之间的差额，净现值法将净现值作为评价方案优劣的指标。按照这种方法，所有未来现金流入和流出都要按预定贴现率折算为它们的现值，然后再计算它们的差额。如净现值为正数，即贴现后现金流入大于贴现后现金流出，该投资项目的报酬率大于预定的贴现率。如净现值为 0，即贴现后现金流入等于贴现后现金流出，该投资项目的报酬率相当于预定的贴现率。如净现值为负数，即贴现后现金流入小于贴现后的现金流出，该投资项目的报酬率小于预定的贴现率。

净现值的计算公式为：

$$NPV = \sum_{t=0}^{n} \frac{I_t}{(1+r)^t} - \sum_{t=0}^{n} \frac{O_t}{(1+r)^t}$$

式中，n 为投资涉及的年限；I_t 为第 t 年的现金流入量；O_t 为第 t 年的现金流出量；r 为预定的贴现率。

25.3.6.2 调整现值法

调整现值法（Adjusted NPV，APV），即先采取 100% 的股权收购，计算出基础 NPV，然后在此 NPV 的基础上考虑兼并所增加的 NPV 从而得到 APV：

$$APV = 基础\ NPV + 并购所增加的\ NPV$$

【例 25-3】A 公司要兼并 B 公司，需要资金 1 000 万美元，兼并后连续 10 年，每年预期产生的税后现金流为 180 万美元，资本的机会成本是 12%，这反映出并购项目的经营风险。股权投资者要求的必要收益率为12%，那么此项目的净现值为：

$$NPV = -10 + \sum_{t=1}^{10} \frac{1.8}{1.12^t} = 17(万美元)$$

假设A公司通过发行新股获得1 000万美元，发行成本为并购额的5%，则意味着A公司为了获得1 000万美元，必须发行1 052.63万美元（$\frac{1\,000}{1-5\%}$）的股票，其中的52.63万美元为发行成本，因此项目的NPV变化为：

$$APV = 基础NPV - 发行成本 = 17 - 52.63 = -35.63（美元）$$

因为APV小于0，因此A公司会放弃对B公司的收购。

25.4 股权收购及防御

25.4.1 股权收购

股权收购是以特定的价格从拥有股份的股东手中购买股票。为刺激收购，收购价格通常高于当期股票市价，股权收购可让收购方越过其希望收购的公司的管理层，从而可作为一种谈判要挟手段。

股权收购也可用于未经公司谈判，而仅仅希望收购公司的情形。但是，股权收购不可能使另一公司措手不及，因为证券监管机构有严格的信息披露要求。第一重要的购买条件是超过股票现有市场价格的溢价。另外，交易也为股权收购提供优惠的手续费。股权收购事件通常在金融类报纸上公开报道，如果出价人能够得到目标公司股东的地址，出价人可能直接与股东联系。目标公司法律上有义务提供股东名单，但它通常会延迟递交日期，以期挫败出价人。

有些股东不是一次出价，而是双重出价（Two-tier Tender Offer）。在这种股权收购中，收购者提出优惠的第一出价（出价较高或全部现金支付）购买最大特定数量或比例的股票，同时用第二出价（出价较低或用债券而不用现金支付）购买剩余股票。20世纪90年代后期，CSX公司收购联合铁路（Conrail）公司就是一例。第一出价针对获得股权的股票。例如，如果出价人已有5%的股票，那么第一出价就针对流通的45%的股票；第一出价比针对剩余股票的第二出价有所优惠，两者存在差异的目的是通过刺激尽早出价，而增加成功获得控制权的可能性。双重出价避免了单一出价的"搭便车"行为。在单一出价的股权收购中，有些股东一直持有股票，希望他人出更高的价格。

被出价公司可采用一系列反击策略。管理层通常会劝说股东，告知这种收购并没有使股东得到最大利益。其根据一般是出价低于公司的长期真正的价值。听到这些劝告，股东们会再评估一下吸引人的溢价，可能觉得公司所说的长期确实太长了。一些公司提高现金红利或宣布股票分割以获取股东的支持。公司还可采用法律行动，不是期望赢得反收购，而更多的是期望拖延收购以打击出价人。若有两个竞争的出价人，那么反垄断法对出价人是个强大的威慑。最后一种方案是，出价公司的管理层可能会寻找一被称为白衣骑士的"友好"公司以求合作。白衣骑士（White Knight）是友好的收购公司，在目标公司的要求下，它为了挫败原来的不友好出价人，购买敌意收购者购买的股票或发动友好的收购。

25.4.2 反接管条款和其他工具

除了一些反击策略以外，有些公司还在实际接管开始之前采取一些现有的更正式的方法，这些方法被称为反接管工具或鲨鱼排斥法（Spark Repellent）。鲨鱼排斥法是公司采用的保护手段，以赶走潜在的接管者——"鲨鱼"。采用这些方法可使不希望发生的接管操作起来更加困难。在介绍反接管工具之前，先考虑反接管的动机。一方面，管理者安全假说指出，设立接管的障碍是用于保护管理者工作职位，这些做法只能使股东受害；另一方面，股东利益假说指出，公司控制权的竞争是费力的，占用了许多管理者用于为公司赚取利润的时间，反接管工具使管理者将更多的时间用于生产，从而对股东是有益的。并且，接管障碍的设立可使个别股东不至于接受偏低的购价，并在收购中联合起来，因此，反接管工具实际上会增加股东财富。反接管条款及工具包括下述各项。

25.4.2.1 超大多数同意原则

现有的一系列工具使一个公司收购另一个公司更为困难。一些公司离间董事会董事，以至于每年支持接管的董事越来越少，从而导致接管失败。有时，改变合作方式是有效的。通过这种做法，一旦出现反接管竞争，公司可以很容易地根据反接管条款合法地保护自身。一些公司在公司章程中规定了合并的超大多数同意原则，要批准合并不是仅需一般的多数通过就行，而是需要更多数，经常是2/3或3/4的股东投票通过。

25.4.2.2 公平价格原则

公平价格原则是另一种反接管工具。根据这项原则，出价者对非控股性股东支付的价格至少等于事前确定的"公平价格"。通常，这个最低价格是由每股收益根据市盈率确定的，也可能是仅仅根据固定的市场价格确定的。公平价格原则经常与超大多数同意原则结合使用。如果最低价格原则不满足，那么只有投票股东的超大多数同意才会批准兼并。公平价格原则还经常与冻结原则结合使用。根据冻结原则，以"公平价格"达成的收购，只能在达成协议后2~5年的时间内实施收购。

25.4.2.3 杠杆性再资本化

阻挠潜在收购方的另一种方法是杠杆性再资本化。这种方法是管理层借入新债，并一次性支付巨额现金红利。承担公司的所有债务会使所有收购方望而止步，收购方不可能以公司资产抵押借款而为收购融资，公司继续为公众所有，因而股东们仍然持有被称为"残余股"的普通股。显然，由于巨额现金红利的支付，这些股票所值不多。在这种交易中，管理层和其他内部人士不希望以现金付款，相反，他们会再发行新股。结果是公司股权比重大量上升，进一步阻止了潜在的收购方。实际上，杠杆性再资本化是把公司作为自身的"白衣骑士"。

25.4.2.4 "毒丸"

"毒丸"（Poison Pill）是一种使公司本身不具有作为被接管候选公司的工具，它的"毒性"是在购买者收购了目标公司足够的份额后发作的。为了阻止潜在的收购方，一些公司授予股东新的权利，允许他们购买新的证券，通常是可转换优先股。但是，只有在外部获得公司股票的一定比例（通常为20%）之后才会增发这些证券。这种思想是让收购方出价购买不到证券。这些权利还可以是投票权，以低交割价格购买证券，或者是除非付出高额溢价（通常是数倍）才能控股。这些被称为"毒丸"的条款迫使潜在的收购方直接与公司董事会谈判；公司董事会保留了在任何时期都以固定数额赎回这些权利的条款。因此，"毒丸"使公司董事会掌握着对接管者的生杀权力，尽管这样做可能不符合股东的最大利益。

25.4.2.5 锁住条款

锁住条款经常与其他条款结合使用。该条款要求超大多数的股东同意修改公司章程以及任何以前通过的反接管条款。除此之外，许多公司还与公司的最高层领导签订管理协议，一般要求是：若公司被接管，那么必须为公司最高层领导支付高额补偿。这种补偿被称为"金降落伞"。这些协议可在非友好接管中有效地增加收购方需支付的资金。

25.4.2.6 13-D 表

尽管有诸多工具，但是公司外部投资者仍然可买到大量股票而不暴露任何收购意图，或者将股票卖给没有这种意图的他人。公司可以通过观察其股票交易量或转移量看出不平常的股票积累迹象。例如在美国，如果有外部投资者拥有公司股票的5%，那么他必须向证券交易委员会填交一份13-D表。表中填明这些股票所涉及的投资者、股票持有量和持有股票意图。最后一项的标准答案往往是"我们购买股票仅仅出于投资目的"，因此，13-D表所包含的信息微乎其微。每持有额外的1%的公司股票，这些投资者必须再填写一份修改的13-D表。因此，公司可准确跟踪被积累的股票数额。

25.4.2.7 停顿协议

有时，公司可与外部投资者就停顿协议谈判。这些协议是自愿协议，根据该协议，今后几年大股东同意不再增加其持有股份。这种限制经常是以该股东能持有的股票最大百分比表示。该协议还规定该股东不得与公司管理层参与控股权竞争，并在决定出售股票时，有权首先拒绝公司要求。停顿协议与已论述的其他条款一起，起到了降低公司控制权竞争程度的作用。

25.4.2.8 溢价再收购

公司可采用的最后一种手段是向有收购威胁者提出溢价再收购。顾名思义，再购买的股票是以高于市价并经常高于股票累积者收购价的溢价支付的，并且不向其他股东做溢价再收购。这种思想被称为"绿票讹诈"，收购一方觉得撤股更有吸引力。当然，这种溢价支付对剩余"背包袱"的股东是不利的。

25.4.2.9 反接管工具的实证研究

反接管工具是否对股东最有利？实证结果是不一致的。大多数情况下，并没有证据显示采用反接管条款后股价受到明显影响。但是，停顿协议对股东财富有负影响，这是公司从大股东手中再收购大量股票的结果。后者往往配合有"绿票讹诈"，大股东向公司威胁要进行敌意收购，而公司同意以利于大股东的价格再收购股票，以便消除该威胁。不幸的是，非参与股东财富会转移。"毒丸"的使用对每股股票的价格有负影响，尽管影响一般，但这与管理者安全假说相符。

25.5 公司分立

有时公司要创造价值必须从成长性或合作性等不同方面来考虑公司重组，一个公司可能决定分离企业的一部分或全部清盘。公司分立（Divestiture）是指分离整个公司或公司的一部分。本节介绍公司分立的方法。

25.5.1 公司自愿清盘

清盘（Liquidation）是指自愿的或是因破产造成的公司资产的出售。将公司作为一个整体出售，被称为自愿清盘，将公司全部出售的决策必须基于为股东创造价值的目的。假定这种做法并没有导致财务失败，公司分立的思想是清盘后公司资产价值比由其资产产生的预期现金流现值还要大。在清盘中，公司出售者把公司资产出售给多个买主，结果是所实现的价值可能比接管中将公司作为一个整体出售所实现的价值要大。在完全清盘中，公司债务必须按账面价值支付。如果债务的市场价值低于其账面价值，那么债权人财富就增加了，其最终代价是增大了股东费用。

25.5.2 部门出售

部门出售（Sell-off）是出售公司的一部分，也称部门变卖。部门出售中，将公司的一部分出售后，通常会得到现金或证券支付。部门出售的结果应该是有正的净现值，关键是所得到的价值是否高于继续经营该部分资产预期可得到的现金流现值。

25.5.3 股权分割

股权分割（Spin-off）是公司分立的一种形式。股权分割后，其分公司或部门作为一个独立的公司存在。通常，新公司的股份按比例分布在母公司的股东手中。与部门出售类似，股权分割要使公司一个独立的分公司或者部门脱离原有的公司。在股权分割中，经营单位不是以现金或证券出售，其做法是从规定一个日期起的数据将该经营单位原有的普通股收回原有公司，之后，该经营单位成为一个完全独立的公司。股权分割中涉及有形资产以及员工的分割。股权分割中，股东不会有税收问题，因为只有在股票出售时才会征税。

股权分割的动机与部门出售相似。但是，股权分割后，其他公司不会经营该分割出的单位，因此，不会出现公司重组中带有的协同效应。有可能的是，运用不同的管理手段，该经营单位作为一个独立的公司会比原来经营得好，这样的话，股权分割就有可能获得经济效益。但是，股权分割也是有成本的。股权分割必须发行新的股票，为股东服务又要支付费用，相对于一个独立公司，两个独立的公司会产生新的代理成本，股权分割的净经济收益如何并不明确。

还有其他多样的股权分割理由，前面论述的财富的债权人转移适用于此。另外，信息效应也与股权分割有关。

在债权人要求有保护条款的债务合同中，股权分割可使合同更具有灵活性。独立经营后，原有经营部门可重新签订劳动合同，原有税收条款或其他约束不再适用。单位的管理也与母公司脱离，结果是新公司可能为提高生产率而采用新的措施。这些都有可能影响股权分割后的经营部门及股权分割的价值。

25.5.4 持股分立

持股分立与公司分立两种方式类似。但是，经营部门的普通股是向公众出售的。原有的公众购买只涉及该分公司的一部分股票。典型情况是，母公司继续拥有分公司的部分权益，并没有因此失去控制权。在这些条件下，少数人的利益被出卖，其挤出的效益表示一种权益融资。两种方法的区别是，母公司以其自有名义出售股票时，其分公司得到现金流或资产，并第一次可在市场上观察到分公司的价值。

持股分立的一个动机是：公司的分公司有了独立的股票价格，并且其股票公开交易后，分公司的经理得到更大的鼓励管理好本部门。一方面，他们原来在较大的、多种经营的公司中管理的部门很小，以至于其努力不被注意，有了独立的股票交易，就有可能吸引并留住这些能力强的管理者，并激励他们努力工作；另一方面，公众更容易得到该分公司的有关信息，从而减少分公司与投资者之间的非对称信息，使市场更准确地了解该分公司的价值。

有研究者指出，持股分立方法是一种为公司成长融资的好方式，若分公司处于技术领先地位，但盈利并不丰厚，那么持股分立是一种通过母公司融资的较好工具。有了独立的公司后，市场可能变得更为安全，因为投资者可在该技术中进行单纯的投资。

25.5.5 公司分立的实证研究

对公司分立的实证检验也要进行案例分析，在分离出一般市场影响后，对公司分立公布前后的证券收益进行分析。清算整个公司，使公司股东获得很大收益，其收益大小为12%～20%。部门出售公布前后股东可获得少量收益（大约为2%），购买者的股东收益也有少量的增长，这与出现经济效益后，分公司的价值比部门出售前更高相一致。

平均而言，股权分割后的股东收益比部门出售高出5%甚至更多。这个结果与股权分割公布的正信息影响相一致。这表明财富并没有从债权人转移到股东。最后，在持股分立公布前后，公司股东可得到一般收益（大约为2%）。因此，平均而言，公司分立具有正的信息影响,其中以自愿清盘的影响为最大。

本章小结

公司重组的方式可以分为兼并、战略收购、股权收购、战略联合与公司分立和所有权重组等。其中,所有权重组可分为私有化和杠杆收购。

并购公司可以用现金、普通股和债务等支付给目标公司,支付方式会影响并购后公司的资本结构、并购双方的税收,以及目标公司股东从并购中获益的能力等。

股权收购是指以特定的价格从拥有股份的股东手中购买股票。在实际的收购中,有时为了避免敌意收购,保障被收购公司股东的利益,被收购公司会采取一些反击策略或反接管工具、方法对公司进行保护。反接管条款及工具包括超大多数同意原则、公平价格原则和杠杆性再资本化等。

公司分立是指分离整个公司或公司的一部分。公司分立的方法包括公司自愿清盘、部门出售、股权分割和持股分立。

思考与练习题

1. 解释协同效应的概念。
2. 股权收购中双重出价的目的是什么?
3. 作为一名公司股东,是否希望公司有反接管条款?反接管工具包括哪些?
4. 部门出售与股权分割有什么区别?持股分立与部门出售和股权分割有什么不同?
5. 为什么兼并中采用现金支付或普通股支付很重要?
6. A 公司正在考虑收购 B 公司。收购支付方式为用普通股支付。两个公司的相关财务信息如表 25-6 所示。

表 25-6

项 目	A公司	B公司
现有收益(万美元)	4 000	1 000
已发行普通股(万股)	2 000	800
每股收益(美元)	2.00	1.25
市盈率(%)	12	8

A 计划支付给 B 高于其股票市价 20% 的溢价。

(1) 股票交换率为多少?需增发多少股票?
(2) 收购后瞬间续存公司的每股收益为多少?
(3) 如果 A 公司的市盈率维持在 12% 不变,那么收购后重生的公司股票的每股市价为多少?如果市盈率为 11%,结果又如何?

7. C公司正考虑收购相关行业的D公司。D公司是一个100%股东权益的公司，目前该公司每年税后现金流为200万美元。收购后将会发生协同效应，预计今后10年现金流以15%的速率增长，每年年末达到预期值。为维持这个增长速度，C公司每年需投资100万美元。为便于分析并且据保守估计，C公司将其现金流的计算年限设定为25年。

（1）收购后C公司每年预期现金流为多少？

（2）如果内部收益率为18%，那么C公司可支付的最高价格为多少？

8. E公司欲通过股权收购方式并购F公司。F公司有10万股普通股，每股收益为5.50美元。如果与E公司合并后，可实现150万美元总收益（用现值计算）。F公司当前每股市价为55美元。E公司实施双重出价的股权收购：前50001股为每股65美元，剩余的股票为每股50美元。

（1）如果收购成功，E公司最终需向F公司支付多少资金？公司的股东可从经营收益中得到多少回报？

（2）如果独立进行决策，E公司每个股东财富最大化的决策是什么？如果他们集体联合起来以卡特尔的形式决策，其结果又将如何？

（3）目标公司如何能增加单个股东抵制较低收购价的可能性？

（4）如果E公司第一重出价为65美元，第二重出价仅为40美元，结果又将如何？

9. W公司正考虑公司管理层的杠杆性私有化。公司管理层现有总数为500万股的股票中的21%，股票市价为每股20美元，并且只有40%以上的溢价支付才能吸引现有公众股东出售其股票。管理层希望保留其股票并通过优先债务方式为杠杆收购筹集所需资金的80%，剩余的20%资金将用次级后偿信用债券来筹集。

优先债务利率高于基本利息率2个百分点，并在今后5年的每年年末偿还20%的本金；次级后偿债务利息率为13%，并需在第6年年末一次偿还本金。信用债券附有第6年年末购买总股票30%的认股权证。公司管理层估计今后每年息税前收益为2500万美元。因为可实行亏损弥补，因此预期公司今后5年不用付税。公司的资本费用将等于折旧额。

（1）如果今后5年的基本利息率预计平均为10%，那么这项杠杆收购是否可行？

（2）如果平均基本利息率仅为8%，这项杠杆收购是否可行？

（3）为了偿还债务，公司当期的税前收益不得低于多少？

10. 甲公司为一家从事房地产开发的上市公司，2018年有关资料如下：

（1）甲公司为取得B公司拥有的正在开发的X房地产项目，2018年3月1日，以公允价值为15 000万元的非货币性资产作为对价购买了B公司40%有表决权股份；B公司董事会成员为8人，其中甲公司派出5人。

（2）甲公司为进入西北市场，2018年6月30日，以现金2 200万元作为对价购买了C公司90%有表决权股份。C公司为2018年4月1日新成立的公司，截至2018年6月30日，C公司持有货币资金2 400万元，实收资本2 000万元，资本公积500万元，未分配利润−100万元。

（3）甲公司2017年持有D公司70%的有表决权股份，基于对D公司市场发展前景的分析判断，2018 年 8 月 1 日，甲公司以现金 5 000 万元作为对价向乙公司购买了 D 公司 10% 有表决权股份，从而持有 D 公司 80% 的有表决权股份。

根据企业会计准则的规定，逐项分析、判断甲公司 2018 年上述业务是否形成合并？如不形成企业合并，请简要说明理由。

11. X 公司董事会批准公司管理层收购 Y 公司 80% 的股权。X 公司率先向 Y 公司提出了并购协议，并获得了 Y 公司董事会的同意。经初步评估，总支付价款为 5 000 万元，Y 公司账面净资产价值为 4 500 万元，经测算公司净资产公允价值与账面价值基本一致。此外，Y 公司的产品还具有一定的品牌影响力，据估计该品牌价值大约为 1 000 万元。并购尽职调查期间，X 公司发现 Y 公司的应收款存在一定的质量问题，该公司应收款账面价值为 360 万元，其中占应收款总额一半的 3 年以上期限的应收款 Y 公司只计提了 20% 的坏账准备，1~2 年的应收款没有计提坏账准备。经预测，Y 公司应收款项总额中大约有一半无法收回。

(1) 从并购态度上分析 X 公司并购的类型。

(2) 若公司本来是希望通过并购后大幅解聘原企业员工提高效率，但未曾想到公司的辞退福利大约需要 100 万元。Y 公司并没有确认这笔负债，此时公司是否需要并购？

(3) 除辞退福利没有确认外，若 Y 公司由于对当地环境造成了破坏正遭受所在社区居民的诉讼，经公司法律顾问估计，需要赔偿 100 万元的概率为 60%，赔偿 500 万元的概率为 40%。此时 X 公司是否应该实施并购？

12. 甲公司每股收益为 2 元，市盈率为 20 倍，共发行 100 万股股票；乙公司每股收益为 1 元，市盈率为 10 倍，共发行 80 万股股票。现甲公司准备并购乙公司，预计并购后的新公司价值为 5 100 万元。经过谈判，乙公司的股东同意以每股 11.25 元的价格成交，并购中发生谈判费用 50 万元，法律顾问费 30 万元，其他固定费用 10 万元。

(1) 运用市盈率法计算甲、乙两公司的价值。

(2) 计算并购收益和并购净收益，并依据并购净收益做出甲公司应否并购乙公司的判断。

13. A 公司、B 公司和 C 公司为国内某家电产品的三家主要生产商。B 公司与 C 公司同在一省，A 公司在相距 1 000 公里外的另外一省；A 公司和 C 公司规模较大，市场占有率和知名度高，营销和管理水平也较高。B 公司 5 年前改组后转产进入家电行业，规模较小，资金上存在一定问题，销售渠道不足，但 B 公司拥有一项该种家电的关键技术，而且是未来该种家电的发展方向，需要投入资金扩大规模和开拓市场。A 公司财务状况良好，资金充足，是银行比较信赖的企业，其管理层的战略目标是发展成为行业的主导企业，在市场份额和技术上取得优势地位。目前 A 公司拟并购 B 公司。

(1) 判断 A 公司拟并购 B 公司是横向并购还是纵向并购，或者是混合并购？

(2) 分析该并购可能为 A 公司带来的利益。

14. W 公司与 X 集团公司签订的收购合同中规定，收购乙公司的价款为 43 亿元。2019 年 5 月 31 日，W 公司向 X 集团公司支付了购买乙公司的价款 25 亿元，并于 2019

年7月1日办理完毕合并乙公司的全部手续。

根据以上资料，确定W公司吸收合并乙公司的合并日。

案例分析

上市公司股权激励的现实条件与阻力——以华为股权激励为例

股权激励旨在通过企业所有者发放公司股份，给予公司管理层一定的经济权利，激励管理层为公司长期发展做出贡献，同时让企业管理层人员享受部分剩余收益，缓解现代企业的委托-代理问题，将所有者与管理者的目标有机结合在一起，从而达到双赢的效果。我国的股权激励机制正在不断发展，出现了不少成功的、有借鉴意义的案例。

近年来，华为发展迅速，在2017年世界500强名单中排名第83位。其员工人数众多，能吸引并留住大批优秀人才，依靠的不仅是它的发展潜力，更是与其人力资源管理方面的创新有关，而主要的创新就是股权激励政策。

1990年，华为创立初期，需要大量资金扩充市场，但早期华为还无法上市。考虑到内部融资不需要支付利息，同时又可以激发员工努力工作等优势，因此华为规定工作期满一年的员工，都可以根据个人绩效、资格等得到股份份额。这大大降低了财务风险，同时也激励员工积极做好本职工作。

2003年，由于"非典"，华为的出口市场受到影响。在这种情况下，华为推出"配股"，额度平均接近员工已有股票的总和。通过这次配股，华为度过了危机，实现了销售和净利润的迅猛增长。

2008年，美国次贷危机引发的全球经济危机给世界经济发展造成了巨大的损失。为此，华为又推出了"配股"，这一措施几乎涉及了所有在华为工作时间一年以上的员工，不仅增强了员工的主人翁意识和企业责任感，也大大降低了员工的流失率。

2014年，华为公司推行TUP激励计划，每年根据员工的岗位、级别和绩效配送一定数量的期权，减轻了员工购买股票而承担的压力，激发了企业员工的工作热情，使其更积极地为公司创造财富。

目前华为员工总数是18万人，大概有8万余人持股，虽然只占员工总数的40%左右，但已相当于一家大型上市公司的持股人数。

这种股权激励，把企业的命运与每个员工紧密相连，把员工个人的目标统一于企业的未来发展中，充分激发了员工的积极性，提升了企业价值创造力，在整个公司的成长中起到了关键作用。

根据以上华为的案例，你认为华为的做法有复制性吗？能否在实际中推广？请谈谈华为股权激励成功的条件和现实阻力。

26 企业破产、财务重整与清算

学习要点
1. 企业经营失败的原因和类型
2. 多个和单个财务指标的预测方法
3. 正式财务重整的基本程序
4. 破产清算和解散清算的基本程序

在现实经济生活中，不是所有的企业都能获得经营的成功。某些企业由于种种原因而导致经营失败，主要表现为两种情况：一是企业的收入不足以弥补成本而导致长期亏损；二是企业不能偿还到期债务而产生财务危机。解决企业经营失败的方式主要有两种：一是财务重整；二是破产清算。

当一个企业无法产生足够的现金流来支付合同所要求的款项时就将陷入财务困境。一个公司在陷入财务困境时违约，则可能被强制清算，公司也可能重组其财务结构。图 26-1 显示公司陷入财务困境时可做出的选择。

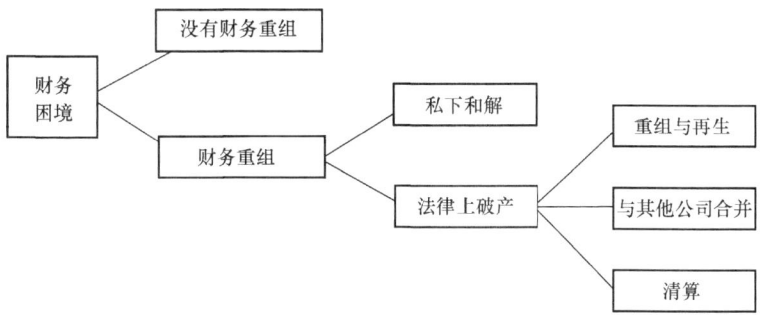

图 26-1 公司陷入财务困境后的选择

26.1 企业经营失败

26.1.1 企业经营失败的原因

企业经营失败的原因很多，有来自企业内部的原因，也有来自企业外部的原因。

26.1.1.1 内部原因
来自企业内部的原因主要有两个。

（1）管理不善。管理不善是导致企业经营失败的主要原因。管理不善有诸多形式，如不顾企业的实际能力和经济状况盲目扩张、营销不力而导致产品销路不畅、生产成本太高而失去竞争力等。目前，我国 90% 以上的国有企业经营失败主要是由于管理上的问题造成的。

（2）企业步入成熟期。商品一般有其生命周期，即经历诞生、成长、成熟和衰退四个阶段。当企业生产的商品走过成熟期后如果不进行产品更新，它将不可避免地步入衰退期，企业将随之走向经营失败。企业可以采取措施，延长商品的成长期或推迟进入成熟期，如加强研究和开发，进行技术创新，加速产品的更新换代以及实施多角化经营或转变经营领域。企业管理人员应在企业经营失败之前进行清算或与其他企业进行合并。

26.1.1.2　外部原因

来自企业外部的原因主要是经济衰退，市场萎缩。经济衰退使企业的市场规模、市场容量大大缩小，企业的市场份额下降；企业产品销售收入过低，无法弥补成本；同时，经济衰退期间的高利率使企业的资金成本大大上升，企业难以筹措资金。这些因素使那些应变能力差、只能在正常经济形势下生存的企业走向失败。

26.1.2　企业经营失败的类型

企业经营失败可以分为三种类型。

（1）经济失败。经济失败是指企业的收入低于成本费用，长期处于亏损状态。造成经济失败的原因是企业经营不善或决策失误等。亏损企业如果不能扭转其发展趋势，则必然造成巨大的财务困难，进而走向破产。

（2）经营失败。经营失败是指企业面临流动资金短缺的危机，无力支付到期债务，但是企业的资产总额仍大于债务总额，股东权益仍为正值。盈利企业也可能由于财务安排不当而导致经营失败。这类企业如果能在短期内将某些资产变现或能设法筹到新的资金仍可继续生存下去，否则企业会走向破产。

（3）破产。当企业债务总额超过资产总额，即资不抵债、股东权益为负值时，企业就要破产。此时，债权人对企业资产进行清算，收回自己的资金。

26.2　财务危机的早期预测

企业财务危机的预测根据其不同的模式，在企业财务失败预警系统中主要有多个财务指标和单个财务指标预测两种方式。

26.2.1　多个财务指标的预测方法

多个财务指标预测是运用多变模式思路建立多元线性函数公式，即运用多种财务指标加权汇总产生的总判别分（称为 Z 值）来预测财务危机。最初的"Z 计分模型"由美国爱德华·阿尔曼（Edward Arman）在 20 世纪 60 年代中期提出，用以计量企业破产的可能性。其判别函数为：

$$Z = 0.01x_1 + 0.014x_2 + 0.033x_3 + 0.006x_4 + 0.999x_5$$

式中，Z 为判别函数值；x_1 =（营运资金÷资产总额）×100；x_2 =（留存收益÷资产总额）×100；x_3 =（息税前利润÷资产总额）×100；x_4 =（普通股和优先股市场价值总额÷负债账面价值总额）×100；x_5 = 销售收入÷资产总额。

该模型实际上是通过五个变量（五种财务比率），将反映企业偿债能力的指标（x_1，x_4）、获利能力指标（x_2，x_3）和营运能力指标（x_5）有机联系起来，综合分析预测企业财务失败或破产的可能性。一般而言，Z 值越低，企业越有可能发生破产。阿尔曼还提出了判断企业破产的临界值：如果企业的 Z 值大于 2.675，则表明企业的财务状况良好，发生破产的可能性较小；反之，若 Z 值小于 1.81，则企业存在很大的破产危险；如果 Z 值处于 1.81~2.675 之间，阿尔曼称之为"灰色地带"。的确，进入这个区间的企业财务是极不稳定的。

多变模式从总体宏观角度检查企业财务状况是否呈现不稳定的现象，提前做好财务危机的规避或延缓危机发生的准备工作。当然，由于企业规模、行业、地域和国别等诸多差异，多元线性函数模式在财务管理文献中有数种之多，企业不应拘泥于任何经验数据，而应根据实际情况设计符合企业要求和特点的总体财务失败预警系统。

26.2.2 单个财务指标的预测方法

单个财务指标预测是运用单变模式思路，通过单个财务比率走势恶化情况来预测财务危机。按综合性和预测能力大小，预测企业财务失败主要有五个比率。

债务保障率 = 现金流量/债务总额

资产收益率 = 净收益/资产总额

资产负债率 = 负债总额/资产总额

资金安全率 = 资产变现率 - 资产负债率

资产变现率 = 资产变现金额/资产账面金额

按照单变模式的解释，企业良好的现金流量、净收益和债务状况应该表现为企业长期的、稳定的状况，所以，跟踪考察企业时，应对上述比率的变化趋势予以特别注意。一般来说，经营失败的企业只有较少的现金而有较多的应收账款，或者表现为极不稳定的财务状况。

我们还可以通过对企业情况的了解与某些外在特征的分析，预测企业的财务状况发生某种危机的可能性。尽管这种情况或特征并非一成不变，但仍可借鉴并灵活运用。

（1）财务预测在较长时间不准确。财务预测偶尔发生误差是十分常见的，但是如果预测结果与实际状况长时间发生很大差距，就说明企业即将发生财务危机。

（2）过度大规模扩张。如果一家企业同时在许多地方大举收购其他企业，同时涉足许多不同领域，可能使企业因负担过重而支付能力下降。

（3）过度依赖贷款。在缺乏严密的财务预算与管理的情况下，一个企业较大幅度增加贷款只能说明该企业资金周转失调或盈利能力低下。

（4）财务报表不能及时公开。财务报表不能及时报送、公开，一般都是财务状况不佳的征兆，但这只是提供给分析人员一个关于企业财务危机发生可能性的线索，而并不能确切地告知是否会发生财务危机。

（5）过度依赖某家关联公司。比如，子公司对母公司过度依赖，一旦母公司出于对战略的需要或者整体投资回报率的考虑，觉得某个子公司不再有原有的利用价值，它们会立即停止对子公司的扶持。而子公司如果在销售、供应甚至管理和技术各个方面都完全依赖于母公司，那么没有了母公司的支持，它很可能会倒闭。

（6）企业管理层的辞职。一个企业的高层管理者的辞职，尤其是引起轩然大波的集体辞职，通常是该企业存在隐患的明显标志。当然，并非每一项辞职都意味着财务危机的发生，有些辞职只是由于大公司内部争权夺利所致。

26.3　财务重整

企业财务重整是指对陷入财务危机，但仍有转机和重建价值的企业根据一定程序进行重新整顿，使企业得以维持和复兴的做法。财务重整可以减少债权人和股东的损失，给濒临破产的企业以背水一战、争取生存的最后机会，能尽量减少社会财富的损失和因破产而失业的人口的数量。财务重整按是否通过法律程序分为非正式财务重整和正式财务重整两种。

26.3.1　非正式财务重整

当企业只是面临暂时性的财务危机时，债权人通常更愿意直接同企业联系，帮助企业恢复和重新建立较坚实的财务基础，以避免因进入正式法律程序而发生的庞大费用和冗长的诉讼时间。非正式财务重整主要是指债务展期与债务和解。

所谓债务展期，即推迟到期债务要求付款的日期。而债务和解则是债权人自愿同意减少债务人的债务，包括同意减少债务人偿还的本金数额，或同意降低利息率，或同意将一部分债权转化为股权，或将几种方法综合运用。

企业在经营过程中发生财务困难时，有时债务的延期或到期债务的减免都会为企业赢得时间，使其调整财务，避免破产。而且，债务展期与债务和解均属非正式的挽救措施，是债务人与债权人之间达成的协议，既方便又简捷。因此，当企业发生财务困难时，首先想到的便是债务展期与债务和解。

债务展期与债务和解作为挽救企业经营失败的两种方法，都能使企业继续经营并避免法律费用。虽然由于债务展期或债务和解会使债权人暂时无法收取账款而发生一些损失，但是，一旦债务人从困境中恢复过来，不仅能如数偿还欠款，还能为企业带来长远效益。因此，债务展期与债务和解的方法在实际工作中被普遍采用。

当企业拟采用债务展期或债务和解措施渡过难关时，首先，由企业即债务人向有关管理部门提出申请，召开由企业和其债权人参加的会议；其次，由债权人任命一个由1~5人组成的委员会，负责调查企业的资产、负债情况，并制定出一项债权调整计划，就债务展期或债务和解作出具体安排；最后，召开债权人、债务人会议，对委员会提出的债务展期、债务和解或债务展期与债务和解兼而有之的财务安排进行商讨并取得一致意见，达成最终协议，以便债权人、债务人共同遵循。

一般而言，债权人同意债务展期或债务和解，表明债权人对债务人很有信心，相信债务人能够走出财务困境并有益于债权人。然而，在债务展期或债务和解后等待还款的一段期间里，由于企业经营的不确定性，随时会发生新的问题而导致债权人利益受损。因此，为了对债务人实施控制，保护债权人利益，在实施债务展期或债务和解后，债权人通常采取三项措施：①坚持实行某种资产的转让或由第三方代管；②要求债务企业股东转让其股票到第三方代管账户，直至根据展期协议还清欠款为止；③债务企业的所有支票应由债权人委员会会签，以保持回流现金用于还清欠款。

非正式财务重整可以为债务人和债权人双方都带来一定的好处。首先，这种做法避免了履行正式手续发生的大量费用，所需要的律师、会计师的人数也比履行正式手续要少得多，使重整费用降至最低；其次，非正式财务重整可以缩短重整所需的时间，使企业在较短的时间内重新进入正常经营的状态，避免了因冗长的正式程序使企业迟迟不能进行正常经营而造成的企业资产闲置和资金回收推迟等浪费现象；最后，非正式财务重整使谈判具有更大的灵活性，有时更易达成协议。

但是，非正式财务重整也存在一些弊端，主要表现为：当债权人人数很多时，可能难以达成一致意见；没有法院的正式参与，协议的执行缺乏法律保障。

26.3.2 正式财务重整

破产法中建立的重整制度，允许企业在破产时进行重整，但需经过法院裁定，因此涉及正式的法律程序。企业在其正常的经营活动中，有时会由于企业自身的经营条件或者企业外部环境的各种原因无法如期偿还债务，从而出现暂时的财务困难，这时，便可以通过与其债权人协商达成协议后，按照法定的程序对企业进行重整。企业财务重整是通过一定的法律程序改变企业的资本结构，合理地解决其所欠债权人的债务，以便使企业摆脱所面临的财务困难并继续经营。正式重整是在受理债权人申请破产案件的一定时期内，经债务人及其委托人申请，与债权人达成和解协议，对企业进行整顿、重组的一种制度。在正式重整中，法院起着重要的作用，特别是要对协议中的公司重整计划的公正性和可行性做出判断。依照规定，在法院批准重整之后不久，应成立债权人会议，所有债权人均为债权人会议成员。其主要职责是：审查有关债权的证明材料，确认债权有无财产担保，讨论通过改组计划，保护债权人的利益，确保债务企业的财产不致流失。债务人的法定代表必须列席债权人会议，回答债权人的询问。我国还规定要有工会代表参加债权人会议。

26.3.2.1 财务重整程序

（1）向法院提出重整申请。在向法院申请企业重整时，必须阐明对企业实施重整的必要性以及不采用非正式重整的原因。同时要满足一定的条件：企业发生财务危机或者在债务到期时企业无法偿还，企业有三个或者以上债权人的债权合计数达到一定的数额。如果企业重整的申请符合有关规定，法院将批准重整申请。

（2）法院任命债权人委员会。债权人委员会的权限与职责是：挑选并委托若干律师、注册会计师或者其他中介机构作为其代表履行职责；就企业财产的管理情况向受托人和债务人提出质询；对企业的经营活动、企业的财产及债务状况等进行调查，了解希望企业继续经营的程度以及其他任何与制订重组计划有关的问题，在此基础上，将制订企业继续经营的计划呈交法院；参与重组计划的制订，并就所制订的重组计划提出建议提交给法院；如果法院事先没有任命受托人，应向法院提出任命受托人的要求等。

26.3.2.2 制订企业重整计划

重整计划既可能改变企业债权人法定的或者契约限定的权利，也可能改变企业股东的权益，无财产担保的债权人则往往选择以牺牲其部分债权为代价而收回部分现金。经法院批准的重整计划，对企业本身、全体债权人及全体股东均有约束力。

重整计划是对公司现有债权、股权的清理和变更做出安排，重整公司资本结构，提出未来经营方案与实施办法。一般来讲，制订重整计划包括下述四项内容。

（1）估算重整企业的价值。这是非常困难的一步，常采用的方法是收益现值法：估算公司未来的销售额；分析公司未来的经营环境，以便预测公司未来的收益与现金流量；确定用于未来现金流量贴现的贴现率；用确定的贴现率对未来公司的现金流入量进行贴现，以估算出公司的价值。

（2）调整公司的资本结构、公司的债务负担和利息支出，为公司继续经营创造一个合理的财务状况。为达到这一目的，需要对某些债务展期，将某些债务转换为优先股、普通股等证券。

（3）公司新的资本结构确定以后，用新的证券替换旧的证券，实现公司资本结构的转换。要做到这一点，需要将公司各类债权人和权益所有者按照求偿权的优先级别分类统计，同一级别的债权人或权益所有者在进行资本结构调整时享有同等的待遇。一般来讲，优先级别在前的债权人或权益所有者得到妥善安排之后，优先级别在后的债权人或权益所有者才能得到安置。

（4）重整计划通常包括四项措施：①如果公司现有管理人员不称职，对公司管理人员进行调整，选择有能力的管理人员替代原有管理人员对公司进行管理，补充聘用新的经理和董事；②对公司存货及其他有关资产进行分析，对那些已经贬值的存货及其他资产进行调整，以确定公司资产的当前价值，这也是重整公司资本结构、重新安排公司债权和股权的基础；③改进公司的生产、营销、广告等各项工作，改进经营管理方法，提高企业各个环节、各个职能部门之间的有效运转和协调配合，提高公司的工作效率；④必要时还需要制订新产品开发计划和设备更新计划，以提高生产能力。

26.3.2.3 执行企业重整计划

按照重整计划所列示的措施逐项予以落实，包括整顿原有企业、联合新的企业以及随时将整顿情况报告债权人会议，以便债权人及时了解企业重整情况。

26.3.2.4 经法院认定宣告终止重整

终止重整通常发生于三种情况下：①企业经过重整后，能按协议及时偿还债务，法院宣告终止重整；②重整期满，不能按协议清偿债务，法院宣告破产清算而终止重整；③重整期间，不履行重整计划，损害债权人利益，致使财务状况继续恶化，法院终止企业重整，宣告其破产清算。

26.4 破产程序中的清算

26.4.1 清算的含义及内容

企业清算是指在企业终止过程中，为保护债权人和所有者等利益相关者的合法权益，依法对企业财产、债务等进行清理、变卖，以终止其经营活动，并依法取消其法人资格的行为。企业清算按其原因可分为破产清算和解散清算。

根据我国《公司法》的规定，企业破产清算的主要原因是企业经营管理不善造成严重亏损，不能偿还到期债务而必须进行破产清算。其情形有两种：一是企业的负债总额大于其资产总额，事实上已经不能支付到期债务；二是虽然企业的资产总额大于负债总额，但因缺少偿付到期债务的现金资产，未能偿还到期债务，被迫依法宣告破产。

根据我国《公司法》的规定，企业解散清算主要有五项原因。

（1）公司章程规定的营业期限届满，或公司章程规定的经营目的已经达到而不需要继续经营，或公司章程规定的目的无法达到，且企业发展无前途。

（2）公司的股东大会决定解散。

（3）企业合并或者分立需要解散。

（4）企业违法或者从事其他危害社会公众利益的活动而被依法撤销。

（5）发生严重亏损，或投资一方不履行合同、章程规定的义务，或因外部经营环境变化而无法继续经营。

26.4.2 企业破产清算

企业破产制度是商品经济发展的一个必不可少的重要调节机制。企业破产制度对鼓励竞争、淘汰落后的生产方式和经营方式，有效实现优胜劣汰的市场经济原则，防止更大浪费的发生，提高社会经济效益，维护市场经济的有序发展，促进社会经济的高速增长，及时清理债权债务，保护债权人、债务人的合法权益具有重要意义。

根据我国《破产法》的有关规定，企业破产清算的基本程序大致可分为三个阶段：一是破产申请阶段；二是和解整顿阶段；三是破产清算阶段。和解整顿阶段已经在上一节中介绍，现就破产申请阶段和破产清算阶段的主要操作程序进行论述。

26.4.2.1 提出破产申请

《破产法》规定，提出破产申请的既可以是债权人，也可以是债务人。企业在提出破产申请前，应对其资产进行全面的清查，对债权债务进行清理，然后由会计师事务所对企业进行全面的审计，并出具资不抵债的审计报告。

26.4.2.2 法院接受申请

人民法院接到破产申请后即进行受理与否的审查、鉴定。受理债权人破产申请案件 10 日内应通知债务人，并发布破产案件受理公告。受理债务人破产申请案件后，应在案件受理后 10 日内通知债权人申报债权，直接发布债权申报公告。

26.4.2.3 债权人申报债权

债权人应当在收到通知后 1 个月内，未收到通知的债权人应当自公告之日起 3 个月内，向人民法院申报债权，说明债权的数额和有无财产担保，并且提交有关证据资料。逾期未申报债权的，视为自动放弃债权。

26.4.2.4 法院裁定，宣告破产

人民法院对于企业的破产申请进行审理，符合《破产法》规定的，即由人民法院依法裁定并宣告该企业破产。

26.4.2.5 组建清算组

按照《破产法》的规定，人民法院应当自宣告企业破产之日起 15 日内成立清算组，接管破产企业。清算组成立后，在法院的指导下，依法进行必要的民事活动。清算组一般设立若干个小组，负责企业职工的思想工作、财产保管、债权债务清理、破产财产处置以及职工的安置工作等。

26.4.2.6 接管破产企业，进行资产处置等工作

清算组成立后，应接管破产企业的一切财产、账册、文书、资料和印章等，并负责破产财产的保管、清理、估价、处理和分配。

26.4.2.7 编报、实施破产财产分配方案

清算组在清理、处置破产财产并验证破产债权后，应在确定企业破产财产的基础上拟订破产财产的分配方案，经过债权人会议通过，并报请人民法院裁定后，按一定的债务清偿顺序进行分配。

26.4.2.8 报告清算工作

清算组在破产财产分配完毕之后，应编制有关清算工作的报告文件，向法院报告清算工作，并提请人民法院终结破产程序。破产程序的终结有三种情况。

（1）债务人与债权人会议达成和解协议。企业经过整顿，能够根据和解协议清偿债务，人民法院应当终结该企业破产程序并予以公告。

（2）破产财产不足以支付破产费用，人民法院应当宣布破产程序终结。

（3）破产财产分配完毕，立即向人民法院提出关于破产财产分配完毕的报告，提请法院终结破产程序。法院接到此报告后，应及时做出破产程序的裁定并公告此裁定，破产程序即为终结。

26.4.2.9 注销破产企业

清算组在接到法院终结破产程序的裁定后，应及时办理破产企业的注销登记手续。

26.4.3 企业解散清算的主要程序

26.4.3.1 确定清算人或成立清算组

根据《公司法》的有关规定，企业应在公布解散的 15 天之内成立清算小组，逾期不成立的，由法院根据债权人的指定成立清算组。清算组的职权为：清理公司财产，分别编制资产负债表及财产清单；通知或者公告债权人；处理与清算有关的企业未了结的业务；清缴所欠税款；清理债权、债务，处理企业清偿债务后的剩余财产；代表企业参与民事诉讼活动。

26.4.3.2 债权人进行债权登记

在清算组成立或者聘请受托人的一定期限内通知债权人进行债权申报，要求其应在规定的期限内对其债权的数额及其有无财产担保进行申报，并提供证明材料，以便清算组或受托人进行债权登记。

26.4.3.3 清理企业财产，编制资产负债表及财产清单

在这一过程中，如果发现企业资不抵债的，应向法院申请破产。

26.4.3.4 在对企业资产进行估价的基础上，制定清算方案

清算方案包括清算的程序和步骤、财产定价方法和估价结果、债权收回和财产变卖的具体方案、债务的清偿顺序、剩余财产的分配以及对企业遗留问题的处理等。

26.4.3.5 执行清算方案

执行清算方案主要包括四项工作。

(1) 确定清算财产的范围并作价。

(2) 确定清算损益。

(3) 确定债务清偿顺序并清偿债务。企业财产拨付清算费用后，清偿债务的顺序为：应付未付工资、劳动保险等；应缴未缴国家的税金；尚未偿付的债务。同一顺序不足清偿的，按照比例清偿。

(4) 按照合同、章程的有关条款分配剩余财产。

26.4.3.6 办理清算的法律手续

企业清算结束后，应编制清算后的资产负债表和损益表，经过企业董事会或职工代表大会批准后宣布清算结束；其后，清算机构提出的清算报告连同清算期间的收支报表和各种财务账册，经中国注册会计师审计后，一并报主管财政机关，并向工商行政管理部门办理企业注销手续，向税务部门注销税务登记。

本章小结

本章对公司陷入财务困境时出现的情况以及应当开展的工作进行论述。当一个企业没有足够的现金流支付合同所要求的款项时就将陷入财务困境。企业经营失败的原因有很多，包括企业内部原因和外部原因；经营失败的类型包括经济失败、经营失败和破产。企业财务危机预警系统主要有两种建立方式，分别为多个财务指标的预测方法和单个财务指标的预测方法。企业财务重整是指对陷入财务危机但仍有转机和重建价值的企业根据一定程序进行重整，使企业得以维持和恢复的做法，包括非正式财务重整和正式财务重整。企业清算是指在企业终止过程中，为保护债权人、所有者等利益相关者的合法权益，依法对企业财产、债务等进行清理、变卖，以终止其经营活动，并依法取消其法人资格的行为。企业清算按其原因可分为破产清算和解散清算。

思考与练习题

1. 预测企业财务失败有哪几种方法？在运用这些方法时应注意什么问题？
2. 正式财务重整的基本程序是怎样的？
3. 破产清算和解散清算的基本程序是怎样的？
4. 债务清偿的顺序是如何规定的？如何分配破产企业的剩余财产？
5. 企业经营失败的教训有哪些？进行企业重组、清算时应考虑哪些关键问题？
6. 企业财务重组有哪些方式？
7. 清算财产是如何作价的？
8. 假定A公司打算支付40万元收购B公司。A公司的财务经理估计，此项并购将在今后的10年中，每年为A公司增加64 000元的现金流量。公司为并购筹集资金的资本成本为10%，与目前A公司的资本成本相同。对该并购方案的可行性作出分析。
9. 从事家电行业的A公司董事会正在考虑吸收合并一家同类型公司B，以迅速实现规模扩张。表26-1是两个公司合并前的年度财务资料。

表 26-1

（单位：万元）

项 目	A公司	B公司
净利润	14 000	3 000
股本（普通股）	7 000	5 000
市盈率	20（倍）	15（倍）

两个公司的股票面值都是每股1元。如果合并成功，估计新的A公司每年的费用将因规模效益而减少1 000万元，公司的所得税税率为30%。A公司打算以增发新股的方法用1股换4股B公司的股票完成合并。

(1) 计算合并成功后新的A公司的每股收益。
(2) 计算此次合并的股票市价调换比率。

27 跨国公司财务管理

学习要点
1. 国际财务管理环境
2. 汇率风险的类型
3. 管理汇率风险的方法
4. 国际贸易中使用的工具和票据

27.1 国际财务管理的环境

从20世纪80年代开始,个人通过共同基金或其他国际中介对外投资、机构直接对外投资,使得国际投资迅猛增长;同时,跨越国界的资本持续增长,财务经理在全球市场有时利用货币对冲或其他对冲形式寻找资本的"最优价格"。为适应潜在的投资和筹资者的需求,金融机构和金融工具已发生了显著变化,首先在美国市场,然后在欧洲和亚洲出现的金融非管制趋势,大大促进了全球统一的金融市场的形成。这些剧烈变化促使今天的财务经理必须有全球眼光,进一步理解国际财务管理环境,了解公司如何在国际环境中做出决策。

毫无例外,到国外投资的动机,是为了打入国外市场,获得超额收益。而在国内,竞争压力使得公司只能获得正常收益。尽管如此,但有的国外投资还有其他原因。有些公司投资国外是为了提高生产率,有些国家能够提供较低的劳动成本以及其他低成本,因而公司将选择那些经营成本较低的国家作为产品生产地。正是由于这个原因,一些国家的电子工业已向国外转移了。还有一些公司对外投资是为了获得必需的原材料,如石油公司和采矿公司正是为了这个目的而投资国外的。所有这些追求的因素——市场、产品、设备和原材料都是与获得高于国内的超额收益相联系的。

27.1.1 国际资本预算

与国际投资有关的现金流入都是那些能够返回母国的现金流。如果在国外分公司获得的预期收入不能汇回国内的话,那么这种国际投资就没有吸引力了。如果现金可自由返回,那么这种资本预算就比较简单,美国公司通常的做法是:①估计以外币计算的现金流;②以预期汇率(以美元兑外币表示)计算等值的美元现金流;③利用美国的最低收益率计算该项目的净现值,收益率是根据影响该国对外投资的各种风险加以调整得到的,或者上调或者下调。

假定A公司正在考虑一项150万马克的投资。该项目周期为4年,以美元返回现金的最低收益率为18%。现在是2.5马克兑1美元,并且预期马克会贬值,也就是说,将来美元可兑比现在更多的马克。表27-1列出了计算美元现金流及该项目净现值的步骤,可以看到,净现值大约为6.4万美元。

表27-1 A公司的预期现金流

年末	(a) 预期现金流 (单位:千马克)	(b) 汇率 (马克/美元)	(c)=(a)/(b) 预期现金流 (单位:千美元)	(d) 以18%收益率计算的美元净现值 (单位:千美元)
0	-1 500	2.50	-600	-600
1	500	2.54	197	167
2	800	2.59	309	222
3	700	2.65	264	161
4	600	2.72	221	114
				净现值 = 64

27.1.2 风险因素

提到项目的最低收益,我们就应考虑到国际性的风险因素。前文曾提到组合资产风险的关键因素是各个项目之间的相关系数,把两个相关系数较小的项目组合起来,公司就能降低预期风险。由于国内投资项目彼此相关,大多数项目都高度依赖于国内经济状况,因此投资国外有这方面的优势。不同国家的经济周期不可能完全同步,多个国家投资从而降低预期收益的风险是可能的。其简单思想是,在多国投资,其项目相关性比在某一特定国家的投资项目相关性小。通过跨国投资分散风险,就可能降低总风险。

27.1.3 税收因素

由于不同的税收法律及各国对国外投资的不同待遇,跨国公司的税收是很复杂的。以美国为例,在此论述税收问题中一些相对突出的方面。

27.1.3.1 应缴美国政府的税收

如果一家美国公司通过其分公司或其他分公司在国外经营,那么其营业收入必须按照美国公司纳税表填写报告,并与国内公司缴纳相同的税收。但是,子公司或分公司的收入在以股息方式汇回美国的母公司之前通常是不用缴税的。不言而喻,其好处是在母公司收到现金收入之前,该笔税收一直是递延未缴的。同时,该笔税收可用于子公司再投资的财务来源。与来自国内子公司(通常是占该类公司的70%)不同,美国公司从其国外子公司所获的利息收入通常必须是全部纳税的。

27.1.3.2 应缴国外政府的税收

每个国家都对在其境内经营的国外公司所获利润征税，这些税收的种类千差万别。有些国家根据分配给股东的利润和未分配利润征收不同的税，通常对已分配利润所征税率较低。欠发达国家通常税率较低，并且提供其他税收优惠条件以鼓励外资投入。

外国政府的税收政策多而复杂，不同国家应纳税收入的定义不同，税率也不同。有些国家如巴拿马和巴哈马群岛为了鼓励外资投入，对外国公司收入征税的税率较低，但在一些工业发达国家税率则较高，这种情形更由于美国政府与其他国家的各种税收条约而复杂化了。尽管美国政府不鼓励把低税国家作为避税港，但仍然还是有足够的回旋余地，因此有些公司仍然利用复杂的税收法律制度，充分地利用避税港的作用。

为了避免双重纳税（同一笔收入被两个不同的国家征税），美国政府对美国公司支付给外国政府的税收发一张联邦收入抵税证。如果外国政府的税率低于美国国内税率，那么美国公司所缴总税收应等于它在国内投资所缴税收额，一部分给外国政府，剩余的一部分给美国政府。

假定一美国公司的分公司在一税率为27%的国家营业，该分公司收入为200万美元，支付给外国政府的税收为54万美元；再假定该公司的投资在国内应征34%的税，即68万美元的税收额。公司将因其对外国政府所缴纳的税而得到一张数额为54万美元的抵税证，从而它只要向美国政府纳税14万美元。如果外国政府的税率为50%，那么该分公司要向外国政府纳税100万美元，而不用向美国政府缴税。此时，该分公司所缴总税额高于单独由美国政府应征税额。

另外，国外抵税证开立的抵税额是有限度的。美国政府只对那些在国内应征税的国外收入开立抵税证（不过，超额的国外纳税额可留到以下年度冲转）。假定一美国跨国公司总收入的30%为其国外收入，如果开立抵税证前应纳税账户额为1 000万美元，那么只有300万美元可开立国外抵税证以对冲其美国纳税账户额，如果该公司向国外政府缴纳的税额高于该规定，那么多出的部分就被双重征税了。

有些国家对国外投资者的利息分配收入采取扣留（Withholding）的税收政策，甚至投资者在国内根本不用或者只缴少量的税（如机构投资者），没有什么条件可以抵消代扣所得税，因此，扣留的税收政策不是鼓励国外投资的政策。

国际经营的税收规划专业性很强又很复杂。为促进工业出口，各国会时不时地出台各种具体的税收优惠措施。不管是美国还是国外的税收条款都是经常变化的，只要成立国外公司，就必须向国内、国外的税收专家和法律顾问咨询。

27.1.4 政治风险

跨国公司（Multinational Company）面临着从一般干预到完全没收的不同程度的政治风险。一般干预包括法律规定在各种职位上员工本地化的比率、在环境和社会公共性项目上的投资，以及货币兑换的限制。最大的政治风险是公司充公，正如1971年智利将国外的铜业公司收回那样。在一般干预与直接充公之间还有其他不同的方法，如高税率、高收费以及要求工资水平比本国高。一句话，这些做法都让跨国公司在竞争中处于不利地位。但是，并不是所有情况下都对跨国公司不利。有些发展中国家对国外公司让步，因为对其来说，让国外公司投资比本国公司投资成本要低。

因为政治风险对一个项目的总风险影响很大，因此必须对政治风险做出准确的估计。从本质上说，这是做好政治稳定与否的预测。估计的内容通常为这些方面：当地政府有多么稳定？主导的政治形势如何？新政府对国外投资的态度如何？政府在处理各种申请时效率如何？通货膨胀和经济稳定形势如何？法律是否健全以及适用性如何？对这些问题做出回答后就会对要投资项目的政治风险有个较充分的认识。一些公司根据政治风险的不同而把不同国家分为几类。如果一个国家被列为不利于投资的一类，那么不管到该国投资的预期收益有多高，该公司都不会去该国投资。

27.2 汇率风险的管理

27.2.1 汇率风险的类型

公司在国外投资，由于汇率的变化会带来汇率风险。汇率是一国货币相对于另一国货币的价格。

汇率风险是一国货币相对于另一国货币汇率的波动性。首先我们区分两个概念。现期汇率（Spot Exchange Rate）是指一种货币当天与另一种货币交易的即时汇率；远期汇率（Forward Exchange Rate）是指当天确定的在未来交易的某天，一国货币相对于另一国货币的汇率。远期汇率经常由于一些原因而与现期汇率有差异，原因在于存在以下三类汇率风险。

27.2.1.1 折算风险

折算风险是指由于汇率的变化而引起的会计上资产负债表和损益表的变化。国外分公司使用哪种货币作为功能货币是很重要的，因为这决定了折算的过程。如果用的是当地货币，那么所有资产和负债都是以当时的汇率折算的，并且在折算调整时，损益表中反映不出折算收益或损失，但在所有者权益中可以看出来。折算调整不影响会计收入，适用于许多国家。然而，用母公司所在国货币作为功能货币的话，根据历史汇率方法，折算收益或损失要反映在母公司的损益中。一般情况下，与用当地货币作为功能货币相比，用母公司所在国货币作为功能货币使会计数据浮动性增大，但资产负债表的变化较小。

27.2.1.2 交易风险

交易风险涉及具体的对外交易。这些交易可能为用外币成交的销售或购买产品、借出或借入资金，或者其他一些涉及取得资产或减少负债的经营活动。尽管任何一种交易都可能有风险，但是"交易风险"一般只存在于外贸交易中，特别是赊账交易中。

27.2.1.3 经济风险

经济风险是三种汇率风险中最重要的风险，是指由于没有预期到的汇率变化引起公司价值的变化。预期到了的汇率变化早已在公司市场价值中反映出来了，如果在日本投资，预期日元会相对于美元贬值，那么这种可预期到的变化不会影响公司价值。但是，如果日元贬值更多或更小，那么就会影响公司市值，经济风险不如折算风险和交易风险那么容易确定和衡量，经济风险的大小依赖于预期现金流的大小，因此包含主观因素成分。

27.2.2 汇率风险的管理

管理汇率风险的方法有很多，包括运用自然对冲、现金管理和公司内部会计调整、国际财务对冲和货币市场对冲（远期合约、期货合约、货币期权和货币互换）等。

27.2.2.1 自然对冲

有时国外分公司的收益与成本的关系提供了一种避免汇率波动带来损失的自然对冲条件，关键是现金流能自然地根据汇率的变化而相应调整。国外分公司位于哪里并不重要，重要的是分公司的收益与成本函数对国际或国内市场条件的敏感性。当公司的经营过于依赖一国货币时，它可以在全球分散经营，还可以分散产品原料的供应地。任何改变市场条件（如产品价格、经营环境和原料供应）的策略都可以视为一种自然对冲的形式。

27.2.2.2 现金管理和公司内部会计调整

如果公司知道它的一个分公司所在国的货币要贬值，那么它有一系列事情要做。首先，应购买存货或不动产，以使现金持有量减至最少；其次，分公司应尽量避免信用交易（会计上为应收账款），使应收账款尽快转变为现金；最后，应尽量延长应付账款期限。分公司也可能要借入当地货币，以代替母公司的借款。这一步是否实行取决于两种货币的相对利息率。如果该国货币将要升值，那么就采取与上面相反的步骤。若不知道未来货币是升值还是贬值而采取任何一种扩张性策略都不是正确的。大多数情况下不能预期未来货币是否升值，因而最好的策略是使货币资产和负债平衡，以中和汇率波动带来的影响。

公司在多国经营还可通过调整公司内部会计方法而使其减少汇率风险的损失。加速支付用外币表示的账款称为提前；相反，拖延支付称为延迟。

27.2.2.3 国际财务对冲

如果公司受到一国货币风险，并且由于该货币贬值而遭受损失，那么这个公司可从该国借款以减少损失，可通过借款来平衡资产敏感性风险。国外分公司有大量的外部融资渠道，包括从所在国商业银行借款以及向国际贷款代理机构借款。主要的外部融资渠道有以下四种。

27.2.2.3.1 商业银行贷款和商业汇票

国外商业银行是境外融资的一个主要渠道。本质上其融资作用与国内商业银行相同，一个细微的差别是欧洲银行的长期贷款期限比美国更长。另外一个差别是，这些贷款往往是在透支的基础上发生的。也就是说，公司开出一张支票并透支了其账户，银行则对其透支额计算利息。大多数这样的银行被称为商业银行，它们向商业公司提供了全部的金融服务。除了商业银行贷款外，票据的贴现也是一种普通的短期融资方法。尽管这种融资方式并没有在美国全面推广，但在欧洲，这种方式被广泛用于为国内或国际贸易融资。

27.2.2.3.2 欧洲美元融资

欧洲美元是指主要以美元为主的银行存款，但不受美国银行法律的约束。参与银行主要为在欧洲的国外银行和美国银行的分行，它们积极参与美元存款业务，并支付利息，这种贷款利率高于其存款利率。根据借款者信用风险的不同，借款利率也不同。欧洲美元市场是跨国公司筹集流动资本的主要短期融资渠道，其贷款利率基于欧洲美元存款利率而定，并间接参照美元基本利率。一般情况下，欧洲美元贷款利率是用伦敦同业银行拆借利率（LIBOR）标价的。风险越高，其超过LIBOR的利差越大。由于欧洲美元存款供需的敏感性高，因而LIBOR的波动性要比美元基本利率波动性大。欧洲美元市场是一个更大的欧洲货币市场的一部分。在欧洲货币市场，存贷款利率都是按全球走强的货币标定的。这些欧洲货币市场的发展大大有利于国际借款以及中介融资。

27.2.2.3.3 国际债券融资

欧洲货币市场和欧洲债券市场不同，后者历史更悠久，由承销商销售债券。尽管债券主要以一国货币发行，但它可在多国销售。一旦发行成功，债券就在各国由债券交易商交易。欧洲债券与国外债券不同，后者是由国外政府或公司在当地市场发行的。国外债券仅在一国销售，并受该国证券法规的约束。国外债券有各种各样的别名，例如，扬基债券（Yankee Bond）是由非美国居民在美国市场发行的债券；武士债券（Samurai Bond）是由非日本居民在日本市场发行的债券。欧洲债券、国外债券和当地债券在利息计算方法、有关术语及其特征上有差别。

27.2.2.3.4 货币期权和多种货币债券

某些债券为其持有者提供了一种在利息成本支付前选择支付货币的权利。一般情况下，这种期权是限于在两种货币之间做出选择，当然也有在多种货币之间进行选择的。例如，一个公司可能发行年利率为8%，而面值为1 000美元的债券，每份债券都附有选择美元或英镑作为支付货币的期权。两种货币的汇率是在债券发行时就已经确定的。有时债券的本金和利息是由多种货币平均支付的，这些货币被称为"鸡尾债券"，它们提供的稳定汇率是任何单一货币不可能具备的。另外，双重货币债券的购买价格及利息支付用一种货币，而另一种货币用于支付酬金。例如，一种瑞士债券可能用瑞士法郎支付利息，而用美元支付本金。

27.2.2.4 货币市场对冲

另外一种对冲汇率风险的方法是通过货币市场——远期合约、期货合约、货币期权和货币互换来操作。

27.2.2.4.1 远期合约

在远期外汇市场中可以购买一份远期合约（Forward Contract），使购买者可在未来特定的某一天以指定的汇率用一种货币与另一种货币交换。远期合约保证能以事前确定的价格交换到所需要的货币。

【例 27 – 1】 飞利浦电子公司欲通过远期市场对冲货币风险。它通过其苏黎世分公司出售了价值 100 万瑞士法郎的器械给一瑞士客户，销售的信用期为 90 天。支付日，飞利浦公司想把瑞士法郎折算为美元。以美元表示的现期汇率为 1 瑞士法郎为 0.670 美元，90 天远期瑞士法郎汇率为 1 瑞士法郎为 0.665 美元。

现期汇率为目前市场决定的汇率。本例中，1 瑞士法郎为 0.670 美元，1 美元值 1.493 法郎（1.00/0.670）。如果远期价格低于现期价格，外币就是以远期折价出售。本例中，瑞士法郎就是以折价出售的。如远期价格高于现价，那么外币就以远期溢价出售。例如，假定英国英镑以远期溢价出售，那么在未来交割日，英镑可购买到比目前更多的美元。

如果飞利浦公司希望避免汇率风险，那么它应出售 90 天的 100 万瑞士法郎的远期合约。在 90 天后交割瑞士法郎时，它可得到 66.5 万美元。如果现期汇率保持在 0.670 美元，那么飞利浦公司不出售瑞士法郎远期合约更划算。它可以在现期市场出售 100 万瑞士法郎而得到 67 万美元。如此计算，飞利浦公司为了确保瑞士法郎兑换为美元的能力，购买了每瑞士法郎 0.005 美元即总值 5 000 美元的保险，按年计算，这种保护成本的计算公式为：

$$(0.005/0.670) \times (365/90) = 3.03\%$$

如果两种货币都稳定的话，那么按年计算的远期汇率折价或溢价变化范围一般为 0%~8%。对于一些不太稳定的货币，其折价或溢价会更高一些。对于不稳定的货币，其折价可能高达 20%。如果大大超过了这个不稳定的界限，那么远期货币市场就不会存在了。总之，远期外汇交易市场使公司能防止货币过度贬值，远期市场特别适用于对冲交易风险。

27.2.2.4.2 期货合约

期货合约（Futures Contract）是一份规定了在既定的未来某日起以指定价格交割商品、外币或其他金融工具的合约。期货合约是按固定格式填写的，在很多方面与远期合约相似。世界上主要货币——澳大利亚元、加拿大元、欧元、日元都有期货市场。期货合约是在未来特定的日期交割货币的标准合约。这些日期是 3 月、6 月、9 月和 12 月的第三个星期三。合约是根据互换而成为交易的，清算所作为买方和卖方的中介者，意味着所有的交易都通过清算所进行，而不是由买卖双方直接交易。很少的合约在到期日会实际交割，更多合约的买、卖方各自独立地采取方法对冲头寸以平仓。卖方可通过购买另一合约，买方可通过出售另一合约而平仓。

由于期货合约的价值由收盘价决定，因此每天期货合约的价值都是由市场中来再到市场中去。价格的变化对买方和卖方的影响是相反的。每天都有一个赢家一个输家，究竟谁是赢家谁是输家则依赖于价格的变化方向。输家必须增加保证金（存款），而赢家可把多余的保证金取出。远期合约与期货合约有区别：远期合约一般只能在到期日结算，期货合约则可以有一个或几个到期日；另外，远期合约的金额由交易双方决定，而期货合约中的金额一般是标准化金额的倍数。可以说，期货合约是一种标准化的远期合约，它们都可以用于对冲风险，功能近似，但远期合约的精准度通常会高一些。

27.2.2.4.3 货币期权

货币期权（Currency Option）是指一份经济合约，其持有人有权在到期日之前，以指定的价格购买（看涨）或出售（看跌）一定数量的外币。远期合约和期货合约对货币价值运动做了双向对冲，也就是说，如果货币价值朝一方向变化，那么远期合约或期货合约就对冲了该变化。相反，货币期权仅能对冲单向风险，无论是购买外币的看涨期权还是出售外币的看跌期权，都只是对冲不利的货币价值变化。期权持有人有权利而不是义务在合约有效期内购买或出售外币。当然，如果不进行交割的话，期权就会过期。期权持有人为溢价做出了支付。

市场上既有现期市场货币期权，又有期货市场货币期权。因为货币期权是通过遍布全球的一系列交易所进行的，因而期权交易比较方便，货币期权的应用及其价值大部分和股票期权相同。期权价值以及支付的溢价主要依赖于汇率的波动性。

27.2.2.4.4 货币互换

在货币互换中，双方交换不同的债务，一方同意支付另一方的利息。到期时，通常按照事先确定的汇率交换本金，这种交换只是名义上的，因为只有现金流差异才有实际支付；如果一方违约也没有本金损失。然而，互换后机会成本是与货币变化方向有关的。

货币互换通常是由中介机构如商业银行安排的，互换有多种可能的方式，涉及多种货币的互换、含有期权特征的互换和含有利息率互换的货币互换。在后一种方式中，长期债务的利息与短期债务、浮动利率债务或其他类型债务的利息相交换。货币互换被广泛使用，并作为长期风险交易的主要工具。

对冲汇率风险的方法有很多，首先必须确定公司是否有自然对冲，如果有的话，那么再用国际财务对冲或货币市场对冲方法只会增加实际风险。也就是说，公司由于其国外经营业务及其业务性质已有自然对冲，结果会使原来没有或很小的风险增大，因此，在采取任何对冲措施前必须仔细评估公司的汇率风险。

第一步是在考虑到公司可能有的自然对冲后估计剩余的净汇率风险。如果有净汇率风险（外币的流入额与流出额不等），那么第二步是看是否希望对冲该风险以及如何对冲。现金管理和公司内部会计调整只是暂时性方法，并且其效果有限。国际财务对冲与货币互换都是基于长期风险的对冲方法。远期合约、期货合约及货币期权都可用于对冲1～2年的风险。尽管可与商业银行订立长期合约，但成本较高，并且还有流动性的问题。如果有的话，如何对冲风险是由对冲工具的适用性及其成本决定的。

27.3 国际贸易管理

国外交易因所用工具与票据的不同而与国内交易相区别。大多数国内产品销售都基于赊账信用，向顾客开出票据，并预留有很长时间支付货款。在国际贸易中销售产品很少能像在国内销售产品一样获得潜在买主的准确或全部信用信息，而且交易也是很麻烦的，产品运输周期长并有很多不确定性。另外，一旦出现了违约情况，法律解决的渠道复杂而且成本很高。在国际贸易中有三类关键票据：汇票或付款通知、提货单和信用证。提货单涉及货物的实际移交；信用证保证了买方的信用度。此外，还有几种有助于国际贸易的方法：对销贸易、出口保理和福费廷。

27.3.1 国际贸易汇票

国际贸易汇票有时也称为汇票，它只是出口商命令进口商在指定时间支付指定数额款项的文字说明书。尽管"命令"这个字看起来刺眼，但这是国际商业中的通行做法。汇票可以为即期汇票，也可以为定期汇票。对开票方而言，即期汇票是应付账款，这一方被称为兑票人。如果兑票人或进口商不按照汇票的要求支付款项，那么就违约了。出口商可通过使用信用证而获得赔偿。定期汇票在指定的未来日期之前都不是应收账款。例如，一张定期汇票可能为90天后应付账款。

定期汇票有几个应注意的特点。首先，它是出票人即出口商签字的无条件支付命令，它规定兑票人即进口商必须支付的款项数额；其次，它规定了支付的日期，定期汇票一到兑票人手中被接受，承兑人可为付款人或银行。如果付款人承兑了该汇票，那么他必须在汇票背面写上90天后必须支付的数额，以此确认。此时，该汇票被称为商业承兑汇票。如果是银行承兑了汇票，那么被称为银行承兑汇票。银行承担了支付的责任，并且代替了付款人的信用。

如果银行信誉卓越——大多数承兑银行是这样的，那么汇款就成为市场广为接受的金融工具。出票人或者出口商不用持有汇票到期，就可以在市场上出售汇票（按面值折价）。事实上，存在着一个活跃的银行承兑汇票交易市场。例如，一家著名银行接受了一张90天期限的10 000美元的汇票，并且假定银行承兑汇票的90天利息为8%，那么出票人可以9 800美元[10 000 − (10 000 × 0.08) × (90/360)]的价格出售汇票，卖给投资者。90天后投资者可向承兑银行出示汇票并要求承兑，出票人可得到10 000美元。因此，一个较大的银行承兑汇票的二级市场提高了出口商的变现能力，从而促进了国际贸易。

27.3.2 提货单

提货单(Bill of Lading)是在将货物从出口商运到进口商的过程中使用的装船文件。提货单有三个作用：①提货单作为运输公司开给出口商的收据，表示货物已经收到；②提货单是运输公司与出口商之间装运货物，并将货物运到一指定目的地的合同；③提货单是一种权益文件，其持有者对货物拥有所有权。进口商除非从出口公司或代理处得到提货单，否则没有货物所有权。在进口商满足了汇票所规定的条件之前，提货单不可能交给进口商。

提货单跟随着汇票，并且这两者的处理程序是完备的。几乎每个国家的银行和其他机构都能有效地处理这些票据。另外，货物的国际运输是受国际法保护的。这些程序使出口商能将货物销售给他国不相识的进口商，并且在即期汇票被支付或定期汇票义务被确认之前不至于丧失货物所有权。

27.3.3 信用证

信用证是由银行作为进口商的利益代表签发的。在信用证中,银行同意在提货单及其他细节不出问题的条件下为进口商承兑汇票作担保。就实质而言,这是用银行的信用代替进口商的信用,显然,当地银行只有在认为承兑汇票的进口商信用可靠的情况下才为其签发信用证。信用证的使用几乎消除了出口商将货物销售到他国不认识的进口商手中的所有风险。

27.3.3.1 保兑信用证

如果出口商所在国的银行保兑了信用证,那么信用证的作用会进一步加强。例如,纽约的一出口商希望能将货物运给位于巴西里约热内卢的进口商。里约的进口商的银行认为其信用风险较小,愿意签发信用证为其收到货物时承兑出汇票作担保,从而里约银行的信用取代了进口商的信用,此时合约的双方是里约银行与信用证受益人即出口商。因为出口商对里约银行几乎无所了解,他希望通过其银行促成此项交易,出口商就会要求纽约的银行保兑里约银行所开的信用证。如果该纽约银行对里约银行的信用感到满意,那么它就会同意保兑里约银行的信用证。纽约银行保兑后,它就有义务为针对该汇率所开的信用证作担保。

因此,出口商将货物装船后,就会按照信用证上的条件签发汇票,出口商就将汇票交给纽约银行;若其他装船条件都满足的话,纽约银行将支付汇票所列的款项。这种安排的结果是出口商根本无须为收款担心就可得到货款。之后,纽约银行将汇票及其他票据寄到里约银行。里约银行在确认货物装载无误后对汇票作担保并支付货款给纽约银行。接着,里约银行找到进口商,进口商收到货物后就会向里约银行付款。

27.3.3.2 对贸易的帮助

根据上面的介绍,我们很清楚地看到信用证大大便利了国际贸易,不是帮助出口商与进口商直接发生信用关系,而是依赖一个或多个银行,以银行的信用取代了进口商的信用。信用证分为可撤销信用证和不可撤销信用证。对于不可撤销信用证,该汇票必须有银行的担保,在没有所有当事方同意的条件下,不能取消或更改协议;可撤销信用证可由签发银行取消或更改,并对汇票的承兑作出了更具体的安排,但不保证汇票会被兑付。大多数信用证是不可撤销的,这些论述就是针对不可撤销信用证的。

上面介绍的三种票据——国际贸易汇票、提货单和信用证,在大多数国际贸易中都需要,并且在其基础上已建立了一整套交易程序。这三种票据不仅为出口商将货物销售到国外不认识的进口商提供了保护,也为进口商提供了一个货物正确装运的保证。

27.3.4 对销贸易

除了一些用于帮助普通贸易的票据外,还有很多用于帮助国际贸易融资的方式。其中一种方法为对销贸易(Counter Trade)。在对销贸易中,国际商品或服务销售的价款全部或部分通过另一国家的商品或服务来支付。在一个典型的对销贸易中,销售方不是接受货币而是其他形式的货物,在出现外汇限制或其他难以用硬通货(即被广泛使用的货币,如美元、欧元和日元)付款的情况时就有必要接受商品。这些商品可能是所涉及的国家所生产的,但也不全是这样。一种比较普通的对销贸易是易货贸易。例如,一家美国软饮料生产公司可能向俄罗斯的一酿酒公司出售精煤和糖浆而换回伏特加酒。必须注意的是,用商品代替硬通货会有风险,收到的产品其质量与规格可能与已承诺的有差异。另外,再出售这些商品以换回现金是一个额外的问题。尽管对销贸易存在着风险,但成立的对销贸易协会及专业咨询人士等相关基础设施条件都推动了这种国际贸易方式的应用。

27.3.5 出口保理

出口保理应收账款类似于保理国内应收账款。出口保理是指把出口商会计上的应收账款完全销售给称为保理商的保理机构。保理商须承担出口商应收账款的风险。通常是,出口商在应收账款到期时从保理商那里得到付款,手续费一般为海外所装货物价值的2%。在收回应收账款前,出口商很可能提前得到货物价值90%的现金,提前得到的现金是必须支付利息的,而且利息通常高于手续费。由于这种保理的性质,大多数保理商对那些不断有大额出口应收账款的出口商感兴趣。当然,保理商可拒绝那些自己认为风险太高的应收账款。对出口商而言,主要的好处是可委托那些有国际经验和关系的保理商收账。

27.3.6 福费廷

福费廷(Forfaiting)是一种类似于保理的国外贸易融资方式,是将中长期出口应收账款"无追索权"地折价出售给金融机构,也称福费廷交易商。第三方通常是银行或政府机构。出口商将出口应收账款不带追索权地折价出售给称为福费廷交易商的金融机构,这些应收账款通常是期票或汇票等。福费廷交易商可以是国际性银行的分公司或者是专业性的公司。福费廷交易商承担信用风险并从进口商那里收回账款。另外,福费廷业务还必须有进口商所在国的政府部门或银行作付款担保。通常情况下,这些期票或汇票数额较大,期限为6个月或更长时间。如果进口商来自欠发达国家或东欧国家,福费廷业务就显得特别有用。

本章小结

跨国公司的业务要比国内公司的业务复杂得多。管理层必须了解利率、汇率和通货膨胀率之间的关系,必须知道大量的不同的金融市场的规则和税收制度。本章简要地对国际经营中需要注意的问题进行了阐述。影响国际财务管理的因素包括国际资本预算、风险因素、税收和政治风险。汇率风险的类型包括折算风险、交易风险和经济风险。汇率风险的管理包括自然对冲、现金管理和公司内部会计调整、国际财务对冲和货币市场对冲。国外交易因所用工具与票据的不同而与国内交易相区别,主要工具和票据包括国际贸易汇票、提货单、信用证、对销贸易、出口保理和福费廷。

思考与练习题

1. 分公司在国外支付收入税是否是美国母公司的损失?
2. 公司在国外投资会遇到哪些汇率风险?
3. 对外币而言,何为远期折价?何为远期溢价?请举例说明。
4. 在货币对冲中,如何使用远期合约、期货合约、货币期权和货币互换?
5. 解释欧洲美元市场的作用。
6. 提货单有何作用?
7. 银行承兑汇票信用如何?它与国际贸易汇票有何区别?哪些因素决定其面值?
8. 2020年1月开始,新冠疫情迅猛地冲击了世界经济,重创了全球金融,试分析面对这样突发的危机,跨国公司应该如何应对?应该采取哪些财务政策?

28 供应链金融战略

学习要点
1. 供应链金融的相关概念及发展现状
2. 供应链金融主要的商业模式
3. 供应链金融的应用优势
4. 供应链金融的现存风险

当前,公司高度重视自身以及相关产业链的价值,竭力构建并维护这种价值链,同时配套相关的供应链金融战略。本章我们着重介绍供应链金融。

28.1 供应链金融的概念

28.1.1 供应链

供应链是指通过对信息流、物流、资金流的控制,从采购原材料开始,制成中间产品以及最终产品,然后由销售网络把产品送到消费者手中,将供应商、制造商、分销商、零售商、最终用户连成一个整体的功能网链结构。它不仅是一条连接供应商到用户的物流链、信息链、资金链,而且是一条增值链,物料在供应链上因加工、包装、运输等过程而增加其价值,给相关企业带来收益。

一般来说,一个特定商品的供应链从原材料采购,到制成中间产品及最终产品,最后由销售网络把产品送到消费者手中,将供应商、制造商、分销商、零售商、最终用户连成一个整体。在这个供应链中,竞争力较强、规模较大的核心企业因其强势地位,往往在交货、价格、账期等贸易条件方面对上下游配套企业要求苛刻,从而给这些企业造成了巨大的压力。而上下游配套企业恰恰大多是中小企业,难以从银行融资,结果造成资金链十分紧张,整个供应链出现失衡。

28.1.2 供应链金融

供应链金融(Supply Chain Finance,SCF),是商业银行信贷业务的一个专业领域(银行层面),也是企业尤其是中小企业的一种融资渠道(企业层面),指银行向客户(核心企业)提供融资和其他结算、理财服务,同时向这些客户的供应商提供贷款及时收达的便利,或者向其分销商提供预付款代付及存货融资服务。简单地说,供应链金融就是银行将核心企业和上下游企业联系在一起提供灵活运用的金融产品和服务的一种融资模式。

即把资金作为供应链的一个溶剂,增加其流动性。综合诸多学者以及实业界的观点,在此将供应链金融的概念界定为:供应链金融是金融机构围绕核心企业在对整条供应链进行信用评估及商业交易监管的基础上,面向供应链核心企业和节点企业之间的资金管理进行的一整套财务融资解决方案。具体而言,供应链金融可概括为以下几点:

(1)供应链金融是金融机构开展的一项金融服务业务,管理的是供应链的资金往来。

(2)在整条供应链的信用评估中,核心企业的信用被赋予很大的权重,也就是核心企业的信用风险是整体供应链信用风险的主要来源。

(3)供应链核心企业与其他链中企业之间的交易需要被监督,确保不会向虚假业务进行融资。

(4)供应链金融是一种财务融资,企业向金融机构交付的抵押物不是固定资产,而是应收账款、预付账款和存货等流动资产。

28.2 供应链金融的演进及发展历程

2008年全球金融危机发生以来,全球已经有上百万家企业宣告破产,这些破产的企业并不是没有市场竞争力(如克莱斯勒),也不是因为没有创新能力(如通用汽车),而是因为资金链断裂造成了供应链中企业破产的连锁反应。供应链金融自诞生以来就是为了解决供应链中资金流梗阻以及资金流的优化问题。

28.2.1 国外供应链金融的演进

供应链金融必然以面向供应链的整体运作为核心。供应链中的物流是资金流可以依附的实物载体,因此,供应链金融中的存货质押融资业务始终是供应链金融的核心环节,没有存货的流动,应付账款和预付账款等供应链融资模式也就无从谈起。可以说,供应链中的物流是供应链金融业务得以开展的基础。美国等西方发达国家的供应链金融几乎与其他金融业务同时开展,并经过200多年的创新和发展后形成了现代供应链金融的雏形。西方供应链金融的发展大致可以分为三个阶段。

28.2.1.1 阶段一:19世纪中期之前

在此阶段,供应链金融的业务非常单一,主要针对存货质押的贷款业务。例如,早在俄国沙皇时代,在丰收季节,当谷物的市场价格较低时,农民将大部分谷物抵押给银行,用银行贷款资金投入后续的生产和生活;待谷物的市场价格回升后,再卖出谷物归还银行本金利息。由此,农民可以获得比收割时节直接卖出谷物更高的利润。

28.2.1.2 阶段二:19世纪中期至20世纪70年代

在此阶段,供应链金融的业务开始丰富起来,承购应收账款等保理业务开始出现。但起初,这种保理业务常常是趁火打劫式的金融掠夺,一些银行等金融机构和资产评估机构进行了合谋,刻意压低流动性出现问题的企业出让的应收账款和存货的价格,然后高价卖给其他第三方中介机构。部分金融机构恶意且无序的经营造成了市场严重的混乱,并引发了企业和其他银行的不满和抗议。为规范市场行为,1954年美国出台了《统一商法典》,明确了金融机构开展存货质押应遵循的规范。由此,供应链金融开始步入健康发展的时期,但这一阶段的供应链金融业务仍以"存货质押为主,应收账款为辅"。

28.2.1.3　阶段三:20世纪80年代至今

在此阶段,供应链金融的业务开始繁荣,出现了预付款融资、结算和保险等融资产品。这要归功于物流业高度集中和供应链理论的发展。在20世纪80年代后期,国际上的主要物流开始逐渐集中到少数物流企业,联邦快递(FedEx)、UPS和德国铁路物流等一些大型的专业物流巨无霸企业已经形成。随着全球化供应链的发展,这些物流企业进一步融入众多跨国企业的供应链体系之中。与银行相比,这些物流企业更了解供应链运作。通过与银行合作,深度参与供应链融资,物流企业在提供产品仓储、运输等基础性物流服务之外,还为银行和中小型企业提供质物评估、监管、处置以及信用担保等附加服务,为其自身创造了巨大的新的业绩增长空间,同时银行等金融机构也获得了更多的客户和更多的收益。在此阶段,国外供应链金融发展开始形成"物流为主、金融为辅"的运作理念,供应链金融因物流企业的深入参与而获得了快速的发展。

28.2.2　中国供应链金融的发展现状

中国供应链金融的发展有赖于改革开放以来制造业的快速发展,"世界制造中心"吸引了越来越多的国际产业分工,中国成为大量跨国企业供应链的汇集点。中国的供应链金融得到快速发展,在短短的十几年内从无到有,从简单到复杂,并针对中国本土企业进行了诸多创新。

与国外发展轨迹类似,中国供应链金融的发展也得益于20世纪80年代后期中国物流业的快速发展。2000年以来中国物流行业经过大整合之后,网络效应和规模效应开始在一些大型物流企业中体现出来,而这些企业也在更多方面深入强化了供应链的整体物流服务。在2004年中国物流创新大会上,物流行业推选出了未来中国物流行业的四大创新领域和十大物流创新模式,其中"库存商品抵押融资运作模式""物资银行运作模式""融通仓运作模式及其系列关键技术创新"分别位居十大物流创新模式的第一位、第三位和第四位。

2005年,深圳发展银行先后与国内三大物流巨头——中国对外贸易运输(集团)总公司、中国物资储运总公司和中国远洋物流有限公司签订了"总对总"(即深圳发展银行总行对物流公司总部)战略合作协议。短短一年多时间,已经有数百家企业从这项战略合作中得到了融资的便利。据统计,仅2005年,深圳发展银行"1+N"供应链金融模式就为该银行创造了2500亿元的授信额度,贡献了约25%的业务利润,而不良贷款率仅有0.57%。

综合来看,现阶段我国供应链金融发展呈现多个特点:

(1)供应链金融发展区域不平衡。外向型经济比较明显的沿海地区,供应链金融发展相对较为领先,而内陆地区供应链金融仍处在初级阶段。此外,我国关于供应链金融的业务名称也没有一个确定的叫法,出现了物流金融、物资银行、仓单质押、库存商品融资、融通仓、货权融资及货权质押授信等多种名称。

（2）我国的供应链金融还面临着法律风险，库存商品等流动资产质押还存在一定的法律真空。我国银行分业经营的现状，使供应链金融业务中形成了多种委托代理关系，我国社会信用体系建设方面较为落后则进一步增加了供应链金融业务的运作风险。

28.3 供应链金融的商业模式

28.3.1 银行主导的供应链金融

以银行作为外部金融主体的供应链金融体现出明显的安全边际，在贷款、授信、质押中强调各类凭证的有效性和真实性，对不符合资质的企业零容忍。同时，银行也凭借其金融系统职能，帮助供应链企业做好中间环节服务，如资信调查、汇兑等（见表28-1）。在银行主导的供应链金融中，银行是主要的风控主体，由此导致在选择供应链企业时，规模较大、资金数据全的企业成为银行的优先偏好。而与此同时，银行的资金借贷成本也相对较低。

表28-1 供应链金融在银行中的应用

资产业务产品	中间业务产品
• 应收账款质押贷款	• 应收账款清收
• 保理 • 保理池融资 • 票据池融资 • 提前支付折扣	• 资信调查 • 财务管理咨询
• 存货质押贷款 • 仓单质押 • 未来货权质押	• 现金管理 • 结算 • 贷款承诺
• 出口信用险项下授信 • 出票/款后货授信	• 汇兑 • 换汇

28.3.2 第三方支付主导的供应链金融

第三方支付承担的主要是通道功能，即交易中介，据此也会衍生出大量的数据。这些沉淀的数据一方面用于自身增值业务的拓展，另一方面也可以和银行及其他外部金融机构合作，用于对供应链企业的资金托管、资产评估、账户管理，以数据打通整个链条（见图28-1）。在这一点上，以易宝支付为代表的行业支付企业，有着不同场景下得天独厚的先入优势，凭借对不同行业特性的了解，将数据和风控有机结合，不仅降低了供应链金融的风险，也让资金供需双方实现了高效对接。

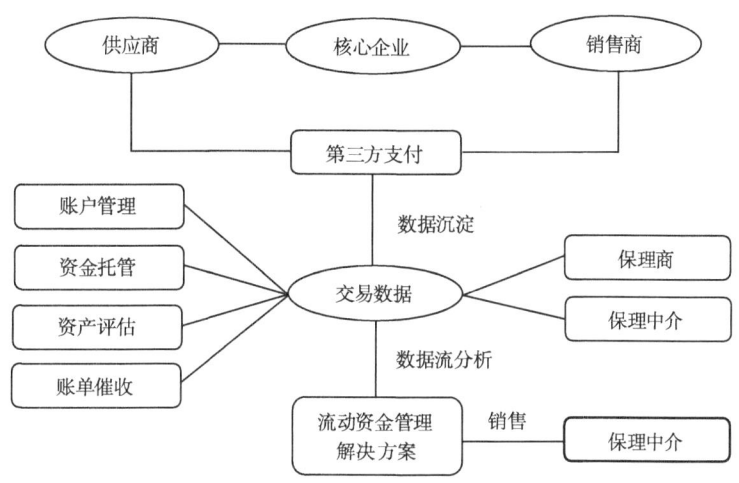

图 28-1 第三方支付介入供应链金融模式

28.3.3 电商主导的供应链金融

电商链条下的融资受控于平台的风控要求,但形式较为多样。在具体的业务流程中可参照京东的做法,首先由京东和供应商签署贸易协议,供应商需在该平台产生稳定的交易记录。然后由供应商向京东金融签署合同并提交申请材料,京东金融根据京东平台调取的数据判定融资额度、期限和风险,并审核是否通过。在这个过程中,京东作为主要数据提供方,京东金融作为外部金融机构参与,但由于二者享有共同的实质主体,因此灵活度更高,风险把控能力也更强。

以阿里巴巴为例,目前该平台上共有 3 种主要的供应链金融产品:淘宝小贷、阿里小贷和合营贷款。额度从 5 万~200 万元不等,可根据企业需求按日计息,随借随还。利息水平略高于银行利率水平,但最高不超过每日 6‰。供应链金融在阿里巴巴平台的具体应用如下:

28.3.3.1 淘宝小贷

平台类型:B2C 平台,为天猫和淘宝的卖家提供订单质押贷款和信用贷款。

贷款额度:订单质押贷款,额度上限 100 万元,贷款周期 30 天;信用贷款,额度上限 100 万元,贷款周期 6 个月。

贷款方式:线上申请,快速放款。

盈利方式:订单质押贷款,日息 5‰;信用贷款,日息 6‰。

28.3.3.2 阿里小贷

平台类型:B2B 平台,为阿里巴巴的企业客户提供信用贷款。

贷款额度:信用贷款,额度 5~100 万元,期限 1 年。

贷款方式:循环贷,获取一定的信贷额度,不取用不收利息,随借随还;固定贷,申请获批后一次性发放。

盈利方式:循环贷,日息6‰。固定贷,日息5‰。

28.3.3.3 合营贷款

平台类型:中国银行信用贷款,对申请企业有一定要求,包括年销售额、注册地和经营时间。

贷款额度:50万~200万元,贷款期限1年。

贷款方式:无须抵押物和保证金,随借随还,满1个月即可还款,阿里定制产品,通过率高。

盈利方式:收取技术服务费,按贷款额的1%收取,日息3.3‰。

28.3.4 P2P主导的供应链金融[①]

P2P作为一种快速的融资渠道,在供应链金融中复制了其自身业务模式,即无担保无抵押快速获得额度,风控基本依靠外部企业,因而这也是风险较大的模式。值得注意的是,P2P主导的供应链金融可实现最高1 000万元额度的资金,周期通常不超过3个月,参照短期过桥资金,其利率也远高于其他几种供应链金融模式。

表28-2 供应链金融在P2P中的应用

融资产品	产品介绍	产品额度	产品周期
电商贷	无抵押,纯信用,拥有正常经营的电商店铺即可申请贷款	0~300万元(平均额度20万~30万元,超100万元的业务对接银行资金)	30~90天
垫资代采	电商正常经营过程中因短期资金周转困难需要及时支付给供应商货款	0~300万元(平均额度50万元,超100万元的业务对接银行资金)	30~90天
应收账款	正常经营过程中与第三方平台发生一定周期的积压应收款,导致电商短期资金周转困难	0~1 000万元(超100万元的业务对接银行资金)	30~90天
仓储金融	为电商提供仓储服务,以仓单作为质押标的提供对应金融贷款	0~1 000万元(超100万元的业务对接银行资金)	7~90天

28.3.5 供应链/物流企业主导的供应链金融

供应链或物流企业主要是通过预付类产品帮助供应链企业融资的。以怡亚通为例,在获得采购商的委托合同后,它可以在客户资源系统内匹配合适的供应商,并通过电汇、信用证或保函的方式代客户垫付货款,其后将货物运送至客户时收取货款;而对于生产商而言,当怡亚通为其承运货物时,怡亚通代采购商预付货款,使得生产商能够及时回收资金用于下一轮投产。

---

① 当前政府监管部门对P2P的态度已日趋谨慎。

28.4 供应链金融的优势及现存风险

28.4.1 供应链金融的优势

供应链金融业务的开展使得供应链中的物流、信息流、资金流得到统一的控制和协调,从而使整条供应链能更有效地运行,不仅解决了供应链中的中小企业的融资难题,还使其经营和发展拥有强大的优势。

28.4.1.1 供应链金融的存在促进商业银行对中小企业放贷

供应链内的企业之间的信息比较畅通,这样银行比较容易获得供应链中企业的完整信息。发展供应链融资有利于弱化银行对中小企业本身的限制,有利于缓解银行信息不对称的程度,有利于降低银行的交易成本,从而刺激银行发放贷款的积极性,提高银行对中小企业的信贷支持,有效缓解我国中小企业的融资困境,也加快银行业务转型,提高了银行的竞争力。

28.4.1.2 供应链融资业务能实现多方共赢

从企业的角度来讲,在日常的生产经营过程中特别是在资金普遍匮乏的情况下,良好的供应链资金管理是实现其发展的一个关键点。而事实上,除了通过直接对企业提供融资服务来解决企业的资金问题外,我们还可以通过为其上下游企业提供融资服务间接地为其带来利益。换句话说,供应链中上下游其他企业的资金问题,在一定程度上也会影响到企业自身的效益。为上下游其他企业解决资金问题,不仅巩固了企业间的关系,也间接降低了企业自身的财务风险。所以说,供应链融资是一种实现多赢的融资方式。

28.4.1.3 供应链融资具有整体性和稳定性

供应链融资是相对于整条供应链来说的,它牵涉到了供应链上几乎所有的企业。同时,供应链融资的具体方案也是站在整条供应链的高度来制定的,考虑的是整条供应链的利益和相关物流、资金流的分配,而不是单一企业的情况和利益。所以,供应链融资具有整体性。除了整体性之外,供应链融资还具有稳定性。供应链融资的稳定性是建立在供应链长期稳定的基础之上的。短期的供应链融资(如商业信用融资)是伴随着供应链中各企业之间的交易活动而发生的,因此,它可以随着供应链周期一并运转,具有一定的稳定性。而长期的供应链融资则涉及供应链的成长和发展,虽然具有一定的风险,但也是伴随着供应链共同运转的,所以也具有稳定性的特点。

28.4.2 供应链金融存在的问题及风险

供应链金融虽然具有较多的科学性和可行性,但由于供应链金融参与者众多,而且可能涉及不同的产业、技术领域,或不同的行政区域,其运作也存在一些潜在问题和风险。

28.4.2.1 尚未建立、健全中小企业信用评价体系

在传统的中小企业信用评价体系中,各金融机构对大中小企业的信用评级都采用统一的标准。在供应链融资模式下,各金融机构已不再局限于企业财务报表等硬信息,借

助供应链中核心企业的力量和供应链的综合实力,广大中小企业的融资压力有所缓解。但是,完善的中小企业信用评价体系仍然还未建立。虽然供应链融资能有效规避单一企业的信用风险,但却不能消除信用风险。所以,建立健全中小企业信用评价体系,不仅能客观评价中小企业的信用状况,有利于其获得融资,还能降低金融机构的信用风险,减少损失。

28.4.2.2 金融产品单一,不能满足中小企业的需求

虽然供应链融资在我国发展迅速,供应链融资服务也日益完善;但是,目前各金融机构所提供的供应链融资产品大都是较为基础的供应链融资服务,还未能很好地满足中小企业的融资需求。因此,各金融机构应进一步加强产品服务创新,拓宽融资渠道,以满足中小企业不断发展的全方位、多层次的融资服务需求。

28.4.2.3 供应链自身存在风险

供应链由于参与者众多,受到诸多内外因素的影响,呈现出混乱和不确定的市场特征。例如,需求波动加剧,产品与技术的生命周期明显缩短,引入竞争性产品使生命周期更加难以预测,销售促进、季节性刺激和再订货数量等因素引发供应链混乱。与此同时,企业不仅受到诸如自然灾害、罢工和恐怖袭击等外部事件的影响,也会遇到企业战略调整的冲击,如经营规模的改变、电子商务以及减少供应商规模等,这些改变都潜在地增加了供应链自身的风险。

本章小结

随着社会化生产方式的不断深入,市场竞争已经从单一客户之间的竞争转变为供应链与供应链之间的竞争,同一供应链内部各方相互依存,"一荣俱荣、一损俱损";与此同时,由于赊销已成为交易的主流方式,处于供应链中上游的供应商,很难通过传统的信贷方式获得银行的资金支持,而资金短缺又会直接导致后续环节的停滞,甚至出现"断链"。维护所在供应链的生存,提高供应链资金运作的效力,降低供应链整体的管理成本,已经成为各方积极探索的一个重要课题,因此,"供应链融资"系列金融产品应运而生。供应链平台的建设,主导方可以是核心企业、商业银行,也可以是金融科技公司,关键是协调各方,建立一个激励相容的平台体系。银行等金融机构主导建设的供应链金融平台,则是从核心客户切入,不断累积,甚至基于具体产业和业务场景做适配性差异化组合,与开放银行的理念不谋而合。供应链金融是依托于供应链开展金融业务,本质上是金融业务,为各类企业融资带来了便利,但传统供应链金融模式面临着信息不充分的风险,这就需要提高供应链的数字化程度和风险分析决策能力。

思考与练习题

1. 供应链金融与传统金融有哪些区别?
2. 供应链金融的各种商业模式都有何优势?

3. 如何应用供应链金融进行融资？
4. 针对供应链金融的现存风险，有哪些应对措施？

 案例分析

平安银行供应链应收账款服务平台的应用

在银行主导的供应链金融中，银行是主要的风控主体，由此导致在选择供应链企业时，规模较大、资金数据全的企业成为银行的优先偏好。此供应链金融模式下链条企业所承担的资金成本较低，风控能力强。此模式的供应链金融体现出明显的安全边际，在贷款、授信、质押中强调各类凭证的有效性和真实性。同时，银行也凭借其金融系统职能，帮助供应链企业做好中间环节服务，如资信调查、汇兑等。

平安银行依托人工智能、区块链、云计算技术，搭建供应链应收账款服务平台（SAS），赋能升级供应链金融服务模式，为核心企业产业链上游供应商提供线上应收资产交易、流转服务。SAS平台是为特定供应链内核心企业上游的中小企业提供线上应收账款转让及管理的平台。该平台搭载了基于区块链技术的超级账本全流程信息记录和交互功能，并与中登网直连，自动实现应收账款质押、转让登记。

请从为何做、如何做、做如何三个角度，针对平安银行在供应链金融中的应用进行分析。

参考文献

[1] 派克,尼尔. 公司财务与投资:决策与战略[M]. 4版. 孔宁宁,译. 北京:中国人民大学出版社,2006.

[2] 布雷利. 公司财务原理(原书第6版)[M]. 北京:机械工业出版社,2002.

[3] 罗斯,威斯特菲尔德,杰富. 公司理财(原书第9版)[M]. 吴世农,沈艺峰,王志强,译. 北京:机械工业出版社,2012.

[4] 赫尔. 期权、期货及其他衍生产品[M]. 8版. 王勇,索吾林,译. 北京:机械工业出版社,2011.

[5] 张晋生,李新,艾仁智,等. 公司金融[M]. 北京:清华大学出版社,北京交通大学出版社,2010.

[6] REILLY F K, BROWN K C. Investment Analysis and Portfolio Management[M]. Sixth Edition. Harcourt College Publishers,2000.

[7] 博迪,凯恩,马库斯. 投资学(原书第9版)[M]. 汪昌云,张勇冀,译. 北京:机械工业出版社,2012.

[8] BENNINGA S. Financial Modeling [M]. The MIT Press,2001.

[9] 马忠. 公司财务管理案例分析[M]. 北京:机械工业出版社,2015.

[10] 博迪,莫顿. 金融学[M]. 北京:中国人民大学出版社,2003.

[11] ROBIN J A. International Corporate Finance [M]. McGraw-Hill/Irwin,2011.

[12] 梅利歇尔,诺顿. 金融学导论:市场、投资与财务管理[M]. 潘永泉,罗鸣幽,苏文君,译. 北京:机械工业出版社,2009.

[13] BREALEY R A, MYERS S C, MARCUS A J. Fundamentals of Corporate Finance[M]. McGraw-Hill. Inc, 1995.

[14] 达莫德伦. 公司财务:理论与实务[M]. 荆霞,译. 北京:中国人民大学出版社,2001.

[15] 曹华,等. 金融分析:原理及应用[M]. 北京:机械工业出版社,2010.

[16] JAFFE R W. Corporate Finance [M]. McGraw Hill,1999.

[17] 李新,崔燕敏. 公司金融[M]. 北京:首都经济贸易大学出版社,2016.